兰雪花 著

抗战时期
福建兵员动员研究

THE MOBILIZATION
IN FUJIAN

THE STUDY ON THE MOBILIZATION
IN FUJIAN DURING
THE ANTI JAPANESE WAR

社会科学文献出版社
SOCIAL SCIENCES ACADEMIC PRESS (CHINA)

内容提要　抗战时期，大规模征召兵员以抗强敌成为攸关民族命运的最紧要问题，国民政府征兵制的实施，为坚持持久抗战直至最终胜利起到了至关重要的作用。战时福建兼具前方和后方的特点，与一般内陆省份相比，福建军政当局既严格执行了中央的兵役政策，又因时因地采取措施，通过建立兵役行政机构，制定地方兵役法规，开展兵役宣传，健全保甲组织，优待征人征属，完善征集程序等方式广泛动员壮丁出征抗敌，使福建人民融入全民族的抗战大潮中，为保障抗战胜利做出了重大贡献。

关键词　抗日战争　福建省　兵役　征兵　壮丁

目 录

第一章

绪　论

　　动员是战争的基础，是国家发动人力、物力、财力直接参加战争的重要活动。古代战争虽没有"动员"的概念，但在战争爆发前后，有征募兵士、征用马匹、筹措粮草、扩充军队、誓师出征等活动，《尚书》中的"甘誓""汤誓""牧誓"，《孙子兵法》中的"合军聚众""取用于国"等思想，为原始意义的动员观念。① 现代"动员"一词源于 18 世纪的法国，1793 年法国资产阶级革命政府颁布了《全国总动员令》，要求"从现在起一直到把敌人赶出共和国的领土为止，全体法国人民都被宣布处于经常应征的状态"，从此，"动员"的概念便流传开来。② 当然，这里"动员"一般指军事动员。战时动员可分为国民动员（人力动员）、精神动员、产业动员、经济动员、交通动员、科学动员等，其中国民动员是战时动员的最重要部分。其包含两个方面，一方面是动员人力为战争服务，另一方面是动员人力投入战场，即兵员动员。所谓兵员动员，是指国家在战争或其他紧急情况下征集或招募适龄公民到军队服现役或预备役所采取的紧急措施，它属于战争战略的问题。③

　　兵员动员作为战时的第一要素，从来就是决定战争胜负的重要因素之一，著名军事战略家杨杰曾说，"兵员不仅是战役的决定点，而且是战争的最后决定点，虽说战争的许多条件互相密切地联系着，但战场上的主角

---

① 中国战争动员百科全书编审委员会编《中国战争动员百科全书》，军事科学出版社，2003，第 1 页。

② 曾仲秋主编《兵员动员理论与实践》，解放军出版社，2000，第 21 页。

③ 曾仲秋主编《兵员动员理论与实践》，解放军出版社，2000，第 1 页。

始终是人，因为现代战争是人的战争"。① 的确，兵员作为作战的原动力，是国家活动的武器。抗日战争时期，国民政府实施全民总动员，发动了中国战争史上规模最大的一次人力动员，为坚持持久抗战直至最终胜利起到了至关重要的作用。

一　选题意义及缘起

抗战之要，首在足兵。全面抗战时期，兵员征召成为攸关民族生死存亡的最急迫事情，蒋介石直言："抗战建国，首重兵役。"② 为了满足前方战场不断补充兵员的需要，国民政府推行了当时世界各国普遍实施的兵役制度——征兵制，即义务兵役制。征兵制的实施，为战时兵员动员提供了制度保障。中国现代征兵制经历了曲折的发展历程，民国肇建，南北对峙，国家并无统一的军队和兵役制度，北洋政府仍承袭清末募兵制，各派军阀为扩充自己的势力，自行招兵买马。南京国民政府前期，仍沿用募兵制，直至 1933 年 6 月 17 日，国民政府依据我国古代征兵制度，采纳当时东西方各国（主要是德日）兵制的优长，颁布了中国历史上第一部《兵役法》，改募兵制为征兵制，并于 1936 年 3 月 1 日在部分省份试行。全面抗战爆发后，国民政府在国统区实行征募并行的兵役制度，1943 年，修正《兵役法》，完全推行以征额配赋为特征的义务征兵制度，征兵成为国民政府兵源的最主要征集方式。

福建省于 1937 年 6 月试行征兵，不久，卢沟桥事变爆发，前方征补急迫，福建与其他省份一样，迅速转入紧急动员状态。战时的福建是距离日本和中国台湾最近的省份，作为日本"沿海切断作战"的重要战略目标，在 3300 多公里的海岸线上，随时都有可能发生战事，金门、厦门、福州地区部分县市沦陷后，沿海始终处于抗战前线，而广大的内陆地区则相对安靖，福建兼具前方和后方的特点。与一般内陆省份相比，福建本身是一个比较贫穷的省份，只能实现经济物质方面的自给自足，不可能有更多的财物贡献于抗战，但对于人力的接济，则可能担负"一部分不很轻微的力量"。的确，在当时，"兵役一事，差不多已成为福建省整个政治工作中一

---

① 杨杰：《国防新论》，中华书局，1943，第 67 页。
② 军政部兵役署役政司宣查科编《兵役宣传暨优待征属法令汇编》，1943，第 4 页。

个最重要的部分。"① 八年间，福建军政当局与民众上下协力，征集了 59.7
万兵员效命疆场，这个数据是福建为抗战交出的最好成绩。

在成绩的背后，我们也应当看到，战时征兵也是一部民众与政府生死
博弈的血泪史。由于各种原因，兵员征集由最初的按序征召发展到抓丁、
拉伕，"役政"演变成"疫政""恶政"，直至国民党政权在大陆的覆亡。
笔者自记事起，就时常听长辈谈论国民党"抓壮丁"的悲惨故事，儿时有
一位邻居纪孔臻，是一位抗战老兵，立过功，在战争中耳膜被震破，左手
受伤。1941 年征兵时，其妻已怀有身孕，因音讯隔断，又无法维持生活，
只好改嫁。抗战结束后，纪孔臻返乡务农，孤身一人，他从不提起抗战往
事，只是从他的亲属口中听说他英勇杀敌的故事。另外，笔者家族中有位
伯父蓝固寿在抗战期间被"抓壮丁"入伍，其童养媳的未婚妻在等待多年
后也另嫁他人。1987 年两岸关系"解禁"后，许多国民党老兵回大陆探
亲，家族也曾通过在台同乡或媒体寻找亲人，但终无结果。这些童年时期
就已深扎心底的人和事，一直成为笔者揭开抗战"抓壮丁"真相的动因。
在原先工作过的单位，笔者接触到了兵役史，比较国共两党在抗战时期的
征兵过程和结果差若天渊，这就引发了一系列的思考，抗战这一特殊历史
时期国民政府是怎样动员千万壮丁上前线的？其效果如何？役政为何会发
展为"恶政"？兵役制的推行与社会现代化有何关系？经过反复的斟酌，
笔者最终将论题定为"抗战时期福建兵员动员研究"。这一选题旨在通过
抗战时期国民政府征兵制度在福建的实施，探究福建军政当局采取了哪些
措施，福建社会各个层面如何应对，存在哪些问题，产生怎样的影响，实
际效果如何，应当如何评价等，解开这些答案均需要进行深入研究。

如前所述，战时福建军政当局征集了近 60 万的兵员，这是物力虚弱的
福建省为抗战所做的最大贡献之一，而到目前为止，关于战时福建征兵研
究的成果还付诸阙如，这与福建省对抗战贡献"之最"的实际是不相称
的，本论题的研究无疑弥补了这一薄弱环节，对于丰富和拓展福建抗战史
的研究，推进国民政府兵役问题研究的深入，具有重要的学术价值。

从现实意义来看，战时兵役是福建军政当局"最紧要的事务"，牵涉
方方面面的利益，加强对战时福建兵员动员实施情况的考察，深入研究征

_____

① 《闽省兵役问题》，《申报》，1938 年 10 月 2 日，第 2 版。

兵与福建军事、政治、社会、民众之间的关系，对于我们全面认识战时福建军事政治形势、经济社会状况、思想文化状态，进而体认抗战的艰巨性、复杂性，珍视来之不易的成果等方面都有重要的意义，这在一定程度上也拓展了抗战史研究的内容。众所周知，抗日战争是近代中国人民最艰苦卓绝的民族解放战争。在14年的抗战中，国共两党舍家弃业的将士们为保卫国家江山社稷，挽救民族危亡浴血疆场，用鲜血和生命捍卫了国家主权和民族尊严，他们的英名永为人们缅怀和尊崇。本论题的研究不仅在于为当代我军的兵役制度和军队现代化建设提供历史参照，更重要的是弘扬伟大的抗战精神，助力大陆与台湾对抗战的深入认识，共同实现中华民族的伟大复兴。

二 学术史回顾

（一）研究现状

本论题属于抗战时期国民政府兵役制度研究的重要组成部分。既往关于国民政府兵役制度的研究大致有三个方向：一是从整体上研究兵役制度理论及兵员征补；二是从局部切入考察地方征兵制的推行；三是从理论视角评析役政问题。但很明显，无论哪方面，研究都不够深入、系统和全面。在对地方征兵制实施的研究中，仅涉及内陆几个省份，其中关于兵员大省四川的研究成果最为丰富，也有学者先后对河西走廊、广西、贵州、湖南、江西、河南等省的征兵实态进行过考察，他们既阐述了共性，也论述了各地的差异性。笔者认为，中国幅员辽阔，各地征兵制的推行虽是遵行政府的旨意，但落实起来有相当的复杂性和和差异性，以个案作具体而微地探讨，实际上更有利于我们全面、深入地认知国民政府役政推行的真实情况。在已有的研究成果中与本论题相关的内容包括以下几个方面。

1. 关于抗战时期国民政府兵役制度理论的研究

1933年颁布的《兵役法》是中国兵制史上的重大变革，促进了中国军事制度的近代化。对这一制度的研究，成果颇为丰富。军事史、兵制史专著宏观上介绍了国民政府的兵役制度，如新中国成立后首部论述历代兵制的专著——《中国军事史》（解放军出版社，1987）兵制卷第七章专门介绍了中华民国兵制。王晓卫主编的《中国军事制度史》（兵役制度卷）

（大象出版社，1997）第十二章较为全面、详细地阐述了国民政府征兵制的建立、兵役机构的演变、兵役义务与权利、兵役种类、兵役行政、征兵制的实施等。兰书臣所撰的《中华文化通志》（兵制志）（上海人民出版社，1998）依次记述了历代军伍、掌兵、用兵、任官、集兵、动员等重要军事体制和兵制思想，其中关涉抗战时期的兵员动员体制，本书将兵员动员制度的重点概括为两个方面：第一，动员准备是动员制度建设的立足点；第二，动员率是制约兵员动员的一个决定性因素，也是动员之制要着力研究解决的问题。

除了各版的军事史、兵制史专著的简略描述外，一些学位研究论文也有专论，如田彦征的《抗战时期国民政府的兵役制度》（中国人民大学硕士学位论文，1989）勾勒了义务兵役制的产生、颁布、新旧兵役法之比较、役政机构的演变等，并对兵役制度进行了简要评价。朱书清的《抗战时期国民政府的兵役政策》（四川师范大学硕士学位论文，1999）从兵役政策的由来、制定、实施、影响、弊端5个方面论述了国民政府的战时役政，该研究较前者有些深入。夏静在《国民党政府兵役制度研究》（山东师范大学硕士学位论文，2009）全面梳理了土地革命战争时期、抗战时期、解放战争时期国民党统治大陆22年间兵役制度的演化，其中重点论述了抗战时期的兵役制度，文中阐明了国民政府通过兵役机构的调整、兵制的改进、征兵的宣传、优待制度的确立、调拨监犯服兵役、发动知识青年从军运动、在游击战区征募壮丁等一系列办法，为正面战场的兵源补给和抗战的胜利发挥了积极作用。由于跨度时间长，该文缺乏对战时役政鲜活内容的深入阐述。

另外，一些期刊论文或深或浅地对国民政府兵役制度理论进行了研究，如方秋苇（1940年曾任兵役署少将设计委员）在《抗战时期的〈兵役法〉和兵役署》（《民国档案》1996年第1期）一文中以回忆录的形式阐述了《兵役法》的主要内容、兵役署的成立、《兵役法》的修改、兵役权利的争夺等，较为真实地向人们展示了国民政府兵役管理机构和兵役行政的概况。黄安余在《简述抗战时期国民政府的兵役制度》（《民国档案》1998年第3期）一文中主要论述了《兵役法》的实施概况、兵役行政、壮丁调查与兵员征集、补充兵编练等问题，作者认为征兵役制虽然在当时具有先进性，但其落后性所带来的负面影响不可低估。张天政在《中国近代兵役制度演变述略》(《军事历史研究》2003 年第 3 期) 中再现了 1840 ~ 1949 年 100 多年间中国兵役制度由传统向近代化转变的艰难历程。龚喜林的《抗战时期国民政府兵役法制建设述论》(《历史教学》2015 年第 6 期) 一文,深入地探讨了战时国民政府兵役法制建设的三个主要层面:兵役母法《兵役法》、兵役实施法规和为保障兵役制实施的法律。文中还指出,虽然国民政府兵役法制建设存在诸多问题,但战时的兵役法制不仅保障了兵役制的实施,也促进了中国兵制的近代化。

台湾学界对国民政府兵役制度的研究和史料整理比较深入和系统。如何志浩的《抗战期间兵员补充实录》(台北联勤出版社,1958),从军事战略学角度翔实地阐述了抗战期间国民政府的兵员征补。台湾政治作战学院政治研究所陈奇雷 1987 年的硕士学位论文《抗战时期社会动员理论之研究——以兵役政策为例》从社会动员学角度论述战时兵役政策的环境、规划、合法化、执行、评价等。汪正晟《以军令兴内政——征兵制与国府建国的策略与实际 (1928 ~ 1945)》(台湾大学出版中心,2007) 一书,从征兵制与国家建构之间的关系入手,解读国民政府建立现代国家的经验和教训,虽然有其特定的"政治视角",但为我们认识国民党陆政溃亡的原因打开了新的视野和方法。

2. 关于国民政府兵役制度的实施及兵员动员的研究

史滇生在《抗战时期国民政府的兵员征补》(《军事历史研究》1995 年第 2 期) 一文中,从征募并行制、一保数兵和一甲一兵运动、知识青年从军运动、监犯调服兵役等方面详细探讨了国难关头国民政府采取的兵员征补手段。仲华的《试论抗战时期国民党军队的兵员征补》(《南京政治学院学报》2006 年第 3 期) 则介绍了抗战八年间国民政府兵员征补概况,并分析了兵员整体素质。张燕萍在《抗战时期国民政府兵员动员述评》(《抗日战争研究》2008 年第 4 期) 中指出,战时征兵制具有先进性,其兵员动员基本上满足了作战部队兵员补充的需求,但兵役结构设计的不合理,造成了兵员补充的困难,降低了兵员素质,弱化了兵员动员的成效,如在常备兵役和国民兵役中没有补充兵役作为调节,不利于战时兵员动员,战时各省国民兵团的频繁裁撤,也给国民兵的组织和训练带来了相当难度。龚喜林在《试论抗战时期国民政府兵员动员》(《山西档案》2016 年第 4 期) 一文中阐述了国民政府动员兵员的三个方面:确立义务兵役制,构建起兵员动员的兵役行政和法制基础；通过国民兵（壮丁）的组训，以储备大量备补兵员；而征募并行制的实施，将大量兵员征补到前线，满足了战争对兵员的需求。赵金康的《抗战时期国民政府的监犯调服军役》（《抗日战争研究》2010 年第 3 期）一文是最为详细论述监犯调服军役问题的重要成果，作者充分肯定了监犯在服役期间为打败日本帝国主义所作的积极贡献。加拿大纽布伦斯威克大学的徐乃力教授在《抗战时期国军兵员的补充与素质的变化》（《抗日战争研究》1992 年第 3 期）一文中认为国民政府兵员"动员率"极低，他推算出中国只有 0.4% 的动员率，远远低于日本的 1.3%、英国的 1.4%、美国的 2.4%、苏联的 3%、德国的 3.8%。

3. 关于地方征兵实态问题的研究

目前学界对区域性征兵问题的研究涉及内陆几个省份。战时四川作为后方兵员补充大省，为国家输送了 300 多万的兵力，占总数的 1/5，居全国之首，素有"无川不成军"之说。[①] 因此，四川兵役实施情况一直是学界关注的重点，相关的研究成果从四川征兵的背景、役政实施、民众应对、优抚政策、役政弊端、征兵成效、川军贡献等方面全方位探讨了四川役政，基本复原了四川征兵概貌。比如，已出版的相关著作就有四川省政协文史资料委员会和四川省人民政府参事室联合编撰的《川军抗战亲历记》（四川人民出版社，1985），马宣伟、温贤美的《川军出川抗战纪事》（四川省社会科学院出版社，1986），郑光路的《川人大抗战》（四川人民出版社，2005），万金裕的《抗战八年四川人民在征兵服役上的贡献》（《四川文史资料集粹·第二卷政治军事卷》，四川人民出版社，1996）等，这些著作大多以翔实的史料，系统地对四川兵役做了全面的梳理和总结，是研究四川兵役问题的重要参考资料。

一些学位论文也从不同的视角对战时四川役政进行研究，例如汤梓军的《抗战时期四川兵员动员研究》（四川大学博士学位论文，2006）从四川兵员动员的背景基础、组织架构、法规体系、动员体制、方式手段、征召程序、成效及问题等方面，对战时四川政府对民众的兵员动员作了较为深入地探讨。伍福莲的《试论抗战时期国民政府兵役政策在四川的实施情

---

① 金振声：《四川民众与八年抗战》，载章德华主编《西南民众对抗战的贡献》，贵州人民出版社，1992，第 15 页。

况》（四川大学硕士学位论文，2005）从抗战时期国民政府修改兵役制度的紧迫性、兵役政策在四川的实施、影响和结果 4 个方面，论述国民政府兵役政策的得失以及四川役政对抗战的贡献。廉健以四川温江县为中心对四川大后方战时征兵工作进行了考察（《抗战时期大后方的征兵工作——以四川省温江县为中心的考察》，四川大学硕士学位论文，2008）。其他论文如冉绵惠的《抗战时期的兵役制度——以四川为例》[《四川师范大学学报（社会科学版）2007 年第 5 期）、徐涛的《四川对抗日战争的贡献》（《成都大学学报》（社会科学版）1995 年第 3 期）、周小粒、李鸿生的《四川人民在抗战中的贡献》（《四川师范学院学报》（哲学社会科学版）1998 年第 2 期）、刘一民的《抗战时期兵役制转变与四川农民对兵源的贡献》（《成都大学学报》（社会科学版）2005 年第 4 期）等均对四川役政作了深度研究。

除四川外，有学者从边疆少数民族省份入手，考察战时役政在该地的实施及其效果，例如石建国的《抗战时期国民政府的壮丁征兵制度探析——以河西走廊为中心的考察》（《军事历史研究》2002 年第 2 期）一文，详细梳理了战时河西走廊壮丁抽签的方式，使我们看到了边塞地区独特的壮丁抽签制度和"以马代丁"的特殊兵役政策。刘文俊的《民团体制与抗战时期广西的军事动员》（《学术论坛》2006 年第 9 期）向我们展现了广西民团体制与征兵制的良性互动关系，作者肯定了广西民团体制对抗战兵员动员的贡献，即为正规军队提供了质量兼优的兵员，也在大后方储备了可资利用的准武装力量。莫子刚的《抗战时期贵州役政之初探》（《抗日战争研究》2008 年第 4 期）则探讨了抗战时期贵州省政府多法并用的役政措施，如采取三步抽签法，制定防漏、堵、逃措施，开展军民训练，采取宣传、抚慰、督导、奖惩和示范等。该文以"点"带"面"的横切式考察法有利于我们对国民政府役政在各省区的贯彻实施进行全面了解。隆鸿昊在《抗战时期湖南兵役初探》（《抗日战争研究》2013 年第 3 期）一文对抗战期间湖南省役政推行情况进行了全面考察，包括兵役机构、兵役宣传、抽签办法、新兵及征属优待、阵亡抚恤、伤兵救济等。文中指出，与贵州、四川等后方省份及中共抗日根据地相比，战时湖南役政有其自身的特点，并且存在严重的弊端。郑发展的《抗战期间国民政府地方兵役机构探析——以河南省为中心的考察》（《郑州大学学报》（哲学社会科学版）

2016 年第 5 期）探讨了抗战期间河南省在全国率先建立起的从军管区到保甲系统的各级兵役机构的演变。该省不同县份的兵役机构各具特色（如按地亩摊派壮丁），基层保甲对征兵起到了关键性的作用。

关于知识青年从军运动的研究，近二十年来引起了两岸学界的普遍关注，如周春雨的《抗战后期十万知识青年从军热潮述评》（《军事历史研究》1998 年第 3 期）、江沛、张丹的《战时知识青年从军运动述评》（《抗日战争研究》2004 年第 1 期）、侯德础的《略论抗战后期的知识青年从军运动》（《民国档案》2006 年第 2 期）、孙玉芹的《抗战末期的"十万知识青年从军"运动述评》（《抗日战争研究》2010 年第 3 期），刘丽平（《国民政府对知识青年从军的宣传工作探析》，四川文理学院学报，2013 年第 6 期）、周倩倩的《抗战后期青年军的组建及其结局》（《南京晓庄学院学报》，2013 年第 2 期）、付辛酉的《从"青年学生志愿从军"到"知识青年从军运动"》（《民国档案》2013 年第 2 期）等对该运动的缘起、经过、青年军的组建、管训、复员、从军运动的影响以及青年军与国民党、三青团、内战的关系等方面作了全面深入的研究。对地方从军运动的考察所见有蔡宏俊的《从民国档案看抗战末期知识青年从军运动》（《兰台世界》2007 年第 19 期）、谭定远的《抗战胜利前后湖北青年学生参加青年军的概况》（《湖北文史》2009 年第 2 期）、闻黎明的《关于西南联合大学战时从军运动的考察》（《抗日战争研究》2010 年第 3 期）、安晓芬的《论抗战后期甘肃知识青年从军运动》（《陇东学院学报》，2012 年第 2 期）、周倩倩《抗战胜利后的青年军复员：以江苏为例》（《民国档案》2013 年第 4 期）、尚季芳、颉斌斌的《请缨报国：战时国立西北联合大学的知识青年从军运动——以国立西北师范学院为中心》（《档案》2015 年第 7 期）等，他们分别对四川、湖北、西南联大、甘肃、江苏等地的知识青年从军运动进行了整合与梳理。相关的学位论文如王永强的《抗战时期知识青年从军运动研究》（西北师范大学硕士学位论文，2011）陈尧的《抗战末期十万知识青年从军运动研究》（重庆师范大学硕士学位论文，2012），徐一鸣的《抗战后期知识青年从军运动研究》（南京大学硕士学位论文，2014）等全面系统地论述了抗战末期知识青年志愿从军运动的问题。台湾学者陈曼玲、应俊豪等亦从多度探讨知识青年从军运动。

4. 关于国民政府役政弊端的研究

战时征兵与征粮被视为国民政府的两大"恶政"。随着研究的深入，学界逐渐改变了以往"黑暗"与"罪恶"的感性指责模式，评价渐趋客观与理性。文芳自称其为"亲历者讲述私人记忆中的黑色往事"，其所著的《黑色大历史：兵灾战乱（兵祸）》（中国文史出版社，2004）一书，记述了军阀混战和抗日战争时期的征兵情况、兵役见闻、高层黑幕、抓丁等内容，本书虽为一般性读物，但也客观地再现了当时的役政状况。陈廷湘、程大力的《抗战时期大后方的役政》［载于《四川省纪念抗日战争胜利四十周年学术讨论会论文暨史料选》（二），四川省社会科学院出版社，1985］从大后方役政困难的原因、人民逃避兵役和政府强抓壮丁3个方面探讨战时役政。孙玉芹在《抗战时期影响国民政府征兵因素探析》（《河北大学成人教育学院学报》2001年第3期）中认为，战时国民政府兵员动员之困，除了国民党专制、基层组织不健全、兵役宣传滞后以外，战争的残酷性、民众兵役意识和民族精神的缺失也是不可忽视的因素。郑发展在《试论抗战时期户口统计中的壮丁调查与征兵》（《齐鲁学刊》2010年第1期）中既肯定了基层保甲在兵员动员中的贡献，也指出保甲人员对役政的漠视、徇私舞弊、民众恐惧兵役等，是造成役政弊端的根本原因。李常宝则在《民意迟滞下的国家政治期待：再论抗战期间国统区兵役行政》（《学术论坛》2012年第2期）一文中指出南京政府试行征兵制，事前事后均未做翔实阐释和务实宣传，且政权所代表的利益也使该制度难以集中体现真实的民意，因此，征兵制未能内化为民众的法律意识。国家政治期待遭遇迟滞的民意，并由此引发丛丛役政弊窦和暴力抗征。张艺的《抗战时期大后方保甲的困境——以四川南溪县兵役纠纷及其解决为例》（《西南交通大学学报》（社会科学版），2014年第4期）一文，则从四川南溪县兵役诉讼档案入手，展现了抗战时期该县基层社会乡民与保甲之间兵役纠纷产生的背景、非法拉丁案件的情形以及役政纠纷的解决过程。该文从法制视角反映了役政腐败现象。陈廷湘在《战时特殊利益空间中的国家、基层与民众——从抗日战争时期兵役推行侧面切入》（《河南大学学报》（社会科学版）2012年第5期）中认为，抗战特殊时期，国内虽然形成了新的利益关系体系，但原有的国家、基层和民众三大利益结构之间的差异并未发生本质上的改变。三大利益结构之间的利益博弈，产生了众多复杂的纠纷，内耗了抗战力量。在关于役政弊端问题的研究中，龚喜林的研究成果最为丰富，他将役政弊端问题置于当时的军事、政治、经济、文化、社会环境来分析，视野全面，见解独到，客观公正，如《抗战时期基层保甲征兵的制约性因素探析》（《历史教学》2011年第16期）从战事的惨烈、经济的困窘、文化教育的落后、征兵制推行的短暂、保甲制的制约、豪强劣绅的阻挠等全方位深剖了役政问题的根源。龚喜林的其他论文如《试析抗战时期国民政府征兵制推行弊失的原因》（《贵州文史丛刊》2012年第4期）、《抗战时期国民政府征兵过程中农民的生存与反抗》（《历史教学》2012年第22期）、《抗战时期国民政府江西征兵农民的"反行为"述论》（《九江学院学报》（社会科学版）2014年第1期）等对农民反抗征兵的现象进行了深刻解读，认为农民"抗役"是多种因素综合作用的结果，包括农民对"生存第一"的考量，征兵中的舞弊与不公，战时繁重的兵额负担，农民自身问题等。龚喜林亦认为，抗战时期国民政府征兵制的推行困难重重，其原因在于日寇的疯狂进攻造成的中国大量的兵员需求、战时经济的贫困及社会组织的弥散；基层保甲的徇私舞弊、贪赃枉法，征兵、征工、征粮之间的冲突等都是不可忽视的重要因素。

此外，福建省六十多个县（市、区）的文史资料中基本上都有关于国民政府征兵问题的记载。如上官绍诒的《抗丁血泪》（《光泽文史资料》第5辑，1986年7月）、楚枡的《记国民党陆军七十五师一个连逃兵实况》（《南靖文史资料》第9辑，1988年5月）、陈维猷的《解放前征兵弊政在长汀》（《长汀文史资料》第4辑，1983年6月）、史钟搜集整理的《民国时期德化县征捕壮丁断记》（《德化文史资料》第9辑，1988年8月）、祝笑白的《解放前国民党的征兵制度》（《建阳文史资料》第5辑，1985年12月）等，上述文章大多著于20世纪80年代，以亲历者和见证者的口述、回忆录或调查的形式记录了抗战时期或解放战争时期福建壮丁征集过程中的种种弊端，但也相对公正地对国民政府的兵役问题做了评价。

第二章

福建兵员动员的背景与有利条件

全面抗战初期，国军伤亡惨重，前方需兵孔亟，而中日双方实力悬殊，为了坚持抗战，国民政府只有以唯一的人力优势，应对日军的现代化武器装备。相对有利的条件是，在全面抗战前夕，福建以民军为首的地方割据势力被整肃和改编，实现了地方军政的统一，经济上打破樊篱。"九一八"事变后福建掀起了抗日救亡运动的高潮，"福建事变"的发生以及全面抗战后保卫"大福建"的运动等，为大规模的兵员动员奠定了政治和思想基础。

第一节　国民政府兵员动员的背景

一　征兵的紧迫性与必要性

卢沟桥事变发生后，中日军事进入白热化的状态，面对日军大举进攻的紧急形势，7月17日，蒋介石在第二次庐山谈话中首次明确表示了抗战的决心："万一到了无可避免的最后关头，我们当然只有牺牲，只有抗战！""我们知道全国应战之后之局势，就只有牺牲到底，无丝毫侥幸求免之理。如果战端一开，那就是地无分南北，年无分老幼，无论何人皆有守土抗战之责任，皆有抱定牺牲一切之决心。"[①] 7月下旬，国民政府成立了统率全国军队的大本营，蒋介石自任大本营元帅，程潜、白崇禧任正副参

---

① 蒋介石：《对于卢沟桥事件之严正表示》，秦孝仪主编《先总统蒋公思想言论总集》卷十四《演讲》，中国国民党中央委员会党史委员会，1984，第584～585页。

谋总长。不久，大本营改称军事委员会。8 月 15 日，国民政府设立最高国防会议（1939 年改组为国防最高委员会），以蒋介石为主席，中央党部常务委员、五院院长、参谋总长、副参谋总长、军政部长皆为委员。军队编制以师为单位，每师辖 4 个团，每团辖 3 营，计 1200 余人。① 20 日，国民政府军以大本营的训令颁发战争指导和作战指导计划，明确提出以"持久战"为作战指导的基本主旨，并将南北战场划分为 5 大战区。在国民党的动员和组织下，中华民族整体觉醒，"比较顺利地形成了全国军民抗日战争的高潮，一时出现了生气蓬勃的新气象。"②

军事组织组建，但战争并不遂人愿。抗战之初，在华北战场，由于国民政府一直对西方国家参与的和平谈判抱有侥幸心理，蒋介石致电第 29 军军长宋哲元，提出"不屈服，不扩大"的方针，因此第 29 军未采取有效防卫措施，在敌重兵围攻下仓促应战，以至于 7 月 25 日双方在廊坊激战仅一天，中国守军就伤亡惨重。在南苑战役中，第 29 军副军长佟麟阁壮烈殉国，第 132 师师长赵登禹在撤向北平时，中弹身亡。在整个平津抗战过程中，第 29 军将士壮烈殉国者，达 5000 余人。③ 在南口及附近地区的战斗，从 8 月 8 日至 26 日，中国军队伤亡 26736 人，而日军伤亡仅 2600 余人④，前者是后者的 10 倍。

忻口会战敌我相持一个多月，中国参战人数 18 万多人，阵亡 20700 多人，伤 35000 多人，包括第 9 军军长郝梦龄中将、第 54 师师长刘家骐少将、独立第 5 旅旅长郑廷珍少将相继殉国。⑤ 娘子关会战，第 26 路军血战8 昼夜，各级官长伤亡达 3/5，阵地绵亘 50 余里，兵力异常单薄，最后，中国军队参战 95000 多人，阵亡 1 万人，伤 11000 人。⑥ 连日鏖战，部队伤亡惨重，卫立煌电呈蒋介石，请求迅筹援军：

---

① 张其昀：《中国军事史略》，正中书局印行，1946，第 72 页。
② 《毛泽东选集》第 3 卷，人民出版社，1991，第 1087 页。
③ "国防部史政局"编《抗日战史》（第三册），《华北地区作战》，1963，第 33 页。
④ 军事科学院军事历史研究部：《中国抗日战争史》（中卷），解放军出版社，1994，第 27 页。
⑤ 樊吉厚、李茂盛、杨建中撰《华北抗日救亡史》（中卷），山西人民出版社，2005，第 158 页。
⑥ 樊吉厚、李茂盛、杨建中撰《华北抗日救亡史》（中卷），山西人民出版社，2005，第 173 页。

惟以连日争夺要点，各部浴血苦拼，伤亡过巨，现在十四军及八五、廿一各师余部均不过五、六营，独立旅仅余战斗员五，六百。每日消耗均在二、三千左右。若不火速补充，诚恐守备无人。①

在华东战场，淞沪会战是正面战场 22 次会战中少数规模最大的战役之一，国民政府先后共投入 6 个集团军约 70 个师共七十余万兵力，在日军海陆空强大火力下遭受了极为惨重的损失，中国军队的伤亡人数，迄今没有准确的统计，但据徐永昌（时任军委会办公厅主任）日记记载，何应钦1937 年 11 月 5 日于南京召开的国防最高会议的报告中宣布，淞沪战场中国军队伤亡已达 187200 人以上。② 此外，1937 年 11 月 5 日至 12 月 2 日，国军伤亡约为 10 万人，两项合计约为 29 万人。另据《何应钦将军九五纪事长编》一书的记载，淞沪会战"我军消耗竟达八十五师之众，伤亡官兵三十三万三千五百余人。"③ 如果按总数 30 万人来计算，平均每天死伤官兵在 3000 人以上。我们从表 2 - 1 中看到八年抗战期间敌我双方伤亡人数的比较。

表 2 - 1　抗战各时期中日使用兵力及伤亡人数一览

			中　方		日　方		备　注
			兵员数	兵员伤亡数	兵员数	兵员伤亡数	
第一期	第一阶段	自卢沟桥事变至南京失守止（1937 年 7 月至 12 月底）	1700000	447114	700000	245000	
	第二阶段	自南京失守后至徐州会战止（1938 年 1 月至 5 月底）	2173000	342526	950000	200000	
	第三阶段	自徐州放弃后至武汉会战止（1938 年 6 月至 11 月底）	2251000	254628	1000000	256000	

① 彭明：《中国现代史资料选辑》第五册《补编（1937～1945）》，中国人民大学出版社，1993，第 262 页。
② 中研院近代史研究所编《徐永昌日记》第四册，1991，第 167 页。
③ 余子道、张云：《八一三淞沪会战》，上海人民出版社，2000，第 410 页。

续表

			中　方		日　方		备　注
			兵员数	兵员伤亡数	兵员数	兵员伤亡数	
第二期	第一阶段	自岳阳失陷后至冬季攻势止（1938年11月至1940年2月底）	2685000	404653	1200000	754375	
	第二阶段	自克服五原后至太平洋战争爆发止（1940年3月至1941年11月底）	3171000	972851	3864000	522681	
	第三阶段	自太平洋战争爆发至胜利止（1941年12月至1945年9月止）	3534027	789646	2246000	784762	投降后我俘虏敌官兵120万余名
总计				3211418		2762818	

资料来源：浙江省中国国民党历史研究组编印《抗日战争时期国民党战场史料选编》第一册，1986年12月，第336页。

从上述资料可以看出，从1937年7月至1938年10月武汉失守的第一期抗战期间，经过淞沪、徐州、武汉等几次大会战，中国军队伤亡的人数就达1044268人，平均每月达10万人以上，占整个抗战时期兵员损失的1/3。到1938年，中国的战斗兵力已降至100万[①]。何应钦承认，到1938年底，"陆军伤亡已据呈报者计有四十万人，已造书表请恤者约二万人，明令褒扬者计有郝梦龄等十五人，国葬共葬者有刘湘等四人，特恤者有王铭章等七百余人……"[②]。兵员的大量消耗要求相应的补充，征补兵员作为一个急不可待的重大问题被提上了国民政府的议事日程，国民政府军事委员会通令各省政府，紧急征募壮丁补充前线。1937年10月下旬，军政部就指出："目下现役部队略已使用完尽，此后补充者多系新募，故战斗力

[①]　F. F. Liu. A Military History of Modern China. 1924–1949. 49. Princeton University Press. 1956. p. 135. 转引自〔加拿大〕徐乃力《抗战时期国军兵员的补充与素质的变化》，《抗日战争研究》1992年第3期，第48页。

[②]　何应钦：《何上将抗战期间军事报告》（上），军事委员会编印，1948，第202页。

益见低劣。"① 随着抗战时间的延长及程变的加深，前方需要兵员补充的情况更加严峻。第二期抗战开始后，蒋介石便明确指示，兵员补充为当前最急迫的问题，为支持持久战，消耗敌人，积极进行反攻，必须使全国国民踊跃参加兵役，以保兵员源源不断之补充。而在当时，国民政府军队兵员动员是极其微弱的，受传统习惯的影响，青壮年大多不愿应募当兵，招募的士兵素质在很大程度上又无法适应抗战，于是，战事的紧急迫使国民政府实行以兵额配赋的方式紧急补充新兵。

二　日中实力悬殊与征兵

中日全面战争初起的最基本态势是日强中弱，正如毛泽东所指出的，日本"是一个强的帝国主义国家，它的军力、经济力和政治组织力在东方是第一等的，在世界也是五六个著名帝国主义国家中的一个"，中国"则是一个半殖民地半封建的国家""依然是一个弱国"，无论"在军力、经济力和政治组织力各方面都显得不如敌人"。② 蒋介石在1937年8月7日国防联席会议上也说："我们现在对国防上作战的准备与敌方比，不但十分之一没有，就是百分之一也没有。"全国弹药之准备，也只"可供半年之需"。③ 实力对比的悬殊，是战初国军接连失利的重要原因。

（一）经济实力的悬殊

现代化的战争必须依赖于高度发达的国防工业，而国防工业的基础在于经济实力。明治维新后半个多世纪，日本在经济力量上已占有很大优势，至1937年，日本的现代工业产值在国民经济总产值中已占到80%，各种轻、重工业产品均能制造。中国现代工业（包括帝国主义在华企业）在国民经济总产值中仅占10%，除沿海部分城市与长江中下游地区有少数工业外，大部分为手工业。在农业方面，日本已使用机械化农业生产，而中国基本上依靠人力、畜力，甚至处在刀耕火种的状态。我们以1937年七

---

① 王桧林主编《中国现代史》（下册），北京师范大学出版社，1999，第410页。
② 《毛泽东选集》（第二卷），人民出版社，1991，第447～449页。
③ 戚厚杰：《抗战爆发后南京国民政府国防联席会议记录》，《民国档案》1996年第1期，第29～31页。

七事变前日中两国的工业总产值和几种主要工业产品作比较，就可对两国经济实力的差距一目了然。

表 2 - 2 1937 年七七事变前中日国力比较

区 分	日 本	中 国	比率 （日本/中国）
国土	369661 平方公里	11418174 平方公里	1：31
人口	90900900 人	467100000 人	1：5.1
工业总产值	60 亿美元	13.6 亿美元	4.4：1
钢铁	580 万吨	4 万吨	145：1
煤	5070 万吨	2800 万吨 （其中外资占 55%）	1.9：1
石油	169 万吨	1.31 万吨	129：1
铜	8.7 万吨	700 吨	124：1
飞机	1580 架		
大口径火炮	744 门		
坦克	330 辆		
汽车	95000 辆 （设备能力 3 万辆）		
造船能力	47.32 万吨		
造舰能力	52422 吨		

资料来源：刘庭华编著《中国抗日战争与第二次世界大战系年要录·统计荟萃（1931～1945）》，海军出版社，1988，第 475 页。

中日在经济实力上的巨大差距直接表现在军事工业制造上。1937 年日本军事工业投资达 22.3 亿日元，比 1936 年增加了 2.2 倍，占当年工业投资总额的 61.7%。现代化的军事装备如重炮、坦克、飞机，甚至航空母舰，日本都能大规模生产，且武器装备性能优良，型号统一，补充便利。而国民政府虽已意识到军事工业的重要性，却没有实际成果，直到 1937 年，中国的国防工业或军事工业还处于原始状态，军队继续严重依赖外国的武器装备。[1] 国内的兵工厂确实制造了大量步枪、机关枪以及小口径的火炮，但实际上所有重型武器以及汽车、坦克、汽油和无线电设备、光学仪器、要塞重炮等还是不得不进口。飞机和舰艇虽已生产出少量产品，但

---

[1] 〔美〕费正清主编《剑桥中华民国史》（第二部），章建刚等译，上海人民出版社，1992，第 609 页。

主要部件及原材料必须依赖进口或依靠在华的外资企业进行生产，一旦零件用完，来源断绝，即无法得到补充，如军用飞机，当时中国只能靠进口或通过在杭州、广州的两家美国公司和在南昌的一家意大利公司进行组装，而这三家公司的组装能力又极有限，并且由于进口来源不一，武器装备型号不同，操作方式各异，更增加了使用和补充的困难。

（二）军事实力的差距

1. 兵力动员之比较

日本在 1873 年就颁布了《征兵令》，实行以义务兵役制为主、志愿兵役制为辅的兵役制度，这为日本军事的进步和发展奠定了重要基础。之后，《征兵令》又分别于 1879 年、1883 年和 1889 年进行过三次较大修改，兵役制度不断完善。1927 年，日本政府颁布了《兵役法》，规定年满 17 ~ 40 岁的男性公民都有服兵役的义务。兵役区分为常备兵役、补充兵役和国民兵役。[①] 1931 年日本侵占东四省（中华民国的东北四省：奉天、吉林、黑龙江和热河）后，陆军当局进一步研究和制定全面侵华的作战计划，同时也加快了扩军备战的脚步。1936 年 8 月，日本制定《国策基准》，首次明确提出向大陆和海洋同时扩张的全面侵略总方针，并制定了以大规模充实航空兵和充实驻满洲兵力为中心的 5 年扩军计划。从军费上来看，从 1931 ~ 1937 年，每年的军费都在增加，1931 ~ 1932 年度，增加到 37%，1933 年度为 40%，1934 年度为 44%，1935 年度为 48%，1936 年度为 47%，1937 年度为 50%（达 14 亿日元）。[②] 军费的增加，即足以证明其扩张兵力与准备战争的强化程度。到 1937 年上半年，日本陆军有 17 个常备师团（每师约 15000 人）、4 个混成旅、4 个骑兵旅团、5 个野战重炮兵旅团、3 个战车联队（包括坦克、装甲汽车）、16 个飞行联队（54 个飞行中队），以及守备队（相当于步兵旅团）等，共有常备兵力约 38 万人。[③] 而此时的中国陆军有步、骑兵师 191 个，独立旅 65 个，独立团 79 个，总兵

---

① 中国战争动员百科全书编审委员会编《中国战争动员百科全书》，军事科学出版社，2003，第 588 页。
② 吴展：《1937 年日苏军备现状及扩充计划》，《军事杂志》1937 年第 101 期，第 105 ~ 112 页。
③ 郭汝瑰、黄玉章主编《中国抗日战争正面战场作战记》（上册），江苏人民出版社，2005，第 294 页。

力 202.9 万人（包括八路军和新四军 5.6 万人）。

虽然，国民政府常备兵役在绝对数量上已数十倍于日本，但从各师组建过程来看，中国军队背景极其复杂，其中半数以上是北伐不彻底所留存下来的军阀部队，虽然编入国民党军队的序列，但仍为各省地方势力所掌控，与南京政府貌合神离，甚至在抗战前夕仍然对抗国民党中央，因此，在作战时难以调度与指挥的现象时有发生。在强敌压境的紧急态势下，虽有一些地方部队出于爱国热情主动奔赴前线抗战，但数量毕竟较少，许多地方部队特别是西南、西北地区军阀，留下了大部分军队以求自保。因此，全面抗战发动时，能受中央调动的军队人数，仅有步兵 80 个师、9 个旅，骑兵 9 个师，炮兵 2 个旅，16 个炮兵团，总数尚不到 100 万人。[①] 与此同时，国民政府后备兵员明显不足，抗战前中国实行的是募兵制，退役军人均未编入兵籍，战时不能及时征召回现役，更无一线、二线补充兵员，至抗战爆发前我国仅有预备役 50 万人，其中高中及同等学校训练合格的预备士兵有 17490人，专科以上学校训练合格的预备军官仅有 888 人。[②] 没有充足的预备役人员作为补充，战争中兵员一旦损耗，补充就成了难题。而日本预备役、后备役、补充兵总计有 448 万人，其中，现役、后备役、预备役为战斗部队，总数约为 199.7 万人。[③] 而日本在 1938 年颁布了二战时期最完备的一部总动员法——《日本国家总动员法》，为最有效地发挥国家的全部力量，最大限度地满足战争的需要提供了法律依据，只要动员令一发布，就可以在短期之内征集到大量的兵员。有学者统计，战时日本可以动员 3 倍的兵力，预备役达 678.8 万人。[④] 甚至有人估计，日本"若连补充兵、国民兵合计，竟有 900 多万。"[⑤] 而以两国人口为基数，相比各自的兵员动员量，中方的兵员动员数量无疑相差巨大。1938 年 4 月《兵役宣传大纲》曾宣传说："我国人口号称四万万五千万，如果实行征兵，以十分之一计算，应该出兵四千五百万，以二十分之一计算，也能出兵二千二百五十万，但现

---

① 刘凤翰：《抗日战史论集》，台湾东大图书股份有限公司，1987，第 133 页。
② 何应钦：《八年抗战》，台北"国防部"史政编译局，1982，第 24 页。
③ 何应钦：《八年抗战》，台北"国防部"史政编译局，1982，第 23 页。
④ 军事科学院军事历史研究部编《中国抗日战争史》（中卷），解放军出版社，1994，第 5 页。
⑤ 《兵役宣传大纲》，福建省军管区兵役处第一科编《兵役法规汇编》（一），福建省军管区兵役处印行，1939，第 159 页。

有兵额仅二百多万，实际上真能参加作战的还不到此数，与日本出动的兵力相差甚远。"[1] 中日兵员的差距从表 2 - 3 中可见一斑。

表 2 - 3　1937 年 8 月中日兵役制度及人力动员概况

项别 区分		日　军	国　军	备　注
人　口		105000000 人	450000000 人	
兵役	制　　度	征兵制	征募并行制	
	现　　役	380000 人	1700000 人	
	预　备　役	738000 人	500000 人	
	后　备　役	879000 人	无	
	第一补充兵	1579000 人	无	
	第二补充兵	905000 人	无	
动员 概况	人　　力	27830000 人		
	兵　　员	8860000 人	14049024 人	实补 12267780 人
附　　记		1. 日军动员人力依第二厅判断。 2. 国军动员人数依据兵役局征募数统计。		

资料来源：彭明主编《中国现代史资料选辑》第五册《补编（1937～1945）》，中国人民大学出版社，1993，第 117 页。

中国兵力的差距不仅在数量上，在质量上也相差悬殊。日本的现役军人训练有素，武器装备精良，"据陆军省 1933 年秋的统计，以师团为单位，日本同欧美军事大国相比，力量相差不多"。[2] 战时日本精锐部队著名的有名古屋第 3 师团，广岛第 5 师团，熊本第 6 师团，久留米第 12 师团，宇都宫第 14 师团，板垣矶谷师团。而我国兵源质量欠佳，军队训练不足，战事爆发之后，紧急补充兵员，训练更趋草率，更谈不到技能学识。何应钦曾就此问题说："我国常备兵额达 170 余万人，平时部队多至 180 个师以上，编制复杂，武器种类、制式不一，装备器材缺乏，官兵训练不精，因之数量虽多，而质量薄弱，殊不合现代军队之要求。"[3]

---

[1] 《兵役宣传大纲》，福建省军管区兵役处第一科编《兵役法规汇编》（一），福建省军管区兵役处印行，1939，第 160 页。

[2] 日本防卫厅防卫研究所战史室：《战史丛书·陆军军备战》卷 99，朝云新闻社，1978，第 129 页。

[3] 何应钦：《何上将抗战期间军事报告》（上），军事委员会编印，1948，第 31 页。

2. 武器装备之比较

抗战爆发前后，中国军队无论从武器装备的数量还是质量方面都远远落后于日本，可参照表 2-4、表 2-5。

表 2-4　1937 年七七事变前中日陆军师装备比较

区　分	日　本	中　国	比　率
人数	21945 人	10923 人	2∶1
马匹	5849 匹	—	—
步骑手枪	9476 支	3831 支	2.6∶1
掷弹筒	576 具	243 具	2.4∶1
轻机枪	541 挺	274 挺	2∶1
重机枪	104 挺	54 挺	2∶1
野山炮	64 门	12 门（9 门）	5∶1
步兵炮	44 门	30 门	1.5∶1
战车（坦克）	24 辆	—	—
汽车	262 辆	—	—
自动货车	266 辆	—	—
一马曳车	555 辆	—	—

资料来源：彭明主编《中国现代史资料选辑》第五册《补编（1937~1945）》，中国人民大学出版社，1993，第 118 页。

说明：1. 表内编制装备数属国民党军 1937 年十余个调整师编制，其余各师实力只有五成左右。

　　　2. 中国军队炮兵的炮弹及观测器材严重不足，运输补给能力尤为薄弱。

表 2-5　1937 年七七事变前中日三军装备力量对比

区分	日　本	中　国	比率
陆军	常备师 17 个，约 38 万人，但可以 3 倍动员。预备役 678.8 万人	国民党军步骑兵 191 个师，52 个旅，八路军 3 个师。中国总兵力 210 万人	1∶5.7
空军	91 个飞行中队，共 2700 架飞机	各种飞机 600 架，其中作战飞机 305 架	8∶1
海军	舰艇 200 余艘，总吨位 190 万吨，名列世界第 3 位	新旧舰艇 66 艘，总吨位 59034 吨	13∶1

资料来源：刘庭华编著《中国抗日战争与第二次世界大战系年要录·统计荟萃（1931~1945）》，海军出版社，1988，第 476 页。

从以上两表可知，战前日军在其装备、火力配备等方面都远超中国军队，特别是代表战争实力的空军与海军。抗战爆发后，日本陆军航空兵团从原来的 91 个飞行中队发展至 108 个，其中作战飞行中队 54 个，战斗机中队 22 个，轻轰炸机中队 6 个，重轰炸机中队 8 个，侦察机中队 15 个，轰炸、侦察混合中队 3 个，陆军航空团共有作战飞机约 960 架。此外还有运输机、训练机和研究机等数百架。① 中国空军是南京国民政府成立后新建立的兵种，到抗战爆发前，中国空军有 9 个大队，31 个中队，各种飞机共约 600 架，但真正能用于战斗的战斗机仅有约 305 架。这些飞机分别购自美、意、德、英、法等国，机种多，维修难；少量国产飞机，大多数部件也要依赖进口，所以不少飞机常因缺乏零部件而长期不能起飞，全面抗日战争爆发时能参加战斗的仅 223 架，能执行战斗任务的飞行员仅 620 人。②

总的来说，日军凭借其先进的武器装备和高素质的军队，在抗战初期就给仓促应战的国民党军队以重创，使国民政府在抗战一开始就遭遇了严重的挫折，而中国又不可能在短时期内打败日本，这一点，蒋介石在 1937 年 8 月 18 日的讲话中就明确提出"要以持久战、消耗战，打破敌速战速决的企图"。③ 为了坚持持久抗战，国民政府在不能满足军队"质量"的条件下只好争取"数量"的优势，动用当时中国唯一富有的资源——人力，去对抗强敌精良的武器和日益先进的作战方式的优势。众所周知，"战争的胜负，取决于力与计，计存乎术，力则决于人物器具资财之多寡良窳，在装备劣势一方，尤以人力为决定主体，盖无力不足以用术。"④ 德国名将鲁顿道夫也曾说："世界大战，明白昭告于吾人者，即敌人在数量方面之优胜，实胜败之所决，故数量为战争之要键。若置数之重要于不顾，而妄希以少制多，实为大误。"⑤ 虽然说现代战争是全部国力的竞赛，人数不能成为胜负的决定点，但在均等的条件下，寡不敌众的原则仍可成立。当然，兵员数量多并不一定能取胜，在战争中"兵数"与"兵质"都为决定战争胜负的两大重心，蒋百里曾说："兵力与兵数，尤不可混。数也者，就人

---

① 高晓星、时平:《民国空军的航迹》，海潮出版社，1992，第 243～244 页。
② 陈诚:《陈诚回忆录：抗日战争》，东方出版社，2009，第 11 页。
③ 蒋介石:《敌人战略政略的实况和我军抗战获胜的要道》，秦孝仪主编《先总统蒋公思想言论总集》卷十四，中国国民党中央委员会党史委员会，1984，第 605 页。
④ 朱瑞麐:《兵役宣传应有的转变》，《军事杂志》1940 年第 123 期，第 71～74 页。
⑤ 转引自王认曲《由抗战兵员补充谈到国家兵役制度之重要性》，《兵役月刊》1940 年第 2 卷第 1～2 期，第 22 页。

马材料之数量而言，力也者，则数量外，加算以人马教育之程度，材料品质之精粗者也，故必综合无形有形之两元质，而兵力之真义乃见，有形者易知，无形者难求，其在军资定额有一定之范围者，则数量之增，未必即兵力之大也。"[1] 但是，如果按照"有效兵力为兵数与兵质相乘之结果"为决定战争胜负的标准，那么，对于"兵质"较差的一方，要增加有效兵力，只有拼命取得"数"的优势，因此对中国"兵质"明显落后于日本来说，"兵数"在抗战中占有绝大的优势。[2] 由此可见，在抗战阶段，兵员数目上的优胜，至少可以成为胜利的第一阶梯。

从战争的模态来说，抗日战争不再是传统冷兵器时代的局部战争，而是海陆空立体化协同作战的现代化战争，其范围覆盖千百里，时间持续数十月，兵员需要数百万。中国幅员广阔，国防战线绵延数千里，需要的兵力极大，加以持久战消耗量的维持，非有优势的兵员源源不断地补充，才能支撑最后的胜利。这就说明了中国抗战的先决条件必须有庞大规模的兵员。依附于中国雄厚的人力，"兵数"的取得只有通过正确的兵役政策的制定，兵员的征召以及兵员动员与训练。

第二节　福建兵员动员的有利条件

一　福建军政的统一

民元至 1927 年，福建为皖、直两系军阀所控制，这一时期福建政争不息，军阀之间、民军之间以及民军与北军之间的战争频仍，民不聊生。1927 年北伐福建胜利后，7 月，福建省第一届政府组阁成立，才算有了正式的地方政府。然而，直至 1934 年"闽变"失败，福建名义上归属中央，实际仍由地方武力割据，主要的地方派系有民军、闽海军、靖国军等，其中民军势力最为强大。

"民军"是近代福建政治、军事的一大特色，指的是从清末（1901年）高义揭竿起义至抗日战争期中张雄南被戮为止（1939 年），对这一时

---

① 蒋百里：《国防论》，岳麓书社，2010，第 48 ~ 49 页。
② 张群：《抗战与兵役》，重庆独立出版社，1939，第 132 ~ 133 页。

期民间自发起家的地方武装约定俗成地称为"民军"。① 当时，全省民军武装大小近百股，其中军事实力强悍的约 30 股，其特点为"民、兵、匪"三位一体。从民元福建都督府到北洋军阀各派系，从南方护法军政府到国民党新军阀，对于民军的态度都处于两难之间：既剿又抚。"剿"是因为民军恶迹昭彰，祸闽殃民；"抚"是因为其有利用价值，或借之壮大实力，或招之以对付政敌，或用于"剿共"，一石三鸟。为了政治归依和生存发展，民军自身也不断发生蜕化与变质，1926 年 9 月，国民革命军东路军总指挥何应钦率兵入闽，将福建境内民军卢兴邦、郭凤鸣、吴威等部改编为国民革命军东路军新编第一军（简称新编军），以东路军第 1 军第 3 师师长兼第三路指挥谭曙卿为军长，下辖 2 个师，3 个独立团、1 个独立师，新编军是一支可观的武装力量，左右当时福建的政局，自 1927 年 1 月起至 10 月间，被称为"新编军时代"。② 1927 年福建国民党右派发动"四三"事变，因海军派拥蒋有功，南京国民政府成立后，蒋介石兑现与闽系海军达成的"闽人治闽"条件，任命杨树庄为国民革命军海军总司令兼福建省主席。③ 杨树庄上任后，于 10 月联合新入闽的十一军，翦除谭曙卿的新编军，控制省城党政军大权。同年福建省政府军事厅成立，由代省主席方声涛兼军事厅厅长，1931 年 2 月省政府成立保安处，方声涛兼处长。自杨树庄上任到 1932 年 7 月十九路军入闽，是国民党统治下福建省政局最为动乱的一个时期，福建四分五裂，经济凋敝。《福建评论》曾指出："就抽象方面说，是已经充满了个人主义和地方主义的精神，到处弥漫了封建的势力。"被收为新编军的卢兴邦、陈国辉、张贞、郭凤鸣，之后的钟绍葵，沿海一线的闽系海军，还有刘和鼎的第 56 师，周志群的新编第 4 旅，皆划地称霸、派款勒捐、滥发货币、自命官吏，政令无法推行，割据情形较北洋军阀时期更为严重。北伐军内部、海军内部也争权夺利，矛盾重重。由于种种牵制，"致使省政府的政令几乎出不了省城之外"。④ 正如时任福建

---

① 徐吾行：《福建民军的四十年》，《福建文史资料》第 33 辑，《闽南民军》（上），福建省政协文史资料研究委员会编印，1995，第 4 页。

② 徐吾行：《福建民军的四十年》，《福建文史资料》第 33 辑，《闽南民军》（上），福建省政协文史资料研究委员会编印，1995，第 30 页。

③ 杨志本主编《中华民国海军史料》（下），海洋出版社，1987，第 962 页。

④ 李锡贵：《谭曙卿行述》，《福建文史资料》第 14 辑，福建省政协文史资料研究委员会编印，1986，第 67 页。

省政府委员的林知渊所说："杨树庄等包括我、方声涛在内，高举'闽人治闽'的旗帜，回到福建五年多，不特对于地方毫无建树，反而把整个局面弄得支离破碎，不可收拾。"① 1930 年 1 月，发生的"一六"事件②集中说明了民军的嚣张以及福建省政府的孱弱。

为削弱民军，杨树庄先是借蒋光鼐第十一军的力量将新编军缴械遣散，并取消新编军的番号。新编军的解决使本来已经"统一"起来的福建民军又复分崩离析，并成为福建地方政治上的一个大"疙瘩"。③ 杨树庄、方声涛又"鉴于福建各派割据，省府非有实力很难应付，拟创立省防部队，由省府直接调遣，藉以巩固政权。"④ 并把新编军余部编为省防军。1929 年 3 月红四军入闽，国民党"以匪治匪"，在"剿共"战争中，省防军两个主力旅——郭凤鸣、陈国辉都受到致命的打击，郭凤鸣被击毙，陈国辉的省防军第一混成旅的番号被取消（讨卢事件后，又恢复）。⑤ 至此，自杨树庄政权开始以来所建立的福建省防军便宣告结束了。

直至 1932 年 7 月十九路军入闽前夕，福建仍未统一。刘和鼎所部 56 师驻占闽北建瓯地区，周志群独立旅以邵武为中心占据闽西北，陈齐瑄独立旅以福安为中心占据闽东北，卢兴邦部新编 2 师以尤溪为中心割据闽中地区，以仙游为中心的陈国辉独立旅割据闽东南地区，以漳州为中心的张贞部 49 师割据闽西南地区。十九路军入闽，面临的是"虚弱的省政、破碎的地方、衰败的经济、林立的军阀"这样的一个烂摊子。⑥

为了统一福建的军政大权，十九路军入闽后，首先利用一切机会，改编、整肃以至武力消灭地方杂牌势力。时任驻闽绥靖公署主任和十九路军

---

① 林知渊：《政坛浮生录》，《福建文史资料》第 22 辑，福建省政协文史资料研究委员会编印，1989，第 51 页。
② 1930 年 1 月 6 日，卢兴邦因不满省局分权，联合海军派当中预谋倒杨的骨干，绑架福建省政府委员郑宝菁、林知渊、陈乃元、程时煃、许显时及水上公安局局长吴澍，秘密押往尤溪、南平囚禁 10 个月，以此要挟杨树庄改组政府。
③ 徐吾行：《福建民军的四十年》，《福建文史资料》第 33 辑，《闽南民军》（上），福建省政协文史资料研究委员会编印，1995，第 31 页。
④ 陈齐瑄：《福建省防军教导团始末》，《福建文史资料》第 9 辑，福建省政协文史资料委员会编印，1985，第 132 页。
⑤ 徐吾行：《福建民军的四十年》，《福建文史资料》第 33 辑，《闽南民军》（上），福建省政协文史资料研究委员会编印，1995，第 35 页。
⑥ 韩真：《民国福建军事史》，中国言实出版社，2000，第 355 页。

总指挥的蔡廷锴制定了治闽方案，一是"剿共"，二是清匪，三是处置杂色军队，四是助闽人自治建设。① 所谓处置"杂色军队"，即收编闽省大小军阀。1932 年 8 月，驻闽绥靖公署主任首先对已被红军歼灭过半的张贞部49 师残部悉行改编，迫使张贞离军他走。又以为民除害之名，对恶名昭著的省防军第一混成旅旅长陈国辉执行死刑，武力剿灭余部，削掉了福建民军最凶恶的一股势力。随即又整顿、缩编和撤裁省防军，兴、泉、永各属民军相继予以整训改编，而刘和鼎 56 师、卢兴邦新编第 2 师、周志群独立旅、陈齐瑄独立旅等部，因无适当机会和理由，或力量过大，根底太深，只好暂时维持原状。十九路军收编杂牌、整顿民军的做法，得到南京政府的默认，它既可消灭地方反蒋势力，又对福建军政走向统一，经济上打破樊篱，具有积极意义。在十九路军整编军阀的同时，1932 年 12 月，福建省改组政府，蒋光鼐任省政府主席，蔡廷锴仍接任绥靖公署主任。至此，自 1927 年 7 月以来，前后维持了 5 年半的所谓"闽人治闽"的局面就此结束，十九路军取代海军派势力，控制福建政局。改组后的福建已基本"统一"，第一，各方实力派大多交出地盘，由十九路军在要冲地方屯重兵镇守；第二，各部军饷率由绥靖公署按时统一发给，各部不可在驻防地任意截留税收，更不能过问地方财政，财政和军权统一；第三，地方行政官吏由省政府委派，各地驻军不得拒绝，用人行政权树立起来；第四，行政效率提高。②

1933 年 11 月"闽变"发生后，蒋介石暂停对中央苏区的第五次围剿，自任"讨逆军"总司令，由蒋鼎文、张治中、卫立煌分率第 2、4、5 路军，约 15 万兵力入闽剿杀。蒋亲赴浦城坐镇指挥"讨逆"军事，并利诱、拉拢、收编福建各路民军、土匪，以扰乱十九路军后方，卢兴邦就任蒋介石陆军第 52 师师长，刘和鼎、周志群、陈齐瑄等分任其他职务。③ 福建人民政府失败后，十九路军离闽，国民党政府的势力便直接侵入福建，蒋介

---

① 薛谋成、郑全备：《蔡廷锴绥闽四步骤》，《福建事变资料选编》，江西人民出版社，1984，第 9 页。
② 徐吾行：《国民党统治时期的福建》，福建省政协文史资料委员会编《文史资料选编》第4 卷《政治军事编》第 3 册，福建人民出版社，2003，第 3～4 页。
③ 薛谋成、郑全备：《卢兴邦就蒋介石第五十二师师长职》，《福建事变资料选编》，江西人民出版社，1984，第 210 页。

石随即派"与日本有密切关系"的陈仪任福建省政府主席。[1] 其时闽乱初平，兵匪遍地，地方治安受兵匪极大威胁，故安定地方秩序成为当时政府的急务。为改变地方势力控制福建的局面，陈仪借"闽变余孽""剿共""弭乱"之名，通过彻底解决民军和股匪问题、整顿财政和粮食专卖、改革人事制度，实行行政督察专员制度等几方面，统一闽政，福建逐渐被"中央化"，具体分述如下。

1. 彻底消灭地方军阀，结束分裂局面

首先，陈仪对盘踞福建各地的大小军阀，采取招抚、改编、调离、遣散、围剿等办法，加以消灭，如把张贞、陈国辉余部改编为"福建省保安团"，共编成 15 个团、1 个营、2 个连与 1 个队。从 1934 年初至 1937 年 4 月，陈仪对省保安团队进行了 4 次大缩编，最后减至 7 个团与 1 个大队，分 3 批调至福州整训。民军出身的团长大多被采用"明升暗降"的方式解决，如钟绍葵、陈佩玉调升为正副旅长，调往龙岩驻防，并分别于 1938 年、1940 年被捕杀于上杭和龙岩。[2] 其次，1935 年春，陈仪将盘踞闽北的卢兴邦部调往龙岩、连城等地整训，派黄埔系何文鼎任副师长、孟化一为参谋长，这样，卢部被"掺了沙子"，已不能为所欲为。1936 年 11 月陈仪将卢部调往浙江"整训"，随后参加淞沪会战，4300 多名官兵战死，仅 400 余名伤兵被送回后方编入第 18 军。[3] 再次，采取明戮与暗杀交替的做法，消灭民军头目。如林靖、占方珍、钟绍葵、张雄南、陈佩玉等或明或暗地被绞杀，余部被消灭净尽。总之，在陈仪的高压政策之下，福建地方军阀基本上被剿灭，福建结束了军阀分裂的局面。

2. 剿抚土匪、会匪、海匪，安定地方秩序

解决地方军阀的同时，陈仪的另一目标是消灭福建境内的大小股匪，股匪即是未就抚的民军，在福建境内较大的有 31 股。1934 年 2 月至 1945 年 6 月，福建地方政府对大小股匪进行整肃，1934 年 2 月陈仪密令驻福州的宪兵第四团，将福州反动帮会头子林寿昌枪杀于东湖，4 月，李良荣部奉命将永春土匪头子尤赐福及其部属陈德荣、尤永乙、徐杰、尤泉等 5 人

---

① 陈仪任期为 1934 年 2 月至 1941 年 9 月，1941 年 9 月至 1949 年由刘建绪接任。
② 徐吾行：《国民党统治时期的福建》，福建省政协文史资料委员会编《文史资料选编》第 4 卷《政治军事编》第 3 册，福建人民出版社，2003，第 12 页。
③ 韩真：《民国福建军事史》，中国言实出版社，2000，第 284 页。

枪决，匪众百余人被缴械。随后，李良荣部又剿灭安溪吕振山、王桂贤，南靖张河山、长泰叶文龙等股土匪。同时，还对借神权，纠众倡乱闽北的林乃导、陈元昌，南平、顺昌、政和、明溪、清流、闽东的大刀会匪，宁洋的八仙会匪等进行招抚或镇压。对窜扰福清、长乐、连江、平潭的海匪余阿皇等股，均加以打击。虽然经过如此整肃，但福建仍然是"散匪遍地，民不安生"，1941 年 9 月刘建绪主闽后，采取以下几种办法：一是整肃地方自卫武力，严密保甲，编查户口，举办清乡。分区清剿土匪，几个月内击毙土匪 500 余人，自新者 200 余名，缴获枪支 500 余支。二是教以除愚。从 1942 年起全省设置一保一校，普及国民教育，提高民众知识水准。三是养以救穷。推行国民经济建设，提倡劳动服务，发展合作事业，推广农业贷款，整理地方财政。四是卫以振弱。物质上推广卫生事业，精神上安定社会秩序，培养社会道德。肃清烟赌遗毒，纠正不良习惯。① 股匪逐渐肃清之后，福建"再也没有敢于公然割据的匪霸"了，曾经"拥枪数千，踞比数县，私派捐税，强夺民产，种运鸦片，劫掠商旅"的情况确不复存在，在某些"偏僻县份，虽尚有零星散匪，偶作剪径行为，但并无何实力"。②

3. 整顿财政和粮食专卖

军阀割据时期，福建财政极其混乱，当时面临两个严重的问题：一是财政无法统一，各地军阀在其势力范围内把持财政税收，省财政当局无法过问。又县级地方政府恣意搜刮，中饱私囊，财政腐败在全国尤为突出。二是税制极为混乱，大部分税捐由包商承办，中饱私囊、浮收成风，税收大量流失。省财政部门操纵县的地方税收，并对县的附加税加以限制，县即以苛捐杂税作为财源，加剧税收的混乱和腐败。陈仪整顿福建财政主要从以下几个方面入手：一是改善征收制度；二是裁并税收机构；三是改良税制；四是确立会计制度。特别是各县成立经征处随收随拨税款后，税收统一，省财政状况有了明显好转，从年度实际收入看，1934 年度为 821 万元，1937 年度增至 1959 万元，3 年间收

---

① 刘建绪：《怎样肃清匪患安定地方》，《闽政月刊》1941 年第 9 卷第 5 期，第 9 页。
② 徐吾行：《国民党统治时期的福建》，福建省政协文史资料委员会编《文史资料选编》第 4 卷《政治军事编》第 3 册，福建人民出版社，2003，第 12 页。

入增长 138%。① 在粮食方面，福建省成立粮食管理委员会，制定《福建省管理粮食暂行规范》，设立公沽局，统制收购民间粮食，由政府配售，实现了粮食专卖。

4. 创立人事制度

福建人事问题，在 1934 年以前，"人自为政，各私其私，熟魏生张，择肥而噬，本无所谓人事管理，更无集中管理之能"。② 曾经有一段时期，省政府命令只能在福州洪山桥到乌龙江的小范围内施行。陈仪主闽后，先于 1934 年 9 月建成民、教、财、建四厅合署办公制度，继而打击、削弱各股地方势力，把各县权力置于省府控制之下，使省府政令逐渐行使到各县。其次，举办各类训练所（后改名为福建省干部训练团），对二十多种干部进行训练，改进干部的德、行、智、能。训练内容分为精神训练、政治训练、业务训练、军事训练与训育训练五种。据统计，1934 ~ 1940 年，县政干部受训达 6217 人。③ 再次，制定人事法规。1939 年 3 月，省府制定《福建县政人员管理规章》，对县政人员的训练、分发、惩处和人事管理均做出相应规定，依照省政府《行政督察专员暂行条例》实行行政督察专员制度。经过数年的努力，福建省县政人事逐渐法治化、制度化，并得到国民政府的认可和推广，蒋介石曾致电陈仪："闽省训练县政人员办法树立任用保障等人事制度，纳入法治正轨，规模条具，成绩昭彰，良堪慰嘉，尚希切实督促，务期所有办法均能确实做到，以为他省促进政治建设之楷模为幸。"④ 1940 年，国民政府把福建的人事制度推广到全国。

5. 设置和变更行政区划

1934 年 12 月，福建省政府建立。1935 年省政府依据各县面积、地形、户口、交通、经济状况、人民习惯等，将全省划分为 10 个行政督察区，辖64 个县。各行政督察区所辖各县分别如下。

---

① 福建省地方志编纂委员会编《福建省志·财税志》，新华出版社，1994，第 8 页。
② 张建国：《十年来福建之人事制度》，福建省银行经济研究室编印《福建十年》，1945，第 39 页。
③ 陈能南：《陈仪主闽期间功过述评》，《福建师范大学学报》（哲学社会科学版）1989 年第 2 期，第 101 页。
④ 陈仪：《人事行政的回顾》，《附委员长电》，福建省地方行政干部训练团编《福建省人事行政与训练》，福建公训服务社，1940，第 18 页。

第一区驻长乐，辖长乐、闽侯、福清、连江、罗源、永泰、平潭7县；

第二区驻福安，辖福安、宁德、福鼎、霞浦、寿宁、屏南6县；

第三区驻南平，辖南平、沙县、尤溪、闽清、古田5县；

第四区驻仙游，辖仙游、永春、德化、大田、惠安、莆田6县；

第五区驻同安，辖同安、晋江、南安、金门、安溪、思明6县；

第六区驻漳浦，辖漳浦、诏安、南靖、平和、龙溪、长泰、海澄、东山、云霄9县；

第七区驻龙岩，辖龙岩、永定、上杭、武平、漳平、宁洋、华安7县；

第八区驻长汀，辖长汀、连城、宁化、清流、明溪、永安6县；

第九区驻邵武，辖邵武、将乐、顺昌、建宁、泰宁、光泽6县；

第十区驻浦城，辖浦城、建瓯、建阳、崇安、松溪、政和6县。①

上述行政区划基本奠定了福建省行政区划的基础。以后行政区几经变化，1936年全省改划为7个行政督察区、1个市（厦门市）、62个县、8个特区（三都、南日岛、禾山、周墩、柘洋、上洋、峰市、石码），这个区划大体延至1939年。

1940年，行政区划作了较大的划分或归并。建瓯县境内划出一部分行政区域，设置水吉县，将沙县所辖的三元区与从永安、明溪2县划出的一部分，合并设置三元县。建宁、泰宁2县原属第七区改隶第二区，古田、屏南原属第二区改隶第三区，上杭原属第六区改隶第七区，永安原属第二区改隶第六区。特种区变动也较大，三元、水吉2区改设为县，仁寿、峰市、南日岛3个特区裁撤，分别划归顺昌、永定、莆田县管辖。德化、永泰、仙游、永春4个县的边境地带设立凤顶特区，年底裁撤。

1941年4月22日，日军进攻闽海，福州沦陷，第一区专署移驻福安。1942年4月，设立福州市政筹备处，以福州警察局原辖区域并从闽侯县划出一部分区域，作为福州市的管辖区域。1943年各行政督察区及所辖县（区）作重新调整②，全省划为8个行政督察区、2个市、64个县、2个特区（见表2-6），这种行政区划直至抗战结束。

① 潘守正：《福建省地方行政及地方自治》，环球印书馆，1938，第13页。
② 《本省各行政区奉准重新调整》，《南方日报》1943年3月13日，第4版。

表 2 - 6　1943 年福建省各区署及管辖县份一览

区（市）别	区公署驻地	管辖县名	管辖特区名	辖县（区）数（个）
第一区	闽 侯	长乐、闽侯、福清、连江、罗源、古田、平潭、闽清、永泰		9 县
第二区	南 平	南平、沙县、尤溪、三元、顺昌、将乐、泰宁、建宁		8 县
第三区	建 阳	建阳、浦城、建瓯、水吉、崇安、松溪、政和、邵武		8 县
第四区	永 春	同安、莆田、仙游、惠安、晋江、南安、安溪、金门、永春		9 县
第五区	龙 溪	漳浦、诏安、南靖、平和、龙溪、长泰、海澄、东山、云霄		9 县
第六区	龙 岩	龙岩、永定、永安、大田、漳平、宁洋、华安、德化		8 县
第七区	长 汀	长汀、连城、上杭、宁化、清流、明溪、武平		7 县
第八区	福 安	福安、宁德、霞浦、福鼎、寿宁、屏南	周墩、柘洋	6 县 2 特区
厦门市	厦门岛			
福州市政筹备处				

资料来源：福建省政府秘书处编印室编《第一次福建省统计手册》，1944，第 38 页。

　　福建省行政区划的划分、调整标志着全省政治的统一，也为抗战时期兵员动员奠定了行政制度基础，以后福建省师管区、团管区的划分，大体遵照与本省行政区划、行政督察区一致的原则进行。

二　福建抗日救亡运动的高涨

　　"九一八"事变后，闽山闽水激荡着抗日救亡的怒潮，从东海之滨到武夷之巅，从城市到农村，福建各界自发地掀起了抗日救亡运动。在教育界的推动下，全省各主要城市纷纷组成各界反帝大同盟，举行各种形式的宣传与集会。比如 1931 年 9 月 20 日，厦门的大、中学校约 5000 名学生，举行反日大游行，福州、晋江、龙溪、漳浦、闽清等地学生群起响应。11

月，厦门各界成立反帝大同盟，厦门大学学生两次组成请愿代表团，呼吁"武装救国，共赴国难""免除内战，一致对外"。《淞沪停战协定》签订后，厦大学生立即通电全国，大声疾呼"此城下之盟国家大耻，愿全国同胞共起反对"。[①] 在福州，各中小学召开反日救国运动大会，要求各学校师生员工一致抵制日货，加强军事操练，时刻准备抗日杀敌。福建师范学校抗日救国会的师生，深入长乐、连江等县乡村进行抗日宣传。闽侯县第二中心小学宣传队，"慷慨激昂地讲演日本凶暴的真相以及在全国各地的恶劣行径。"1931年9月30日，闽侯县商会电告上海反日商会，"闽商宣誓拒日，如办仇货者受社会之生命处分"[②]。由日本控制的《闽报》馆编辑部全体华人辞职，其发行份数也由原来的4000份降至300来份。

1932年"一·二八"淞沪抗战爆发以后，福建民众或者组织义勇军、救护队、前线服务团，开赴前线，直接为抗战服务；或者组织抗日后援会、肃清劣货委员会等，开展抗日宣传，造成强大的抗日声势，从而形成了"九一八"事变以后福建抗日民主运动的第一次高潮。9月，福州成立第一个肃劣（日货）组织——"藤山乡民自动肃劣会"，清查、销毁日货，并捣毁日商的店铺。1933年2月，热河沦陷，福州成立民众义勇军，先后建立了"不买日货会""青年救国会""福建省会中等以上学生抗日救国研究会""东北义勇军抗日后援会"等各种组织，广泛开展抗日宣传活动，开展抵制日货行动。中国共产党领导下的外围组织成立反帝大同盟、反帝非战会，并在工厂、学校建立了分支机构。在漳州，在中共组织领导下组成"芗潮剧社"（后扩大为"龙溪民众救国服务团"），从1934年到1937年，共进行了7次大型公演，他们以话剧、戏曲、演讲、歌谣、连环画、标语等多种形式，开展抗日反蒋活动，在闽南民众中产生了深远的影响。[③]

在民众掀起抗日救亡运动的同时，福建军政当局奉行南京政府"攘外必先安内"政策积极"剿共"。1932年4月，红军攻占漳州，威胁厦门，引起南京政府震动。代省主席方声涛连电中央，申请抽调卫戍京沪的十九

---

① 王命能、高其兴：《七七前福建沿海人民的抗日救亡运动》，《福建党史月刊》1988年第5期，第39页。

② 王命能、高其兴：《七七前福建沿海人民的抗日救亡运动》，《福建党史月刊》1988年第5期，第39~40页。

③ 汪征鲁主编《福建史纲》，福建人民出版社，2003，第572页。

路军来闽填防，借此既增强对抗共产党的力量，又可借十九路军的抗日声威慑服省内一切异己分子。福建人民的抗日救亡运动给具有抗日传统的十九路军以深刻影响。1933 年 1 月 3 日，热河告急，5 日，蔡廷锴在十九路军中抽调志愿官兵，编成"援热先遣队"北上抗日。5 月，蔡廷锴率部抵郴州、耒阳集结时，南京政府已对日妥协，严令"援热先遣队"回师"剿共"，蔡廷锴"感到积极反共固然失败，消极反共也难于立足"①，遂下决心联共抗日。10 月，十九路军与红军签署《反日反蒋初步协定》，双方停止了军事行动。1933 年 11 月，十九路军发动了"福建事变"，宣布反蒋抗日，并成立"福建人民政府"。"闽变"使福建人民进入抗日斗争的新时期，"闽变"期间，福州先后建立了公共汽车抗日反帝同盟会、凤岗农民抗日会、甘蔗农民反日会、福建学院检查日货会等组织，其中福州的苍洲反帝分会成为福州反帝分会的模范。

　　"八一三"淞沪会战爆发以后，日军加紧窥伺福建，不断出动军舰、飞机骚扰厦门、晋江、金门，"夕张""若竹"号巡洋舰和"疾风""追雨"号驱逐舰肆无忌惮地进出厦门港，闽海局势骤然紧张。大敌当前，原为亲日派的陈仪对抗战的目的和意义有了明确的认识："民族的战争，在战端未启以前，或者还允许国民有种种的讨论，但一经国家决定与敌人作战之后，我们就只许有最后胜利必属于我们的信念，并尽我们一切的所有，贡献给国家，贡献给民族，这是中国国民当前唯一的出路。"② 此次抗战"是我们全民族整个的战争，也是我们整个民族的生死关头""全省人民团结一致，认清国家民族的利益高于一切，只要大家真正团结抗战，我们抗战前途，是布满着光明的。"③

　　基于这样的认识，福建军政当局采取了一系列积极措施组织抗战。省政府关闭了日本驻福州领事馆，关闭了所属机构《闽报》馆、台湾银行、福州博爱医院、日本小学校、福州东瀛学校等。④ 福建省绥靖公署派遣第

① 《文史资料选辑》第 59 辑，中华书局，1979，第 80 页。
② 陈仪：《抗战宣誓应有必胜的信念》，福建省政府秘书处公报室编《陈主席抗战言论集》，1938，第 158 页。
③ 陈仪：《抗战期内人民应做的工作和应尽的责任》，福建省政府秘书处公报室编《陈主席抗战言论集》，1938，第 67 页。
④ 褚启湘：《陈仪在抗战期间的施政概述》，《福建文史资料》第 14 辑，福建省政协文史资料研究委员会编印，1986，第 35 页。

一五七师、八十师和第七十五师驻防沿海，其中第一五七师担任金门、厦门一带的防守；第八十师和第七十五师担任闽浙边境至闽粤边境沿海一带的防守，第80师置主力于福州，第七十五师置主力于漳州。第一五七师入驻厦门后，逮捕和枪毙了一批浪人和汉奸，勒令日方主办的《全闽新日报》停刊，迫使日本政府撤退在厦侨民，关闭驻厦总领事馆，在胡里山炮台海边修筑掩体等。在第一五七师抗日措施的鼓舞下，厦门成立了各界抗日后援会等抗日救亡团体。除了上述3个师的兵力外，还有驻闽海军、省保安团和宪兵第四团，共计兵力4万人。与此同时，省政府加紧修筑沿海各地国防工事，破坏各主要公路和桥梁，封锁沿海港湾，构筑闽江口阻塞线（从南到北对16个主要港口都用沙石沉船填塞水道，同时敷设水雷，装置鱼雷）。1937年10月和1938年5月金门、厦门沦陷后，日军随后把矛头指向福州地区，闽海战局高度紧张。省府将第八十师、第七十五师和新编第二十师编成陆军第一百军，又成立第二十五集团军总司令部，改变了战初沿海防守疏漏、守军力量薄弱的局面，提升了整体作战能力。为了"保存抗战实力"，从1938年4月下旬开始，省政府、省党部、省军管区司令部、省保安处、绥靖公署暨第二十五集团军司令部、厦门大学、省立医院等重要机关、企业单位、学校和中央驻闽单位内迁永安、沙县、三元、南平、建阳、龙岩、连城、长汀等地。省府内迁，对进一步保证战时民用军需，推动闽西北地区经济、文化的发展，都起了积极作用。

在民间，卢沟桥事变后，福建早先蓬勃兴起的抗日救亡运动高潮再次掀起。1937年7月，以郁达夫为首的文化界在福州成立"文化界救亡协会"，主办《救亡文艺》副刊。省党部成立"福建省抗敌后援会"（1940年5月归并省动员委员会），各县市党部成立分会。1938年1月，中共福州地下组织利用合法身份创办《战友》周刊，大力宣传抗战。"抗敌歌咏研究社"、"救亡歌咏团"、"乡村工作团"、民众队、妇女会、晨呼队等也相继成立。金、厦沦陷后，福建沿海地区民众义愤难平，社会各界组织宣传队深入城镇乡村，开展各种形式的宣传鼓动工作，高喊"有钱出钱，有力出力！""保卫东南""保卫大福建！"口号，并发动各种募捐、慰劳征人征属、慰劳伤病兵、抵制日货等活动。[①] 各地民众不断加强军事训练，

----

① 蒋伯英主编《福建革命史》（下），福建人民出版社，1991，第648页。

童子军组织战时服务团，闽南壮勇 300 人组织大刀队准备加入前线杀敌，第四十九师师长张贞、杨逢年筹组抗日救国军，台湾抗日联盟发表台湾旅厦同胞书，号召一致抗日。① 抗战进入相持阶段后，福建抗日救亡运动从未停止。以福州、福安、南平为中心的闽东南、闽东北、闽北地区以及闽南、闽西地区的抗日民众，组织抗日救亡团体，恢复和创办了《战友》、《老实话》（福州）、《抗敌》（长乐）、《原野》（福清）、《求生存报》（连江）、《时论》、《抗敌知识》（莆田）等一批抗日救亡报刊，激励人心、鼓舞斗志，推进抗日救亡运动。

　　总之，福建沿海严峻的形势和汹涌澎湃的抗日救亡运动，逐步唤醒了福建人民保卫国家、保卫福建的思想意识，鼓舞了民众抗日的信心，为战时兵员征集作了思想上的准备。

---

① 杰：《省旬一闻：非常时期之中心工作：推进救护工作》，《闽政与公余非常时期合刊》1937 年第 2 期，第 11 页。

第三章

福建兵员动员的法规体系与组织机构

任何一项政治制度的建设都是以法令为圭臬，以组织为依托，以事务为中心，由人来实现。抗战前后国民政府以兵役立法的形式确立了征兵制度，并在实施过程中加以调整和完善，为战时兵员动员提供了法制保障。以国家法制为基础，福建省因地制宜地颁布了一系列兵役单行法规，设置了三套平行的兵役行政系统，其中管理兵役的系统，即兵役管区机构，包括军、师、团管区和征募事务处、征兵事务所等，是纯粹的役政机关；兼办兵役事务的系统，即各级地方政府，包括省政府、行政专员公署、县政府军事科、区、乡（镇）公所和保甲组织等；国民兵役系统，即国民兵役机构，包括省国民军事训练处、县（市）军事训练总队、国民兵团、区乡（镇）训练队等。兵役法制及其机构的确立保证了征兵制在福建的顺利实施。

第一节　国民政府兵役法规体系的建立与完善

抗战时期国民政府推动征兵制实施的法规体系主要有三个层次：宪法性法规、兵役法规、一般性役政法规。宪法或宪法性法规规定了公民服兵役的义务。兵役法规及其单行法规是义务兵役制的基本法，规定了役种、服役、征召、管理等实施兵役制度的基本原则。一般性役政法规多为条例、办法、大纲等，规定了征兵制实施的具体方法与步骤。

一　《兵役法》的制颁与征兵制的早期实施

(一)《兵役法》的制颁

兵役制度，是国家关于公民参加武装组织或在武装组织之外承担军事任务，接受军事训练的制度，是军事制度的一项重要内容。我国夏商周寓兵于农，"作内政以寄军令"，实行征兵制，汉唐沿袭旧制，是以当时国势强盛，四夷宾服。至宋代至民国初年，改征兵为募兵制度，重文轻武，兵民分途，民众尚武精神削减。民国甫建，《中华民国临时约法》第 14 条规定："人民依法律有服兵役之义务"[①]，首次在国家大法中提出了实行征兵制的目标。昙花一现的临时政府，并没有实行征兵制，但在国民党人心中留下了深刻的烙印。北洋政府时期，军政尚未统一，不具备实行征兵制的起码条件，只得承袭清末新军的募兵制。1915 年，北洋政府制定了《暂行陆军征募条例（草案)》并将其作为兵役基本法规，将兵役分为常备、续备、后备、国民四种。[②] 由于各路军阀随心所欲，各行其是，擅自招兵买马，拥兵自重，割地称雄，北洋陆军征募条例成为一纸空文。1924 年 1 月，国民党一大通过的《国民党政纲》第 7 条再次明确提出："将现时募兵制度渐改为征兵制度"。[③] 这是近代中国首次提出实行征兵制，但广东革命政府仅限于一隅，没有建立和推行征兵制的基础，国民革命军的"兵源"主要依靠招募农工与收编有革命倾向的旧军阀军队，北伐结束后，国民革命军由初期的四万人发展到百万之众，就是大量收编了北洋军阀各派的败军。由上述可知，在民国成立后的相当长一段时间内，中国仍然采取募兵制。

1928 年，南京国民政府为统一军政，实现军队国家化，在大规模整顿军事机构和体制编制的同时，决定以中央掌握兵权的征兵制取代军阀自行招募的募兵制。7 月，立法院、军事委员会提议中央政治会议拟定《兵役法原则（草案)》8 条，理由为：

> 吾国征兵之议，喧腾已久，本党政纲业经规定。然卒未能实施

[①] 《中华民国临时约法》，董霖：《中国宪法》，国民图书出版社，1943，第 30 页。

[②] 隋东升：《兵役制度概论》，军事科学出版社，1996，第 28 页。

[③] 荣孟源主编、孙彩霞编《中国国民党历次代表大会及中央全会资料》（上），光明日报出版社，1985，第 21 页。

者，以兹事体大，户籍法未定也，警察未周也，教育未普及也，自治机关未完善也，若勉强行之，适成清末季之征兵，有名无实，然当此寰宇削平，编遣将次就绪，兵役一事，实关重要。虽征兵制不能遽行，而整理募兵，自不容缓。拟定征兵法案，冀为征兵之先导，凡征兵之优点，尽行采用，瞬行政完备，改行征兵，似较容易……①

而其根本目的却在于"收安内攘外之效，破除旧日一切以地方为依据，以个人为中心之制度及习惯。"② 8 月，训练总监何应钦拟定《征兵制度施行准备方案》11 章，呈报国民党第二届中央执行委员会五中全会议决，这是国民政府提出改良兵役制度之首倡，后因种种原因，该方案未能及时通过。

1929 年 2 月，国民政府颁布《国籍法》。7 月，军政部在《征兵制度施行准备方案》基础上拟定《兵役法原则草案》，作为制定兵役法的基本依据。此《原则草案》全文 8 条，提出中华民国男子均有服兵役的义务，兵役分现役、预备役、后备役、国民兵役四种，规定缓役与免役条件，全国按陆军配置划定师、团管区，以及新兵征募、入营检查、在乡军人管理等。③"九一八"事变后，国难日亟，日本强占东北四省，后又夺取冀东、察北，国民政府更加感到非立即实行征兵，不足以救亡图存。1931 年 12 月，国民党第四届中央执行委员会第一次全体会议通过了《请从速实行征兵制以御暴日案》，提议国家实行征兵制度。④ 同月，国民政府公布《户籍法》，开始对全国人口进行调查，以便确立各省的征兵配额，为实行征兵做准备。1932 年 4 月国民政府召开"国难会议"，会上提出了几项军制改革的提案，如《打破封建军队树立民族武力以巩固国防案》提议"军制采用募兵制与征兵制兼用，征兵之第一步，决定先在各地方编组"⑤。并拟订《选兵制草案》，即平均摊派各省、县、乡的兵额，选定各区自治员绅负责

① 程泽润：《兵役概论》，中国国民党中央训练委员会印行，1941，第 38 页。
② "中华民国史事纪要编委会"编《中华民国史事纪要（初稿）》1928 年 7～12 月，1982，第 293 页。
③ 王晓卫主编《中国军事制度史》（兵役制度卷），大象出版社，1997，第 382 页。
④ 浙江省中共党史学会编《中国国民党历次会议宣言次议案汇编》（第二册），1986，第 38～39 页。
⑤ 国难会议秘书处编《国难会议记录》，文海出版社，1984，第 122 页。

招考或保举或按户籍酌派，选举列名，由区长报告县长，转呈省署汇报中央。① 1934 年内政部公布了全国人口调查表（见表 3 - 1），要求"依照壮丁人数为比例，不当以地方人口为比例"摊派兵额。②

表 3 - 1　1934 年内政部男性人口调查情况

省　别	人口数量	省　别	人口数量	省　别	人口数量
江　苏	16893258	福　建	9113458	四　川	28751057
浙　江	11506858	广　西	6003300	贵　州	3491250
安　徽	12197058	湖　南	17550062	云　南	6095549
江　西	13601424	湖　北	14753306	辽　宁	8457166
吉　林	4140919	山　西	6840021	察哈尔	1103645
黑龙江	2124964	陕　西	5776850	热　河	1267351
河　北	15274152	甘　肃	2954918	青　海	347233
河　南	17634421	宁　夏	230834	新　疆	1652343
山　东	19627948	绥　远	1234472	西　藏	约百万人（男女合计）

资料来源：林振镛：《兵役制概论》，正中书局印行，1940，第 271 ~ 272 页。

1933 年 2 月，国民政府依据修正的《兵役法原则草案》起草《兵役法》，经立法院讨论修正通过，6 月 17 日《兵役法》公布，实行义务兵役制，又称征兵制。《兵役法》共 12 条③，包括以下四个方面的内容：第一，明确规定服兵役是男性公民的权利和义务。"中华民国男子依法皆有服兵役之义务"，即年满 18 岁至 45 岁的役龄男子服兵役的权利不能剥夺，兵役义务必须履行。第二，规定了兵役的种类和条件。兵役分为常备兵役和国民兵役两种。常备兵役分为现役、正役和续役三个役期。所谓现役，即平时征集年满 20 岁至 25 岁的男子，志愿充当常备兵，经检定合格后编入军队，施以军事教育，役期 3 年。但陆军步兵除上等兵及各种特业兵外，均满 2 年归休，辎重输卒则满半年归休。入营服现役年龄一直到 40 岁。常备各役，在战时均得延长其服役期限。现役期满退伍者充当正役，为期 6 年，

① 国难会议秘书处编《国难会议记录》，文海出版社，1984，第 151 ~ 153 页。
② 中国第二历史档案馆编《中华民国档案资料汇编》第 5 辑第 1 编《军事》（1），江苏古籍出版社，1994，第 264 ~ 266 页。
③ 《兵役法》，徐思平：《中国兵役行政概论》，文治出版社，1945，第 265 ~ 267 页。以下引述《兵役法》均不再标注出处。

平时在乡接受规定的演习，战时动员召集回营。续役由正役期满者担任，其役期自转役之日起至满 40 岁止，其任务与正役相同。国民兵役是指年满 18 岁到 45 岁的男子，除不服常备兵役或为免役、禁役者外，均要服国民兵役。平时按规定的时间和地点，以疏散方式或巡回方式接受军事教育，战时由政府命令征集入营服役。设置国民兵役的目的在于积蓄训练有素的后备兵员，为兵员动员奠定基础。由上文可知，常备兵役与国民兵役均有在战时紧急状态下接受动员服役的义务，但两者服役的时间和训练方式各不相同。第三，规定了兵役的执掌机关。如常备兵役的征募、退伍、回营、服役等事项由"军政部、内政部协同管理之"。国民军事教育、战时征集的准备、实施、服役，在乡军人的管理及召集等事项，由"训练总监部、教育部协同管理之"。为更好地准备和实施上述事项，就地划分师区、团区，于区内设置机关掌理事务。各地方官署及自治机关，有依法协助办理兵役的责任。但上述规定也有缺憾，如兵役、军训各项事务分属各部，职权划分不明，即便会同办理，意见也难趋一致。第四，确立征募并行的兵役制度。其中第四条规定："常备兵在地方自治未完成区域，得就年龄合格志愿服兵役之男子募充之"，即常备兵以征集为原则，但在地方自治未完成的区域，可以暂用募集，待地方自治完成后，立即改为征兵制。显然，《兵役法》还带有征募并行的过渡法的性质。

从上述内容来看，《兵役法》首次规定了公民在军队中服现役和在军队外服预备役的义务兵役制，这是对中国古代民军制和征兵制的继承和发展，同时借鉴了世界征兵制国家的做法，符合现代国家军制建设发展的趋势，是中国兵制史上的重大变革。这一变革的目的在于改变募兵制度的缺点，传统募兵制雇用的军人多为无业游民，缺乏爱国观念，素质不良，难期卫国保民且募兵制军费浩大，加重国民负担，良民羞与为伍，军队价值低落，无多数在乡军人，战时补充困难；即使招募了也不能作战。单军费方面，仅 1932 年全国兵额达到 280 余万，每年养兵费至少 5 亿元，而当时全国财政收入只不过 4.5 亿元。[1] 1936 年是旧中国经济史上经济发展水平最高的一年，其财政收入也只有 10.14 亿元。[2] 征兵制的实施极大地减少

---

① 闻钧天：《中国保甲制度》，商务印书馆，1933，第 521 页。
② 魏永理：《中国近代经济史纲》（下），甘肃人民出版社，1990，第 370 页。

了国家的财政开支，并有效地保障了抗战兵员的补充，适应了抗战的需要和社会发展的要求。

虽然《兵役法》奠定了国民政府实行征兵制的若干重要原则和方法，但该法直接师承于日本，如兵役种类、师（团）管区制、征兵调查、抽签实施、壮丁军事教育等诸方面，均直接抄自日本《兵役法》的条款，甚至比日本《兵役法》更加简单，因此，有些并不完全适合中国的情况。而且该法本身只是对义务兵役制度做了粗线条的勾勒，内容以陆军征募为主，海、空军兵员来源仍是依赖募兵，具体实施过程中积弊繁多，困难重重。因此，国民政府不得不通过颁布兵役实施条例，拟定兵役实行的具体法规来缓和、调整征兵中的矛盾和对立。1936 年 8 月前后，内政、军政两部会颁《兵役法施行暂行条例》，之后军政部与有关各部又先后颁布《兵役及龄男子调查规则》《陆军征募事务暂行规则》《陆军常备兵服役规则》《国民兵役实施细则》《陆军兵役管区暂行规则》《陆军兵役惩罚条例》《违反兵役法治罪条例》等法令 10 余种。在上述法令中，《兵役法施行暂行条例》翔实地规定了兵役法的具体施行事项[①]，包括国民兵役的种类，常备兵役役种交替转换的期限，免役、禁役、缓役、停役的条件，在乡军人管理及召集方法，役政机关的职责、征募事务等，该《条例》是抗战之初役政推行的最重要法律依据，也为后来《兵役法》的修正提供了蓝本。

（二）征兵制的早期实施

国民政府虽然颁布了《兵役法》，然而，征兵制的实施却步履蹒跚。《兵役法》公布后，国民政府在征兵制施行的各项准备中花费了近 3 年时间，其中主要的工作为：一是 1934 年冬蒋介石命令各省整饬已普遍建立的地方武装组织保安团队，依据《兵役法》的精神，划定保安团管区，办理保安团队的兵员征募，作为贯彻《兵役法》、实施征兵制的先导。与此同时，内政部、参谋本部负责拟订保安团管区各种实施法规，并分别制定兵役法各种施行法规，为征兵制的推行作法规准备。二是 1935 年军事委员会设置军制研究会，并于其内设立兵役组织，作为兵役筹备机构，负责对有

---

① 《修正兵役法施行暂行条例》，转引自徐思平《中国兵役行政概论》，文治出版社，1945，第 277～301 页。以下引述该条例均不再标出出处。

关部门拟制的各项法规进行审议。三是 1936 年 7 月派首任兵役科科长朱为轸等 4 人赴日本学习征兵经验。[①] 一切准备就绪后，1936 年 3 月 1 日，国民政府昭令推行征兵制[②]，并发布征兵令，令曰：

> 国强之道，首在足兵。近代世界各国，率行通国皆兵之制。我国古亦寓兵于农，卒伍之众，出于市井，后世专用召募，兵农遂分。沿袭至今，迄未革新。大多数人民，安于疲软，民族意识，坐是消沉。且以养兵需饷甚巨，国家财力，绌于供应，遇有事变，仍虑全国幅员广阔，不敷调遣。若非及时简练民兵，改良军制，其何以供戍守而固国防？查《兵役法》前经制定，明令公布，自本年三月一日起施行。现已由主管机关选定各师管区，亟应按照程序，逐步推进。兹特切申令，凡我国民，须知服行兵役，为人人应尽之义务。际此国步艰危之时，宜有发愤自强之计。征兵制度，为充实自卫力量根本要图，各国行之已久，急起直追，未容再缓。预期全国人民，一致醒悟，共策进行。其依法应服兵役者，尤当卒历奋发，踊跃应征，于以复兴民族，巩固邦基，有厚望焉![③]

此令的发布，标志着国民政府经过八年酝酿制定的《兵役法》由一纸法令步入实践。为使征兵制为国民广知，9 月 8 日，国民政府又公布《推进征兵制度昭告国民令》："凡我国民，须知服行兵役，为人人应尽之义务。际此举步艰危之时，宜有发奋自强之计。征兵制度为充实自卫力量根本要图，各国行之已久，急起直追，未容再缓，务期全国人民一致醒悟，共策进行。"[④]

征兵令发布后，国民政府先是在苏、浙、鄂豫、皖、赣 6 个省份试办征兵，至 1936 年年底，上述 6 省设立的淮扬、徐海、温处、金严、芜徽、安庐、淮泗、浔饶、豫东、豫西、豫南、襄郧 12 个师管区司令部，按照中央配赋的兵额，依法在所辖各县展开兵役调查、身体检查及壮丁抽签，当

---

① 程泽润：《兵役概论》，中国国民党中央训练委员会印行，1941，第 44 页。
② 现在台湾地区把 3 月 1 日定为兵役日，纪念旧《兵役法》的实施及 1943 年 3 月 1 日《修正兵役法》的颁布。
③ 林振镛：《兵役制概论》，正中书局印行，1940，第 82 页。
④ 徐百齐、吴鹏飞：《兵役》第 3 版，重庆商务印书馆，1938，第 1 页。

年共征集到 5 万新兵。① 5 万新兵在师管区设立的新兵训练营里接受了 3 个月的训练，然后分派到各部队作为补充兵。1936 年征兵的数量虽然不多，却是中国义务兵役制的开始。同时，国民政府停止了保安团队的募兵。不久，全面抗战爆发，国民政府原定的 5 年征集 50 万兵员的计划已无法满足战争形势的需要。

二　《兵役法》的修订及其特点

抗战爆发后，实施上述征集兵员的计划以及单纯地依靠征集或招募的办法已然无法满足巨大兵员补充的需求，如何更大规模地动员民众参战成为国民政府必须解决的重大问题。1937 年 8 月 30 日，国民政府在华北、华东前线的一片危急声中紧急发布《随时征集国民兵令》，原令曰：

> 东邻肆虐，侵我疆土，自非全民奋起，合力抵抗，不足以保卫国家之独立，维护民族之生存。在此非常时期，凡属兵役适龄之男子，均有应征入营服行兵役之义务。兹特依《兵役法》第三条之规定，着由行政院转饬各兵役主管机关，得临时征集国民兵，俾资服役，而固国防。此令。②

该令的发布，使得国民政府的征兵制在战争紧急的态势下由试行被迫转入正式实施。而此时，战前颁布的《兵役法》条文过于简略，《兵役法施行暂行条例》经过一年的施行，其内容、条款根本不适合于抗战中大规模征兵的实际。鉴于此，1938 年 4 月，军政部将前颁条文分别增删，改称为《修正草案》。1939 年 6 月，军政部依据第三届国民参政会及全国兵役会议决议案，重新将《修正草案》再行修正，改称为《修正兵役法实施暂行条例》，通令全国遵行。该《条例》两度修改，其中大多为免缓役部分的改订，其他条文没有重大变更，如原规定"独子"免服常备兵役，《修正草案》改为"长子"免服常备兵役，第三次修正条例时，又恢复为"独子"免服常备兵役。其他如"边区地方之统治者，及其依世袭制而为继承者"免役规定予以删除，与"服常备兵役中遇有规定应行免服常备兵役事项之一，或经发现者，予以转役"的规定也于《修正草案》删除。其次为

---

① 程泽润：《兵役概论》，中国国民党中央训练委员会印行，1941，第 46 页。
② 《随时征集国民兵令》，国民政府军事委员会政治部编《战时法规汇编》，1938，第 31 页。

删除"受简任职务"之免役规定，及删除"在初中或同等学校肆业中"缓役规定，改为"依国家官制，由中央及省政府缓予委任以上之现任官职者"予以缓役，又原有"因担任官公事务"缓役规定，亦改为"主任官公事务"等。免缓役的规定，经过两次修改，范围较之前更为严格，目的是为切合"三平"原则与兵员的充裕。在抗战期间，国民政府为兼顾各项政务，平衡推动，不因办理兵役而发生影响，对于以前经核准的各项免缓役，现虽与规定不合，仍准予继续适用，又各种技术员工，原亦不合于缓役规定，但为增强战时生产力量，也经特准予以缓役。[①]

虽然《修正兵役法施行暂行条例》对相关内容作了修改，但征兵制在实施过程中因大量的逃避、免缓役等问题的存在，使所征募的兵员远远无法满足大规模兵员的需要。1941 年 12 月，蒋介石在国民党第五届九中全会上指出，中央法令太繁，以致地方政治不能推动，尤其是兵役法令，应须重行检讨，即已失时效者，应予废止，前后冲突者应予调整，性质相反者，应予修正。[②] 于是，国民政府在积累了 6 年征募经验的基础上，经过专门人员一年多的研究讨论，提交国防最高委员会及立法院修正通过，于 1943 年 3 月 15 日公布《修正兵役法》（以下概称新《兵役法》）[③]，全文共 7 章，32 条。新《兵役法》的修订是以当时的战略环境，相应的配套设施，兵员动员的制度，军事战略构想，国家资源分配与运用等因素为考量的，是在旧《兵役法》基础上的修改和完善，但其立法精神、内容与前法及一些单行条例有较大的区别，其特点表现如下。

1. 兵役义务全民化

新旧《兵役法》都规定役龄男子无论在平时还是战时均有服兵役的义务，但新法在附则中规定及龄女子"战时得征调服任军事补助勤务，其服务另以法律定之"，说明新法全民皆兵的原则，这与德国、苏联近代兵役法精神相吻合。虽然只是规定"军事补助勤务"的任务，但改变了自古以来战场"让女人走开"的传统观念，显示了男女平等的法律意识。

---

① 《军政部颁布兵役法修正条例》，《福建民报》1939 年 8 月 17 日，第 4 版。
② 蒋介石：《五届九中全会之要务》，秦孝仪主编《先总统蒋公思想言论总集》卷十八，中国国民党中央委员会党史委员会，1984，第 448～450 页。
③ 《修正兵役法》，徐思平：《中国兵役行政概论》，文治出版社，1945，第 268～276 页。以下引述《修正兵役法》均不再标注出处。

2. 兵役区分简易化

新旧《兵役法》仍区分役种为常备兵役和国民兵役。旧《兵役法》将常备兵役分为现役、正役、续役三种，新《兵役法》则分为现役和预备役两种，"现役以年满二十周岁之翌年经征兵检查合格者服之，为期二年，但步兵军士及特种兵、特业兵为期三年"。"预备役以现役期满退伍者服之，至满四十五岁止期满除役"，这样便使国人对正役、续役的意义更加了解。旧《兵役法》对国民兵役的种类没有区分，仅规定"男子年满十八岁至四十五岁，在不服本法所规定之常备兵役时，服国民兵役"。但在1936年公布的《修正兵役法施行暂行条例》中将国民兵役分为义勇国民兵、甲种国民兵、乙种国民兵三种。义勇国民兵以曾受国民兵教育及备补兵教育者服任；甲种国民兵以曾服常备兵续役已满而未满45岁者服任；乙种国民兵以年满18岁至45岁而未受军事教育者服任。新《兵役法》将国民兵役区分为初期（18岁者）、甲种（补充现役者）、乙种（地方自卫性武力）三种，并规定服役的年限。初期国民兵役要求普训，为常备兵役的预备；甲种国民兵役以现役所需的超额服之，代替补充兵役；乙种国民兵役即为潜在民间广大的国民兵役，上述区分有寓广大补充兵于国民兵役之意，改变了《修正兵役法施行暂行条例》中关于国民兵役的规定内容复杂，而又无补充兵的缺点。

3. 免、缓役范围紧缩化

免、缓役关系役政的公平与公正，也关乎兵员动员的数量和质量。旧《兵役法》对免、缓役未作具体的规定，《修正兵役法施行暂行条例》虽对免、禁、缓、停役条件做了规定，但范围仍显得过于宽泛，影响征兵的范围选择，有失兵役立法"平等、平均、平允"的"三平"原则。比如《暂行条例》第30条关于缓役的规定："依国家官制，由中央及省政府授予委任以上现任官职责者""身体疾病不堪行动，在数月中无健复之希望者""同胞半数现役在营者""高中或同等以上学校肄业者"等情形者予以缓役或仅服国民兵役。新《兵役法》要求学生和公务员均要服兵役，"现役如为曾受军训合格之高中以上毕业学生，其服役期限为一年，但特种兵、特业兵为期一年又六个月"。新《兵役法》规定缓征的条件为：因公出国在三年内未能回国者；直系血亲尊亲属或配偶死亡未满一月者；身体疾病，不堪行动，经证明确实者；独负家庭生计责任，无同胞兄弟者；

专科以上学校肄业学生，年未满二十五岁者；犯罪在追诉中者等予以缓役，这样的规定大大缩小了缓征者的范围，而且上述缓征原因消灭时仍受征集，这就删除了长期缓役的不合理规定。新《兵役法》仍规定父母亲生独子仅服国民兵役，其他如宗祧继承、财产继承、收养或招赘等原因构成的独子，均应依法服常备兵役，以杜绝避役之徒伪造顶冒。再如《暂行条例》对于停役的规定，其中"被选为国家或地方之议员或代表在任期内者"，"受荐任职务者"，"现役中身体疾病不堪行动在半年内无健复之望者"等予以停役。新《兵役法》去掉前两项，对"身体疾病不堪行动，在六个月内无健复之望者"可停役，但身体在 6 个月后恢复了的壮丁仍要服兵役，如此，扩大了战时紧张的兵员动员的征集范围，改变过去借口避役的普遍现象。

4. 服役后的权利和义务具体化

新《兵役法》第五章对现役兵的权利和义务都作了比较明确的规定，这是旧法所没有的。比如权利方面，应征前所负债务无力清偿时得延至服役期满后第二年内清偿之；配偶及直系亲属得享受生活救济之优待；退役后对于机关、法团、学校、工厂之职务有优先充任之权利；勋赏抚恤及其他法令规定应享之权利等。义务方面，于入营或受训时应宣誓效忠中华民国国民政府；对于公务有保守秘密之责任，至除役后亦同；未经长官之许可不得参加任何集会或结社；未经长官许可不得结婚等。

5. 完全实行征兵化

旧《兵役法》第 4 条规定："常备兵在地方自治未完成之区域，得就年龄合格，志愿兵役之男子募充之。"《修正兵役法施行暂行条例》第 17 条则明确说明：常备兵役区分必任义务制与志愿兵制两种。必任义务常备兵在一般地方实施，称为征兵；志愿常备兵在自治未完成之区域施行之，称为募兵，征兵及募兵之适用地方及时间，由国民政府以命令定之。可见新《兵役法》已将募兵部分完全删除，规定实行完全的征兵制，对于具有募兵性质的志愿兵制，仅于附则内第 28 条附带提及"依志愿而服兵役者，其服役以命令定之。"

此外，新《兵役法》规定了旧《兵役法》其他所没有的或不同的内容，新法专设预备役及国民兵受召集一章，为兵员动员重要业务，旧法则没有；新法规定地方机关和省主席、市长、县长对于兵役的关系责任，较旧法更明显；新法规定年满 20 岁至 25 岁之男子，经身体检查合格，均服常备兵役，也就是政府每年计划要征 5 个年次的及龄男子当兵，决不似旧法仅限于 1 个年次（年满 26 岁），这个规定可以保证兵源不致匮乏，实际上增加了每个成年男子服役的次数，有些士兵刚从现役转为预备役，又以各种名义重新征集入伍。新法规定男子年满 18 岁之翌年 1 月 1 日起役，至年满 45 岁之年 12 月 31 日止除服常备兵役外需服国民兵役，共 27 个年次。按年龄大小分甲、乙两种国民兵。年满 18 岁至 30 岁未服现役的男子，属甲种国民兵，编入国民兵团，由县、市政府施以 3 个月的军事训练，必要时得受召集；年满 31 岁至 45 岁的男子，属乙种国民兵，就地施以必要的军事训练。与旧法相比，国民兵役的规定比较明晰简单；新法对于常备兵役的现役服役时间由原来的 3 年缩短为 2 年，服役时间的规定也趋于合理，这对保证兵员的数量和质量，稳定社会秩序具有重要的意义。

总之，新旧《兵役法》相比较而言，旧法注重理论，新法却是理论与实际的统一体。新《兵役法》内容较为详细、具体，可操作性强，免役、缓役范围缩小，兵役事务更易执行，适应战时兵源扩大的需要，更符合现代兵役制度的精神。从对《兵役法》的修改和完善，我们可以看出战时国民政府对征兵制度改革的重视，以及在国家危亡之际，兵役为适应环境发展而取得的进步，从而推动兵役现代化的进程。新《兵役法》实施后使国民政府的役政得到改观，直到 1946 年 10 月 10 日国民政府对其实行第三次修正。当然新的《兵役法》，是为应对战时紧急形势而制定的，它的若干条文抄自苏联和德国的《兵役法》，并不完全适应国民政府统治下的社会制度。[1]

三　役政单行法规的制定

"徒善不足以为政，徒法不能以自行"。为保证兵役政策的顺利施行，国民政府先后颁行了 240 余种与母法相配套的实施法令及单行规章，以具体指导兵役工作。[2] 这些条例和法规的制定基本是以新旧《兵役法》为蓝本。仅在 1936 年试办征兵时期，国民政府就颁发了各种兵役实施法规 20

---

[1] 方秋苇：《抗战时期的兵役法和兵役署》，《民国档案》1996 年第 1 期，第 127 页。

[2] 王晓卫主编《中国军事制度史》（兵役制度卷），大象出版社，1997，第 385 页。

种。① 抗战爆发后，国民政府依战时需要，基本每年增订、修改、废止各类兵役法规和条例来配合抗战的进程。例如 1937 年增订、颁行兵役法规 15 种，修正 6 种，废止 1 种。1938 年增订、颁行 13 种，修正 7 种，废止 1 种。此后各年都在修正、颁布、废除各类法规，如《盐工缓役办法》《驿站运输工人免服兵役办法》《非常时期监犯调服军役调拨管训办法》《战时国防军需工矿业技术员工缓服兵役办法》《兵役法施行法》等。1945 年，军政部鉴于兵役法规种类繁多，过于庞杂，采取《兵役法》《兵役法施行法》《兵役法施行细则》三级法体系，并加以整理简化。② 据统计，1936～1945 年，国民政府共颁布、修订重要的各类兵役法规、条例 77 种，临时法令 130 种。③

就福建省而言，1934～1943 年，福建就颁布兵役类单行法规 54 部，其中 1940 年就达 24 部。④ 国民政府和福建地方政府颁布的这些数量众多、形式多样、种类齐全的单行法规、细则、条例，基本上形成了相对完整的、统一的兵役法规体系，为战时福建兵员动员提供了法制保障。现将中央和福建政府颁行的部分重要单行法规列表如下。

表 3－2 国民政府颁行的部分兵役单行法规

法规类别	法规名称	公布或修正时间	制定单位
役务类	《陆军新兵身体检查规则》	1935 年 3 月	军政部
	《兵役及龄男子调查规则》	1936 年 7 月，1938 年 4 月修正	内政部、训练总监部、军政部
	《陆军士兵退伍归休实施暂行规则》	1936 年 7 月	军政部
	《修正兵役法实施暂行条例》	1936 年 8 月公布，1939 年 6 月修正	军政部、内政部
	《陆军常备兵役法施行规则》	1936 年 8 月	军政部
	《陆军常备军士及兵籍规则》	1936 年 8 月	军政部
	《陆军征募事务暂行规则》	1936 年 8 月公布，1938 年 4 月修正	军政部

① 程泽润：《兵役概论》，中国国民党中央训练委员会印行，1941，第 43 页。
② 兵役部役政月刊社编《抗战八年来兵役行政工作总报告》，1945，第 10～11 页。
③ 兵役部役政月刊社编《抗战八年来兵役行政工作总报告》，1945，第 111 页。
④ 福建省政府统计室编《第一次福建省统计手册》，1944，第 41 页。

续表

法规类别	法规名称	公布或修正时间	制定单位
役务类	《陆军兵役管区暂行条例》	1936 年 8 月	军政部
	《陆军在乡军官会组织暂行规则》	1936 年 9 月	军政部
	《陆军召集暂行规则》	1936 年 11 月公布，1937 年 9 月修正	内政部、军政部
	《陆军在乡士兵管理暂行规则》	1936 年 12 月公布，1937 年 1 月修正	国民政府
国民兵类	《战时国民兵义勇壮丁常备队编成办法》	1937 年 9 月	国民政府
	《国民兵组织管理教育实施纲领》	1939 年 3 月	军事委员会
	《国民兵教育纲领》	1939 年 7 月	军政部
	《国民兵组织管理教育实施办法大纲》	1939 年 9 月	军政部行政院
	《各县（市）国民兵团组织暂行条例》	1939 年 10 月	军政部
	《预备军士及备役候补军官佐管理召集服役办法》	1939 年 10 月	军政部
	《国民兵役实施规则》	1939 年 10 月	军政部、行政院
	《县（市）国民兵团备役干部会组织暂行规程》	1940 年 2 月	军政部
	《国民兵身份证暂行条例》	1940 年 6 月	军事委员会
战时兵员征补办法	《非常时期征集国民兵及抽签实施办法》	1938 年 1 月颁布，1940 年 2 月修正	军政部
	《战时征兵统制办法》	1938 年 1 月	军政部
	《战时募兵统制办法》	1938 年 1 月	军政部
	《战时征兵实施纲要》	1938 年 9 月	军政部
	《三十年度征补兵员补充办法》	1941 年 4 月	军事委员会
	《三十一年度征补兵员实施办法》	1941 年 12 月	军事委员会
	《战时征补兵员实施办法》	1942 年 12 月	军事委员会

法规类别	法规名称	公布或修正时间	制定单位
优待抚恤类	《抗战功勋子女就学免费条例》	1938 年 10 月	教育部
	《优待出征抗敌军人家属条例》	1938 年 12 月颁布，1941 年 12 月修正	行政院
	《抗战人员家属保障办法》	1939 年 11 月	军政部
	《空军抚恤条例》	1943 年 7 月	国民政府
	《出征抗敌军人婚姻保障条例》	1943 年 8 月	国民政府
	《陆军抚恤条例》	1944 年 2 月	国民政府
	《海军抚恤条例》	1944 年 2 月	国民政府
	《抗战守土伤亡文职人员从优给予退休抚恤金条例》	1945 年 7 月	国民政府
违反兵役惩罚治罪法规	《违反兵役法治罪条例》	1937 年 7 月	军委会
	《陆军兵役惩罚条例》	1937 年 7 月公布，1940 年 6 月修正	国民政府
	《防止逃兵办法》	1939 年 10 月	军政部
	《改善新兵待遇办法》	1939 年 12 月	军政部
	《妨碍兵役治罪条例》	1940 年 6 月	国民政府
	《中华民国战时军律》	1937 年 8 月公布，1942 年 4 月修正	国民政府
兵役宣传类	《兵役宣大纲》	1938 年 4 月	军政部
	《兵役宣传及监督实施方案》	1939 年 2 月	军政部
	《中等以上学校学生假期兵役宣传实施纲要》	1939 年 2 月	军政部，教育部
	《兵役宣传实施办法》	1941 年 11 月	军政部 政治部
战时动员类	《国家总动员法》	1942 年 3 月	国民政府
	《妨害国家总动员惩戒暂行条例》	1942 年 6 月	国民政府
	《国家总动员法实施纲要》	1942 年 6 月	行政院
	《国家总动员会议组织条例》	1942 年 7 月	国民政府
	《战时监犯调服军役办法》	1937 年 8 月	军委会
	《非常时期监犯调服军役条例》	1939 年 9 月	国民政府

续表

法规类别	法规名称	公布或修正时间	制定单位
知识青年 从军类	《知识青年志愿从军优待办法》	1943 年 10	军事委员会
	《学生志愿服役办法》	1943 年 12 月	军事委员会
	《全国知识青年志愿从军征集办法》	1944 年 10 月	军事委员会
	《知识青年从军管理办法》	1944 年 10 月	军事委员会

资料来源：徐思平：《中国兵役行政概论》，文治出版社，1945，《附录二重要基本法令汇集》《附录三存目》，第 265～499 页；福建省军管区兵役处第一科编《兵役法规汇编》，中华印书局，1939；福建省军管区兵役处第一科编《兵役法规汇编》（二），中华印书局，1939；中央训练团编《兵役法规汇编》，中央训练团编印，1939；林振镛编著《兵役制度概论》，正中书局印行，1940，第 305～308 页。

表 3 - 3　福建省颁行的部分兵役单行法规

法规名称	公布或修正时间	制定单位
《福建省统一兵员征募及补充方案》	1938 年 2 月	福建省军管区
《福建省各县（区）正规及运输备补役龄壮丁复查暂行办法》	1938 年 4 月	福建省军管区
《福建省优待出征抗敌军人家属实施细则》	1938 年 5 月	福建省政府
《福建调服军役监犯感化队调拨办法》	1938 年 5 月	福建省军管区
《福建省限制人民出口办法》	1938 年 6 月	福建省政府
《福建省兵员征集办法》	1938 年 9 月	福建省军管区
《福建省征兵宣传计划大纲》	1938 年 10 月	福建省军管区
《福建省违反兵役法治罪及惩罚条例》	1938 年 10 月	福建省军管区
《福建省各县市（区）志愿应征壮丁暂行处理办法》	1938 年 10 月	福建省军管区
《福建省新兵交接须知》	1939 年 9 月公布，1941 年 8 月修订	福建省军管区
《福建省兵役教育实施暂行办法》	1940 年 1 月	福建省军管区
《福建省国民组训联系办法》	1940 年 1 月	福建省政府
《福建省中等以上学校学生假期实施兵役宣传暂行办法》	1940 年 2 月	福建省军管区
《福建省慰问征人家属办法实施细则》	1940 年 5 月	福建省政府
《福建省国民兵组织管理教育实施细则》	1940 年 7 月	福建省军管区

续表

法规名称	公布或修正时间	制定单位
《福建省三十年度征补兵员补充办法》	1941 年 1 月	福建省军管区
《福建省各乡镇保国民月会办法》	1941 年 4 月	福建省动员委员会
《福建省三十一年度征补兵员补充办法》	1941 年 11 月	福建省军管区
《福建省县保甲户口编查办法施行细则》	1942 年 2 月	福建省政府
《福建省优待征属办法》	1943 年 3 月	福建省军管区
《福建省鼓励学生志愿服役暂行办法》	1944 年 1 月	福建省军管区、福建省军队联合特别党部
《福建省鼓励学生志愿服役运动宣传大纲》	1944 年 1 月	福建省军管区、福建省军队联合特别党部
《福建省壮丁调查实施暂行办法》	1944 年 7 月	福建省政府、福建省军管区
《福建省知识青年从军优待办法》	1944 年 11 月	福建省知识青年征集委员会
《福建知识青年志愿军家属优待暂行办法》	1944 年 12 月	福建省知识青年征集委员会

资料来源：福建省军管区兵役处第一科编《兵役法规汇编》，中华印书局，1939；福建省军管区编《福建兵役四年》，环球印书馆，1941；福建省政府秘书处编《福建兵役概况》，1939；《闽政月刊》各期、福建省档案等。

虽然兵员动员有了上述法规等作为依据，但《兵役法》作为一种军事法、行政法、动员法、公法，牵涉内容极其广泛，施行时常常遇到阻碍。由于战时情势急迫，征兵又属首创，只有一面试行，一面改进，母法不足，以子法加以补救。因此，战时各年颁行的法律法规种类繁复，不可胜数，且随时修改，甚至修改前后均有矛盾。[①] 这是战时兵役法规特有的现象。庞杂零乱的兵役法规，致使办理兵役人员不易理解，于是役政人员中"狡黠者束之高阁，贪墨者资为利薮"，征兵流弊亦由此产生。而一般人民更是头绪纷繁，无所适从，严重影响了战时兵员动员的效率。抗战胜利后，国民政府再次修订《兵役法》及其他法规，并废除战时兵役法规 102 种，废止战时兵役法规 45 种，这些法规伴随着抗战的胜利，结束了历史使命。

---

① 汤梓军：《抗战时期四川兵员动员研究》，四川大学博士学位论文，2006，第 45 页。

第二节　国家兵役行政机构的组建与调整

一　中央兵役机构

1933 年 6 月《兵役法》颁布后，由于征兵工作尚未及时开展，全国没有设立专门负责兵役行政的专职机构，在很长一段时间里，仅由军政部下属的军务司少数几个人负责筹划征兵事宜，该司先后拟订了各种兵役实施法规，根据各省行政区域与人口密度，制定了划分全国师、团管区的草案。至 1935 年秋，各项主要法规已先后出台，筹划事项准备就绪。为保证《兵役法》能按法定时间付诸实施，11 月，兵役科正式设立，隶属军务司，为兵役行政主管机关，朱为鉁为首任科长，全科共有职员 13 人，专掌全国兵役计划、业务实施等。至此，国民政府中央兵役机构正式建立。[1]

1936 年 3 月征兵事务启动后，役务工作与日俱增，掌理其事的最高兵役机构也不断扩大和升级。1937 年 6 月 16 日，国民政府将兵役科扩充为兵役司，下分管区、征募、役务三科。[2] 朱为鉁任司长，直接隶属于军政部，抗战初期，该司成为承办全国兵役行政的中枢机关。随着兵员征补任务的日益繁重，兵役司远远不能满足各种需要，亟须扩充原有机构，1938 年 7 月 1 日，兵役司内增设补充科，12 月增设国民兵科，包括之前的三科，共五科，各有自己分工的职责。1939 年 2 月 1 日，兵役司扩充为兵役署，仍直隶于军政部，程泽润为署长，朱为鉁为副署长。1944 年程泽润被撤去署长之职，由徐思平升任，下设国民兵、征补、役政、经理四司及总务处、会计室、设计委员会等机构。[3] 征补司由原来的征募科改编，司下设征募、编练、补充三科，掌管兵役人事考核、兵员征集、兵员退役及抚恤等事项。由此，国民政府首次设置了独立管理兵役事务的中央机构，有利于实现兵役事务的专业化和专门化。1944 年 11 月 16 日，国民政府将兵役署划出军政部，并扩编为兵役部，鹿钟麟为部长，直隶于行政院，兼受

---

① 王晓卫主编《中国军事制度史》（兵役制度卷），大象出版社，1997，第 395～396 页。
② 程泽润：《兵役概论》，国民党中央训练委员会编印，1941，第 47 页。
③ 王晓卫主编《中国军事制度史》（兵役制度卷），大象出版社，1997，第 396 页。

军事委员会指挥监督。下设役政、征补、国民兵三司，会计室、秘书室、参事室和统计室四室，总务、人事、经理、军医、督察五处，并设会计室和各种专门委员会。原征补司下设的征募科改为第一科，主管全国征兵数额的分配和征集，川、贵等省驻军及远征军、驻印军、中国陆军总部兵员的补充及征募壮丁的登记统计与考核；原补充科改为第二科，主管全国各部队兵员的补充，湘、赣、浙、闽、皖、粤、桂、滇、西康等省的征补及统计考核；原编练科（1942 年 8 月改为兵籍科）改为第三科，主管全国兵籍、退伍、停役、除役，归休及补充部队的编制训练及陕、甘、宁、青、新、冀、鲁、察哈尔、绥远等省的征补训练；另增设第四科，主管募兵和防逃以及特种部队兵员的征补。①

兵役部是国民政府最庞大的兵役行政组织机构，其业务重点在于统一加强抗战末期的征兵与训练工作，组训全国国民兵，以全面掌控兵源。抗战胜利后，国民政府进行役政整顿，1945 年 12 月，又将兵役部缩编为兵役署，归属军政部建制，下设计划、常备兵、国民兵三司及办公、会计两室。1946 年 6 月，军政部改组为国防部，兵役署改组为兵役局，直属国防部领导。② 综上所述，国民政府中央兵役行政主管机构的演变大致经历了兵役科——兵役司——兵役署——兵役部——兵役署的逐步完善的过程，其隶属机构变动频繁，人事更迭不断，从这一过程可知国民政府对战时兵役工作的重视，以及中国军事现代化的推演和进步。

二　地方兵役机构

国民政府办理兵役的地方军事机构是由各级"管区"进行的，兵役管区是国民政府为管理兵役行政而设立的一种地域区划和行政区划，主要有军、师、团管区三级，管区的设置使得征兵工作广泛推广到各地，为征兵制的推行奠定牢固的组织基础。抗战八年，地方兵役管区机构经历了由"师、团"二级制变为"军、师、团"三级制，复改为"军"、"师"二级制，最后回到"军"、"师"、"团"三级制反复调整的过程。

1934 年，为了大规模进行"剿共"的需要，国民政府军事委员会特令

---

① 国民政府文官秘书处：《国民政府公报》，第 1160 号。
② 王晓卫主编《中国军事制度史》（兵役制度卷），大象出版社，1997，第 397 页。

各省加强地方武装编练，整理保安团队，依据《兵役法》划定保安管区，办理保安团队征募、退伍事项，是为实施管区制的先导。1935年国民政府在江苏、浙江、安徽、江西、河南、湖北、陕西、甘肃8省首先试行《兵役法》后，即在这8省成立了保安团管区，颁布了《保安团管区暂行条例》和《保安团管区征募实施规则》，这是国民政府在兵役征补中设立管区的开始。除了保安管区外，1935年1月，全国军事整理会议提出划分兵役区计划，并订立《陆军兵役管区暂行条例》和《陆军兵役管区划分配定方案》，管区的划分依据当时的国情、行政区划、国防形势、各地人口密度以及交通状况来确定。8月，军政部公布《师管区司令部组织暂行条例》及《团管区司令部组织暂行条例》，其中《陆军兵役管区暂行条例》规定兵役管区，应就指定区域，划分为各师管区，师管区之下分为三至四个团管区。师及团管区之划分，力求与现行行政区域一致，师管区之名称，以该地区之名命之。① 师管区司令部设司令1员，及参谋、办事员、副官等各级职员14员。② 团管区司令部设司令1员及办事员、副官、军医等各级职员8员。③ 师管区司令，以现役少将或中将充任，团管区司令，以现役上校或中校充任，其他人员得参用备役军官佐。师管区司令，受军政部之命及兵役攸关各部的指示，并商承本管区常备师长的意旨，处理兵役一切事务。团管区司令，承师管区司令之命令，处理本区内常备现役兵员之征募、归休、退伍及转役事项，国民兵事项，在乡军人管理教育暨召集事项，各期兵役处理及兵籍整理事项等。团管区于征募期间，按照事务繁简划分若干征募区，会同县市政府，组织征募事务处。④ 依全国整编会议，暂定5年内在全国设立19个军管区、60个师管区、10个预备役师管区，每一师管区配置1个调整师，下辖4个团管区。⑤

---

① 《陆军兵役管区暂行条例》，福建省军管区兵役处第一科编《兵役法规汇编》（二），中华印书局，1939，第1页。
② 《师管区司令部组织暂行条例》，福建省军管区兵役处第一科编《兵役法规汇编》（二），中华印书局，1939，第19页。
③ 《团管区司令部组织暂行条例》，福建省军管区兵役处第一科编《兵役法规汇编》（二），中华印书局，1939，第32页。
④ 《陆军兵役管区暂行条例》，福建省军管区兵役处第一科编《兵役法规汇编》（二），中华印书局，1939，第2~3页。
⑤ 何应钦：《何上将抗战期间军事报告》（上），军事委员会编印，1948，第34页。

1936 年 5 月，军政部和内政部首先在苏、浙、鄂、豫、皖、赣 6 个省份设立淮扬、徐海、温处、金严、芜徽、安庐、淮泗、浔饶、豫东、豫西、豫南、襄郧 12 个师管区司令部，每个师管区分 4 个团管区，共 48 个，并配以调整师 12 个及特种部队部，试办征兵事务，依制征集兵员，以补充其伍缺额。① 师、团管区两级次第成立后，之前设立的保安团管区同时终止。

1937 年 3 月，军政部公布《师管区筹备处组织规程》，规定在师管区司令部未成立前设置师管区筹备处，筹备处业务与师管区大致相同。5 月，国民政府又在苏、浙、豫、湘、鄂、赣、闽 7 省增设金陵、南抚、赣南、豫北、荆宜、衡柳、宝永、建延 8 个师管区（每个师管区一般下辖 4 个团管区）及苏沪、杭嘉、江汉、长岳、辰沅、闽海、汀漳 7 个师管区筹备处。② 其中，建延师管区、闽海和汀漳两个师管区筹备处的设立，标志着福建创办役政的开始。至抗战爆发前，国民政府共设立 20 个师管区、70 个团管区、11 个师管区筹备处。1937 年普遍实施征兵后，依据《兵役法》在各师管区下设立征（募）兵事务处，专门负责征募兵员，全国共设 240 个征兵事务处，每处均辖两县，设征兵官一名，由团管区司令或中少校部员兼任，副征兵官一名，由征兵区的县长兼任，在县政府的协助下，施行征兵身体检查等事项。③

卢沟桥事变后，为准备抗战兵员补充，国民政府继续在山东、贵州、四川、陕西、甘肃、广东、宁夏、云南等省成立师管区筹备处，其中广东师管区筹备处旋即撤销，建立了 5 个师管区。至 1937 年 12 月，师管区增为 25 个，团管区调整为 56 个，师管区筹备处增至 15 个。④ 在各地设立二级管区制的同时，国民政府为改进各省兵役行政事务和调整各级政府和各管区间的关系，开始筹备设立省军管区司令部。1937 年 8 月，国防最高会议制定了《总动员计划大纲》及工作分配表，由军事委员会第六部承担兵员动员的重任，第六部即制定了《全国人力动员办法》，规定在各省设立兵役管区司令部，直属于军政部，掌管全省的人力动员、壮丁及补充兵的

---

① 朱为轸：《兵役创办史》，军政部兵役司，印行，1939，第 6~36 页。
② 兵役部役政月刊社编《抗战八年来兵役行政工作总报告》，1945，第 1 页。
③ 程泽润：《兵役概论》，国民党中央训练委员会编印，1941，第 49 页。
④ 王晓卫主编《中国军事制度史》（兵役制度卷），大象出版社，1997，第 398 页。

征募训练，地方武力（各种壮丁队）的组织、训练任务。① 1938 年 1 月，军委会制定《军管区司令部组织暂行条例》，4 月又出台《非常时期各省军管区组织大纲》，将各省管区司令部同国民军事训练委员会合并，在各省组建军管区司令部，全权负责兵役事宜，至此，原先重床叠架，职权不清，臃肿不灵的兵役机构就此改善。从 1938 年春至冬，先后设立军管区司令部的有河南、安徽、江西、福建、广东、湖南、湖北、四川、陕西、江苏、浙江、贵州 12 省。

依据 1939 年 10 月修正的《军管区司令部组织暂行条例》规定，军管区司令部直隶于军政部，其业务有关于军令、军训、政治、内政、教育各部的，并受各部的指导。军管区司令部设司令 1 员，以省政府主席或绥靖公署主任兼任，另设参谋长、参谋、秘书、视察员等各级职员 95 员。军管区司令部下设政治部、征募处、编练处、总务科。其中征募处的职能为：常备现役兵的征募、补充、归休、退伍；战时补充兵之征募、调拨、点验；国民兵、在乡军人、备役军官佐、预备军士之召集服务；兵役宣传等。编练处的职责为：国民兵及备役干部（学生军训）的调查、组织、管理、训练、检阅；在乡军人的调查、组织、管理、点阅、学习；战时补充兵员的编练、检阅等。② 军管区司令部下设若干师管区或师管区筹备处，师管区下仍设团管区。师管区司令部直接隶属于军管区司令部，受军管区司令部之指挥、监督，并设征募、编练两科，办理现役兵之征募、补充、归休、退伍；补充兵员的编练、点阅；国民兵及在乡军人之调查、组织、管理、教育、点阅；出征军人家属之优待；兵役宣传等事务。下设职员 39 名。③ 团管区司令部直隶于师管区司令部，其职责与师管区大致相同，只是办理范围限于本区，下设职员 26 名。④ 征兵事务所为师或团管区兵役行政的辅助机构，办理现役兵的征募，抗敌军人家属之优待，在乡军人之管

---

① 张燕萍：《抗战时期国民政府兵员动员述评》，《抗日战争研究》2008 年第 4 期，第 133 页。

② 《军管区司令部组织暂行条例》，中央训练团编《兵役法规汇编》，中央训练团编印，1939，第 313～315 页。

③ 《师管区司令部组织暂行条例》，中央训练团编《兵役法规汇编》，中央训练团编印，1939，第 323 页。

④ 《团管区司令部组织暂行条例》，中央训练团编《兵役法规汇编》，中央训练团编印，1939，第 334 页。

理及兵役宣传等事务。① 至此，管区制度遂由两级制演变为军、师、团管区三级制。

随着战争形势的发展，师、团管区司令部不断作增撤调整，至 1938 年年底，全国共设军管区 12 个，师管区 35 个，团管区 133 个，师管区筹备处 4 个。②

兵役管区三级制实施了三年多，国民政府"鉴于管区三级制机构重叠，公文往返，层转稽延"③，影响役政效率，同时，抗战需要补充大量的兵力，而第一线的兵力补充，往往不能依照预定的计划和规定切实做到。1940 年 3 月，蒋介石亲自主持全国第二次兵役会议，并提出役政改革。第一，将兵役管区由原来的"军、师、团"管区三级制改为"军、师"管区二级制，撤销各团管区，增加师管区数目。按人口比例重新划定师管区征补训区域，原则上每个师管不超过 250 万人划定辖县。第二，新划的师管区，除留少部分仍归军政部直接掌握外，绝大部分配属前方的各野战军，以各该配属军的副军长或后调师的师长兼任师管区司令。其壮丁的接收、训练，由各后调师组成野战补充兵团，自行担任体检、接收、编训送补。④ 这一改进，避免了兵役系统的补充团队干部对应征兵员的虐待、克扣等弊端。壮丁直接被野战军补兵团接收后，享有战士待遇，较能安心服役。1941 年 9 月底前，全国共有军管区 15 个，师管区 42 个，团管区 163 个，招募处 1 个，师管区筹备处 1 个。后经调整，至 1942 年年底，全国分为军管区 15 个，师管区 109 个，独立团管区 3 个，招募处 1 个，征兵事务所 10 个，师管区筹备处 1 个。⑤

兵役管区机构改制后，直接以师管区来进行征兵工作，大大减少了征兵的中间环节，提高了兵员的征补效率并减少役政弊端。更重要的是新管区把兵员征补的三阶段——征、补、训统一配合，适应战时兵员动员的需要，这可谓战时役政的重大改进。上述兵役机构体制，虽然随着战局的发展有一些变化，但基本上一直维持到抗战胜利，其中只是一些人事做了变更。

---

① 徐思平：《中国兵役行政概论》，文治出版社，第 48 ~ 52 页。
② 朱为轸：《兵役创办史》，军政部兵役司，印行，1939，第 8 页。
③ 兵役部役政月刊社编《抗战八年来兵役行政工作总报告》，1945，第 2 页。
④ 兵役部役政月刊社编《抗战八年来兵役行政工作总报告》，1945，第 8 页。
⑤ 兵役部役政月刊社编《抗战八年来兵役行政工作总报告》，1945，第 2 页。

第三节　福建兵员动员的组织机构

民元至 1937 年，福建并无专设的兵役机构，因北方一些省份设有征募局①，驻闽各部队及地方军阀补充兵员，常派员到北方招募，或自行就近在招募区开设的征募站，张贴告示招募，只要身体健康，就可应募，每名征募费银元 2 元至 3 元。② 当时巨大的人口基数和农村经济的破产为军阀提供了充足的兵员。依据 1935 年颁布的《陆军新兵征募暂行办法》，在《兵役法》未实行前，募兵暂由各省保安司令部和保安团办理，福建省则由民政厅和保安处承办。征兵制实行后，福建省兵役行政机构设有兵役管区机构、县（市）兵役机构、国民兵役机构，兵员征（募）就在这三套平行的系统以及其他辅助机构的相互配合下共同完成的。

一　福建兵役管区机构的改划

1. 兵役管区机构级制的演化

1937 年 6 月，福建省奉军政部令试行征兵。5 月，兵役机构已具雏形，当时省民政厅及保安处集中了几名职员专办兵役事务，由省政府参议林斯贤负责，并推举省政府主席陈仪为省征兵监督，民政厅厅长高登艇为省征兵官。随着业务的增多，6 月 10 日又在民政厅添设第三科主管兵役，林斯贤任科长，科下分设兵事和保甲两股，由李寿芝任兵役事务股股长，兵役事务股的职责为：征募事务之处理，兵役推行之设计及经费之筹划；征兵宣传暨办理地方行政兵役人员之指导及训练；兵役适龄人员之调查与免役缓役禁役延役诸问题之处理；国民兵役事务之处理及统计与素质之调查；失业军官之救济与在乡军人之管理召集安置；国家总动员及军队总动员之协助等。③ 该科成立后，立即筹划经费，进行征兵调查和宣传。上述办法

---

① 1915 年 8 月和 10 月，北洋政府在河北、河南、山东三省设立京兆、河洛两个地方征募局，并在保定、大名、口北、东临、济南、济宁、河北、河洛、开封、汝阳、淮泗等道区设置征募局各一所，准各地方试办征兵成功后，在中央再设征募局。参见王晓卫主编《中国军事制度史》（兵役制度卷），大象出版社，1997，第 373 页。
② 福建省地方志编纂委员会编《福建省志·军事志》，新华出版社，1995，第 319 页。
③ 林斯贤：《福建省役政推动之概况》，《闽政月刊》1937 年第 2 卷第 1 期，第 21～24 页。

和内政部在民政司添设兵事科，警政司添设户籍科立法精神相同，国民政府行政院以福建省兵役组织机构设计合理，令各省仿照福建施行。①

如前文所述，国民政府地方兵役机构最初为师、团管区二级制，福建亦不例外。1937 年 4～6 月，福建省奉令筹设建延师管区司令部及闽海、汀漳两个师管区筹备处。② 卢沟桥事变后，兵员补充数量激增，征集事务渐趋繁重，福建加紧管区设置，在闽北建瓯设建延师管区司令部，下置建瓯、建阳（原系浦城，后改建阳）、南平、闽清 4 个团管区，包括第二、第三两个行政督察区所辖 18 县与上洋特种区，韩文源为司令。闽东南在福州设闽海师管区筹备处，包括第一、第四两个行政督察区所辖 21 县及柘洋、周墩、三都、禾山、南日岛 5 个特种区，处长为孙葆瑢。闽西在漳州设汀漳师管区筹备处，包括第五、第六、第七三个行政督察区所辖 24 县及石码、峰市两个特种区，处长为徐思宗。③ 至此，福建省的师、团二级管区制形成，团管区在师管区领导下，办理所辖各县（市）的征募事务和国民军训。

此时，全省尚未设立统一的管理兵役事务的行政机构，各管区所驻部队均自行到县招募或责成各县代为征募，各地征募极为混乱。1938 年 2 月，福建省依据军政部《非常时期兵役管区司令部组织暂行条例》（1937年 12 月颁）和《统一兵员征募及补充方案》（1938 年 1 月颁），在福州（战时迁沙县）设置军管区司令部，将原来的兵役管区司令部及国民军事训练委员会合并改组，直隶于军政部，办理全省兵役动员及国民军训。④省军管区司令部编制为司令、副司令、参谋长各 1 人，内设政治部、征募处、训练处、总务科。司令由省主席陈仪兼任（1941 年 9 月后由刘建绪兼任直到抗战结束），副司令由中央指派，朱文伯为参谋长（少将），林斯贤为征募处处长（少将），杨华为训练处处长（少校）。⑤ 征募处由民政厅第

---

① 林斯贤：《兵役系统及县以下役政组织机构》，《闽政月刊》1938 年第 3 卷第 2 期，第 24～26 页。

② 潘守正编《福建省地方行政及地方自治》，环球印书馆，1938，第 73 页。

③ 《奉令转知闽省办理兵役分设三师管区辖仰知照》，《广东财政公报》1937 年第 4 期，第 24 页。

④ 《本省成立军管区司令部》，《泉州日报》1938 年 1 月 20 日，第 3 版。

⑤ 平一：《省闻一句：四、省政中心事项：三、成立军管区司令部》，《闽政与公余非常时期合刊》1938 年第 16 期，第 53 页。

三科兵事股归并改称，其职能上节已述，这是战时兵员动员最重要的机构。训练处由国民军训会归并，下设三个科，一科主管各县（市）社训总队（1940年改为国民兵团），对各县（市）、乡（镇）及龄壮丁、妇女进行编组和军事训练。二科管辖各县（市）自卫中队，是县（市）的自卫力量。三科主管高中以上（包括师范、简师）学生的军事训练。①

为适应日趋繁重的征集事务，1938年5月1日，省军管区奉令将征募、训练两处改为兵役处和国民军训处。闽海、汀漳两个师管区筹备处因办理征募、训练补充兵、管理国民兵等工作与建延师管区业务基本相同，师管区与县政府间又无团管区就近联系，鞭长莫及，有碍征兵事务的推行，经军政部审批后改为司令部。至此，全省3个师管区所辖的11个团管区司令部也于是年6月前相继成立，建延师管区仍辖4个团管区，闽海师管区辖闽侯、福安、莆田、晋江4个团管区，汀漳师管区辖龙岩、龙溪、连城3个团管区。② 由此，管区二级制转变为军、师、团管区三级制。军、师、团管区成立后，福建省办理兵役及军训有了统一的机关，役政推行亦渐趋规范。

1939年11月，军政部令各省军管区兵役处复改为征募处，专管征募事务，因工作繁重，处以下设第一和第二科，第一科下设人事股、审核股、征补股，第二科有优待股、宣传股、役务股。与此同时增设编练处，负责国民兵及备役干部之调查、组织、管理、训练、检阅。国民军训处改为政治部，设立三科，分别掌理征募、编练、政训等事项。司令部的总务科仍旧，增设参谋、视察、军医、军法等室。③ 至此，福建省军、师、团管区三级制的兵役机构基本完善。

如文前所述，1941年国民政府将团管区撤销，将兵役管区由军、师、团管区三级制复改为军、师管区二级制。10月，福建省原有莆田、闽侯、晋江、福安、南平、连城、建阳、龙溪等11个团管区一律撤销。④ 师管区也由原来3个增至5个，其名称为龙漳、泉安、福闽、莆永、建延（下设

---

① 张宗健：《抗日战争时期福建省军管区在沙县》，《沙县文史资料》第3辑，沙县政协文史资料委员会编印，1984，第62页。
② 福建省军管区编《福建兵役四年》，环球印书馆，1941，第2页。
③ 《军管区国民军训处奉令改为政治部》，《福建民报》1939年12月23日，第4版。
④ 明渊：《一月省政报道：役政消息：调整本省役政机构》，《闽政月刊》1941年第9卷第4期，第65页。

将乐征兵事务所）。①

2. 管区管辖范围的变更

福建省师、团管区的划分，大体遵照与本省行政区划、行政督察区一致的原则进行。但考虑到各地民众的应征、应募习惯和交通状况等原因，为方便壮丁征集及新兵输送，其间有所调整。例如第七行政区所属的建宁、泰宁两县原属汀漳师管区所辖，但两县僻处闽西北，山岭重叠，交通不便，征送兵员须绕道闽北。又如第一行政区所属的寿宁县原为建延师管区所辖，该县僻处闽东，征送兵员须绕道福州，再赴闽北，师（团）管区人员前往该县办理役政，也感到往返周折，经济和时间均受损失。有鉴于此，为了使兵员动员更加迅速，并兼顾运输、交通、习俗、人口等各种情形，于是将师管区所辖区域重新划定。② 1938 年 6 月，军管区司令部将建延、闽海、汀漳 3 个师管区下置的 11 个团管区所辖县份重新划分③，确定如下。

建延师管区驻建瓯，下置建瓯、建阳、南平、闽清 4 团管区。建瓯团管区辖建瓯、松溪、政和、屏南、古田 5 县；建阳团管区辖建阳、泰宁、邵武、建宁、崇安、浦城 6 县及仁寿特区；南平团管区辖南平、顺昌、将乐、沙县、永安、明溪 6 县及上洋、三元两特区；闽清团管区辖闽清、永泰、尤溪、德化 4 县。

闽海师管区驻闽侯，下置闽侯、福安、莆田、晋江 4 团管区。闽侯团管区辖闽侯、罗源、连江、长乐、福清、平潭 6 县及福州；福安团管区辖福安、福鼎、寿宁、霞浦、宁德 5 县及三都、柘洋、周墩 3 特区；莆田团管区辖莆田、仙游、惠安等县及南日岛特区；晋江团管区辖晋江、永春、南安、安溪、同安、金门、厦门 7 县（市）。

汀漳师管区驻龙岩，下置辖龙岩、龙溪、连城 3 团管区。龙岩团管

---

① 汪复培：《福建省军管区三十一年度工作概况》，《福建征训》1942 年第 1 卷第 3～4 期合刊，第 117～119 页。另外，征兵事务所是战时师管区因管辖县过多（18 县以上）、交通不便或有特殊情况而临时设置的一种辅助机构，担负着兵员征集、在乡士兵管理、征属优待以及兵役宣传监督的职责。

② 木河：《省旬一闻：重新厘定师管区辖》，《闽政与公余非常时期合刊》1938 年第 21 期，第 49 页。

③ 林斯贤：《本省一年来之兵役与军训》，《福建军训》1939 年第 1 卷第 3～4 期合刊，第 16 页。

区辖龙岩、漳平、宁洋、上杭、大田、永定 6 县及峰市特区；龙溪团管区辖龙溪、海澄、南靖、华安、长泰、平和、漳浦、云霄、诏安、东山 10 县及石码特区；连城团管区辖连城、清流、宁化、长汀、武平 5 县。

金门、厦门失守后，福建沿海各地备受日军侵扰威胁和日机轰炸，随着省政府及相关机构的内迁，闽海师管区辖县特别是闽侯团管区人民纷纷向闽北、闽西内地疏散，人口异动频繁。以福州为例，1938 年福州人口总计 401985 人，到 1941 年 287019 人，两年时间人口锐减 11.5 万人。① 人口急剧变动极大地影响了兵员的分配和征集，为顾虑战时役务，1939 年 5 月，省军管区依照人口分布状况、国防交通形势、言语习俗等方面重新改划管区区域，并于 9 月 1 日实施。重新改划的情况为：原建延师管区改为建闽师管区，辖建瓯、建阳、闽侯、福安 4 个团管区；原闽海师管区改为永泉师管区，辖永安、南平、莆田、晋江 4 个团管区；汀漳师管区除大田县划属永泉师管区，新设的永安团管区及龙溪团管区的华安县划归该师管区的龙岩团管区外，其余照旧；撤销闽清团管区，将该县区的闽清、永泰两县划归闽侯团管区，德化县划属永安团管区，尤溪县及原属建阳团管区的泰宁、建宁两县，改归南平团管区，原属闽侯团管区的福清、平潭两县，改隶莆田团管区；南平团管区所辖仁寿特种区改属建阳团管区（见表 3–4）。② 以上区划，以闽古瓯、永德大、漳龙汀三大主干路分配三师管区为原则，使战时各有其内线地区，作为策动役务的根据，以期动员复员更加便捷，不受战时的牵制。

按照福建行政区划，1940 年，仁寿、南日岛、峰市、凤顶（凤顶为德化、永泰、仙游、永春 4 个县的边境地带）4 个特区废置，改并普通区。③ 原仁寿归建闽师管区所辖，改并顺昌县，划为永泉师区的南平管团区管辖，南日岛划并莆田，峰市划并永定，凤顶仍划并原划出之县，水吉、三元两特区均改县治。其所隶管区仍照旧，原赋兵额，亦饬并入各该管县内征送，汀漳师管区所属的龙溪团管区原管辖的平和、南靖两县，改隶于龙岩团管区，龙岩团管区所辖上杭县，划归连城团管区。④

① 福建省档案馆编《民国福建各县市（区）户口统计表》（1912~1949），1988，第 6~15 页。
② 《一月来省政要闻》，《闽政月刊》1939 年第 5 卷第 1 期，第 59 页。
③ 福建省临时参议会编印《福建省临时参议会会务通讯》1940 年第 1 期，第 17 页。
④ 《一月来省政要闻》，《闽政月刊》1940 年第 6 卷第 1 期，第 54 页。

表 3-4　福建省师（团）管区辖县一览（1939 年 9 月）

师管区名称	团管区名称	所辖县（市、区）
建闽（24）	建 瓯	建瓯、松溪、政和、屏南、古田
	建 阳	建阳、崇安、浦城、邵武、水吉
	福 安	福安、福鼎、寿宁、霞浦、宁德及柘洋、周墩二特区
	闽 侯	闽侯、罗源、连江、长乐、闽清、永泰及福州警察局
永泉（24）	永 安	永安、大田、德化、明溪、三元
	南 平	南平、顺昌、将乐、沙县、尤溪、建宁、泰宁
	莆 田	莆田、仙游、惠安、平潭、福清
	晋 江	晋江、永春、安溪、南安、同安、金门、厦门
汀漳（20）	龙 岩	龙岩、漳平、南靖、平和、宁洋、华安、永定
	龙 溪	龙溪、海澄、长泰、漳浦、云霄、诏安、东山
	连 城	连城、清流、宁化、长汀、武平、上杭

资料来源：福建省军管区编《福建兵役四年》，环球印书馆，1941，第 5~7 页。

　　1941 年 9 月管区由三级制改为二级制后，建延、福闽、莆永、泉安、龙漳 5 个师管区依人口比例（当时福建省人口为 1100 多万，约每 200 万人设立一个师管区）对所统辖的县区也作了重新划分。①，这一体制大体延续到抗战结束以后，各师管区具体所辖县份如表 3-5 所示。

表 3-5　福建省师管区划分（1941 年 9 月至 1943 年 12 月）

师管区名称	管辖区域				师管区所在地
	县（市、区）数			县（市、区）名称	
	合计	县市数	特区数		
建延	19	19	—	建瓯、松溪、政和、屏南、古田、水吉、建阳、邵武、崇安、浦城、南平、尤溪、顺昌、沙县、将乐、明溪、泰宁、建宁、闽清	建瓯
福闽	12	10	2	闽侯、福州、罗源、长乐、连江、福安、福鼎、寿宁、宁德、霞浦、柘洋、周墩	福安
莆永	12	12	—	莆田、仙游、惠安、福清、平潭、永泰、永安、大田、德化、清流、宁化、三元	仙游
泉安	7	7	—	晋江、永春、南安、安溪、同安、金门、厦门	永春

① 《闽军管区调整机构》，《中央日报》（福建版）1941 年 9 月 28 日，第 3 版。

师管区 名称	管辖区域				师管区 所在地
	县（市、区）数			县（市、区）名称	
	合计	县市数	特区数		
龙漳	18	18	—	龙岩、永定、连城、上杭、长汀、武平、宁洋、漳平、华安、长泰、南靖、平和、龙溪、海澄、漳浦、云霄、东山、诏安	龙岩

资料来源：福建省政府统计室编印《第一次福建省统计手册》，1944，第223页。

说明：1944年3月10日福闽师管区司令部自福安迁至福州。参见《本省大事记》，《新福建》1944年第5卷第3期，第51页。

1943年，福建省军管区遵照中央命令恢复团管区制，5个师管区下分别设置3个团管区，全省共设立15个团管区，办理征兵与训练。[1] 抗战胜利后，军政部通令全国1945年9月至1946年9月停止征兵一年，并令福建各师管区缩编，每管区仅保留1个补充团。建延、泉安、龙漳3个师管区司令部均于1945年结束，仅设立闽西、闽北两个师管区，下辖3~5个团管区。[2] 师管区直属国防部，并受行营、绥署、战区及军管区之指挥监督，这已是后话。

二　福建县级兵役机构的设置

战时兵役管区机构作为纯粹的役政机关只是负责所辖区域役务的管理和统筹，而具体的征兵事务则是由县政府军事科、区乡（镇）公所和保甲共同完成的。征兵制实行后，国民政府行政院第381次训令称："在成立兵役管区省份之各县（市）政府，就主管警察或自治保甲之科内，暂行增设兵役一股，掌理各该县（市）兵役及军事攸关事项。"[3] 兵役股设主任1人，股员2~4人，薪俸由省库开支。由于福建各县经费和人才的限制，未能依令设置兵役股，各县（区）办理兵役事务由各县（区）长指定1名职员办理，县辖区署，指定1名区员兼办。[4]

---

[1] 《省军管区充实组织，拟恢复团管区制，专门办理征兵训练事宜》，《南方日报》1943年1月28日，第4版。

[2] 《各师团管区机构今年年底将缩编》，《南方日报》1945年10月22日，第4版。

[3] 林振镛：《兵役制概论》，正中书局印行，1940，第83页。

[4] 林斯贤：《兵役系统及县以下役政组织机构》，《闽政月刊》1938年第3卷第2期，第24页。

1937 年 6 月，建延师管区司令部所辖各县开始征兵，各县（区）政府在第一科内专设科员 1 人，负责办理兵役事务（见表 3－6），省会福州及厦门市在警察局第二科内设兵役科员 1 人。① 依照《福建省训练各县政府（市局区）兵役科员补充办法》的规定，在县政人员训练所设兵役系，专门训练役政人员。1938 年 1 月，在各县役务较多的县份，设兵役股主任和兵役办事员各 1 人，闽海、汀漳两师管区筹备处所辖各县（区）普设科员 1 人。② 5 月，闽海、汀漳两师管区筹备处改设司令部，所辖各县及建延师管区所辖未设兵役股的县份，也于第一科或主管保甲户籍之科内，增设兵役股主任 1 人，随着役务增多，各县增加科员 1~2 人，由兵役系受训学员派充。至于特种区署，因役务比较简单，不增设兵役主任。③ 至 1938 年 7 月，各县兵役股一律成立（但有些县仍延迟至 1939 年）。兵役股主任的职责为掌理本县兵役事务及与兵役攸关的机要文件，指导与设计役务工作。兵役科员则具体办理役政事务。④ 1938 年 8 月，为适应大规模兵员动员的需要，推进役务办理的顺畅，行政院令各县（市）一律设置兵役科，以前各县的兵役股予以取销。10 月，军政部颁布《县（市）兵役科暂行组织规程》，规定各县（市）政府设置兵役科，设科长 1 人，科员 2~3 人。如因经费支绌，得将掌管户口、保甲或警察的科室改为兵役科，但仍兼办原有事务。兵役科科长须具有相当军事学识，如无人当选，由军政部选送委用。兵役科科长由军政部会同内政部施以短期的兵役训练。兵役科科员由各省师管区司令部会同省政府召集实施兵役训练。⑤ 当时福建财政异常困难，各县实难一律设置兵役科，于是省政府重新修正 1937 年 3 月颁布的《福建省各县政府组织规程》，并依照上述《组织规程》第三条、第六条之规定，决定在既能增强兵役行政效率，又不牵动县（市）原有行政机构的

---

① 杰：《省政一句：关于兵役者：训练兵役科》，《闽政与公余非常时期合刊》1937 年第 1 期，第 12 页。
② 林斯贤：《本省一年来之兵役与军训》，《福建军训》1939 年第 1 卷第 3~4 期合刊，第 16 页。
③ 林斯贤：《本省役政之过去与现在》，《闽政月刊》1938 年第 3 卷第 2 期，第 12 页。
④ 《为划分各级兵役人员之职掌仰饬属遵办》，《福建省政府公报》1938 年第 788 期，第 12 页。
⑤ 《县（市）兵役科暂行组织规程》，《云南省政府公报》1938 年第 10 卷第 62 期，第 13 页。

情况下，由第一科负责兵役行政，下设两股，第一股专管兵役，设股主任1人，科员2人，主要职掌兵役征集、兵役调查、编组及训练、在乡军人召集、兵役宣传等事项；第二股为军事股，仍办原主管的户口、保甲、警察、侨务、军训、禁烟、禁毒等民政事务。① 省军管区专门颁布《福建省各县区第一科科长分期调训实施办法》，分期分批对各县（区）的第一科科长进行兵役训练。

表 3 - 6　福建省 1937~1944 年征募机构沿革情况

级　别	机构名称	成立或改组起迄时间
省级兵役机构	省政府民政厅第三科兵事股	1937 年 6 月至 1938 年 1 月
	省军管区征募处	1938 年 2 月至 1939 年 4 月
	省军管区兵役处	1938 年 5 月至 1939 年 10 月
	省军管区征募处	1939 年 11 月至 1944 年 12 月
县级兵役机构	县政府第一科	1937 年 6 月至 1937 年 12 月
	县政府第一科兵役股	1938 年 1 月至 1938 年 7 月
	县政府第一科第一股	1938 年 8 月至 1939 年 4 月
	县政府兵役股	1939 年 5 月至 1939 年 8 月
	县政府第一科兵役股	1939 年 9 月至 1940 年 6 月
	县政府军事第二科	1940 年 7 月至 1944 年 1 月
	县国民团征募股	1944 年 2 月至 1944 年 12 月

资料来源：福建省政府统计室编《福建省第三回统计年鉴（兵役类）：1937~1944》，《表 1 历年征募机构》，福建省政府主计处档案，档案号：3 - 1 - 25。

1939 年 4 月，省政府特令财政厅增加预算，将各县政府兵役股改设兵役科，兵役科科长由第四期兵役系甲组训练班学员充任，原来兵役股人员均移入兵役科，于 1939 年 5 月 1 日实施。② 9 月，省政府鉴于县政府组织各科单位过多，力量分散，而兵役与民政关系密不可分，又按照《国民党抗战建国纲领》关于战时行政机构的设置应以简单化、合理化为原则，随即又将兵役科改为兵役股，仍隶属第一科，区署则指派巡官 1 人专办兵役

---

① 《修正福建省各县政府办事细则》，福建省政府各厅处函送省动员委员会的各项通报（杂项）卷，1938，福建省档案馆藏，福建省动员会议档案，档案号：17 - 1 - 76，第 64~76 页。

② 《一月来省政要闻》，《闽政月刊》1939 年第 4 卷第 2 期，第 59 页。

与保甲。① 为了推行地方自治，1939 年 9 月，国民政府颁布《县各级组织纲要》，全国实施新县制，12 月，《福建省县各级组织纲要实施计划》颁布，限期于 1940 年 1 月内实施。实行新县制时，各县兵役科一律改组为军事科，原有保安部分并入该科。1940 年 3 月，省府委员会第 195 次会议决议，依照军政部颁发的《县市国民兵团组织暂行条例》，各县将原有国民兵义勇壮丁常备大队改为国民兵团，主要担负维护地方治安、国民兵组训和兵员征集的任务（具体内容详见第四章第四节）。至此县级军事机构便为国民兵团与军事科，这种设置使国民兵团与军事科在人事和兵役业务上发生重叠和分歧。7 月，遵照军委会、行政院颁的《县（市）国民兵团与军事科职权及人事割分办法》，第一科不再管理兵役工作，改由县军事科和县（市）国民兵团主管兵役工作和国民兵组训。国民兵团与军事科同为县以下兵役行政单位，军事科负有征兵责任，国民兵团负有组织训练责任，二者职权分割规定如下：①国民兵团主管国民兵组织、管理、教育、召集、调拨、服役等事宜；②军事科主管常备兵征募、在乡军人管理、动员军事征用、保安、防空、马政、军人通讯、出征军人家属之优待慰问、兵要地理调查等事项。② 各县军事科设主任、科员、办事员，后办事员工作被细分，分为专办优待和兵役。军事科主任必须由中央军校或保安干部训练所毕业的军人充任，由省军管区直接委派。福建省各县（市）由于兵额配赋多寡不一，役务繁简不同，因此依据甲乙丙丁四等县的情况设置军事科人员③。甲等县设主任 1 人，科员 4 人；乙等县设主任 1 人，科员 3 人；丙等县设主任 1 人，科员 2 人；丁等县设主任 1 人，科员 1 人。比如丙、丁两等县份因壮丁人数较多或为师（团）管区所在地，则可增加办事员 1 人。据统计，至 1941 年全省共设军事科主任 66 人，科员 128 人，新增专办优待和兵役人员分别为 23 人和 25 人。④ 至于县辖区署办理兵役，依照新县制，设有军事指导员，由区队附兼后备队长兼任。

---

① 《一月来省政要闻》，《闽政月刊》1939 年第 5 卷第 1 期，第 59 页。
② 《县（市）国民兵团与军事科职权及人事划分办法》，《兵役月刊》1940 年第 2 卷第 5 ～ 6 期，第 47 页。
③ 1941 年，福建设甲等县 4 个，乙等县 8 个，丙等县 32 个，包括福州警察局，丁等县 17 个，包括县 5 特种区署。参见福建省政府秘书处编印《第一次福建省统计手册》，1944，第 38 页。
④ 福建省军管区编《福建兵役四年》，环球印书馆，1941，第 13 ～ 18 页。

国民兵团的组织由县总队、区联队、乡镇队、保队、甲班组成，区长兼国民兵队队长，乡（镇）长兼乡（镇）国民兵队队长，保长兼保国民兵队队长，甲长兼甲国民兵班班长①，这种体制使壮丁队组织系统与保甲制度系统合为一体，加强了对壮丁的控制。但由于所辖单位过多，调动起来并不容易，不利于战时兵员补充，1941 年 8 月各县将国民兵团部分业务归并县政府第五科，部分成员派充至第五科，第五科增至二十余人。②

事实上，国民兵团作为维护治安和实施国民兵役的机构，在管区和政府的双重统隶之下，业务上与军事科交叠，因此常遭彼此推诿，矛盾不断。几年间，"裁科并团""裁团并科"之争闹得沸沸扬扬，而农民对于强派国民兵役多"惊异彷徨，视为劳扰多事"，使国民兵团的"军训政工作，未能达到预定之标准"。为统一地方军事机构，加强役政效率，1943 年 9 月行政院、军事委员会通令："各县如既设国民兵团团长、副团长，则县府不再设军事科"，1944 年 2 月，国民政府颁布《县市政府军事科裁并办法》，规定仅设军事科未设国民兵团的县（市）一律于 1944 年成立国民兵团，至此，"科团存废"之争最终得到解决。③ 1944 年后，福建省将县（市）军事科与军事指导室一律裁撤，业务归并国民兵团办理，全省共 64 个国民兵团，2 个特种区国民兵队。抗战胜利后，行政院颁布《裁撤县市国民兵团恢复军事科实施办法》，要求 1945 年 9 月底以前一律裁撤国民兵团，其业务归并县（市）政府新成立的军事科办理。④

总之，抗战期间福建省县级兵役行政机构经历了由兵役股改为兵役科，复改为兵役股，再改为军事科，后又成立国民兵团与之并立，嗣又裁科并团，最后改隶于国民兵团的调整过程，但无论怎样演变，其最终的目的都是适应战时役政推行的需要。

三　福建役政辅助机构的充实

抗战时期办理兵役千头万绪，非独上述兵役管理机构和地方行政机构所能专揽，为了顺利办好役政，福建省军政当局还设立了多个辅助性机

---

① 《福建省县各级组织纲要实施计划》，《训练月刊》1940 年创刊号，第 118 页。
② 《闽调整兵役机构》，《中央日报》（福建版）1941 年 8 月 4 日，第 3 版。
③ 徐思平：《中国兵役行政概论》，文治出版社，1945，第 83 页。
④ 《各县军事科于九月一日成立》，《闽政导报》1945 年第 33 期，第 1 页。

构，如福建省动员委员会、兵役监察委员会、兵役协会、抗敌后援会等协助办理役政。

1. 役政监督机构

为防范役政推行过程中的舞弊现象，提高役政效率，1939 年 2 月，国民政府颁布《兵役宣传及监督实施方案》，从中央到省、市（县）、乡（镇）设置了专门的兵役监察委员会，与兵役宣传相辅为用。[①] 1940 年 2 月，福建省依照方案之规定，由省党部监察委员会、省临时参议会、当地最高级政治部、区监察使公署、民政厅、高等法院检察处、高等法院等各派重要人员为委员组成福建省兵役监督委员会，并由省参议会召集。其主要任务为：计划本省兵役监督实施；监督下级监督机构关于职务之执行；纠举违法失职之役政人员；派员至各县（市）巡回查察；调查、报告各县（市）役政的施行状况及临时发生之事件。省兵役监督委员会专设有地方临时法庭，专审发生役政之案件。[②] 各县、乡（镇）区兵役监督委员会也于 1940 年 4 月前组建完毕。县（市）兵役监督委员会，则以各县（市）党部监察委员会、县（市）参议会、当地驻军政治部、地方法院检察处、县（市）警察局等各派重要人员为委员组成。其主要任务与省兵役监督委员会略同。但县及以下不设审理兵役的临时法庭。乡（镇）、区兵役监督委员会，以区分部委员、区内警察局分局局长与公正士绅等组成。其主要任务为：纠举违法失职的下级役政人员，如乡（镇）保甲长、联保主任等；分组赴各乡（镇）巡回查察；调查、报告各乡（镇）、区内役政的施行情况。[③]

除了兵役监督委员会外，1938 年 8 月，福建省还依据《非常时期征集国民兵监察实施办法》，在团管区区域内邻接二县或三县设监察组 21 组，每组设主任 1 员，事务员 2 员，共计 63 人，负责各县的兵役监察督导工作。监察组主任由团管区司令或师（团）管区部员兼任，事务员由师（团）管区办事员或军官队队员、后方补充营附员兼任，或由县市政府兵役科（股）职员兼任。监察组的监察事项主要有：检点壮丁调查名册，有无漏列适龄壮丁或以老弱充数事项；免缓役的事实及证明文件是否按规定办理；抽签实施的监督；征集壮丁的身体检查等。1941 年 3 月，福建省军

---

① 《兵役监督实施办法》，《广西省政府公报》1939 年第 625 期，第 10～13 页。
② 《省参议会筹组兵役监督委员会》，《福建民报》1940 年 2 月 19 日，第 4 版。
③ 《兵役监督实施办法》，《广西省政府公报》1939 年第 625 期，第 10～13 页。

管区设立兵役视察室，颁布《福建省军管区司令部兵役视察规则》，要求每县每月至少须派视察员视察 2 个区，每区须视察 2 个乡（镇），设密告箱，发现各级办理役政人员有违法舞弊行为，会同县区长依法办理。[①]

上述为公开的兵役监督机构，福建省军政当局专设有密查机构，如省军管区曾设秘密调查组，分派各县（区）密查各级兵役机关办理役政情形、户口调查状况、役政推行中的困难、壮丁征集后对地方的影响、壮丁训练实施等。

2. 动员委员会

1938 年 4 月，中央军事委员会颁发《省市县动员委员会组织大纲》，要求各省组织总动员事务整备科，开展抗战的动员工作。5 月，福建省组建了"福建省动员委员会"，为全省抗战工作最高指挥机关，对全省的政治、军事、经济、文化、卫生、交通等各行各业进行总动员。各县（市）则设县（市）动员委员会，由县（市）长兼主任委员。各级动员委员会设立的目的在于促进地方党政军民的密切联系，贯彻中央动员法令，实施国家总动员计划。在兵役方面，动员委员会的主要任务为扩大兵役宣传，鼓励、慰问出征军人家属，发动战时劝募捐献，策动公务人员士绅子弟率先应征，倡导精神动员运动等。[②]

1942 年 7 月，福建省奉行政院令撤销动员委员会，8 月，成立福建省动员会议[③]，动员会议的任务范围比动员委员会更加广泛，包括订定并审议党政军机关有关国家总动员之方案、计划与法令，策划指导全省抗敌自卫团及肃反工作之执行，加强物价管制措施及民众各种战时任务队之组训，慰劳军队及献金献粮之审议监察等。

1944 年省动员会议机构进行调整，调整后由物管会、补给会、航空建设分会、学生从军运动指导会、战时生活励进会、慰劳抗战将士会、出征军人家属优待会等各机关联合办公。比如 1944 年，福建省动员会议就曾举行元旦、端午、七七、国庆四次慰劳征属、从军知识青年及抗战殉职将士

---

① 《福建省军管区司令部兵役视察规则》，《闽政月刊》1941 年第 8 卷第 4 期，第 53 页。

② 平一：《省闻一句：一般抗敌工作：筹组抗战动员委员会》，《闽政与公余非常时期合刊》1938 年第 13 期，第 38 页。

③ 1937 年 7 月福建省成立抗敌后援会，1940 年 5 月归并省动员委员会，1942 年 8 月归并省动员会议。省抗敌后援会及分会主要担负征募、慰劳、宣传、建立健全伤兵之友社等工作，与省动员会大致相同。

遗族的相关运动。①

3. 兵役协会

1938 年福建省各县（区）联保成立征兵协会，受县（市）及军师（团）管区的监督指导，协会委员由年龄在 30 岁以上，高中及以上学历，在地方负有声望且曾任官职（现不任），具有地方行政经验、热心役务的人士组成（5～9 人），任期 1 年。② 第二期抗战展开以后，征兵任务更加繁重，军政部鉴于各地兵役组织凌乱，颁布《各省县市乡镇兵役协会组织通则》，通令各省县（市），将联保征兵协会、兵役监察会、兵役宣传会、优待壮丁家属会等组织合并改组成县（市）兵役协会，各级兵役协会由县（市）参议会代表及区乡（镇）民代表、各法团暨县（市）乡（镇）学校校长或代表、在乡军人会代表、战时军人家属代表、当地负有声望的公正士绅等组成。③ 1940 年 6 月，福建省兵役协会成立，其主要工作为实施兵役宣传；建议兵役行政改进；协助办理及龄壮丁调查、免禁役缓征召的审查、身体检查、抽签、征集；协助新兵监交及入伍退伍欢迎欢送；协助监查战时军人及其家属调查、优待和抚慰的实施；协助监察及检举兵役实施的违法舞弊事项；接受委托办理抗敌军人遗族抚恤事项；协助新兵生活之促进改善服务；协助举办征属福利暨生产事宜等。协会由会员大会选举理事 5～15 人组成理事会，理事会下设抚慰、宣传、调查、总务四组。④

综上所述，战时福建兵役动员是在省军管区的主管统筹下，由师团管区办理，各级地方役政机构负责实施，乡（镇）、保甲具体执行，国民兵役机构参与，兵役辅助机关协助，在多方配合下共同完成征（募）事务，这一组织系统保证了兵员动员的顺利进行。

第四节　役政人员的组织与训练

兵员动员的顺利推行，不仅需要完善的兵役机构，还有赖于役政办理

---

① 韩涵：《一年来的福建动员》，《新福建》1945 年第 7 卷第 1 期，第 35～37 页。
② 《各县（市）联保征兵协会组织规则》，福建省军管区兵役处第一科编《兵役法规汇编》，中华印书局，1939，第 213～216 页。
③ 《兵役协会组织规程》，福建省档案馆藏，档案号：76-1-276。
④ 《福建省兵役协会办事细则》，福建省档案馆藏，档案号：76-1-276。

人员熟习兵役法规，熟练兵役业务，具备充分的知识，才能获得膂臂相使的实效。福建实施征兵制后，为满足各级兵役机构对兵役干部的需要，提升役政人员的职业素质，福建省军政当局通过举办兵役训练班、讲习会、干训班等方式分级分期分批训练各级役政人员，保证了兵员动员的有效施行。

一　县级役政人员的训练与任用

福建在 1937 年 6 月办理兵役之初，先由各县政府指派职员 1 人，县辖下的特种区署指定县政人员训练所区政系毕业的区员 1 人来承办役务。1937 年 6 月，建延师管区实施征兵，专门设立兵役人员训练班，时间为 1 个月，首期毕业 20 人。9 月，福建省县政人员训练所招收第一期兵役系学员，训练 3 个月，本期毕业的 54 名学员和先前毕业的 19 名学员中选出 14 名共 68 名，首先被派往建延师范管区役务较重的县份，如建瓯、浦城、南平、古田、永泰、尤溪、寿宁、闽清、沙县、邵武、永安、建阳、屏南、政和 14 县充任县兵役股主任（1 人）和兵役科员（1 人），建瓯、浦城、南平 3 县役务繁重，增设办事员 1 人。其余学员分发至福州、厦门及闽海、汀漳两师管区所辖各县（区、局）充任兵役科员。① 闽海、汀漳两师管区筹备处改为司令部后，所辖各县的兵役股主任从县政人员训练所第二期（1938 年 2 月至 4 月）兵役系毕业的 42 名学员中选拔，科员仍由第一、二期兵役系毕业学员和建延师管区受训毕业学员中选任。②

兵役系学员的训练分政治、兵役、军事训练三个部分。政治课程包括《党义党史》《应用文》《法律》《保甲制度》《县政警政概论》《行政学》《统计学》等。兵役课程有《兵役法规》《社训法规》《兵要地理》《动员概说》《兵役三平原则》《战时民教》等，军事训练课程有步兵操典、野外勤务、射击教范、通讯教范、筑城教范、步枪、轻机关枪、制式教练、战斗教练，特种演习如筑城作业、射击演习、测图实施，防空演习等。上述训练课程重要的是兵役法令、动员业务与兵役行政实施讲解与讨论。

1938 年 7 月，国民政府要求全国各县取消兵役股，设置兵役科，福建

---

① 福建省政府秘书处编《福建兵役概况》，1939，第 39 页。

② 林斯贤：《本省役政之过去与现在》，《闽政月刊》1938 年第 3 卷第 2 期，第 11 页。

省因财政困难，暂未设置，只是在原来行政机构的基础上，将县政府第一科分为两股，第一股专司兵役，第二股仍然办理原来主管的事项。然而，第一科科长仅有民政学识经验，缺乏兵役和军事常识。为增进役政工作效率，省政府设立第一科科长训练班，以师管区为单位，分 3 期集中在福州原省军管区司令部受训，训练时间一星期。① 第一期（8 月 13 ~ 20 日）为闽海师管区所辖各县（区）第一科科长 20 人，参加听讲学员 5 人，共 25 人。第二期（8 月 27 日至 9 月 3 日）为建延师管区所辖各县（区）第一科科长 21 人，参加听讲学员 1 人，共 22 人。第三期（9 月 10 至 9 月 17 日）为汀漳师管区所辖各县（区）第一科科长 21 人，另有松溪、崇安、永春县政府人员及柘洋特种区第一科科长等 4 人，共 25 人。② 从 1938 年 7 月起，各县增设兵役科科员 1 人，科员由第四期（1938 年 11 月至 1939 年 2 月）兵役系 46 名受训学员充任。③

1939 年福建省各县第一科兵役股撤销，全部改设兵役科。按军委会令，兵役科科长从兵役处已受兵役训练者或者干部训练人员中选拔。为此，省军管区特制定《县政府兵役科科长选取训练委用办法》，规定全省考选 75 名兵役科科长，分招考和选送两种，招考的人数为 25 ~ 30 人，资格为正式军事学校毕业，曾任上尉军职 2 年以上。选送人数 40 ~ 50 人，资格为曾受兵役训练，现充任兵役股主任成绩优秀者，由兵役处选送；各师（团）管区上尉办事员 5 ~ 10 人，由各师管区选送；各县政府科员 10 ~ 20 人，由民政厅选送。上述通过招考、选送的合格人员必须经过两个星期的政治与兵役方面的训练，才能依其资历及考试成绩分派工作，最后，61 人充任县政府兵役科科长，8 人担任特种区（署）第一科兵役股主任。④ 1939 年 8 月 ~ 至 11 月，县政人员训练所续办兵役系第五期训练班，调训 58 人，训练完后分派至师（团）管区充任科员、各县（区）兵役科员或常备队中队长或分队长。

1940 年 1 月，各县兵役科改为军事科后，为增进各县（区）役政工作

---

① 林斯贤：《本省一年来兵役与军训》，《福建军训》1939 年第 1 卷第 3 ~ 4 期，第 17 页。
② 《历年征募行政人员训练及讲习》（1937 ~ 1944），《福建省第三回统计年鉴（兵役类）：1937 ~ 1944》，福建省档案馆藏，福建省政府主计处档案，档案号：3 - 1 - 25。
③ 林斯贤：《本省一年来兵役与军训》，《福建军训》1939 年第 1 卷第 3 ~ 4 期，第 17 页。
④ 福建省政府秘书处编《福建兵役概况》，1939，第 45 ~ 48 页。

效率，完善征务推行，省军管区加强了对役政人员的训练。先是进行军事科长培训，1940 年 5～6 月省军管区在沙县专设兵役讲习班，训练全省 56 名军事科科长。讲习课程为兵役法令（占授课时间 40%）、军训法令（占 20%）、民政概要（占 75%）、问题检讨（占 15%）、军事操练（占 10%）、精神讲话等。1941 年 4 月，省军管区征募处在沙县再设兵役讲习会，调训 64 名各县（区）兵役股主任，为期 10 天，讲习内容为兵役法规、行政业务操作方法及问题的检讨。① 在进行讲习会的同时，省军管区招考兵役科员和办事员，凡年龄在 20 岁至 40 岁的男子具有下列资格之一者均可报考：①两年专科学校毕业或高中毕业服务 3 年以上者（适合兵役股主任人选）；②高中毕业或初中毕业服务 4 年以上者（适合兵役科员人选）；③初中毕业或肄业又服务 3 年以上者（适合兵役办事员人选）。② 4～7 月，县政人员训练所继续在三元区（2 个月）和沙县（1 个月）办理第 6 期兵役系训练班，训练上述经过招考的 56 名学员。学员受训期满，按其资格、成绩，分派至各县充任县政府兵役股主任、科员和办事员。

二　国民兵团干部的组织与训练

1940 年国民兵团建立后，训练国民兵团干部成为重要的任务，训练国民兵团干部的目的是端正其思想，锻炼其体魄，充实其军事学识，增进其办理役政的技能，使之能胜任国民兵组训的任务。除国民兵团副团长调往中央训练团兵役班训练外，其余各级干部分别调往军管区、师管区兵役干部班及县兵役干部班分期受训，如 1941 年 11 月省军管区就调派县国民兵团副团长 39 人到重庆训练。③ 1940 年后，福建省专门设立兵役干部训练班训练各级兵役干部，军管区兵役干部训练班负责训练国民兵团督导员，省地方干部训练团兵役干部训练班调训常备队长、事务员、后备队长、自卫队长以及师管区少校以下部员；师管区兵役干部训练班分期训练乡（镇）队附、自卫队和后备队的分队长，兵役科人员；县兵役干部训练班培训保队附、甲班长、后备队和自卫队的班长；乡（镇）队以下各级干部由县兵

<hr>

① 《本省军管区举办兵役人员讲习会》，《闽北日报》，1941 年 2 月 25 日，第 4 版。
② 《福建省地方行政干部训练团兵役系学员（股主任科员办事员）训练办法》，《福建省政干团团刊》1941 年第 6 期，第 3 页。
③ 《核送国民兵团副团长受训》，《闽政月刊》1941 年第 9 卷第 5 期，第 73 页。

役训练班与县政干所合并召集训练。① 1940 年国民政府颁布《国民兵各级干部教育计划》，规定国民兵干部教育分为初级干部教育和中级干部教育。初级干部主要指乡（镇）及以下的保甲干部，其教育时间每期 4 个月，以 16 周（96 日）计算，每日平均 8 小时，共 768 小时，其余为教育预备时间。课程分精神教育、学科教育、术科教育，精神教育 116 小时，包括总理遗教、总裁言行、中国国民党概史、国民精神总动员纲领、新生活运动纲领、日本侵略中国史、国际形势、精神讲话等；学科教育 192 小时，包括步兵操典、射击教范、筑城教范、阵中勤务令、军队卫生法及救急法、陆军礼节条例、军队内务规则、兵器概要、地形概要、游击战纲要、兵役法规、地方自治、户籍行政、公文程式等；术科教育 460 小时，包括基本教练、战斗教练、射击教育、阵中勤务、筑城作业、测图实施、简易通信、防空防毒演习、兵役实施演习、夜间教育、刺枪术等。国民兵中级干部教育主要指县级及以上的国民兵干部，教育时间每期定为 2 个月，以 8 周（48 日）计算，每日平均 8 小时，共为 384 小时，其余为教育预备时间。中级干部教育也包括精神教练（共计 38 小时），学科教育（共计 182 小时），术科（共计 164 小时），内容与初级教育一样。② 县地方行政人员训练所内设兵役干部训练班，调区、乡（镇）保队长队附及常备队、后备队、自卫队班长受训，时间为 1 ~ 3 个月。

以 1944 年为例，至该年 12 月，省军管区兵役干部班共举办 5 期培训班，训练学员 553 人。5 个师管区共训练干部 829 人，其中建延师管区 151 人，福闽师管区 180 人，泉安师管区 138 人，莆永师管区 176 人，龙漳师管区 184 人。为节省经费各县兵役干部班大多与县政府干部训练所合并办理，共训练学员 4609 人③。其中龙漳师管区各县兵役干部班就训练乡（镇）队附、助教、事务员、保队附 2313 名。④

1943 ~ 1944 年，各师管区也自行培训兵役干部，培训情况如表 3 - 7 所示：

---

① 汪复培：《福建省军管区三十一年度工作概况》，《福建征训》1942 年第 1 卷第 3 ~ 4 期合刊，第 117 ~ 118 页。
② 《国民兵各级干部教育计划（草案）》，《兵役月刊》1940 年第 2 卷第 7 ~ 8 期合刊，第 48 ~ 54 页。
③ 汪复培：《一年来的福建兵役》，《新福建》1945 年第 6 卷第 6 期，第 48 ~ 50 页。
④ 《龙漳师管区三十一年度工作概况》，《福建征训》1943 年第 3 卷第 1 期，第 38 页。

表 3 - 7 《历年组训兵役干部训练》：（二）管区方面训练

单位：人

各师管区兵役干部训练班	总 计	1943 年	1944 年
	1377	917	460
建延师管区	343	359	84
福闽师管区	322	172	150
莆永师管区	259	182	77
泉安师管区	130	52	78
龙漳师管区	323	252	71

资料来源：《福建省第三回统计年鉴（兵役类）：1937～1944》，福建省档案馆藏，档案号：3 - 1 - 25。表 17《历年组训干部训练》：（二）管区方面训练（1943～1944）。

总之，福建省军政当局自 1937 年 6 月至 1944 年年底先后通过省、县举办了 14 期训练班、讲习班、干训班，培养了大批的各级兵役干部。训期从一周至三个月不等，共调训各级施行征、补、训人员 630 人。其中受训3 个月的共 315 人，受训 2 个月的共 109 人，听讲 1 个月的共 76 人，听讲10 天的共 64 人，听讲 7 天的共 66 人。[①] 这些受训的兵役干部基本掌握了役政法规、兵役业务、工作方法，普及了兵役知识，为保证役政的顺利推行，发挥了重要的作用。我们可以从表 3 - 8 中略见当时办理训练及讲习的情况。

表 3 - 8 1937～1944 年福建省征募行政人员训练及讲习

训练期	办理年月	受训或听讲人数（人）	训练或讲习时间（天）
兵役人员训练班	1937.6	20	30
兵役系第一期	1937.9	54	90
兵役系第二期	1938.2	42	90
县政府第一科科长讲习班第一期	1938.8	20	7
县政府第一科科长讲习班第二期	1938.8	21	7
县政府第一科科长讲习班第三期	1938.9	25	7
兵役系第三期	1938.11	46	90

---

① 《历年征募行政人员训练及讲习（1937～1944）》，《福建省第三回统计年鉴（兵役类）：1937～1944》，福建省档案馆藏，档案号：3 - 1 - 25。

续表

训练期	办理年月	受训或听讲人数（人）	训练或讲习时间（天）
兵役系第四期	1939.3	73	60
兵役系第五期	1939.8	58	90
县政府第五科科长讲习班	1940.6	56	30
兵役讲习会	1941.4	64	10
兵役系第六期	1941.4	56	90
兵役干部班第一期	1942.8	59	90
兵役干部班第二期	1944.4	36	60

资料来源：《福建省第三回统计年鉴（兵役类）：1937～1944》，福建省档案馆藏，档案号：3－1－25，表3《历年征募行政人员训练及讲习》（1937～1944）。

三　基层保甲人员的训练

保甲施政工作是否顺利，与保甲人员关系重大。从兵役角度来说，保甲人员是办理兵役的最基层人员，被称为"最有权势"的役政人员，如果保甲人员素质较好，役政就容易推行，否则舞弊纠纷，影响役政。因此，训练保甲人员，提高保甲长素质，这是治理役政问题的根本。福建省办理保甲之初，就分别对各县联保主任、保甲长进行集中训练。保甲长训练，以与壮丁队干部同时办理为原则。凡保长及兼任壮丁队小队附的甲长，在县政府所在地集中训练，凡不兼任壮丁队小队附的甲长，在区署或区公所所在地，由区召集训练。个别县因为情况特殊，也有组设讲习会或施行巡回训练。① 截至1937年6月，全省已受训保长11855人，甲长29150人。②

抗战爆发后，国民政府更加重视保甲长的素质。1938年6月，国民政府颁布《战时国民军事组训整备纲领》，其中第6条规定："凡未经保训合一干部训练所毕业者，不得充当保训合一之乡（镇）长及保甲长或副长。"③ 9月，福建省政府在沙县设立保训合一干部人员训练所，专门培训全省各县（市）、乡（镇）骨干，由省政府主席陈仪兼任所长，由军管区

① 潘守正编《福建省地方行政及地方自治》，环球印书馆，1938，第82页。
② 《福建保甲施行成绩：户口登记大部完成，保甲壮丁训练完竣》，《申报》1937年7月10日，第12版。
③ 《本省保训合一干部训练实施概况》，《闽政月刊》1939年第5卷第1期，第45页。

司令部参谋长、民政厅厅长、国民军训处处长兼任副所长，设教育长1人，下设总队部、教务部、训育部、总务部等。截止到1940年，受训乡（镇）人员共2130人，全省1500个乡（镇）派乡（镇）1人外，尚余630人分派作为各乡（镇）办事员。① 此后，各县分别设立地方行政干部训练所，设所长、教育长各1人，所长由县长兼任。自此，福建省保甲长训练归各县行政干部训练班办理，凡是未受训的保甲长依照社训纲要的规定实施训练，即从前已受训练者也按照社训纲要施以短期（3~7日）训练。后觉得培训时间太短，有所延长，保长训练期间改为3个星期，甲长训练期间提至10天，有的县份甚至延长至1个月，每年集训1~2次。② 1938年，训练1个月以上的保甲长分别有德化66人，建瓯179人，永定2709人，南平720人，闽清166人，屏南120人，将乐512人，永安173人，长汀783人，松溪70人，政和93人，峰市71人。训练时间3~7日的有宁德643人，明溪88人，长乐73人，邵武1587人，南安204人，晋江7451人，建阳1157人，惠安3750人，海澄1749人，古田1904人，柘洋247人。③ 1938年保训合一干部训练所还训练联保主任600名。保训合一干部训练所训练的课程有政治训练、军训学科训练、军训术科、辅助教育等，其中政治训练包括党义、公民常识、新生活须知、国民经济建设须知、国际形势及外交常识、保甲法规、战时民众教育、精神讲话、兵役法、应用公文、训育等，课时合计约占全部时数的33%。军训学科训练有社会军训纲要、战时国民军训纲领、自卫游击战术、国家总动员、陆军编制、各兵种识别性能、抗倭战术、自卫新知、各国青年训练纲要、步兵操典纲要、军队内务摘要等，课时合计约占全部时数的10%。军训术科课程有基本教练、战斗教练、各种演习、体育等，以上各科教授时数占50%。辅助教育有农村建设概要、合作常识、农事常识、音乐等，以上各科教授时数占7%。④

保训合一干部训练所虽规定了同一科目，但训练方式和教材却不一

---

① 郇劳：《抗战中的各省：抗战中的福建》，《国民公论》（汉口）1940年第4卷第1期，第39页。
② 《本省保训合一干部训练实施概况》，《闽政月刊》1939年第5卷第1期，第52页。
③ 高登艇：《本省一年来民政与军训》，《福建军训》1939年第1卷第3~4期合刊，第5~8页。
④ 徐季敦：《本省保训合一干部训练之全貌》，《福建军训》1939年第1卷第3~4期合刊，第85页。

致，就全部省政而言，训练效率低下。随着抗战事务的繁重，健全保甲机构，增进行政效率异常重要。省政府决定自 1940 年 1 月起，统一训练全省保长，计划两年内全部训练完成，由省保甲视导员分赴各县区协同设班办理，原有各县保训合一训练班一律停办，并颁布《福建省各县区保长统一训练纲要》《福建省保甲视导员服务暂行通则》《福建省各县区保长训练班章程》《福建省各县保长训练班办事细则》《福建省各县保长训练班教导方案》《福建省各县（区）政府考选保长办法》等。① 1940 年 1 月省府就从各县每科科长及区长中遴选成绩优良、德行知识较佳者 30 人组成自治视导员，分为 15 个单位，分赴各县组成训练班统一训练民选保长，并视导该保工作。保甲训练班设主任 1 人，由县区长兼任，训练班依各该县区人数之多寡分为若干期，每期训练时间为 4 个星期，必要时延长至 6 个星期。保长训练科目，以灌输保甲必需的、实用的常识和法令为主，内容包括党义、抗战建国纲领、国民公约、精神总动员纲领、保甲自治、社会军训、战时民教、兵役法规、户口异动、新福建、地政、财政、乡村建设、抗战歌曲、军事训练等，共 48 课时。②

除保甲训练班外，福建地方乡保人员大部分由县政干训所训练。福建省从 1940～1942 年共训练乡（镇）长、副乡（镇）长 4284 人，保长、副保长 31478 人，甲长 169770 人，乡（镇）公所职员如户籍员、事务员、专任干事等 14280 人。③ 保长训练于 1940 年 2 月 16 日开始，训练时间为 1 个月，已在新县制前的保长训练班训练的保长不再调训，至 1940 年 9 月，共计 23 县 4410 名保长受训完毕。1940 年 1 月，各县（区）联保改为乡（镇）后，乡（镇）长的训练于 1940 年 5 月 1 日开始，其训练方针及教导方法，以《各级干部人员训练大纲》为准则。乡（镇）公所事务员及户籍员训练时间为两个月，至 1940 年 9 月受训乡（镇）公所事务员及户籍员 1508 人。甲长的训练以 1940 年 9 月开始，为期一周，以区或乡（镇）为单位召集训练。④

---

① 《一月来省政要闻》，《闽政月刊》1939 年第 5 卷第 4 期，第 55 页。
② 《本省自廿九年一月起统一训练全省保长，省府订颁章则饬县加紧准备》，《闽北日报》1939 年 11 月 24 日，第 4 版。
③ 袁国钦：《各县乡保干部训练概况》，《闽政月刊》1940 年第 7 卷第 2 期，第 40 页。
④ 袁国钦：《各县乡保干部训练概况》，《闽政月刊》1940 年第 7 卷第 2 期，第 40 页。

第四章

福建兵员动员的准备

为了办好役政，福建军政当局作了较为充分的动员准备。抗战之初，省政府就明确表示："对于抗战的贡献，福建在财物上是有限的，因为福建省本身是贫穷的省份，只能做到在经济物质方面的自给自足，不会有更多的余力贡献前方。但对于人力的接济，却可能负担一部分不很轻微的力量。"① 为了贡献力量，福建省将役政工作作为整个政治工作中最重要的任务来完成，省军管区专门确立"打破旧习惯，示信于民"的方针②，所谓"打破旧习惯"即注重普遍深入的精神动员与民众组训，"示信于民"则重在以公平态度处理役政并优待新兵及其家属。在实际的推行过程中，则通过振奋民众精神，健全保甲组织，加强兵役宣传，组训国民兵等方式动员壮丁出征抗敌。

第一节　振奋民众精神以准备动员

精神动员是一切动员的基础，其目的在于鼓舞民心士气，动员民众踊跃应征，鼓动前方战士英勇作战。抗战爆发后，蒋介石曾多次强调在敌强我弱的态势下精神动员的重要性，如"精神重于物质，一物要作二物用，一人要作二人用，一弹要作二弹用，一日要作二日用，全在于精神补助物资之不足。"③ 陈仪则强调要在全省民众心中建设心理的国防，精神的国防

① 《闽省兵役问题》，《申报》1938 年 10 月 2 日，第 2 版。
② 朱文伯：《福建省兵役概况》，永泉师管区印，1941，第 2 页。
③ 《第二期抗战宣传纲要》，《华美》1939 年第 1 卷第 46 期，第 1096 页。

以抗强敌①，福建如何建设"精神的国防"？

一 开展新生活运动

新生活运动（1934～1949）发轫于 1934 年 2 月 19 日，由蒋介石在南昌发起。其目的之一，就是要恢复民族固有的道德，唤起国民的民族意识，提高国民的国家观念，培养尚武精神，巩固精神的国防，为抗战作思想准备。② 新生活运动以中国固有的礼、义、廉、耻"四维"作为基本准则，并表现在"衣食住行"之中。这场以改变国民生活方式为主要内容的社会运动在抗战前后经历了两个时期，1934 年 2 月至 1935 年 3 月，运动中心是实现社会环境的"规矩"与"清洁"，从 1935 年 5 月开始，运动中心转向以国民"生活艺术化、生活生产化、生活军事化"为中心。全面抗战爆发后，新生活运动从理论到实践都与抗日救亡运动紧密结合起来，并把重心转向战时宣传和服务工作。为使新生活运动"能够和抗战建国的实际需要互相配合"，新生活运动加强了兵役的关联，何应钦说"要以新生活运动来辅导兵役的推行，为了源源补充兵役，必须以新运为辅导，推行新生活运动就是推行兵役"。③ 事实上蒋介石于 1934 年 3 月 19 日在南昌行营中就说："新生活运动就是军事化运动。军事化运动，就是要从日常生活做起，一步一步的确实做到'全国总动员'的程度。……军事化的最后目的，就是要'整齐划一'，使全国国民能够共同一致，保种强国"。④ 以后他又将"四维"重新解释为，"礼"为"严严正正的纪律"，即"国民在抗战中应遵守共同的纪律，造成共同一致的力量，以适应国家的需要。"譬如及龄壮丁应服兵役，欢送出征军人和敬爱受伤将士，就是共同的纪律。并要求民众日常生活军事化，有军事的常识，有军国民的精神。"义"为"慷慷慨慨的牺牲"，即"武装同志在战场上奋勇杀敌和各地同胞踊跃从军，输财报国，破坏自己工厂，焚烧自己的粮食，不肯资敌等。"这就

---

① 陈仪：《怎样应付自卫的战争》，《闽政与公余非常时期合刊》1937 年第 1 期，第 2～3 页。

② 肖继宗主编《革命文献》第 68 辑，台北中国国民党中央委员会党史史料编纂委员会编印，1975，第 178 页。

③ 何应钦：《新运与兵役》，《广播周报》1940 年第 178 期，第 6～8 页。

④ 蒋介石：《新生活意义和目的：三月十九日在行营纪念周演讲》，《华侨半月刊》1934 年第 44 期，第 6～7 页。

告诉人们要有服行兵役执戈卫国的精神，舍生取义。"廉"为"实实在在的节约"，如办理兵役，从保甲长一直到最高层，要革除敷衍的现象，养成好风气。"耻"，为"轰轰烈烈的奋斗""譬如我们觉悟到抗战需要最急切的是兵员的补充，马上就亲自应征或将子弟送去服役，或者觉悟到前方将士缺乏某项药品，马上就出来宣传捐助，首先来作榜样。"①

在福建，新生活运动开展后，1934 年 3 月，省政府与省党部、驻闽绥靖公署等 15 个单位联合成立了"福建省新生活运动促进会"，由省政府主席陈仪兼主任，初设福州，后迁永安，设有调查、设计、推行三股。促进会下设 62 个县、5 个特种区新运会，至 1941 年成立 82 个乡（镇）新运会或服务团。② 1937 年"八一三"事变后，新生活运动总会颁布了《发扬民气运动大纲》和《非常时期新运事项》，社会各界掀起了"发扬民气"的运动。随即，福建省新生活运动促进会颁布《发扬民气运动工作计划大纲》，发扬民气运动在精神方面的原则为：要抱定"有敌无我有我无敌"的决心；要建立"敌不足畏，死不足怕"的信念；要拿出"保卫民族牺牲自我"的勇气；要表现与前方将士"一致苦斗同生共死的精神"。③ 无疑地，这些理论的鼓舞成为全国总动员的基本动力。

在实践中，新生活运动"一方面力行战时生活，一方面努力战时服务"，走上了以服务抗战为主旨的道路。福建各地新生活运动的主要工作有清洁运动、规矩运动、宣传运动、节约献金运动、战地服务、伤兵之友运动、慰问征人家属、难民救济、征募物品和捐款、发动学生暑期农村服务等。例如，抗战开始后，福建省新生活运动促进会利用文字、图画、讲座、戏剧等形式在全省组织民众宣传，福州、永安还多次举行抗战讲座，延请学者、专家主讲关于战时国际形势、战时消息、防卫知识。比如 1942 年 9 月 20 日永安举行第 24 次抗战讲座，请省经建会秘书长林天兰主讲《最后的胜利最后的意义》。1938 年 9 月古田县新生活运动促进会发动战时节约运动，内容为提倡布质短服以节省衣料、禁止吸烟喝酒、提倡食糙

---

① 蒋介石：《新生活运动五周年纪念告全国同胞书》，秦孝仪主编《先总统蒋公思想言论总集》卷三十一，中国国民党中央委员会党史委员会，1984，第 9～10 页。

② 《工作报告与新运消息：福建新生活运动促进会工作概况》，《新运导报》1941 年第 39 期，第 27～29 页。

③ 《省新生活运动促进会开始发扬民气运动》，《闽政与公余非常时期合刊》1937 年第 8 期，第 37 页。

米、废物利用、公私文书概用国产纸笔墨、禁止私人宴会、禁止秋节送礼、婚丧喜庆实行节约、取缔猜拳酗酒等。[①] 1939 年 12 月，福建省新生活运动促进会订定《战时节约运动初步实施纲要》，内容包括促进献金、提倡储蓄、利用废物、协助平定物价、举办节约展览等 5 项实施办法。[②] 各地伤兵之友社也纷纷发起慰劳伤、病兵运动，如永安伤兵之友社发起向伤兵捐赠一碗菜运动；建瓯伤兵之友社慰劳 57 名伤兵，每人给慰劳金 3 元，病兵 108 名，每人 1 元。其他的还有物品（猪肉）、精神慰劳（歌咏）。[③] 新运会推动民众养成敬礼抗战人士的习惯，抗战士兵出发或赴前方时，当地联保主任应率同保甲长、民众等鸣炮欢送并排列献礼致敬等。1940 年福建省新运会颁发《加紧战区乡村文化宣传办法》，令沿海各县举办乡村文化宣传。由于乡村农民的生活很难改进，福建省新运会先就永安、南平、建瓯、闽侯 4 县，各选定一个人口在 300 户及以上的乡村，作为实验区试办新运。[④] 1941 年元旦发动省会各界向征人家属春节送礼，救济征属。1941 年 9 月至 1942 年 12 月，福建省新生活运动促进会在已克复的闽侯、连江、福清、长乐四县，派慰劳团出发慰劳前线军民和荣誉将士，并敬赠慰劳款 14000 元等。[⑤] 1942 年 10 月 10 日，省新运促进会发起举办省会机关学校、社团、军警、民众万人大合唱，所唱曲目为《国歌》《义勇军进行曲》《国父纪念歌》《领袖歌》4 首。[⑥] 1943 年福建省新运促进会派书记王深，股长吴之华、萨福简前往永安慰劳上海四行仓库孤军八壮士施彪、徐文卿、葛连卿、黎时德、张永祥、蓝益生、陈德松、段海青等脱险归来，并赠送奖状"功在竹帛"及百金，并为八壮士画像以作纪念。[⑦]

总的来说，新生活运动在敌寇深入的抗战时期，对革除人们颓废、苟

---

① 《古田新运会推行战时节约运动》，《闽北日报》1938 年 10 月 3 日，第 4 版。
② 《省新运会发动战时节约运动》，《福建民报》1940 年 1 月 7 日，第 4 版。
③ 《建瓯伤兵之友社发动慰劳工作，精神物质并重》，《闽北日报》1941 年 5 月 9 日，第 4 版。
④ 《福建的新运——举办新运的实验区》，《新运导报》1940 年第 28 期，第 28 页。
⑤ 王深：《一年来本省的新运工作》，福建省政府秘书处编印室《闽政一年》，1942，第 183 页。
⑥ 伯琼：《省政要闻：新生活运动：筹备万人大合唱》，《新福建》1942 年第 2 卷第 3 期，第 78 页。
⑦ 《福建省去年新运全貌》，《新运导报》1944 年第 1 期，第 18～19 页。

安、怠惰、自私的精神生活习惯，振作国民的道德精神，动员全民一致抵御外侮方面发挥了重要的精神动员的作用，可以说，新生活运动是民族抗战的准备。1940年，新生活运动的推行者宋美龄曾对新生活运动在抗战中的作用作过这样的评价："在日本侵略中国和我们抗战以前，新生活运动由于成为改造中国国民生活的一种潜力，已经形成一非常重要的地位。到抗日战争发动以后，新生活运动自动而又自然地就变成整个国防体系中的一部分。"① 对于推进精神总动员及新生活运动的目的，1943年，刘建绪就曾说："是要使全省一千二百万人民个个紧张严肃，各竭其能，各尽其责，不辞一切艰苦，不惜任何牺牲，绝对扫除苟安自私的心理，严格纠正萎靡怠惰的气习，努力改革现有工作上的缺点。以旺盛的持久战斗的精神克服物质上一切困难，进而创造物质，发挥物质的效用。……在兵役上，要树立公平合理的兵役制度，动员我们福建的壮丁，在南北各战场创造光辉的战绩。"② 作用不可否认，但问题亦不可忽视，本来新生活运动是要以农民为主要对象，因为在动员民众参加抗战上农民人数最多，然而，福建省新生活运动"实施之表现于都市者，亦指不胜屈。进一步而求普及，似不出乎农村"③。"（新生活运动）的许多宣传工作，往往浪费了宝贵的时间、人力和物力，大家在会场上尽管兴高采烈，慷慨激昂，但等到一离开了会场，就什么都置之脑后了。"④ 这些都是福建省新生活运动的弱项。

二　发动国民精神总动员运动

第二期抗战开始后，由于国民党军事上的失利和物质上的困难，加上汪精卫公开投降日本，以及日本对国民党由军事打击为主变为以政治诱降为主策略的转变和英美对蒋介石的劝降，中国到了"空前投降危险与空前抗战困难时期"。⑤ 在这种情况下，"非提高吾全国国民坚强不屈之精神，

---

① 宋美龄：《蒋夫人言论集》（上集），国民出版社，1928，第189页。
② 刘建绪：《新奋斗与新成功》，《福建训练月刊》1943年第1卷第2期，第50页。
③ 陈仪：《论新生活运动今后应趋向于农村》，《新运总会会刊》1935年第18期，第48页。
④ 陈仪：《纪念新生活运动要诚意力行：代表新运总会训词》，《闽政月刊》1940年第5卷第6期，第22页。
⑤ 《中国共产党中央委员会为抗战三周年纪念对时局宣言》，《新中华报》1940年7月5日，第1版。

不足以克服艰危而打破敌人精神制胜之毒计。"① 从 1939 年上半年起，国民政府在全国开展了国民精神总动员运动，3 月 11 日，在国防最高委员会下设立了"国民精神总动员委员会"，蒋介石兼任会长，行政院院长兼任副会长。② 3 月 12 日，蒋介石发表《为实施国民精神总动员告全国同胞书》，并颁发《国民精神总动员纲领》《国民精神总动员实施办法》及《国民公约誓词》，通电全国实行国民精神总动员。所谓国民精神总动员，就是集结全国国民的精神于简单共同的目标，使全国国民都有同一的救国道德，坚定同一的建国信仰，并为同一的信仰而奋斗牺牲。国民精神总动员要求国民必须树立三个共同目标，即国家至上，民族至上；军事第一，胜利第一；意志集中，力量集中。为了最后达成抗战建国的目的，因此全体国民必须"改正醉生梦死之生活""养成奋发蓬勃之朝气""革除苟且偷生之习性""打破自私自利之企图""纠正纷歧错杂之思想"。③

国民精神总动员运动发起后，1939 年 4 月 3 日，陈仪发表《精神重于物质》讲话，指出"我们加紧抗战建国的工作，就必须同时积极实行国民精神总动员的工作"④。1939 年 6 月 1 日，福建省在永安成立"福建国民精神动员协会"，作为全省精神总动员的执行机关，隶属于福建省动员委员会，其成员由省动员委员会聘请公正人士及新生活运动促进会主干人员组织而成，每月召开一次全省精神总动员会议。县精神动员委员会由各县热心之绅耆、知识分子、社会团体领袖及党政机关所派的各种视察员组成，每周召开精神总动员会议一次。机构成立后，各级国民精神动员委员会依循"由口号到行动，由上层到下层，由城市到乡村，由后方到前方，由我后到敌后"的五大原则，在全省各地开展国民精神总动员运动，其主要工作如下。

1. 宣誓公约

1939 年 4 月 3 日，永安各地民众率先举行《国民公约》宣誓，之后的 4、5 月，各县（区）机关、团体、学校结合第二期抗战第二次宣传周举行

---

① 蒋介石：《国民精神总动员纲领》，秦孝仪主编《先总统蒋公思想言论总集》卷三十一，中国国民党中央委员会党史委员会，1984，第 18 页。
② 《国民精神总动员会组织大纲》，《文汇年刊》1939 年第 1 期，第 10 页。
③ 蒋介石：《国民精神总动员纲领》，秦孝仪主编《先总统蒋公思想言论总集》卷三十一，中国国民党中央委员会党史委员会，1984，第 19～34 页。
④ 陈仪：《精神重于物质》，《闽政月刊》1939 年第 4 卷第 2 期，第 19～22 页。

宣誓，内容包括《国民公约》和《抗敌公约》，宣誓步骤如下：全体肃立；唱党歌（后改国歌）、向党旗国旗及总理遗像行三鞠躬礼；主席恭读总理遗嘱，全体同时循声宣读；向总理遗像默念三分钟；举行宣誓，主席恭读国民公约誓词，全体举右手循声朗诵；长官致辞；呼口号，会毕。① 公约内容共 12 条：不违背三民主义；不违背政府法令；不违背国家民族的利益；不做汉奸和敌国的顺民；不参加汉奸组织；不做敌军和汉奸的官兵；不替敌人和汉奸带路；不替敌人和汉奸探听消息；不替敌人和汉奸做工；不用敌人和汉奸银行的钞票；不买敌人的货物；不卖粮食和一切物品给敌人和汉奸。这些公约要求公务员和地方役政人员均能背诵，且训练民众亦须熟记不忘，并立誓，誓词为"我们各本良心宣誓，遵守国民公约，绝对拥护国民政府，服从蒋委员长领导，尽心竭力，报效国家，倘有背誓行为，愿受政府的处分，谨誓"。②

2. 举办国民月会

国民以同业工会、学校、机关等为单位，组织国民月会，每月按时活动，这是国民精神总动员的中心工作。1939 年 4 月国民政府制定了《国民月会办法大纲》，规定了月会组合、月会目次、月会督导、月会开始几个方面。国民月会组合为：（1）同甲之成年男女每月 15 日上午举行 1 次。（2）同业而有公会等组织之分子每月 1 日上午举行 1 次。（3）同校或同机关同厂肆之分子每月 1 日上午举行 1 次。（4）其有家祠及其他宗族组织者，每月 1 日上午举行 1 次。（5）其他自动约集举行。凡成年男女必须参加上述 5 项之一，而且必须固定参加。国民月会目次主要有：（1）宣誓。国民公约誓词，每次开会，主席应宣读一遍，会员随声朗诵。（2）讲解。讲解《国民精神总动员纲领》第五章纲目及《国民公约》。征引、讲解总理遗教、总裁言论及新生活运动之要义。（3）报告时事及其他有关本地生产、消费、风俗等情况。

根据《国民月会办法大纲》的要求，1939 年 5 月 1 日，全国一致开始举行国民月会。蒋介石在重庆首会典礼上发表了《对首次国民月会告全国国民书》，称："今日的精神动员和国民公约，就是我们无形的枪砲（炮），

---

① 《国民公约宣誓典礼，合并各机关纪念周举行》，《福建民报》1939 年 4 月 23 日，第 4 版。
② 蒋介石：《国民公约》，秦孝仪主编《先总统蒋公思想言论总集》卷三十一，中国国民党中央委员会党史委员会，1984，第 34～35 页。

和无上的飞机炸弹。换言之，这精神动员和国民公约，亦就是抗战最大的武器，而我们国民月会的组织，就是我们抗战民众的精神堡垒。"① 如前文所述，福建在 4 月 3 日永安就举行了《国民公约》宣誓，4 月 21 日，又在永安举办了国民月会示范活动，在此次活动会上，陈仪力陈国民精神总动员的重要意义："造成人力，发挥人力的动机是人的精神，所以精神力量尤其是抗战建国一切力量的根本。……现在我们求生的路只有一条，就是充实民族精神，发扬民族气节，继续努力，抗战到底。"② 各县（区）均于 5 月 1 日前后举行第一次国民月会。

起初，福建各地举办国民月会并不热烈，而且"城市机关虽能举行仪式月会，但徒具形式没有实际，乡村保甲甚少举行，参加人员讲解时，无充分之准备，致辞不能引起与会者之兴趣"③。针对此种普遍存在的现象，1940 年 3 月省动员委员会颁布了《福建省各县（市）国月会实施暂行办法》，因地制宜对国民月会进行了调整，如除学校单独及机关得联合举行外，同甲国民月会均暂联合举行。在城区之同甲国民月会，暂以保或街联合举行。在乡区之同甲国民月会，暂以乡村为单位，其较大乡村得分数组联合举行。同甲国民月会的召集人为保长，不满一保的乡村，由指定甲长召集，召集人为月会主席。同甲国民月会均于每月 15 日早晨举行，时间 1 小时，月会仪式除照规定办理外，辅导员还应教唱抗战歌曲，时间 15 分钟。学校、机关、工厂国民月会仍于每月 1 日举行。④ 1940 年 6 月，全国国民精神总动员会电令各省："检查各省市报告，五六两月办理情形对于民众所组之月会尚未能普遍举行，现在七月一日月会将届期，希依照规定办法令饬所属加紧筹备，如期切实举行。"⑤ 福建省政府随即严令地方政府遵照执行，于是全省各地国民月会大规模开展起来。例如，南平 1940 年 11 月起每月 1 日上午 6 时 30 分（夏季提早）在公共体育场集合举行国民月会，各机关职员各部队准尉以上官佐、各民众团体及保甲长均须全体参

---

① 蒋介石：《对首次国民月会告全国国民书》，秦孝仪主编《先总统蒋公思想言论总集》卷三十一，中国国民党中央委员会党史委员会，1984，第 47~50 页。

② 《永安各界举行第一次国民月会——省政府陈主席训词》，《福建民报》1939 年 4 月 22 日，第 4 版。

③ 《推行精神动员工作之检讨》，《福建民报》1940 年 3 月 28~30 日，第 4 版。

④ 《福建省各县市国民月会实施暂行办法》，《闽政月刊》1940 年第 6 卷第 2 期，第 46 页。

⑤ 《永安、连城、三元用代电》，福建省档案馆藏，档案号：17-1-90。

加。每次开会由 2 名高级党政军机关长官轮流报告，每人报告 25 分钟。[①]据福建省动员委员会电报重庆国民精神总动员会秘书处的电文称，至 12 月份，仅全省各机关参加国民月会的人数已达 56.3 万人。[②]

1941 年福建省动员委员会为督导各县（市、区）动员委员会推动精神总动员，灌输民众抗敌意识及矫正国民日常生活，特订定《举行精神总动员讲座办法》，通令各县自 1941 年 2 月起，除国民月会外，还应指定日期在适当地点或学校举行精神总动员讲座一次，聘请当地党政军官及闻人贤士担任演讲，讲题除遵照《国民精神总动员纲领》内容所指示发挥阐扬外，还要将前线国军英勇抗战，敌寇残暴侵略情形及需要后方民众精神物质之补充鼓励以及新生活须知等项作为题材，例如，"湘北大捷"及"努力冬耕"是当时的重要演讲题材。讲座举行前 3 天，应在市集、城厢、通衢张贴通告，在乡村除张贴通告外，乡（镇）保甲长还应挨家挨户传知民众。演讲词要求通俗易懂，并依情形延请当地知识分子用方言加以解说。讲座举办后，各地应将主讲人员姓名、讲题内容、听讲人数，以及民众听讲后的效果，如民族意识有无提高，日常生活是否纳入正轨，以及战时常识增进如何等基本情况每月专案呈报给省动员委员会。[③] 1943 年后，福建各地的国民月会除宣读国民公约、讲述国家法令、讲评工作情形外，还要求各机关、保甲检讨战时生活的进度与新生活运动的成绩，各保甲、各机关间还要实施竞赛。依据国家总动员会 1943 年 9 月颁布的《充实国民月会办法》，各机关团体每月应就礼节、服从、勤俭、整齐等项目，颁定节目，订立标准，举行业务竞赛，其评判结果于下次举行月会时报告。[④]

国民月会在城市的推行相对容易，然而，抗战时期兵员动员的主体在农村，因而，乡村的精神总动员"尤关重要"。《国民月会办法大纲》规定国民月会的召集以甲为组合单位，但因甲的范围太小，且福建乡村村民居住多分散，事实上许多地方以保为单位，前述《福建省各县（市）国民月会实施暂行办法》也作了相应调整。为了使全省所有乡（镇）、保能切实

① 《南平党政军民联合国民月会办法》，《驻闽绥靖主任公署等关于国民月会、认购节约信用券、兵役宣传、精神动员、会计人员互助的代电、公函》，南平市档案馆藏，档案号：05 - 001 - 0000005，第 2～3 页。
② 《重庆国民精神总动员会秘书室处密电》，福建省档案馆藏，档案号：17 - 1 - 90。
③ 《各县区应按月举行精神总动员讲座》，《南方日报》1941 年 2 月 14 日，第 4 版。
④ 《充实国民月会办法》，《大成日报民主报》1943 年 10 月 21 日，第 3 版。

举行国民月会，1941 年 4 月省政府颁布了《福建省各乡（镇）保国民月会办法》，明确规定各乡（镇）以保为单位举行国民月会，国民月会的内容除了国家规定的仪式外，还应用 15 分钟讲解国父遗教，15 分钟讲解总裁言论。国父遗教包括建国方略、建国大纲、三民主义等。总裁言论包括总裁训示"行的道理""政治的道理"、国民经济建设运动之意义及其实施、新生活运动纲要、三民主义之体系及其实行程序等。讲解人员由乡（镇）、保国民月会督导员，乡（镇）、保中心及国民学校校长、教员分别轮流担任。①

下文就以 1941 年南平县夏道镇徐洋实验保为例，看看该保是怎么办保民月会的，"每月逢朔望日夜晚开保民月会，全保的男女老幼均需参加，由保长当主席，推选司仪一人，记录一人。由主席朗诵总理遗嘱，群众合声朗诵，读毕向总理孙先生遗像行三鞠躬礼，然后坐下，主席讲话，之后群众发言。……点名不到的群众，下次开月会，罚煤油一斤或松明柴五斤，所以都能到会。开月会主要是宣传实验保的好处及有关条例规定，亦可发表意见和建议。月会也造舆论，如反对青年妇女缠足，戴金银首饰，提倡剪短发，穿裙子等等。"② 国民月会为实践国民精神总动员的经常途径，但由于月会严重脱离了民众的生活，以后参加月会的人数越来越少，很多乡村的组合根本无法举行。为了改进国民月会，省动员委员会采取了各种措施，如要求各地每月 5 日前必须将上月举办情形、参加人数、组合团体等情形制成报告上报县动员委员会③，福建省党部执委会也专门从党政机关、学校、社团中挑选督导人督导国民月会④，省动员委员会还将南平、龙溪划为国民精神总动员示范县，邀请各地前往学习等⑤，所有这些举措都不能挽回国民月会的颓势。

3. 开展宣传慰问

宣传慰问是抗战时期福建省国民精神总动员运动的另一项重要工作。1939 年 7 月军委会颁布《国民精神总动员工作分配计划》，明确要求各地

---

① 《福建省各乡（镇）保国民月会办法》，《闽政月刊》1941 年第 8 卷第 5 期，第 54 页。
② 张光庆：《夏道徐洋实验保》，《南平文史资料》第 6 期，南平市政协文史资料委员会编印，1985，第 29 页。
③ 《国民月会举行情形各县均按月填报》，《南方日报》1941 年 1 月 14 日，第 4 版。
④ 《实施国民精神动员，督导认真举行月会》，《南方日报》1944 年 5 月 4 日，第 4 版。
⑤ 《南平龙溪划为精神总动员示范县》，《南方日报》1941 年 2 月 11 日，第 4 版。

精神动员机关应发起并进行兵役促进运动、追悼殉职殉难军民官吏、抚慰出征及阵亡将士家属。① 福建省动员委员会、国民精神动员协会及县级委员会与其他宣慰组织共同以巡回宣慰或集会宣传的方式向民众进行广泛的抗战宣传，其宣传内容除了征兵以外，还有新生活运动、献金救国、肃清汉奸、救护慰劳等。

巡回宣慰的形式多种多样，有晨呼、墙报、标语、壁画、戏剧、幻灯、电影、漫画、歌咏、街头演说、图片展览、化装游行、慰劳等多种方式。例如，1939 年迁至连城的福建省抗敌后援会宣传工作团 2000 多人，分成 37 个分队，奔赴各县、乡巡回宣传慰问，其中抗敌剧团巡回各县公演话剧并协助各县训练剧员。② 1940 年南平县成立 "精神总动员宣导队"，到顺昌、洋口、将乐、屏南、尤溪口等地进行形势演讲和文艺演出。福建省国民精神动员协会将《精神总动员纲领》第五章之意义或编为白话或谱入歌曲，交给各新旧剧团、宣传队演唱，当时由泉州音乐界人士组成的 "战时巡回工作队"，迅速将该乐曲推向民间。为了加大宣传力度，1941 年 3 月省动员委员会订定《组织各县区巡回宣传团组织办法》，规定巡回宣传团以小学校为主，以机关、社团暨原有各种宣传团队为辅，每个学校均要成立一个宣传团。③

集会宣传则是利用民众集会、运动进行精神总动员的方式，如在国民月会、新生活运动、国民经济建设运动、粮食节约运动、救侨运动、七七纪念日、雪耻与兵役宣传周、总理纪念周、抗战宣传周时举行宣传或义演、义卖、捐物、献金、赴火线慰问、慰劳伤兵、慰问征属等活动。1939 年 4 月 24 日，福建省第二期抗战第二次宣传周暨《国民公约》宣誓在全省普遍举行，其《宣传实施办法》规定了 7 日的工作安排，第一日，总宣传日。召集各界领袖开展座谈会，召开市民大会，举行国民公约宣誓。第二日，党员、公务员日。召集全市党员、公务员开宣传大会，举行国民月会示范，研究国民精神总动员实践方法。第三日，党员、公务员分别组织宣传队出发做街头宣传及征属慰问等。第四日，工商界日。第五日，妇女界举行扩大宣传会。第六日，教育新闻文化各界及学生日。第七日，召集

---

① 《国民精神总动员工作分配计划》，福建省档案馆藏，档案号：17-1-90。
② 陈肇英：《三年来本省抗敌后援工作》，《闽政月刊》1940 年第 6 卷第 5 期，第 78~79 页。
③ 《动委会订定巡回宣传团办法》，《南方日报》1941 年 3 月 18 日，第 4 版。

各学校学生作演讲竞赛。在宣传周内，各地共发放了《国民精神总动员纲领及实施办法》3000 份，《国民公约揖图》5000 份，《党员守则揖图》2000 份，《中华民国陆海空军军人读训揖图》1000 份，《国民公约誓词揖图》5000 份，《国民精神总动员表解挂图》5000 份，五彩标识 24 种，每种 1000 份，共 24000 份，《第二期抗战宣传纲要》3000 份。各地晨呼队每日黎明分往各街头高呼口号或《国民公约》之条款。①

福建省精神动员机构还大量翻印、出版有关精神动员的书刊，如《国民精神总动员纲领及实施办法》《国民公约浅说》《国民精神总动员手册》《第二期抗战宣传纲要》《广大民众的思想动员》《救亡手册》《防奸问答》《民间抗建标语汇编》《论持久战》《两年来的对日战争》《中国不会亡》等许多有影响力的抗战论著。省动员委员会出版的《福建动员月刊》，内容专注于国民精神动员，各种法令的传达，政令的阐扬，国内外时事的论述等。省抗敌后援会定期编印的《战地通讯》《抗敌漫画》《抗敌戏剧半月刊》《抗敌周刊》《通俗抗战旬刊》等，每种印行数千份，不定期的有《精神总动员》小册、传单等八十余种。

客观地说，国民精神总动员运动在 1939 年 3 月至太平洋战争爆发时的两年多时间内还是取得了一定的成效，"我们全线将士舍命牺牲，杀敌致果，海内外同胞输财输力，热烈从公，沦陷区的同胞不仅力抗敌奸，还能输财报国，至于伤愈将士重上战场，适龄壮丁争先入伍，以及战地民众协助军队的踊跃，生产分子努力建设的猛进，无论在地区的分布上，在数量的计算上，都比以前加倍的增加。"② 然而，国民精神总动员也存在诸多弊端，"多趋重于都市，而忽略乡村，注重于形式，而忽略于实际。通都大邑之机关团体，固已分别举行国民公约宣誓，并按期举行国民月会，而穷乡僻壤，不仅一般民众对于精神动员尚不甚了解，即所谓领导社会者，亦多漠为置之。"③ 对于福建而言，省抗敌后援会于 1940 年 5 月裁撤归并动员委员会办理后，动委员会组织又复缩小、更动，民众抗战情绪逐日低落，精神总动员运动也随之消弭。1944 年 9 月，福州再度沦陷，福建国民

---

① 《第二次宣传周分日召开宣传大会》，《福建民报》1939 年 4 月 16 日，第 4 版。
② 蒋介石：《国民精神总动员一周年纪念告全国同胞书》，秦孝仪主编《先总统蒋公思想言论总集》卷三十一，中国国民党中央委员会党史委员会，1984，第 156 页。
③ 《精神总会蒋会长电令发挥精神动员实效》，《福建民报》1939 年 12 月 17 日，第 4 版。

精神总动员运动在省政府的号召下再次蓬勃起来，10 月 10 日《双十节》上刘建绪号召："全省 1300 万同胞们，我们要坚强的团结，我们要严格的训练，我们要随时作战，我们要跟敌寇拼命到底，我们要随时警惕敌伪的阴谋，动员我们所有的力量，保卫福建！保卫东南！"①

国民精神总动员事实上与新生活运动是有着密切联系的，后者是对新生活运动中抗战动员的继续，是国民党发动的另一个"精神建设"的实践活动。② 蒋介石曾在精神总动员四周年纪念会上讲道，国民精神总动员与新生活运动是一表一里相互利用的。新生活运动促进总会也曾总结了该运动与国民精神总动员的关联性："一、国民精神总动员是战时的新生活运动，新生活运动是平时的国民精神总动员。二、新生活运动是国民精神总动员的基础，国民精神总动员是新生活运动的运用。三、新生活运动旨在恢复民族固有道德，国民精神总动员旨在发扬民族精神。四、新生活运动注重合理生活之养成，由外形的调练而达到内心建设，国民精神总动员注重奋发精神之培植，由内心的奋发而达到外形的整饬。五、新生活运动要把'礼义廉耻'表现在'衣食住行'，国民精神总动员要把'礼义廉耻'表现在'管教养卫'。"③ 到抗战后期，为节省人力、物力、财力，国民政府决定国民精神总动员会和新生活运动总会合并工作，并制订了《加强国家总动员实施纲领》。④ 例如，在国民月会中除了宣读国民公约讲述国家法令外，还要乘此机会由月会领导人，彻底检讨所属分子、所属乡村及其家庭实行战时生活的进度及新生活运动的成绩。⑤

三 实施战时民众教育

福建省民众教育与训练在抗战前就已展开，全面抗战以后，为加紧动

---

① 刘建绪：《全民动员保卫福建——三十三年双十节广播词》，《新福建》1944 年第 6 卷第 4 期，第 8～9 页。

② 洪岚：《蒋介石抗战精神动员初探》，《宁夏大学学报》（人文社会科学版）2003 年第 3 期，第 35 页。

③ 肖继宗主编《革命文献》第 68 辑，中国国民党中央委员会党史史料编纂委员会。编印，1975，第 326 页。

④ 浙江省中共党史学会编《中国国民党历次会议宣言决议案汇编》（第三册），1986，第 255 页。

⑤ 《国民精神总动员》，《南方日报》1943 年 3 月 12 日，第 2 版。

员民众，提高民众对抗战的认识与能力，福建根据《战时民众训练纲要》的要求，使军事训练、政治训练、国民教育、民众组织及地方事业融为一体，完成政教养卫合一的任务，福建省开展大规模的民众教育，这是福建与其他省份不尽相同的地方。1938 年福建省将设立战时民校列为省政府中心工作，计划在全省设立 1 万所民众学校（兼设和专设各 5000 所），200 余户设立 1 所，将全省 260 万壮年男女，在两年内训练完毕。主管机关经过几番演变，将省军管区国民军训处下的战时民众教育处改并为教育厅管理，训练仍由省军管区国民军训处办理。对于民众教育的目的，陈仪在 1938 年 6 月曾明确指出："一在促进民众之觉悟，使民众有国家的意识，民族的气节，救国的实力，以为外侮而贡献个人的所有所能，实践牺牲的崇高道德；一在强化民众的组织，使民众有统一的意志，自治的习惯，坚强的团结，能同心合力，发挥民族整个力量。"① 意即借助教育的力量，作动员民众的准备，锻炼其体魄，增加其智能，以达到精神动员的目标。依据这一目的，战时民校的任务是扫除文盲提高民智，灌输战时知识，培养勇敢无畏的战斗精神，养成严守纪律吃苦耐劳习惯；组织自卫团体，指示民众侦查汉奸，熟练游击战术，认识并能使用新式武器；加紧军事训练，实施救护训练、战斗训练和战术训练，演习防空防毒，参加战地服务，踊跃应征兵役。② 民校的学生以成人及妇女为对象，每班人数须在 30 人以上，要求失学民众必须入学接受教育，以 16～45 岁失学男女为主体，首先是 16～30 岁，其次是 31～45 岁，儿童为 9～15 岁。③ 民校成人班、妇女班修业期间分初级班和高级班两种，每种 4 个月，每日以上课 2 小时，军训 1～2 小时为原则，儿童班日授课 4 小时，三种班级修业期间均为 1 年。成人班和妇女班以国民军训为体魄训练的主体，以战时民校课本、精神讲话、抗战歌曲为知识与精神训练的工具，以技术指导、专题演讲为技能训练的准绳。教学科目及每周时间分配为：国民军训 504 分，战时民校课本 480 分，精神讲话 120 分，技术指导 40 分，抗战歌曲 80 分，战时民校的课本共同研习 68 课，包括公民道德、社会常识、自然常识、抗战建国知识

① 杨华：《本省战时民众教育之实施》，《闽政月刊》1938 年第 3 卷第 1 期，第 18～20 页。
② 许卓群：《福建战时的国民教育》，《闽侨月刊》1939 年 8 月 30 日第 4 期，第 21 页。
③ 《教育消息：地方部分：福建实施战时民众教育》，《教育通讯》（汉口）1938 年第 21 期，第 9 页。

与信念。① 1937 年年底，福建先在部分县（市）开展民众组训，为解决师资问题，省教育厅专门拟定《非常时期高中以上学校学生参加民众训练工作实施纲要》，要求高中以上学校学生一律休学参加民训工作。② 1937 年 12 月，首次调集全省 33 所学校高中二年级以上男女学生 1844 人编成 12 个中队，在沙县经过两周的短期训练后，分派各县乡村充任 3 个月的战时民校教师。③ 1938 年民众教育在全省范围内广泛实施，省教育厅将高中、师范二三年级、简易师范三四年级学生 2323 人集中沙县训练后，按照学生的籍贯、语言、能力、志愿、年龄分别派往各县（市、区）办理专设民校，担任校长或教员，每校校长、教员各一人。其中男生 1888 人，女生 435 人；简易师范 471 人，幼稚师范 23 人，普通师范 379 人，普通中学 1395 人，战时服务团团员 55 人。④ 与此同时，全省各县分设 36 个师训班，训练民校师资。⑤ 1938 年 7 月至 1939 年 7 月，全省设学校 7823 所，学生数 448267 人。⑥ 1940 年全省设国民学校数 3174 所（该年度福清、长乐、连江、福安、罗源、尤溪、南靖、永定 8 县未报数据），国民学校小学部和民教部共训练成人男子和妇女 471966 人。1941 年全省设国民学校 3369 所，国民学校小学部和民教部共训练成人男子和妇女 528983 人。⑦

　　综上所述，无论是新生活运动还是国民精神总动员运动以及战时民众教育，都是在国难当头的局势下，为抗日而进行的思想动员，是十分必要的，也是适时的。从兵员动员的角度来看，精神动员是树立国防意识的一种策略，是动员民众争取胜利的首要之途，只有当民众都能透彻了解抗战的意义，明白国民的责任，才能使散漫离析的人们团结起来，才能自动"攘臂奋起""执干戈而卫社稷"，这才是真正的彻底动员。正如陈仪 1940 年在国民师范讲习班上的讲话中说道："精神总动员最重要的工作

① 徐君藩：《福建的战时民众教育》，《教育与民众》1939 年第 9 卷第 4 期，第 31～35 页。
② 《发福建省非常时期高中以上学校学生参加民众训练工作实施纲要仰遵照由》，《闽政月刊》1938 年第 1 卷第 6～7 期合刊，第 178 页。
③ 唐守谦：《福建省的社会教育》，《教育与民众》1941 年第 10 卷第 6 期，第 51～58 页。
④ 《一月来本省教育动态》，《福建教育通讯》1938 年第 2 卷第 7 期，第 1 页。
⑤ 唐守谦：《一年来之福建省战时民教》，《闽政月刊》1939 年第 2 卷第 1～2 期合刊，第 31～35 页。
⑥ 《教育消息：地方部分：福建国民教育通讯：民国二十八年福建省义务教育并入战时国民学校办理》，《教育通讯》（汉口）1941 年第 4 卷第 12 期，第 7 页。
⑦ 《两年来福建省之国民教育（1940～1941）》，《统计副镌》1942 年第 46 期，第 14 页。

在精神改造……抗战建国一定要有力量，过去我们国家没有力量，或是力量分散，人人只求一己一家的苟安，没有团结一致，保卫国家民族的观念。现在教育要全民的，祈求少数的贤人，不如培养全体国民的智能，即提高国民的智力，比体力和富力来得重要。人民的智识增进了，国力自然增强，敌国自然不敢来侵凌。"①

第二节　健全保甲以完善基层组织

抗战时期，基层保甲组织是一切庶政的轴心，举凡征兵、征工、募债、购粮、禁烟等一切事务均须由保甲去完成。在兵役方面，征兵中兵额的配赋、户口的调查、壮丁的抽签、国民兵教育的实施以及征集入营等事务完全依赖于保甲具体执行。《兵役法》已明确规定："常备兵在地方自治未完成之区域，得年龄合格志愿服役之男子募充之"。② 意即保甲制度尚未创立的县份，征兵制是无法推行的，可见，保甲是役政推行的基础。为了完成兵员征集任务，福建军政当局通过编查户口、整编保甲，训练保甲人员加强了保甲组织建设，为役政推行巩固了社会基础。

一　重拾保甲制度及其实施

国民政府办理保甲经历了两个时期：一是新县制实行前，从 1931～1939 年；二是新县制实施后，从 1939～1949 年。1931 年江西"剿匪"，划修水等 43 县试办保甲。1932 年 8 月，鄂豫皖三省剿匪总司令部颁制《鄂豫皖三省剿匪总司令施行保甲训令》和《剿匪区内各县编查保甲户口条例》，保甲组织逐渐完备。1934 年 11 月，行政院通令各省（市）切实办理地方保甲，保甲制度正式确立。③ 至 1936 年，全国共有鄂、湘、豫、皖等 13 省 2 市先后实行了保甲制度。④ 国民政府办理保甲的最初目的是"严

① 陈仪：《改造精神以完成抗战大业》，《闽政月刊》1940 年第 7 卷第 4 期，第 17～19 页。
② 《兵役法》，林振镛：《兵役制概论》，正中书局印行，1940，第 287 页。
③ 罗家伦主编《革命文献》第 11 辑，中央文物供应社，1985，第 264～265 页。
④ 忻平、胡正豪等主编《中华民国纪事》（下），福建人民出版社，2001，第 508 页。

密民众组织，彻底清查户口，增进自卫能力，完成剿匪清乡工作"，^① 但此制度推行未久，其"自卫"目的逐渐演变为推行政令。1937 年 2 月，《保甲条例》指出保甲的目的是要实现"自治"，在内容上，删去了如"赤匪""剿匪""灭共"等明显的敌对字眼，可见，保甲的功能和制度不断完善。

抗战爆发后，国民政府加强了保甲制度建设，其目的在于实行军事化，蒋介石曾说："推行保甲，目的是为军事化服务""军事化是我们今后要推行自治的根本精神所在"。^② 1938 年 3 月，国民党临时全国代表大会通过的《为达成长期抗战之目的必须一致努力推行兵役制度案》明确要求：统一及健全县以下区乡（镇）保甲组织，县（市）以下行政组织系统一律改为区、乡（镇）、保、甲四级制；迅速确实调查户口，限期举办户籍。^③由此，保甲制成为战时切要体制。1939 年 9 月以后国民政府相继公布了《县各级组织纲要》《警察保甲及国民兵联系办法》《各县保甲整编办法》等法规条例，此后，保甲制在国统区全面推行。

福建省办理保甲，始于 1931 年，起初保甲附于自治团体，次年颁布的《福建省办理保甲大纲》将各县人民武装团体改称为保卫团，由总团长（县长）委任区长、保长、甲长，实施户口清查、人事登记、户口异动登记并办理联保连坐。^④ 随着国民党对苏区围剿的深入，福建省作为"剿共"的重要地区，为严密民众组织实施民众训练，清除所谓"匪共"，1933 年 6 月，省政府颁布了《福建省保甲规程》。1934 年 5 月，国民党中央命令："闽省为剿匪省份之一，应遵照鄂豫皖三省剿匪总部颁布的各县编查户口条例，通饬各县迅速办理，限期编组完成"。^⑤ 由此，福建保甲正式举办。省政府遵照《剿匪区内各县编查保甲户口条例》及《剿匪区内整理保甲肃清零匪方案》，并参酌各地方治安状况，首先从清乡入手，进而实施自卫，

---

① 《修正剿匪区内各县编查保甲户口条例》，福建省民政府厅第一科编《保甲法令选编》，中西印务局，1938，第 1 页。
② 蒋介石：《推进地方自治之基本要务》，秦孝仪主编《先总统蒋公思想言论总集》卷十七，中国国民党中央委员会党史委员会，1984，第 285～286 页。
③ 《为长期抗战之目的必须一致努力推行兵役案制度》，《训练月刊》1941 年第 3 期，第 89 页。
④ 《福建省办理保甲大纲》，《福建省政府公报》1932 年第 267 期，第 14 页。
⑤ 福建省民政厅第一科编《保甲法令选编》，中西印务局，1938，第 295 页。

再实施保甲，原先已编就间邻的县份，也改编为保甲。福建保甲的编组大体以户为单位，户设户长；十户为甲，甲设甲长；十甲为保，保设保长。十保以上为乡（镇）。① 其他寺观庙庵、水上船属、公署兵营和公共处所的人员，也编入保甲组织。但各地在编组保甲的过程中也相应采取了弹性的做法，如 5~15 户均可编为一个甲，6~15 甲也可编为一个保。甲长或保长均由甲或保内公推选举，保长由县政府委任，甲长由区长或乡（镇）长委任。为加强县与保之间的联系，1935 年 8 月省政府公布《福建省各县分区设署办法施行细则》，规定各县政府应依其辖境面积、地形、户口、交通、经济状况及地方习惯，将县行政区域划分为 3~6 区，至 1936 年 8 月全省各县、区（署）全部成立，这样，县与保之间开始了以区署为联络单位。另外，保与甲之间设有联保，凡 5 保以上的大乡（镇），设一联保办事处。由各保保长推举主任 1 人，福州、厦门两地，因情形较为特殊，本由县长主办的保甲，改由公安局长掌理行政职权。② 福建省办理保甲的机构先是由民政厅第二科掌理，1939 年 8 月专设第三科主管全省保甲事务。③ 1940 年实行新县制后，福建省把整编保甲作为实施新县制的基本工作。

二 户口调查与整编

保甲按户编制，因此户口编查（又称户口统计）成为编组保甲的先行程序，从办理役政的角度来说，编查户口是办理兵役的先决条件，是推行役政的根本依据。周代征兵制度的完备，就在于它建筑在最健全的户口编查基础上，周代对全国的人口户数了如指掌，而据以征兵、征车甚至征一切干戈，造就它灿烂的极盛时代。在抗战阶段，征兵也运用户籍行政实施精确的兵役调查，才能顺利完成任务。兵役与户籍关系至为密切，因为兵员征召，必须以人民的生理身份（如性别年龄疾病）、法律身份（如与家长之关系或国籍）、经济身份（如职业）、知识身份（如教育）为征召的标准，而这些标准的取得则有赖于户口调查和户籍登记的数目来作为标准。具体而言，第一，以人民的生理身份来说，《兵役法》第 3 条："男子年满 18 岁至 45 岁，在不服本法所定之常备兵役时，服国民兵役。"第 4 条

---

① 福建省民政厅第一科编《保甲法令选编》，中西印务局，1938，第 2 页。
② 福建省民政厅第一科编《保甲法令选编》，中西印务局，1938，第 108 页。
③ 袁国钦：《现阶段本省保甲概况》，《闽政月刊》1939 年第 5 卷第 2 期，第 39 页。

"平时征集年满 20 岁之男子，经检定合格者，入营服役。"《修正兵役法暂行条例》第 27 条也规定，兵役适龄男子，如有身体畸形残废或有不治之症者，予以免役除役。如何知其性别、年龄？如何知其身体状况？这都非根据户籍调查不可。第二，以人民的法律身份来说，如《修正兵役法施行暂行条例》第 29 条："于家庭为独子或本身归化者，仅服国民兵役"，第 30 条："因刑事嫌犯在追诉中尚未判决，以及同胞半数现役在营者，得展缓其入营年限。"如何得知人民正确的国籍？如何知其为家庭独子或有同胞若干人现役在营？以及曾犯刑事与否？这都非根据户籍才可知。第三，以人民的经济身份来说，如《修正兵役法施行暂行条例》第 30 条及第 32 条分别规定："依国家官制及中央、省政府授予委任以上现任官职，及现任小学以上教师登记合格者，得展缓服役期限；在任期内的国家或地方之议员或代表，及现受任荐任职务者，可停服兵役。"但要知道人民所任的职务，又非根据户籍不可。第四，以人民的知识来说，如《修正兵役法施行暂行条例》第 29 条规定："高中或同等以上学校毕业者仅服国民兵役。"如何才知人民的教育程度？仍非根据兵役调查不可。此外，兵额的配赋，依照《陆军征募事务暂行规则》第 5 章各条规定，征集兵额必须按照各地区现役及龄人员，斟酌各县壮丁情形，安妥分配。应如何分配？更非根据户籍不可。所以说户籍与兵役息息相关，户口调查精确，人民服兵役义务才能达到平均、平允。

依据国家的法律，民国时期福建进行了户口编查，户口编查通常分为户口静态统计与户口动态统计两种。从民国时期实行的户政法规来看，一般将户籍登记、户口普查、保甲户口编查等归入静态统计范围，而把户籍变更、人事登记及户口异动登记归入动态统计范围。① 福建的户口编查经历了从纷乱、不准确到较为系统管理，也较为准确统计的一个漫长的发展过程，这一过程大致可以划为三个时期。从 1912～1934 年福建保甲办理之前，户口编查初步发展。民元至 1927 年，这一时期福建政局动荡不安，可谓"政治未上正轨，户口行政，无足称述"。1927 年后，福建户口编查依据两种方式：一是依据《清查户口暂行办法》（1929 年颁布），由乡（镇）

---

① 李少咏：《简论民国福建户口的统计与户政问题》，福建省档案馆编《民国福建各县市（区）户口统计资料（1912～1949）》，1988，第 435 页。

长、保甲长办理，但他们事务繁忙，大名将表册委托各乡绅董照式填报。因此，"户数人口数绝不正确"①。二是采用间接估计的方法，或以生产量作估计标准推定人口数量，或以食盐消费总量来推定人口数量，这种估计数据极不精确，往往差数甚大。

从1934～1942年3月，为福建省户口编查的发展阶段。1934年福建省实行保甲制后，户口调查便为编组保甲的首要工作。静态户口调查依据《剿匪区内各县编查保甲户口条例》进行登记。至1935年9月底，全省静态户口编查完竣，只有当时偏僻的地方，如闽西北大部地区被列为"剿匪区"范围，调查遗漏较多。1936年福建省政府将户口异动登记与户口清查作为保甲长的中心工作，对偏僻乡（镇）的户口进行清查，所得数据较上年度多了1.4万余户，120万余人。

全面抗战爆发后，为实施征兵制度，加强人力动员，户口办理得到加强。首先是省政府将过去户口调查表改为保甲兵役编查册，增加兵役调查事项。其次是严密户口异动登记工作。户口异动登记是记载人口出生、死亡、婚姻、迁入、迁出的一种动态工作。办理户口异动登记，一方面可以节约循环编查户口的人力物力，另一方面，可使希图避役的壮丁无从欺骗和规避。福建省1936年时就开始办理户口异动登记，1938年省政府订定《户口异动分类报告表》，内分普通户口、外国人寄居中国户口、船户户口及公共处所、寺庙户口四种，要求各县按月填报户口异动情况，后将户口异动呈报表格式进行改订，将4种分类表内的主要项目予以归纳，呈报的程序，每月先由联保办公处上报区署，再报县政府，并限定甲月之表，须于乙月十五日以前填造。② 新订的户口异动呈报表，对壮丁的异动和现住人口职业状况，男女壮丁数目都做了严格的规定，这样做使要规避兵役的壮丁无处逃匿。一些县份要求更加严格，极大地限制了人身自由。以永安县为例，县政府对于城厢住户临时外宿及留宿规定了报告办法，住户临时外出不能即日回家，应于当日下午七时以前，将外出者姓名、年龄及外出地点、事由填表，由保甲长备查，如在三日以上，应由保甲长转报警察局查考。③ 1940年福建省实行新县制后，清查户口就成了完成地方自治的首

---

① 陈高佣：《抗战与保甲运动》，商务印书馆，1937，第48页。
② 袁国钦：《现阶段本省保甲概况》，《闽政月刊》1939年第5卷第2期，第39页。
③ 《保甲消息》，《闽政月刊》1938年第3卷第4期，第38页。

要工作，因划分乡（镇），户口又重新编查一次。静态户口编查以《修正剿匪区内各县编查保甲户口条例》为准，动态户口编查依据《福建省单行户口异动登记办法》，将先前出生、死亡、婚姻、迁入、迁出五种登记项目改为出生、死亡、迁入、迁出四项。乡（镇）公所按月派户籍员或其他职员携带户口册，会同保甲长抽查户口一次。区署按季抽查区内各乡、保户口一次，并检阅各种户口册（簿）。① 至此，福建户口统计初具规模，数据亦趋准确。

1941 年国民政府为减少户口统计的误差，准备实施《户籍法》（1931 年颁布，1934 年、1946 年分别修订），同年 9 月内政部颁布《县保甲户口编查办法》，规定凡同一处所同一主管之人下共同生活或共同营业或共同办事者为一户，分为普通户、船户、寺庙户、公共户、外侨户、特编户、临时户 7 种。编户时应设定标准起点顺序挨户、编组发放门牌，除普通户外，须注明各户的性质。保甲户口编查完竣后，乡（镇）公所依《户籍法》及其施行细则，赓续办理户籍、人事登记以及暂居户口异动登记。② 基于此，1942 年 2 月福建省政府公布《福建省县保甲户口编查办法施行细则》，省民政厅增设第四科专办户籍［1944 年各县（市）设置户籍室，隶属于民政科］，并自 3 月起举行全省户口整编。③ 5 月，省政府公布《福建省各县（市、区）办理户籍及人事登记》（1943 年 12 月修正），由于各县经费支绌，全省各县分两批进行。第一批于 1943 年 7 月 1 日开始户口复查、设籍登记，以编户定籍。第二批于 1944 年 3 月 1 日开始，程序同上。设籍登记分两种：（1）户籍登记，即人口静态登记，分人口性别、年龄、职业、教育程度等四种；（2）人事登记，即人口动态登记，分出生、结婚、死亡、迁徙等四种。定籍，即分本籍、寄籍、暂居三种。此后，各县市每年皆按季或按年度造表呈送民政厅备案。④ 至 1943 年年底，首批人力、物力、财力比较充裕的闽侯、福州、福清、连江、永安等 38 县 1 市 2 特区已办好户籍人事登记，其余如宁德、长乐、顺昌等 26 县（区）在 1944 年 6 月

---

① 子敬：《一月来省政要闻》，《闽政月刊》1940 年第 6 卷第 3 期，第 58 页。
② 《县保甲户口编查办法》，《山东省政府公报》1946 年第 1 期，第 3~4 页。
③ 张开琏：《对于本省施政计划应有的认识》，《新福建》1942 年第 2 卷第 4 期，第 48 页。
④ 《福建省各县（市、区）办理户籍及人事登记》，《大成日报民主报》1944 年 1 月 12~14 日，第 4 版。

底前办竣。① 经过编查，1943 年全省编为 2147372 户，11426180 人。② 战时户口统计情况详见附表 6《1933～1945 年福建省户口统计》。

三　整编保甲

户口编查完毕后，接着就是按户编制保甲区域，这在征兵方面，包括兵额配赋，壮丁的调查、检查、征集等，都是根据保甲番号来施行的。保甲的编制以十进制为原则，1939 年 9 月颁布的《县各级组织纲要》第 45 条规定，"保之编制，以十甲为原则，不得少于六甲，多于十五甲"。第 53 条规定："甲之编制，以十户为原则，不得少于六户，多于十五户"。"乡（镇）之划分以十保为原则，不得少于六保，多于十五保"。③ 这种编制具有极大的弹性，可使保甲依据情况灵活、有效地组织。对此福建保甲的编组，就灵活地按户口、地势、习惯及其他情形而定：各保照该管区域内乡（镇）界址编定，或并合乡与镇编为一组，但不得分割本乡与镇之一部，编入他乡（镇）之保；各户口由各甲之一方起，顺序比邻之家屋，挨户编组；编余之户，不满一甲者六户以上得另设一甲，五户以下并入邻近之甲；编余之甲，不满一保者六户以上得另设一保，五甲以下并入邻近之保。④ 自 1934 年实施保甲至 1940 年实行新县制，福建省先后进行了 4 次整编。1934 年 5 月，省政府依照《剿匪区内各县编查保甲户口条例》首次实行保甲编查，因距"闽变"不久，"匪氛尚炽"，进行颇有些困难，因此 1934 年的保甲编组，只有顺昌、将乐、松溪、漳平完成，建瓯、邵武、晋江、漳浦、龙溪、诏安等 8 县编查仅及半数，长乐、福清、连江等 15 县编查仅十之三四。⑤ 1935 年 11 月，省政府制定《福建省整理各县保甲实施办法》（1937 年 6 月修正），规定凡各县保甲户口已经编查完成者，应即实行户口复查及抽查，该项完竣后再举办户口异动登记，并限 3 个月内完成保甲整编，至该年底，全省除崇安、建阳、泰宁、永安外，闽侯、平潭、南平等 45 县全部整编完成，计全省共 64 个县

---

① 《本省户籍登记二十六县未经举办，限六月底前全部办竣》，《大成日报民主报》1944 年 2 月 2 日，第 4 版。
② 葛剑雄主编《中国人口史（1910～1953）》第 6 卷，复旦大学出版社，2001，第 269 页。
③ 《国民政府命令公布县乡保甲组织纲要》，《闽北日报》1939 年 9 月 21 日，第 4 版。
④ 叶新华：《福建保甲之检讨》，《闽政月刊》（民财建辑）1937 年第 1 卷第 3 期，第 11 页。
⑤ 福建省民政厅第一科编《保甲法令选编》，中西印务局，1938，第 296 页。

（市），294 个区，共 2942 个联保，21354 个保，204897 个甲，总户数达 2153813 户。1936 年全省 64 县除宁德、顺昌、永安、将乐、建瓯、建阳、崇安、寿宁、永定 9 县尚未完成外，其他各县均整编完竣。至 1936 年 12 月，全省共设 63 县（见表 4-1），305 个区，2994 个联保，22400 个保，220379 个甲，2302639 户，12108977 人，其中男性 6156581 人，女性 4977725 人，壮丁 2336175 人[①]至 1937 年 6 月，仍有宁德、建瓯、寿宁、永定及上洋、峰市、柘荣未编整完竣，其余五十余县（市）及禾山、南日岛等特区均已编整完成。全省总共设 237 区，2979 联保，21569 保，214078 甲，2274723 户，12295562 人。[②] 由此，福建完成了首次较为完整的保甲整编。

表 4-1 1936~1945 年福建乡（镇）保甲概况

单位：个

年 份	县（市）数	区署数	乡（镇）数（联保）	保 数	甲 数
1936	63	305	2994	22400	220379
1937	63	237	2672	20713	214587
1938	63	241	2154	17013	172803
1939	64	226	1428	15692	171531
1940	65	236	1413	15738	169905
1941	66	176	1394	15735	169559
1942	66	76	1380	14332	161722
1943	66	57	1183	13034	154853
1944	66	28	933	10770	140053
1945	68	—	922	10529	138022

资料来源：福建省政府统计处编印《福建省社会统计手册》，1947，《1942~1945 年全省乡（镇）保甲数》，第 2 页；福建省政府秘书处统计室编《福建省统计年鉴（第一回）》，《全省保甲》，1937，第 411 页；《闽政月刊》各卷、期福建省档案馆《各县设立乡（镇）公所卷》；《福建省第二回统计年鉴（行政类）》，福建省档案馆藏，档案号：3-1-1；福建省地方志编纂委员会编《福建省志·民政志》，方志出版社，1997，第 18 页。

说明：以上数据仅计算非战区县份的数目，金门、厦门两个沦陷区数目未计算在内。

---

① 《全省保甲》，福建省政府秘书处统计室编《福建省统计年鉴（第一回）》，1937，第 411 页。
② 福建省地方志编纂委员会编《福建省志·民政志》，方志出版社，1997，第 18 页。

全面抗战爆发后，福建省保甲为配合国家抗战总动员，统制民力，加强了整编。此时保甲办理之宗旨，已由消弭匪患，转为适应抗战需求，注重兵源的查记了。1937 年，福建保甲办理主要是调整联保区域，全省改编为 2672 个联保，20713 个保，214587 个甲，人口 12407936 人，比上年增加 9.7 万人。①

新县制实施后，县就为地方自治单位，县下设乡（镇），乡（镇）以下为保甲，保甲为最基本的单位，由此，原来的县、区、联保、保、甲五级制改为县、乡（镇）二级制。新县制的设置反映了国民政府在地方基层统治的严密和加强，它的实行与兵役关系最为密切。1940 年 3 月蒋介石在中央训练团对出席兵役会议的人员说，"目前与改进兵役制度关系最密切的就是新县制的实行，可以说实行新县制就是要建立新的兵役制度……诸凡办理兵役，整顿团队，都要切切实实依照新县制法令规则完全做到"，要改正过去"拉伕""凑数"的根本办法就是"要完成地方自治与实现《县各级组织纲要》规定，使兵役机构有基层干部为之推动，而一般民众能自觉其卫国自卫的义务，自动踊跃服役，然后我们的役政能推行顺利，确实达到预期的目的。"②

新县制最重要的内容是实施地方自治，以强有力的保甲组织来推行地方自治，从而使保甲由"自卫""自治"扩展到"管、教、养、卫"，在"四位一体"原则下形成行政、教育和军事三类组织"三位一体"的模式。"管、教、养、卫"中，"管"是兵役的核心，是解决兵役问题的主要方法，如果保甲组织能够严密，户籍调查能够确实，那么对于壮丁的登记、训练、统制、征集而言，就有很坚固的基础。健全保甲就是严密管理的方法。"教"为训练民众，设立学校，厉行新生活。"养"包括实行造产，整理财政，改善士兵的生活，优待征人家属。"卫"即对外"巩固国防"和对内"维持治安"，包括组训国民兵，肃清盗匪，协助征兵等。其中组训国民兵最为重要，国民兵训练完成，则全体国民皆有保卫常识和军事技能。另外，新县制下的每甲编成国民兵甲班，每保编成国民兵分队，由此

---

① 福建省档案馆编印《民国福建各县市（区）户口统计资料（1912～1949）》，1988，第 2 页。

② 蒋介石：《目前兵役应改进之要点》，秦孝仪主编《先总统蒋公思想言论总集》卷十七，中国国民党中央委员会党史委员会，1984，第 199 页。

而乡（镇）而区，均有国民兵队的组织，凡役龄壮丁均有被编入甲国民兵班及保国民兵分队的义务，这是寓兵于农的用意。总之，新县制的实施有助于国民兵制度的推行，也能更好地解决兵役问题，国民兵制度的推行亦可促进新县制的完成。

为了便利实施新县制，1939 年 11 月，福建省订定《福建省县各级组织纲要实施计划》，要求各县政府于 1940 年 1 月内调整乡（镇）区域，以辖 10～15 保为度，联保办公处改为乡（镇）公所，保长办公处改称为保办公处。新县制以各县的面积、人口、经济、文化、交通等标准把县分为甲、乙、丙三等，各县政府均设民政、财政、教育、军事四科，而政务简单的三等县政府，仅设民财、教建、军事三科。① 1939 年年底，全省共设 1428 个乡（镇）、15692 个保，171531 个甲，合计 2027370 户，12012198 人。② 新县制重新划分乡（镇），故户口、保甲亦重新编查一次。至 1940 年 7 月，全省共计 1413 个乡（镇），15738 个保，169905 个甲，1999211 户，11888287 人。③ 1941 年福建省再次编查保甲，结果为全省共有 2004665 户，169559 个甲，15735 个保，每保平均 10 甲以上，130 户左右。④ 1941 年 9 月，《县保甲户口编查办法》颁布后，福建省即定 1942 年为保甲实施整理年，省政府先后公布了《福建省各县保甲户口编查办法实施细则》《福建省各县市（特区）整理保甲户口动员办法》《福建省各县市（特区）整理保甲户口讲习会章程》。⑤《实施细则》对于临时户的界说，特编保的乡（镇）民代表人数，各保甲的地域限制都作了详细的规定。《讲习会章程》规定全省于 1942 年 3 月 1～5 日为整理保甲户口讲习期，3 月 6 日至 6 月底为整编期，要求在限期内人必归户，户必归甲，甲必归保，同时调整乡（镇）区域，改正乡保名称。经过整编，至 1942 年年底，全省调整为 1380 个乡（镇），14332 个保，161722 个甲，共有 2156509 户，11450055 人。⑥ 1943 年，为配合三年建设计划大纲的实施，全省共编设

---

① 《福建省县各级组织纲要实施计划》，《训练月刊》1940 年创刊号，第 118 页。

② 福建省档案馆编《民国福建各县市（区）户口统计资料（1912～1949）》，1988，第 2 页。

③ 《各县区保甲户口统计》，《闽政月刊》1940 年第 6 卷第 6 期，第 88 页。

④ 《福建省临时参议会会务通讯》1941 年第 8 期，第 25 页。

⑤ 赖庆荣：《闽省保甲户口的整理》，《新福建》1942 年第 1 卷第 5 期，第 14～16 页。

⑥ 《1942～1947 年全省乡（镇）保甲数》，福建省政府统计处编印《福建省社会统计手册》，1947，第 2 页。

1183 个乡（镇），13034 个保，154853 个甲。① 1944 年，福建省重新整编保甲，限 6 月前一律编配完成。整编原则为："凡人口密集并有繁盛墟集地方，应联合附近村落成立为镇，镇辖保甲户数以 20 为集，不得多于 30 户，少于 10 户，并须注意地方经济文化条件及历史关系，不得强行割裂、拼凑。现有乡、保除有大山巨川阻隔，非单独成立乡或保不可者外，均应将所辖保甲较少乡保予以并编。至于非本籍居户，依其职业或其他关系，暂时率眷居住，而无久住之意者，应为临时户，五里以内不满一甲，十里以内不满一保者，应编为特编户，此类临时户与特编户，均不受上列规定。"② 根据上述原则，1944 年，全省又裁掉 250 个乡（镇），2264 个保，17982 个甲。③

福建省办理保甲，需要特别指出的是水上保甲的整编。福建为沿海省份，且内地河流纵横贯通，船户数目众多，水上保甲的整编参照《修正剿匪区内各县编查户口条例》及本省水上情形进行编查。1936 年 5 月省府订定的《福建省编查水上保甲户口实施办法》规定编查水上保甲户口以水警总队为主管机关，厦门、闽侯、莆田、南平等 19 县（市）暨上洋等 4 种特区，所有水上保甲户口归由水警总队负责编查管理。④ 水上保甲户口的划分，以县或特种区（署）为单位，每一县或每一特种区划为一段，定名为福建省水上保甲某某（县区名）段，其下设保甲户口。水上保甲以船为单位，每船为一户，领船人为户长，十户为一甲，十甲为一保。至 1937 年，全省外海和内河沿岸，各分 6 个区，计 12 区，52 段。⑤ 据统计，1936 年福建水上人口共有户数 18609，人口 84990，其中男 62156 人，女 22843 人。⑥ 1938 年福建水上保甲进行整编，80221 人共编成 189 个保，1709 个

---

① 《1942～1947 年全省乡（镇）保甲数》，福建省政府统计处编印《福建省社会统计手册》，1947，第 2 页。
② 《省府指示原则，整编乡（镇）保甲》，《南方日报》1944 年 5 月 23 日，第 4 版。
③ 福建省地方志编纂委员会编《福建省志·民政志》，方志出版社，1997，第 18 页。
④ 《福建省编查水上保甲户口实施办法》，福建省政府秘书处编《福建省单行法规汇编》，福建省政府公报室，1937，第 376～380 页。
⑤ 《福建保甲施行成绩：户口登记大部完成，保甲壮丁训练完竣》，《申报》1937 年 7 月 10 日，第 12 版。
⑥ 《各县市水上人口数》，福建省政府秘书处统计室编《福建省统计年鉴（第一回）》，1937，第 413 页。

甲，16553 户。① 新县制实施后，为使船户在乡（镇）内便于行使自治权利，1940 年 6 月，福建省拟订《各县编查船户保甲长户口实施办法》，规定船户保甲之编组以乡（镇）为单位，福建省将以往驻省水警地方划隶水警总队，直属的闽侯、平潭、南平等 12 水上保甲段归水警总队管辖。直至抗战结束，水上保甲整编情况基本未变。

综上所述，办理兵役有赖于健全的保甲作为根基，福建战时保甲组织的充实、完善，不仅达到了民众自治、自卫的目的，而且为实施民众训练，健全管理组织，推行兵役巩固了政治的、社会的基础。

第三节　宣传兵役以动员从军

欲动员万千壮丁奔赴前线，首先要使民众明了国家的危难，知晓兵役的权利和义务，最终悦于应征。而做到这一点，除了国民精神总动员外，还有赖于实施普遍而深入的兵役宣传。战时国民政府深切认识到宣传"是一切工作的开端""是动员民众最犀利的武器"。② 并把它提升到役政工作的中心努力实施。蒋介石曾说："我们要办理兵役成功，除了要清查户口，组织民众之外，还要注重宣传，要使一般壮丁，认识当兵是男儿对于国家应尽的义务，惟有好男才可以当兵，惟有当兵才是光荣的事业。"③ 战时福建经济文化落后，民众国家观念和民族意识缺乏，首任兵役科科长林斯贤曾说："惟闽省情形特殊，人民对于兵役事务多未了解，宣传工作实属重要。"④ 为了达到动员兵员的目的，福建军政当局对一般民众、出征军人及家属、地方士绅、公务员展开了广泛的兵役宣传。

一　兵役宣传机构的组建

1936 年 3 月征兵制试行之初，国民政府并未设立专门的兵役宣传机构，只是规定征兵区内各省、县（市）政府和师、团管区司令部，在实行

---

① 《实行联保连坐，整编水陆保甲》，《江声报》1938 年 3 月 7 日，第 3 版。
② 《第二期抗战宣传纲要》，《华美》1939 年第 1 卷第 46 期，第 1095 页。
③ 《蒋委员长嘉言录》，《兵役月刊》1942 年第 4 卷第 9～10 期，第 62 页。
④ 林斯贤：《福建省役政推动之概况》，《闽政月刊》1937 年第 2 卷第 1 期，第 21～24 页。

征兵之前召集当地党政军机关、学校、法团组织宣传队依据《兵役宣传大纲》宣达政府兵役方针，解释征兵意义，唤起民众踊跃应征。① 福建在1937年6月试行征兵伊始，陈仪对役政人员作了两点指示：一是绝对遵守中央的法令，二是打破旧习惯示信于民。② 其中"打破旧习惯"则重在施行兵役宣传与民众组训。依据该指示，建延师管区及闽海、汀漳两师管区筹备处发动党、政、军、学、团等社会各界开展征兵宣传。

卢沟桥事变发生后，7月16～22日闽海师管区筹备处在福州举行兵役宣传周，举办兵役演讲、评话表演、放映电影等活动，拉开了福建兵役宣传的序幕。建延师管区则拟具《征兵宣传计划草案》，规定各县在师团管区司令部指导下宣传兵役，由县政府、党部、学校、团体工作人员组成3～5人宣传队，按期赴各乡（镇）工作，宣传时间从1937年6月上旬至12月1日新兵入营为止，宣传材料为《兵役宣传大纲》《兵役须知》《国民政府征兵令》《委座新兵入营训词》《兵役解释》等。③ 之后，闽海、汀漳两师管区也参酌该计划办理，全省开始实施普遍的兵役宣传。

正当兵役宣传纷起之际，国民政府对战局作出了乐观的估计，"鉴于华北局势紧张，民心愤激，抗敌御侮，人具此心，对服务兵役尤感切要，故决定在此时期兵役扩大宣传暂停举行。"④ 由此，福建兵役宣传暂时转入低潮。8月30日，国民政府在华北、华东前线的一片危急声中发布征兵令，并急令各省（市）师、团管区会同各县党政军机关、学校、法团加紧征兵宣传，随即，福建兵役宣传又蓬勃发展起来。9月3日，国民党福建党部特派委员陈肇英发布《为全民族长期抗战告福建同胞书》，号召全省人民"为民族争生存，为本省争人格"。"男子壮丁不得逃避后方，青年妇女亦要参加救护工作"⑤。直至1938年2月福建省军管区成立前，福建的兵役宣传由各师管区及筹备处办理，由于全省没有统一的组织，工作缺乏统筹计划，各地方法步骤繁杂互异，宣传区域又多限于城市，乡村民众根本不了解兵役法规和义务，在此情势下紧急增加征兵数额，必然造成民心

---

① 《陆军征兵宣传实施办法》，《军事杂志》1936年第91期，第247页。
② 朱文伯：《福建省兵役概况》，1941，第10页。
③ 福建省政府秘书处《福建兵役概况》，1939，第85～86页。
④ 《兵役适龄调查告竣扩大宣传停止举行》，《中央日报》（福建版）1937年7月15日，第3版。
⑤ 《为全民族长期抗战告福建同胞书》，《公教周刊》1937年第9卷第24期，第3～4页。

惶惑，流弊百出。征兵制普施的半年间，全省各地就开始出现了壮丁避役、抗征、逃亡、强拉、舞弊等现象。面对这一乱象，1938 年 1 月，省动员委员会致函各师管区称："本省兵役之宣传尚未普及，亟应加紧办理，其在宣传期内，暂停征补。"① 省政府通令各师团管区、县政府、警察局、特种区署等，协同大中学生、小学教师、保甲长以及各种民众团体深入民间，普及兵役宣传。2 月，福建省军管区成立，宣传工作改由兵役处负责，10 月，省军管区订定《福建省征兵宣传计划大纲》，通饬各县（市）政府、特种（区）署及福州警察局设立"兵役宣传调查委员会"，委员会内设宣传、调查两股，专门负责调查征兵实况，宣传征兵。② 至此，福建有了固定的兵役宣传机构。

第二期抗战后，兵员补充更为逼切，而壮丁征调仍"成效欠著，流弊滋多"，陈诚总结其困难和症结在于"未发动兵役宣传与政治鼓动工作以提高人民的国家观念和民族意识"③。为发挥一切力量去争取抗战的胜利，1939 年 2 月军委会政治部颁布《第二期抗战宣传纲要》，提出"宣传重于作战，宣传即教育，服务即宣传，实践重于理论"的方针。④ 7 月，政治部针对兵役宣传颁布了《第二期抗战兵役宣传纲要》，对兵役运动的重要性、战时兵役制度、兵役宣传的实施等 8 个方面作了具体规定，成为兵役宣传的纲领性文献。⑤ 9 月，军委会公布《兵役宣传及监督实施方案》（以下简称《方案》），提出"政治重于军事，后方重于前方，宣传重于作战"的口号，《方案》包括宣传机构组织办法、宣传实施办法、兵役监督实施办法等方面，其中组织办法规定国民政府组织党、政、军、学、法团共同组成中央、省、县（市）、乡（镇）四级常设宣传机构——兵役宣传委员会，并发动中等以上学校学生假期临时下乡宣传，相辅而行。⑥ 至此，全国统一的兵役宣传机构成立。

依据上述《纲要》，1939 年 10 月，福建省兵役宣传调查委员会在永安

---

① 福建省政府秘书处编《福建兵役概况》，1939，第 1 页。
② 《组织各县兵役宣传调查委员会》，《闽政月刊》1939 年第 3 卷第 5 期，第 37 页。
③ 《陈诚部长解释兵役宣传监督办法》，《新华日报》1939 年 2 月 4 日，第 2 版。
④ 《第二期抗战宣传纲要》，《华美》1939 年第 1 卷第 46 期，第 1095 页。
⑤ 《抗战建国二周年纪念日兵役宣传大纲》，福建省军管区国民军训处第四科编辑《第二期抗战兵役宣传纲要》，福建省军管区国民军训处刊行，1939，第 33 页。
⑥ 《兵役宣传及监督实施方案》，《广西省政府公报》1939 年第 625 期，第 6~8 页。

成立，由省党部、军管区政治部及其他驻军政治部、教育厅、省抗敌后援会、省动员委员会以及省属中学及大学校、省社教机关及有全省性质的文化团体、民众团体、组织等构成。其任务为接受中央兵役宣传委员会的命令，指导监督下级兵役宣传机关；派员赴各地巡回视察并宣传；编印或翻印各种宣传品；直接担任所在地城市之宣传；发动省城党政人员及各界知识分子下乡宣传。① 县（市）兵役宣传调查委员会由县（市）党部、县（市）政府兵役科、政训股、师团管区司令部、国民自卫总队、当地驻军政治部、县（市）抗敌后援会、县（市）动委会、慰问出征军人家属优待委员会及各中小学校、各文化团体与民众团体派员组成。军委会政治部所派的各县（市）政治工作队，也作为经常兵役宣传的基本组织。县（市）兵役宣传调查委员会的职责为承中央及省兵役宣传委员会的命令，指导监督下级宣传机关或团体；派员赴各乡（镇）、（区）指导宣传；制发宣传品；组织宣传队下乡巡回宣传；发动县（市）城区知识分子下乡宣传。② 县辖（区）署及警察分局设立兵役宣传调查委员会及分会，即乡（镇）兵役宣传调查委员分会，由国民党区分部、乡（镇）（区）自卫队、区公所或区署、区社教机关、各高小以上学校、区内民众团体所派人员与公正士绅组成。军委会政治部所派的下乡政治工作队及政训股所拟组织之各乡（镇）、保（民训）的国民自卫（分）队，为兵役宣传的基本组织。乡（镇）分会除实施兵役宣传外，还必须带领当地居民为出征军人家属服务，在战区或者接近战区的地方承担抗敌救援任务，为伤残士兵服务，帮助社会训练，帮助役政机关施行役政等。③

1941 年 11 月军政部、军委会共同颁布《兵役宣传实施办法》，对宣传主导机关和具体实施机构进行了调整，规定全国一般兵役宣传由政治部办理，兵役法令宣传由军政部办理。各省一般兵役宣传由军管区政治部及国民兵团政治指导办公室负责，各级党政、动员委员会、兵役协会、兵役宣传队、学校、社教机关、法团等协办，并发动中等以上学校社教机关、民众团体及有关机关协同办理。各县（市）一般兵役宣传由县（市）国民兵

---

① 《兵役宣传及监督实施方案》，《广西省政府公报》1939 年第 625 期，第 6 ~ 8 页。
② 《兵役宣传及监督实施方案》，《广西省政府公报》1939 年第 625 期，第 6 ~ 8 页。
③ 《兵役宣传及监督实施方案》，《广西省政府公报》1939 年第 625 期，第 6 ~ 8 页。

团政治指导办公室负责主办，其他党政机关、学校、社教机关、法团等协办。① 《兵役宣传实施办法》颁布后，上述《方案》即废止，各级兵役宣传及监督委员会任务结束。

二　兵役宣传的实施

战时福建军政当局因人、因地、因时、因事对一般民众、基层役政人员、出征军人及家属、伤病兵运用了不同的宣传策略和宣传方式，并策动青年学生、地方士绅、公务员、志愿壮丁、妇女儿童参与，其特定的宣传内容使兵役宣传有别于战时其他宣传运动。

（一）一般的兵役宣传

一般兵役宣传的对象为乡村农民和城市市民两大社会阶层，由于国民政府的兵源大多来自农村，因此乡村农民成为兵役宣传的重点对象。由于福建乡村教育未臻普及，民众智识低落，兵役义务观念缺乏，家庭生活困苦，又长期受募兵制及"好男不当兵"观念的影响，民众普遍畏惧战争，常视兵役为畏途，因此，各级政府对一般民众的宣传重在宣扬抗战的意义，揭露敌寇暴行，说明兵役政策，解释优待条例，阐扬国民乐服兵役的光荣事迹，实施征属优待等，其宣传形式分定期与不定期两种。

1. 定期举办兵役宣传周

福建省军政当局每逢国耻纪念日、七七抗战纪念日、"九一八"纪念日、"国父诞辰纪念日"等纪念日、节假日、征兵期都要举办兵役宣传周或扩大兵役宣传。在宣传周内举行兵役宣传大会，慰问征属，慰劳前线将士、伤病兵及荣誉军人。1938 年 5 月 3～9 日举行的"雪耻与兵役扩大宣传周"是福建第一次大规模的兵役宣传周，此间鲁豫皖前线激战正酣，前方需兵孔亟，为纪念"5·3 济南惨案"十周年，"激发民众踊跃从军之热忱，鼓励士兵勇敢牺牲之情绪"，使"每个国民都能了解雪耻与兵役之不可分和应征兵役之光荣"。② 福建各地同时开展宣传运动，在省会永安，"5·3 济南惨案"纪念日，重点对士兵（含伤兵）、警察、壮丁进行宣

① 《兵役宣传实施办法》，《浙江兵役》1941 年第 55～56 期，第 2～3 页。
② 《雪耻与兵役宣传大纲及标语》，《教育杂志》1938 年第 28 卷第 5 期，第 93～96 页。

传，社会各界慰问驻闽部队（陆军第 80 师、闽海师管区补充营、绥署卫队、宪兵第 4 团、省会警察局、保安处军官队）、伤病兵（陆军医院、陆军第 80 师卫生处、陆军十三医院）、出征（阵亡）将士家属。"5·4 学生运动纪念日"，永安中学学生及文化界组成宣传队动员知识青年服役，鼓励青年踊跃受训，各校分别举行抗敌游艺会，招待教职员及学生家属。"5·5 革命政府成立纪念日"，宣扬抗战建国要旨，鼓励民众从军，各界热忱输将。"5·6 国耻纪念日"，各校员生出发近郊乡村捐助、慰劳出征军人家属，文艺团体组织乡村戏剧巡回队、歌咏队，深入乡间宣传。"5·7 国耻纪念日"工商界游艺大会，招待工友店员。"5·8 国际母亲节"动员妇女儿童宣传兵役。"5·9 国耻纪念日"举行万人火炬大巡行。[①] 1939 年 5 月 1 日，福建省再次举办第二期抗战第二届扩大兵役宣传周，各地学校、机关、法团组织兵役宣传队，出发至乡村各地宣传，并要求公职人员"助其子，勉其弟，劝其夫，为国家为民族去当兵"。[②]

除统一举办宣传周外，福建各地亦自行举行宣传周或扩大宣传，如长泰县订定每月 3 ~ 4 日，8 ~ 9 日为兵役宣传日。[③] 南平县每 3 个月举行一次兵役宣传，如 1939 年 12 月 30 日南平举办第四期兵役宣传周，下午 5 时在公共体育场隆重举行宣传大会，之后抗敌剧团公演话剧，华南女子学院、剑津中学演唱《保卫大福建》，抗敌后援会开展漫画展览。[④] 从 1942 年起全省定期举办四季兵役宣传周，春季在壮丁初点、抽点、复点时举行，夏季在端午节（6 月 15 ~ 21 日）时举行，秋季在中秋节（9 月 21 ~ 27 日）时举行，冬季在冬至日（12 月 20 ~ 26 日）时举行。[⑤] 各地的四季宣传周有时也并不一致，如 1942 年龙漳师管区第一周为春季征兵调查周；第二周

---

① 《省闻一句：后援工作：雪耻兵役宣传周》，《闽政与公余非常时期合刊》1938 年第 26 ~ 28 期，第 59 页。

② 《兵役宣传周办法》，《福建民报》1939 年 4 月 29 日，第 4 版。

③ 《长泰县扩大兵役宣传》，《泉州日报》1939 年 2 月 18 日，第 3 版。

④ 《南平县政府关于社会各界捐赠、救济、举办庆祝活动的代电、公函》，南平市档案馆藏，档案号：民 05 - 001 - 0000037，1939 年 12 月第六届兵役宣传周筹备会议，第 12 ~ 14 页。

⑤ 《福建省三十一年度扩大兵役宣传实施计划纲要》，《永春县政府公报》1942 年第 63 ~ 64 期，第 5 ~ 7 页。

为夏季肃逃训练周；第三周为秋季忠勇帮工周；第四周为冬季赠送慰问周。[①] 1943 年后四季兵役宣传周改为春季于 2 月下旬壮丁调查抽签期举行，夏季于 7 月上旬七七抗战建国纪念日举行，秋季于 8 月上旬壮丁征集期间举行，冬季于 12 月壮丁征集期间举行。[②]

2. 实施机会宣传

机会宣传，即平时宣传，即利用农闲、集会、庙会、赶墟、纪念日、征兵调查期间、国民月会、壮丁重行点阅、抽点壮丁、放映电影或其他活动相机举行，这是兵役宣传中最广泛、最普遍的方式。许多资料显示，自抗战开始后，福建各级各类机关、学校、法团、新闻界，各类公共服务机关如电影院、邮政局、娱乐场所、民教馆等在各地大街小巷、偏僻乡村，通过文字、口头、艺术、教育等形式开展兵役宣传，动员民众参加抗战，以下略举几种宣传形式。

文字是宣传工作的主脑，包括报章杂志、兵役书刊、标语、文告、传单、壁报、照片、小说、信件、宣传车游行等。1939 年 11 月军政部颁布 20 条兵役宣传标语通令全国广为张贴。此后全省各地的冲街要衢、墙壁、门楣、电杆、厕所、木牌、石刻、广告、日历、邮件，甚至黄包车的车背、抬夫的轿篷、公共汽车的车身、剃头匠的玻璃、货郎担的货架、小学生的藤编书包、竹笔筒、脸盆、瓷砖等到处写满了兵役标语或兵役法规摘要。宣传标语如"长期抗战兵役第一""当兵是国民应尽的天职""男儿要当兵杀敌""服兵役是国民应尽的义务""要报仇雪耻必须人人当兵""自己起来，保卫祖国，才是真正爱国者""中华民国国民，都应拥护国民政府兵役政策"，等等。[③] 一些标语更是朴素直白，如"你不当兵不嫁你，留你一世打单身""锄头给我，你拿枪去""我不杀寇，寇必杀我""天下太平，在家种田；国家有事，入伍作战"等。1940 年省军管区和各级兵役宣传调查委员会专门编印《国民对于兵役应有之认识》《兵役须知》《国民政府征兵令》《委座新兵入营训词》《兵役制度之三平原则》《兵役法摘

[①] 《龙漳师管区三十一年度工作概况》，《福建征训》1943 年第 3 卷第 1 期，第 38 页。

[②] 《福建省三十二年度兵役宣传指导纲要》，《永春县政府公报》1943 年第 94～96 期，第 12～13 页。

[③] 平一：《省闻一旬：一般后援情态》，《闽政与公余非常时期合刊》1938 年第 14 期，第 41 页。

要》《鼓励征兵通俗歌曲》《民族英雄事迹》等兵役读本，分发一般民众阅读。[1]

口头宣传是最便捷的形式，参与主体广泛，上至耄耋老人下至舞勺少年，其宣传方式包括口号、演讲、谈话、访问、广播、讲解兵役法令、编唱（讲）从军歌谣、从军故事等。例如，宣传大纲明确规定不同类型的兵役宣传运用不同的方法，对于服兵役怀疑或存畏惧心理者，根据法令及事实，劝导感动说服之。对兵役不明了而询问者，根据法令及事实解答之。[2]福建各地还通过民谣宣传当兵的道理，"不愿贪生床上死，宁愿战死在沙场"（诏安歌谣《唤醒民众要上战场》）。"三更鼓敲月对中，臭日本仔没天良；杀咱同胞抢财物，看着难民真悲伤"（同安歌谣《抗日五更鼓歌》）。"送哥哥上战场，你去打鬼子，我愿守空房"（建区瓦歌谣《当兵曲》）。这些歌谣、故事、广播、演讲揭露了日寇狂轰滥炸，抢劫屠杀，奸淫掳掠，放火焚屋，决堤淹人，施毒放毒，迫害国民等暴行，号召八闽壮士喋血疆场，驱逐日寇。在广泛宣传下，一些壮丁要求当兵上前线，不少地方出现了妻子送丈夫、情妹送情哥、父母送儿子、弟妹送兄长的动人场面。龙海歌谣《出征歌》再现了亲人送壮士出征的场景："弟送短铳，妹送手榴弹给哥哥，父送大刀，母送子弹给儿子"，并一再鼓励在前线要"对着冤仇日本兵，手榴弹掷去不留情""咱今养你这么大，为国杀敌是应该""冲锋陷阵放心去，服从指挥听教示"；征人亦表示，"这次为国去打仗，若不打赢不回来""这次为国去打拼，就是战死也好名声"。

福建各界还以各种艺术形式激励民众应征抗敌，如创作投军杀敌、敌军罪行等类剧本，改（选）编、表演各种剧目；摄制放映从军乐、优待征属等类影片、幻灯片；编（唱）兵役法令浅歌及从军歌曲；编绘、展览从军图画等。各地上演的抗战剧目如《放下你的鞭子》《塞上风云》《打鬼子去》《投军别妻》《替子投军》《有力出力》《当兵去》《壮丁》《劝夫从军》《夫妇从军》等，其中本省创作的歌剧 3 种，如《保卫大福建》《悲壮的离别》《抗战声》等。根据真实人物改编的三幕话剧《李鸭仔当团长》，取材于志愿应征的莆田人李鸭仔在鲁南前线冲锋陷阵，屡建奇功当

---

[1] 福建省军管区编《福建兵役四年》，环球印书馆，1941，第 232 页。

[2] 《抗战建国二周年纪念日兵役宣传大纲》，福建省军管区国民军训处第四科编辑《第二期抗战兵役宣传纲要》，福建省军管区国民军训处刊行，1939，第 38 页。

上团长的故事，剧中李鸭仔写信号召亲戚邻里快去当兵杀敌的情节感人至深。该剧本在八闽大地广演，"富有强大的感染力，激发了壮丁当兵的热情。"① 全省各地还组织了"救亡歌咏队""战时宣传队"深入大街小巷、集镇村寨，悲昂雄壮的歌声时时激荡于八闽上空。例如福州"民族解放先锋队"南台 31 宣传分队在市区主要路口和南台文艺剧场、大华剧场、台江剧场、大罗天剧场演剧歌咏，还到闽侯县的青口、兰圃、陈厝、江口等地巡回演出，教唱福建壮丁队创作的《上战场》《出征歌》等。战时本省创作了五十多种抗战歌曲，兵役曲目如《出征歌》《沙场战士》《立志当兵》《好男要当兵》《壮丁入营进行曲》《壮丁入伍歌》《同胞快当兵》《送出征勇士歌》《送郎上前线》《慰劳伤兵歌》《征服兵役歌》等。比如《出征歌》唱道："车辚辚，马萧萧，枪在手，刀出鞘，男儿报国在今朝，男儿报国在今朝！死有重于泰山，或轻于鸿毛，不共戴天仇未报，国仇未报恨不消！神鹰东征倭，铁甲夜渡辽，收回山海关，直捣傀儡巢。山隐隐，水沼沼，大好河山满腥臊，不收复失地，誓不见同胞！"② 1942 年 7 月，省军管区兵役巡回宣查队巡回至沙县夏茂、富口、高桥，其中调查组调查兵役办理情况；戏剧组利用赶墟日演出独幕剧《亲兄弟》《战时婚姻》《死里求生》，多幕剧《同一线上》《从军乐》《保攻追壮丁》等 8 种，"时观众云集，街头途为之塞"；文字组绘制漫画、连环画 36 幅，并派人用当地方言解释图中意义，出版《从军乐壁报》；歌咏宣传组分头教儿童、妇女、成人唱歌，如《领袖歌》《中国不会亡》《七七纪念歌》《前方将士》《壮士上前线》《爱国军人》《农村妇女抗敌歌》《我们的队伍往前进》等 11 首。③

　　总之，战时机会宣传时数频繁，范围广阔，今天我们仍能从当时一些宣传机构的记录中可见其付出的努力，例如闽西汀龙两区的各县抗敌团体，大部分的工作是以农村为目标，宣慰工作团成员，跋涉山道，"使救亡的种子都向农村角落播送。县抗敌巡回宣传队，川流地散在农村，把农

① 赵庸夫：《介绍一位新的民族英雄——李鸭仔是怎样当团长的》，《国讯》1939 年第 197～198 期，第 13 页。
② 《出征歌》，《乐风》1941 年第 1 卷第 5～6 期，第 26 页。
③ 《兵役巡回宣查队出发沙县第一区宣查工作报告》，《福建征训》1942 年第 2 卷第 2 期，第 69～73 页。

村的知识分子，都集中了起来，他们的救亡巡回宣传，真正地长时迁回于全县的各乡村。"① 再如 1942～1943 年省军管区兵役巡回宣查队第一队成立一年来在沙县驻地附近县城巡回宣传工作的情况：戏剧宣传方面，为筹募征属优待金，筹募飞机、滑翔机等公演戏剧 28 次，街头剧演出 18 场。文字宣传方面，在沙县、南平、建瓯等县刷制墙壁标语 178 副；出版《从军乐》壁报 42 期；印制标语 20 种 4 万份；解答兵役疑问函件 152 件。图画宣传方面，在沙县、南平等县墙壁绘制漫画 66 幅；街头漫画展览 4 次。歌咏宣传方面，举行歌咏演唱 23 天；街头歌咏宣传 16 次；举办农村儿童歌咏训练班一期。口头宣传方面，举行兵役座谈会 9 次；征属联欢会讲演 8 次；举办乡镇长兵役讲演竞赛 8 次；街头宣传 26 次。兵役调查方面，查获兵役舞弊案件 58 件（已办 32 件），逃避兵役案件 10 件，其他 12 件。②

（二）特殊的兵役宣传

1. 对役政人员的宣传

战时役政人员包括专员、县（区）长、兵役主任、兵役科员、乡（镇）长以及基层保甲人员等，他们既是宣传主体也是宣传对象，对役政人员进行宣传的目的在于激发其工作热情，提高业务素质，知法、懂法、守法，减少役政舞弊现象的发生。陈仪曾对役政人员说："中央颁行制订的各种兵役法规，他们（民众）更是没有看到，现在要使他们个个明白征兵的意义，那就是要我们大家首先彻底认识和完全了解，然后才能推及他们。"③

对役政人员的宣传教育主要为三种：一是编印、分发兵役法规、兵役办理训练用书、兵役通俗读物、国民兵读物及训练材料、新入伍士兵读物及训练教材以及兵役标语汇编、兵役专刊等学习材料，如《兵役法规浅释问答》《兵役法摘要》《兵役业书》《办理兵役人员须知》《保甲长办理兵役须知》《优待条例及释疑》《防止逃兵办法》《违反兵役法治罪条例》

---

① 江茂夫：《抗战中闽西之地位与救亡动态》，《福建导报》1938 年第 1 卷第 4 期，第 9 页。
② 金碧波：《兵役巡回宣查工作第一年》，《福建征训》1943 年第 3 卷第 3 期，第 96 页。
③ 陈仪：《福建省军管区三十年度征补会议闭幕词》，《闽政月刊》1941 年第 8 卷第 3 期，第 25 页。

《返国侨民应征服役办法》等。① 1939～1940 年，省军管区汇订《兵役法规汇编》5 册，付印 10000 多本，分发各县、区（署）、联（保），通令役政人员学习。福建还创办役政刊物，如《福建军训》《福建征训》《役训周刊》等。《福建军训》由省军管区国民军训处主办，1938 年 10 月创刊，主要搜集战时福建社会军训、学生军训、役政动态等内容。《福建征训》由省军管区特别党部主办，1942 年 1 月创刊，主要征集军事管理、征兵动态、兵员训练等相关文章，并编有军事小说、诗歌等。二是培训役政人员。通过举办训练班、干训班分期对国民兵团副团长、团附及征募股股长等施以 3 周至 1 个月的培训，训练课程包括《办理兵役人员须知》《保甲长办理兵役须知》《兵役法规》《社训法规》《战时民教》等。② 三是举办兵役讲习会。1943 年福建省军管区规定各县（市）按季举行乡（镇）保甲长、学生兵役法令讲习会，在讲习会期间举行兵役演讲竞赛，对考试成绩优劣者给予奖惩。③ 1944 年 9 月军委会规定县（市）长每季召集所属乡（镇）长讲习兵役法令一次；各级管区司令和县长每月召集保甲长举行兵役座谈会一次，由县（市）长讲解重要兵役法令；乡（镇）保长每月举行国民月会一次，讲解兵役法令 30 分钟；保长、各区司令和县长按月召集保甲长举行兵役座谈会，编订各种集会宣传标语。④

2. 对出征将士及家属的宣传

18～45 岁之壮丁基本有仰事父母，俯蓄妻子的责任，在征兵过程中，壮丁避役、逃役多是受家属意识和家庭环境的影响。如何把应征（募）者的保障、家属的优待、死亡抚恤等优抚政策传达至征人和征属，这是兵役宣传最具实际意义的内容。依据"服务即宣传"的方针，战时国民政府先后颁布《对应征新兵及其家庭鼓励办法》《慰问出征军人家属办法》《优待出征军人家属办法》《征属田地义务代耕办法》《优待出征抗敌军人家属条例》等五十多种，基本涵盖了精神鼓励、物质奖励、权利享受、法律保障、临时救济、田地代耕等项，并设置专门的优待委员会对出征壮丁及家

---

① 《兵役宣传实施办法》，《浙江兵役》1941 年第 55～56 期，第 2～3 页。
② 林斯贤：《本省役政之过去与现在》，《闽政月刊》1938 年第 3 卷第 2 期，第 11 页。
③ 《福建省三十二年度兵役宣传指导纲要》，《永春县政府公报》1943 年第 94～96 期，第 12～13 页。
④ 《兵役部督促兵役宣传，规定应办事项八项》，《东南日报》1944 年 12 月 15 日，第 3 版。

属、伤病兵实施优待和服务。

为鼓励前方将士奋勇杀敌，各地展开慰劳宣传或筹款宣传，如 1938 年 3 月福建省留日同学会为筹款慰劳前方将士，在福州各地公演《塞上风云》民族抗战四幕剧；保安团队特别党部发起组织省会之歌咏、话剧、平剧、美术四种研究会。为鼓励大众抗敌情绪，福山的宣传队在福州城内各大剧院联合举行公展演奏大会，包括漫画 120 余幅，抗敌歌咏演奏 7 首，话剧《战士》《老爷不走了》，平剧《凤还巢》《失街亭》。其他如抗敌会、抗敌剧团各巡回队，轮流出发各乡表演宣传。

对征属的优待主要有精神、物质、生产优待三种方式，如尊敬出征军人及其家属，向征属致送贺仪，颁发荣誉状、纪念徽章或荣誉牌；发放优待金、优待谷；免除工役、劳役，减免捐税，免费医疗，减免学费，储助婚丧，困难救济，暂缓债务，优先享受公共福利等；在乡（镇）建立烈士祠或在各宗祠内设立烈士牌位，提拨公产（如祠产、庙产等），倡导兵役献金，救济、抚恤、抚养伤亡将士遗族。福建各级兵役宣传调查委员会还组织优待抗敌军人家属会、抗敌军人家属服务团或地方官公吏、孚望士绅等于各种纪念日、兵役宣传周、节假日慰劳荣誉军人、征属，并为征属代谋生计，家事如大扫除、担水、舂米、洗衣、煮饭、喂猪、算账、诊病、写信等，农事如锄草、收割、戽水、挑粪、代耕、帮工等。各地还发动青年学生向征属宣传优待办法、发放慰问金（品）、代写书信、代探消息、调查荣誉军人及征属生活状况与优待情形，代作申诉，设置兵役问询处、问事代笔处及征属服务社等。比如 1941 年 1 月 19～30 日全省各地挑选热情的男女学生 30～50 人，慰问出征军人家属及调查其应享优待情形，举行游艺会，免费招待荣誉军人及军属，分送慰劳品和慰问金、代为写信。① 大田于 1941 年 1 月 17 日组织集美职校、大田初中两校 30 名学生分 5 队赴各乡慰问出征军人家属，每户发给慰问金 3 元，绸布 2 码。② 抗战期间，福建在沙县、永安两地相继设立 3 个征属工厂安置 400 余名征属，解决了征属的生产生活问题。③ 优待和服务是宣传者"以身作则"的行动宣传，

① 子敬：《一月省政报道：役政消息：寒假学生兵役宣慰》，《闽政月刊》1941 年第 8 卷第 1 期，第 54 页。
② 《大田简讯》，《南方日报》1941 年 2 月 3 日，第 4 版。
③ 《福建省军管区征募处三十一年度工作概况》，《福建征训》1943 年第 3 卷第 1 期，第 31 页。

它使被宣传者从现实的、具体的实例中去接受宣传，因而最易获得被宣传者的信仰，这种宣传既赢得了征属对抗战的支持，消除了前线士兵的后顾之忧，又间接地鼓励后方壮丁踊跃应征。征人及征属在获得优待后，则必互相传说以慰藉乡里，推动被宣传者自动从事宣传，一传十，十传百，无形中增加无数宣传员。

除了上述特殊的宣传对象外，福建军政当局还向百万在海外的闽侨作广泛的兵役宣传，1938 年时任省军管区征募处处长的林斯贤向闽侨发表《为征兵告海外侨胞书》，赞扬了闽侨对抗战所作的贡献，号召年富力强的海外侨胞"一致团结起来拥护中央兵役政策，"回归祖国参加前线杀敌，完成救国保族的使命"，他还希望闽侨劝告在国内家族亲友，"不可希图避免兵役，私自出国，否则被查出或举发，不但丧失个人的人格，还要受到法律的制裁。"①

三　社会各界宣教力量的动员

战时兵役宣传单靠党政军机关不可能完全办理，为增强兵役宣传的力量，福建军政当局策动了青年学生、地方士绅、公务员、志愿壮丁、现（退）役士兵、老人、妇女、儿童参与兵役宣传。

1. 动员青年学生宣传

青年学生人数众多，有知识，有热情，关心国事，民族危机感强，又受过军训和学习役政知识，具有广布兵役知识的能力和宣传网，他们的宣传较容易感染民众，动员适龄壮丁。七七事变后不久，蒋介石就在庐山倡导学生兵役宣传服务，建延师管区即订定《中等以上学校学生暑期兵役宣传办法》《各县学生在乡实施兵役宣传给奖办法》，鼓励学生参与兵役宣传。② 1937 年寒假，福建省教育厅根据教育部颁布的《从军保国宣传大纲》，要求全省中等以上学校学生举行兵役宣传，并附宣传标语 12 条。③

为增加兵役宣传力量，1939 年 2 月国民政府军事委员会颁布《中等以上学校学生假期兵役宣传实施纲领》，通令全国中等以上学校师生利用寒

---

① 林斯贤：《为征兵告海外侨胞》，《闽政与公余非常时期合刊》1938 年第 22 期，第 17 页。
② 福建省政府秘书处编《福建兵役概况》，1939，第 88 页。
③ 平一：《省闻一句：一般后援情态》，《闽政与公余非常时期合刊》1938 年第 14 期，第 41 页。

暑假等节假日深入乡村宣传兵役。① 学生兵役宣传组织以学校为单位实行军队编制,受当地兵役宣传委员会的领导,以分队为单位,以大队为最高单位,每分队 15 人,3 个分队为 1 区队,3 个区队为 1 中队,3 个中队为 1 大队,每 1 大队的人数 405 人,定名为"某某学校学生××假兵役宣传第××大队××中队××区队××分队"。宣传队按宣传性质及学生志趣分别组织话剧、演讲、化妆、歌咏等类分队,分队另编配于各中队或区队中。② 学生宣传队未出发前,由学校军事教官或当地兵役宣传机构施以三日至五日的业务讲习,课目包括《抗战形势》《兵役法暂行条例摘要》《国民服兵役暂行规则草案摘要》《陆军征募事务暂行规则摘要》《违反兵役法治罪条例摘要》《优待出征军人家属办法》《修正保甲条例摘要》《兵役宣传大纲》《宣传方法技术及服务注意事项》等。③ 从 1939 年寒假试行至 1945 年寒假结束,国民政府根据抗战情势对学生兵役宣传的任务、方法、对象作了相应调整。例如,1940 年 1 月《学生假期兵役宣传实施纲要》规定本次宣传着重讲解国民兵团各种法规及推行办法,其他兵役法令也应摘要解说。④ 1940 年暑期学生兵役宣传重在举行防止逃兵运动,并慰问出征军人家属、各师管区补充兵团、各县常备队,调查征属优待情况、役政办理情形。⑤ 1941 年寒暑假宣传重点为发起士绅公务人员子弟当兵暨防止逃兵运动,并开展优待出征军人家属宣传。⑥ 1942 年寒假学生兵役宣传则以兵役调查和粮政为中心。1943 年暑假兵役宣传在于解释逃避兵役的惩处办法以及新兵待遇的改善,发动社会力量扶助救济征属,等等。⑦ 依据中央指令,福建省军管区司令部结合本省情况在每个假期分别颁布办法

---

① 1939 年 11 月教育部颁布《全国公私立中等以上学校及各级社会教育机关兵役宣传原则》,将私立学校以及社会教育机关员生亦纳入兵役宣传队伍。参见《转发兵役宣传原则仰遵办具报》,《广西省政府公报》1939 年第 649 期,第 2 页。
② 《中等以上学校学生假期兵役宣传实施纲领》,《广西省政府公报》1939 年第 625 期,第 13~15 页。
③ 《中等以上学校学生假期兵役宣传实施纲领》,《广西省政府公报》1939 年第 625 期,第 13~15 页。
④ 《各级学校学生扩大宣传办法》,《国立四川大学校刊》1940 年第 8 卷第 4 期,第 3~4 页。
⑤ 《暑期兵役宣传办法》,《党军半月刊(瑞金)》1940 年第 3 期,第 29 页。
⑥ 《学生假期兵役宣传总裁令即扩大举行》,《自治通讯》1941 年第 2 卷第 8 期,第 13 页。
⑦ 《教育部令遵照学生假期兵役宣传实施办法》,《教育部公报》1943 年第 15 卷第 8 期,第 43 页。

发动学生宣传兵役。

抗战八年来，热情朝气的八闽学子深入街衢巷陌、穷乡僻壤向民众宣传为什么要征兵？怎样抽签？优待有哪些？违反兵役要治何罪？并慰问征属，调查兵役，检发逃役以及徇私舞弊，说服富户输钱捐物，为民排纷解难等。宣传形式有海报、话剧表演、演讲、戏剧、歌咏、代写书信等。今天，翻阅当时的报章，青年学生宣传兵役的事迹比比皆是，如漳平学生晨呼队每天清晨高呼："打倒日本帝国主义""当兵是光荣的""有钱出钱，有力出力"，并高唱义勇军进行曲，唤醒沉睡的人们。① 在顺昌洋口，大部分民众弄不清跟谁在打仗，更不知道外面已是烽火连天，由外省回来了几个青年人，他们鼓动洋口教育界的人组成了宣传队，掀起洋口救亡的巨浪。洋口镇居民在歌咏、戏剧、漫画、演讲等方式的宣传下，国家民族意识提升了。洋口商家民众踊跃捐助棉被心、布鞋和欢送第一期壮丁入伍。② 1940 年暑假，周墩特区简易师范学生及茶业人员组织兵役宣慰队出发至龙亭、礼门、七溪等地，召集村民开会、访问家庭、慰劳征属、举行社会调查、散发传单、张贴标语，巡回表演《有力出力》《壮丁》《顺民》等 6 剧。③ 1942 年暑期，全省中等以上学校编组 151 队，下乡举行为期一周的兵役宣传，女生们同妇女一起做家务，干农活，认干妈，拜姐妹，融通感情，排纷解难。男生们向民众报告战局，查询兵役冤屈，讲解游击战术、武器使用等。④ 随着抗战形势的发展和需要，学生的兵役宣传已不再局限于"临时"，而是成为一支重要的宣传力量，他们的到来使"原本不谙世事"的山乡吹进了抗日救亡的新风。

在策动学生宣传兵役的同时，福建军政当局还充分运用教育机关进行兵役教育宣传，《福建省兵役教育实施暂行办法》规定各县（市）以国民学校、私塾及社会教育机关为中心，分为若干兵役教育区，各教育单位适龄员生皆为兵役教育劝导员，协助兵役区主任调查区内壮丁实数，劝导壮丁及家属，宣传兵役。兵役教育工作被定为学校教职员、塾师及社教人员

---

① 正民：《兵役宣传在漳平》，《福建青年》1941 年第 1 卷第 45 期，第 105 页。

② 《抗战中的洋口》，《福建导报》1939 年第 1 卷第 14 期，第 8 页。

③ 《周墩特区兵役与合作宣慰队工作已结束收效甚佳》，《福建合作通讯》1940 年第 4 卷第 10～12 期，第 28 页。

④ 《福建省军管区征募处三十一年度工作概况》，《福建征训》1943 年第 3 卷第 1 期，第 32 页。

考成条件之一，学生担任劝导员则定为学业成绩的一部分。兵役教育通过集训、开会、访问、展览四种巡回教育方式进行。① 兵役教育的形式有标语、传单、壁报、小册、电影、播音，多采用刺激性的语言。比如省教育厅电化教育服务处组织 3 支电影队，深入民间巡回施教，播放自行摄制的纪录片《闽海抗战录》。在推行兵役教育之前，各级学校、私塾及社教机关对学生加授兵役课程，中等以上学校加授《兵役法》《修正兵役法施行暂时条例》《兵役制度之三平原则》《兵役概论》《兵役宣传大纲》《违反兵役法治罪条例》《陆军兵役惩罚条例》等科目。小学、私塾及战时国民学校加授《兵役法》《兵役法规摘要》《兵役浅说》《兵役问答》《兵役常识》《违反兵役法治罪条例》《兵步常识》等科目，社会教育机关则视其员生程度，适当选订规定科目。② 各学校在教授兵役课程时，还令学生在校集会时轮流演讲兵役，如 1943 年 1 月 25 日，南平举行全县各中学兵役讲演竞赛，讲题为《学生服兵役的理论与实际》《女子服兵役的理论与实际》《党员公务员士绅子弟服兵役的理论》。③

2. 策动社会各界参与宣传

首先，发动地方士绅、公务员、教育界人士宣传。上述人士皆为地方名达，其言行足式乡党，表率群伦，动员他们参加兵役宣传，可以起到事半功倍的效力。1939 年 1 月 19 日蒋介石就曾劝勉各地方士绅贤达与教育界人士，第一，要协助政府推行兵役，以充实抗战急需之兵员。一方面尽量宣传敌寇惨暴事实及抗战成败利害与兵役实施关系，激发民众抗敌意识，使其踊跃应征；另一方面多方协助壮丁抽签，惩罚逃役，奖励投效及安慰出征家属等，使民众乐于从戎，安心赴战。第二，要积极开发地方经济，以充实长期抗战资源。第三，要躬为表率，亲率子弟应征入伍，或遣送投考各种军官学校，借以倡树风气。④

其次，发动志愿应征壮丁、伤病兵、荣誉将士或退役军官向民众作宣传，现身说法，劝导亲邻。比如 1942 年 12 月福闽师管区挑选本部模范队

---

① 《福建省兵役教育实施暂行办法》，《闽政月刊》1940 年第 6 卷第 1 期，第 52 页。
② 明渊：《一月省政报道：役政消息：编印中小学教材》，《闽政月刊》1941 年第 9 卷第 2 期，第 90 页。
③ 《延各中等学校定期举行兵役讲演竞赛》，《南方日报》1943 年 1 月 17 日，第 4 版。
④ 蒋介石：《勉各地士绅及教育界同胞尽力推行兵役及开发地方经济》，《文汇年刊》1939 年第 1 期，第 97 页。

6 名优秀士兵作为志愿宣传员，赴福安县穆阳镇慰问征属，并会同当地保甲长、绅耆等募集钱物散发给贫苦征属，解释三平原则及优待条例。① 福建省军管区司令部要求各县有领取津贴的退役或失业军官每月必须协助所在地乡（镇）长在国民月会及各种集会时实施兵役宣传，其每月工作报告表应由乡（镇）长盖章证明以资考核。②

再次，动员妇女儿童老人宣传。为使"母谕其子，女劝其夫，姐妹劝其兄弟"，福建省抗敌后援会曾组织16～40岁的女教员、女学生、机关女职员以及热心救国的知识妇女共同组成妇女宣传队，慰问征属，代写书信，教唱歌曲，教识文化。③ 儿童也表现出充分的动员力量，例如，永安小学校组织抗敌宣传队，依年龄大小、工作能力及工作性质分为若干组，如歌咏组、演讲组、化装表演组、壁报组、漫画组向民众宣传抗战形势，有钱出钱、有力出力。福州童子军组织宣讲队，分赴伤兵医院和难民收容所，宣传抗战知识，报告新闻，办理民众救护传习所，向市民传授战时救护防空防毒消防知识等。厦门儿童救亡剧团全团 34 人，在厦门城区、禾山、胡里山等地演出《在炮火中》《古庙钟声》等戏剧，开展兵役宣传、征募寒衣、抗日献金等活动，极大地激发了厦门民众的爱国热情，提高了厦门驻军的斗志。1938 年 5 月后，"厦儿团"还深入新娘、港尾、同安、石码、漳浦、平和等地开展抗日救亡宣传。老人也发挥余热宣传兵役，1938 年 2 月，省党部和抗敌后援会在永安举行老人抗敌宣传大会，到会6000 余人，向老人灌输抗敌的常识，唤起老人救国情绪，最终策励子弟抗敌卫国。④ 该会及分会工作积极，效果显著，受到军委会嘉奖，并通饬全国一致举行老人抗敌宣传大会，军委会原函："……查应征兵役，本为国民应尽之义务，惟以我国父老，泥于家庭观念，致未能策励子弟当兵卫国，贵部能注意及此，特举行省会老人抗敌宣传大会，藉以鼓励老人抗敌

---

① 《福闽师管区司令部民国三十一年度十二月份工作月报》，《福建省军管区所属各师管区工作报告之二》，第三战区副司令长官办公室、师管区、宪后团队（联合全宗）档案，福建省档案馆藏，档案号：88－1－365，第 9 页。

② 《福建省三十二年度兵役宣传指导纲要》，《永春县政府公报》1943 年第 94～96 期，第 12～13 页。

③ 《抗敌会组织战时妇女宣传队》，《闽政与公余非常时期合刊》1938 年第 16 期，第 52 页。

④ 平一：《省闻一句：一般后援情态》，《闽政与公余非常时期合刊》1938 年第 16 期，第 52 页。

情绪，负起策励子弟从事抗敌卫国之工作，法良意美，殊堪嘉慰。"①

最后，发动国民兵役人员参与宣传。福建军政当局组织国民兵团各级干部、各机关团体学校、备役干部及已受训的国民兵，通过劝导、解答、示范，建立国民兵役示范区、组织假期宣传队，向民众宣传国民兵役法令、中国历代国民乐服兵役事迹及国民应服兵役的史实，并协助国民兵的调查、组织、管理、训练，监督国民兵身份证施行，协助国民兵抽签等。其宣传标语如"国民皆兵是现代国家必备的条件""国民兵制度是建军建国的基础""参加军训，发扬尚武精神""充实军事技能，准备卫国杀敌""编练国民兵，为建立永久不败的国防"等。

四　宣传成效及问题

与全国一样，战时福建的兵役宣传是国家民族在烽烟告急的危殆局势下为动员壮丁抗倭杀敌而进行的一场全民性现代兵役教育运动，这场激发民众的主动性和积极性的精神动员，在我国兵役动员史上尚属首次。应当说，福建军政当局是动用了一切可以利用的力量，运用了一切可行的方法宣传兵役，在一定程度上使民众了解了抗战与切身生活的关系，使他们明了日寇的暴行，亡国的史实，抗战的目的，"民耻教战"，唤起了"从来像一盘散沙的壮丁"同仇敌忾、共赴国难的民族意识和爱国情绪。林斯贤在1940年对本省兵役宣传工作作了肯定："兵役宣传在文化落后之福建，当对北之特效药尤其闽东北以为然。年来以原来各级兵役管区、县府、各级党部、各学校、法团就地从事宣传工作，或组织宣传队，按期巡回各地，或在假期利用学生宣传。此外，按期举行兵役宣传周，必要时举行扩大宣传，其方式为文字、口头与艺术，其手段注重普遍深入、通俗。同时教育部剧教团，本省教育厅特教团，本部军训处巡回工作队，一致努力兵役宣传，已收相当成效。"② 不可否认，兵役宣传赢得了役政人员和民众对兵役工作的理解和支持，在宣传感召下，福建各地民众抗敌情绪勃发，民族意识强烈高涨，自通都大邑以至山野村郭，民众深明大义自动请缨、毁家纾难等壮举实为"本省罕见之现象"，如第一期抗战期间，闽侯县一门兄弟

① 《军委会电令举行老人抗敌宣传大会》，《江西地方教育》1938年第104～105期合刊，第53页。
② 林斯贤：《福建役政之回顾与前瞻》，《闽政月刊》1940年第5卷第5期，第89～90页。

叔侄 6 人自动从军，黄素玲等 5 位女壮丁主动应征，南安县畲民妇女潘氏等十余人主动剃发请求杀敌，建延师管区新兵叶永年三次上书请求赴前线杀敌，睡梦中高呼"杀尽鬼子，复我河山"口号。[①] 截至 1938 年 9 月，福建自动入伍的男壮丁已有 245 名，女壮丁 12 名，其中福清县最多，男壮丁 102 名，女壮丁 11 名。[②]

第二期抗战开始后，福建自动请求入伍壮丁"日不绝书"，1939 年上半年，仅永安一处就达六十余名。[③] 寿宁县第三区平溪 34 名壮丁自愿参战杀敌，连江县第一区独子柳金伙，建阳壮丁吕生桂、黄生沽等 4 人自动入伍，另有仙游县监犯吴凰廷等 53 人联名向自卫团请缨调服兵役，悔罪报国。[④] 在晋江，经某补训处宣传后，安海各联保自动请求入伍者"趾踵相接"，以惠群及英墩两联保保民为最多。[⑤] 在永泉师管区，1940 年冬季永安、三元、大田等县经过兵役宣传后，壮丁"不但不要护送，只要一纸公文，便可以自投军营，不但不要关禁，而且可以放假，到处欢迎欢送，风气焕然一新"。[⑥] 兵役宣传亦促使官员、普通公务员、学生、绅贾投袂而起，如闽侯港浦乡保长刘吾松、马棣保长洪宗田联合当地壮丁数十人，自愿弃职当兵。上杭县蓝溪乡下龙保甲长温福昌、温恒泰志愿投军。长汀县动员委员会书记长张葵生投笔请缨。1943 年，泰宁第一期应交壮丁 107人，其中自动入伍者 102 名，包括小学教师、中学生、公务员 8 人。华南社记者高空问他们："为什么昔日逃之夭夭，今日却踊跃自动入伍？"答曰："过去我们不知道为什么要当兵，前天县长到乡下告诉我们，日本鬼子残暴的情形，我们听了恨不得立刻上战场和日本鬼拼命！"[⑦] 这些热烈投效的风气无疑对长期视兵役为畏途的壮丁心理产生普遍而深刻的影响，在一定程度上涤荡了人们贱视兵役的心理，推动了征兵制的实施，当然这种

---

① 《福建各地民众男女奋起投军》，《新华日报》1938 年 8 月 16 日，第 2 版。

② 《闽省兵役问题》，《申报》1938 年 10 月 2 日，第 2 版。

③ 福建省军管区国民军训处第四科编辑《第二期抗战兵役宣传纲要》附录《抗战建国二周年纪念日兵役宣传大纲》，福建省军管区国民军训处刊行，1939，第 33 页。

④ 《壮丁请缨闽省民气勃发》，《大公报》（上海版）1939 年 3 月 3 日，第 3 版。

⑤ 《自动入伍壮丁、教员、学生重起，二区举行欢送会，县府七一开隆重欢送会》，《泉州日报》1939 年 6 月 30 日，第 2 版。

⑥ 朱文伯：《福建省兵役概况》，1941，第 33 页。

⑦ 《泰宁征兵成绩破历年纪录》，《南方日报》1943 年 7 月 16 日，第 3 版。

宣传性成效蕴含着其他社会运动所造成的结果，不可剥离其付出的努力。

福建省兵役宣传成效虽显，但宣传的力度和效果仍感不足。直至抗战结束，福建各地壮丁"逃避""抗征"的事实亦层出不穷，许多壮丁仍是采用绳捆索缚，押解运送的方式上战场的。不可否认，兵役宣传作为"役政工作的开端"，难脱其咎。1944 年福建省军管区曾指出："对于兵役宣传，除少数区县（市）尚称努力外，余多数敷衍漠视，漠不关心，以致规避顶替弊端百出，此皆宣传不力之咎也。"① 其咎如何？

从宣传机构方面看，以福建省兵役宣传调查委员会而论，就有省党部、军管区政治部及其他驻军政治部、教育厅、省抗敌后援会、省动员委员会、兵役协会以及省属中学及大中专学校以及有全省性质的文化团体、民众团体，如省战时政治宣导队、省战地妇女工作队、福建省留日同学会、保安团队特别党部、省抗敌剧团等。上述各组织都要组成宣传队做宣传，甚至政治部派出的各县政治工作队和县政府在同一个地方的，也要分头实施宣传，由于部门间并无密切联系，因此工作中常常出现推诿、敷衍、重复、冲突的现象。"曾见一个乡村，今日甲宣传队来宣传，明日乙宣传队来宣传，后日丙宣传队来宣传，而所采用的宣传方式和工具，既如出一辙，而其内容材料，亦多相仝。"② 这不仅影响着宣传机关本身的工作效率，更易引起民众的反感。

从宣传内容与形式上看，兵役宣传并未完全达到"通俗化""大众化""生活化"的要求。1942 年李健邦前往永安、长汀、龙岩、漳平、华安、龙溪、海澄、南靖、连城、三元 10 县督征督训，所见各县宣传大多"奉行故事"，缺乏积极行动，收效甚微。宣传的方式仍局限于口号、标语、讲演等固定呆板的形式。"一些宣传内容陈义过高，或失之夸大，或空疏敷衍，根本没有明白被宣传者的心理，不能通俗、拨动、感化人心，激发热情，是最大缺点。"③ 再如，1938 年厦门鼓浪屿戏剧公演观众基本是中下阶层，落后的劳苦青年民众根本不能被吸引，"虽是兵役宣传周，完全

---

① 《兵役部督促后役宣传，规定应办事项八项》，《东南日报》1944 年 12 月 15 日，第 3 版。
② 孤戈：《对本省宣传工作的一些意见》，《福建军训》1939 年第 1 卷第 3～4 期合刊，第 78 页。
③ 李健邦：《视察各县役政之观感及其改进意见》，《福建征训》1943 年第 4 卷第 1～2 期合刊，第 48～49 页。

没有涉及兵役服务的戏剧，在禾山江头连服务兵役的演说都没有。许多人对民众说的话，大多是浮泛的，不能具体地分配宣传内容，因此说起话来多重复。"① 如此流于广告式的和街头叫卖式的机械宣传，"过了这个时间便像浮云过太虚，一点痕迹也没有了。"②

从宣传的地域来看，虽然兵役宣传法令要求"注意乡村宣传，毋偏重于城市"，③ 但宣传的区域仍集中在城区及其附近方圆二辖里的村落，致使作为宣传重点和弱点的乡村民众莫之所知，闭塞如故，甚至不知抗战为何事，不知道跟谁在打仗，更遑论时局形势。福闽师管区司令部报告称"各县（市）特区按月实施仅在城市作间之宣传，而未能普遍深入乡村，是以鲜者成效，故役政前途仍多阻碍。"④ 究其原因，第一，在于农村经济文化落后，交通不便，民气闭塞，障碍丛生。各级各类兵役宣传人员大多是"过惯了都市生活的知识分子"，与农民沟通存在隔阂，很难找到正确的宣传方法。第二，多数兵役宣传人员对于乡间兵役宣传不重视，认为只要悬挂标语、豪情万丈喊几句口号就算完成了事，这种态度直接影响了下乡宣传的主动性，即使是下乡宣传也只是走过场而已。第三，各级各类宣传人员大多是可以免役或者缓役的对象，本身缺乏兵役实践，对于把亲人送上战场的百姓来说毫无说服力，南平一位老农曾对宣传的学生说："我们只听见你们叫老百姓去当兵，并没有看见你们读书人当兵，这是什么缘故？我们的儿子早已去当兵了，不像你们还在这里空口说白话。"⑤ 第四，战时基层保甲人员大多知识贫乏，思维狭隘，他们不知如何策动和启发民众，有些保甲长，不但不把兵役的意义和征兵的办法向民众解释，反而不准民众晓得，企图从中渔利。而且许多兵役宣传人员是义务的，对这种长期"不另支薪"的工作，大多敷衍塞责。

针对上述诸端，福建省军政当局也采取了各种手段改善兵役宣传以提

① 川然：《扩大兵役宣传周工作的检讨》，《战时生活》1938 年第 6 期，第 5～6 页。
② 孤戈：《对本省宣传工作的一些意见》，《福建军训》1939 年第 1 卷第 3～4 期合刊，第 78 页。
③ 《陆军征兵宣传实施办法》，《广东省政府公报》1937 年第 376 期，第 124 页。
④ 《福闽师管区司令部民国三十一年度十二月份工作月报》，《福建省军管区所属各师管区工作报告之二》，第三战区副司令长官办公室、师管区、宪后团队（联合全宗）档案，福建省档案馆藏，档案号：88－1－365，第 9 页。
⑤ 《兵役宣传》，《青年月刊》1938 年第 6 卷第 4 期，第 18～19 页。

高效率,如加大宣传力度与规模,按期视察,严格对宣传人员的考核奖惩等。1940年6月,福建省军管区订定《改善兵役宣传办法》,要求加大兵役宣传和实际服务:各商店广告及日历附印宣传标语,劝募殷商富户认印兵役宣传品散发各地,各城市乡(镇)街衢要道,设置兵役宣传讲演台供演讲及粘贴漫画,编发宣传小册。各党政军长官每月至少一次(县长每年两次以上)联袂下乡从事宣慰等①。1943年省军管区再颁发《福建省三十二年度兵役宣传指导纲要》,强调要将兵役宣传情形按月列表呈报各级政府查核。② 上述法令规章虽然合理可行,但在执行中始终不尽如人意,致使宣传工作改善并不明显。

客观地说,战时福建兵役宣传作为动员民众积极服兵役的先锋武器为增强民族意识,转变社会风气,促进役政工作的顺利进行发挥了重要作用,而兵役宣传存在的问题亦不可忽视,虽然"兵役动员第一重在宣传"③,但动员千百万壮丁奔赴生死未卜的战场绝不是仅靠"当兵好"一类空洞的口号或者纯粹的道德感化就能解决的,它关乎人类趋利避害的本能以及国民权力、权利的实现诸多方面,如政治机构民主化,民众教育能普及,优待政策切实落实,新兵待遇得到改良,伤病兵及时获救,役政弊端能革除,"三平"原则彻底实行,民众生活得到改善等,然而这些最务实的"宣传"对于战时内外交困、百病丛生的国民政府来说根本无力全面实施,致使役政在纷乱中逐渐演化为"恶政",并最终成为迅速摧毁国民党大陆统治根基的重要推手。

第四节 组训国民兵以储备兵员

国民兵为常备兵的基础,国民兵组训是国民政府兵役政策的重要组成部分,它关系常备兵员的素质与兵员的补充。南京国民政府建立后,首先在中等以上学校实施军事训练,1936年推广至社会军事训练。抗战爆发

---

① 《军管区通令各县改善兵役宣传》,《福建民报》1940年10月21日,第2版。
② 《福建省三十二年度兵役宣传指导纲要》,《永春县政府公报》1943年第94~96期合刊,第12~13页。
③ 《陈诚部长解释兵役宣传监督办法》,《新华日报》1939年2月4日,第2版。

后，国民政府以壮丁训练为中心，将平时社会军事训练改为战时国民军事训练，并形成国民兵团制度。战时福建军政当局在中央政府的指令下，训练数百万壮丁，对福建向前线提供质量兼优的兵员，维护地方治安，实现地方自治发挥了积极作用。

一　抗战前福建社会军事训练概况

抗战前福建的社会军事训练发端于学校军事训练。1928 年 5 月，南京国民政府军事委员会提出在中等以上学校实行军事教育的方案，目的在于锻炼学生的身心。11 月，中央派鲍德荣担任私立厦门大学军事教官，驻闽某师师长张干之派员到私立集美中学组训义勇军，并在寒假期内进行两个星期的集中训练，福建学校军训于此发轫。[①] 1929 ~ 1933 年间，福建省内尚无军训指导机关，训练总监部派至福建的教官人数又有限，因此军训未能普及。1933 年 6 月《兵役法》颁布，明确将兵役分为常备兵役与国民兵役，实行征兵制，其中第三条规定“男子年满 18 岁至 45 岁，在不服常备兵役时服国民兵役，平时受规定之军事教育，战时则以国民政府之命令征集之”。[②] 适合服国民兵役的人群共 12 种，大致为征兵体检不合格者、独子、年满 25 岁以上的归侨、高中以上在校生、县党部人员、警察、汉族僧人、未开化苗民等。1934 年福建省成立国民军事教育训练委员会，杨华为主任委员，至此，福建有了正式的军训指导机关（1934 ~ 1944 年福建省历年国民组训机构沿革情况详见表 4 - 2）[③]，福建军事教育也由此从学校推广至社会。当时社会军训分壮丁训练、少年团及妇女队训练、岛屿社会训练、公务人员训练等若干种，以壮丁训练为主。1935 年 7 月，福建省公布《壮丁队训练实施计划》，将训练分为干部训练和队丁训练，干部训练分为集中训练和分期训练，每次 3 个星期。训练科目分军事训练和政治训练，军事训练分术科和学科训练，术科科目如技术、射击、制式教练、战斗教练、夜间教育、工作实施、灾患救护实习；学科科目如步兵操典摘要、野外勤务摘要、射击教范摘要、工作教范摘要、卫生摘要、通信联络、步兵夜间教育摘要等。政治训练分公民常识、党务、新生活运动纲要及新生活

---

① 杨华：《本省一年来之军训》，《福建军训》1939 年第 1 卷第 3 ~ 4 期合刊，第 24 页。
② 徐思平：《中国兵役行政概论》，文治出版社，1945，第 265 页。
③ 《福建省国民军训》，福建省政府秘书处编印《战时闽政概要》，1940，第 163 页

运动须知、军人千字课、壮丁队组织法、赤匪罪恶等。[1]

表 4 - 2　1934~1944 年福建省历年国民组训机构沿革情况

	机构名称	成立或改组起迄时间
省 级	省国民军事教育训练委员会	1934 ~ 1938 年 1 月
	省军管区国民训练处	1938 年 2 月至 1938 年 4 月
	省军管区国民军训处	1938 年 5 月至 1939 年 12 月
	省军管区编练处	1940 年 1 至 1944 年 12 月
县 级	县（市、区）社训总队（社训队）	1936 年 12 月至 1938 年 1 月
	县（市、区）国民自卫总队（国民自队）	1938 年 2 月至 1939 年 1 月
	县（市、区）国民抗敌自卫团司令部	1939 年 2 月至 1939 年 8 月
	县（市、区）国民自卫总队（国民自队）	1939 年 9 月至 1939 年 12 月
	县（市、区）国民兵团（国民兵队）	1940 年 1 月至 1944 年 12 月

资料来源：《福建省第三回统计年鉴（兵役类）：1937~1944》，福建省档案馆藏，档案号：3-1-25，表 16 "历年组训机构"。

1936 年 3 月《兵役法》实施，同月，军事委员会颁布《二十五年壮丁训练实施纲要》，规定将年满 18~45 岁的壮丁（已受军事训练者除外），按照规定的时间轮流召集进行军事训练，在 5 个月内分两期训练完成，此后，国民军事训练在全国推行。7 月，军政部派第一批教官来闽，先在连江、长乐等 13 县实施第一期军训。[2] 福建省原计划在 1936 年底训练壮丁894400 人，但截至 1937 年 1 月，只训练了 447200 人。[3] 1936 年 10 月，《国民兵服役施行规则》颁布，要求国民兵由年满 18 岁时起服役，编入壮丁队，依照社会或学校军事教育方案，接受规定的基本教育、正规教育和复习教育。壮丁队平时担任警备任务，战时接受动员召集，参加战役。各县（市）政府设立社会军事训练总队，直隶于各省国民军事训练委员会，县以下设乡（镇）、区社训队。[4] 依照上述规则，1937 年 12 月前，福建全省 62 县 1 市先后成立社会军事训练总队部（简称 "社训队"），为方便训

---

[1]　福建省政府秘书处编《福建省单行法规汇编》，福建省政府公报室印行，1936，第 84~86 页。

[2]　《福建国民军训》，见福建省政府秘书处编印《战时闽政概要》，1940，第 162 页。

[3]　《福建保甲施行成绩：户口登记大部完成，保甲壮丁训练完竣》，《申报》1937 年 7 月 10日，第 12 版。

[4]　《上虞县政府公报》1936 年第 9 期，第 5~9 页。

练星罗棋布的海岛壮丁，福建还成立了 1 支沿海岛屿社训总队，共计 64 个单位。1937 年 2 月，省政府将上洋、峰市、石码、周墩、三都、禾山、柘洋、南日岛等 9 地划为特种区，并分别成立特种区社训队，以区长兼任队长。社训队总队长由县长兼任，军训教官为副总队长，县以下以乡（镇）（福建省仍为联保）为单位，组织联保社训队，联保主任兼队长，另由县选派一副队长，联保社训队下分壮丁、妇女、少年等训练团队。

抗战之前，福建省国民军训是在 1931 年日本侵略中国，东北三省和热河先后沦陷，民族危机日渐加深的背景下进行的，因此，军训的目的除了根除匪患、维持社会治安、镇压革命势力外，显然还具有唤醒民众，运用民众抵御外敌入侵，尤其是应对即将到来的中日战争的意义。1934 年 7 月蒋介石在《抵御外侮复兴民族》中就鲜明地指出："训练民众，使全国民众都能军事化，能帮助正式的军队作战，军民能合而为一，这个力量就可大十倍百倍还不止……"[1]。同时，军事训练的开展亦有反共、掌控民众、实现自治的一面，1930 年代国民政府厉行保甲制度，国民军训"在于兴武教，重武德，以养成国民集团生活之习惯，健全国民身心之发育，培养社会组织之基干，造成国家独立自由之实力，并施以相当辅助教育，俾教养卫三者一贯兼修。"[2] 总之，战前国民军训对唤起民众民族意识，加强地方组织，促进军事政治建设奠定了重要基础。

二　战时福建国民兵役组织机构沿革及训练概况

（一）第一期抗战时期的国民军事训练

全面抗战爆发后，前线需兵紧急，为了便利前方兵员征补和维持地方治安的需要，同时建设国民兵制度，国民政府加快壮丁训练进程，相继颁布了一系列"办法""纲领"。例如 1937 年 8 月军事委员会公布的《国民兵义勇壮丁队管理规则草案》，规定在各县（市）设立义勇壮丁常备队，加强对已训壮丁的组织管理。之后，国民政府先后颁布《战时国民兵义勇壮丁常备队编成办法》《战时社会军事训练整备纲领》《战时兵员后方补充实施办法》《国民兵义勇壮丁常备队更番入伍退伍施行办法》，对国民兵的

---

① 陈立森：《福建战时的军训》，《闽侨月刊》1939 年第 5 期，第 5~7 页。
② 林斯贤：《国民军训与兵员补充的关系》，《福建军训》1938 年第 1 卷第 1 期，第 9 页。

组织、训练、管理、征调、服役等事项作了规定。抗战爆发之初，福建省为使兵员补充顺畅，8 月，各县（市、特区）编组特种壮丁模范队，以补充兵员和维护地方治安。9 月间，省民政厅、福州警备司令部、省保安处及国民军训会制定《义勇壮丁总队部编制表暨义勇壮丁总队组织办法》，规定各县（市、局、区）应将已受训的壮丁及退伍保安团队士兵除转服现役者外，至年满 45 岁止，均应编为国民兵义勇壮丁总队（简称"义壮队"）以服国民兵役。各县（市、局、区）未受训的壮丁仍由各该县（市、局、区）社训总队编队加紧训练，期满后即转入义勇壮丁总队。如果驻军、地方政府出于某一目的及任务须使用民众时，得随时就义勇壮丁总队之壮丁，抽编为义勇壮丁总队某某联队，任务达成后，仍归为义勇壮丁总队。"义壮队"负责办理义勇壮丁平时复查、编队、异动、调查、管理、治安等军事辅助勤务，由师（团）管区司令部或师管区筹备处指挥。[①]义壮总队之下以区署为单位，各编组一大队。各联保编组一中队，每中队分设若干分队，每分队 3 班，每班定为 14～20 人。至 1937 年底，福建全省共编成 62 个国民兵义勇壮丁总队，305 个区队，3161 个联队，21043 个小队，队丁 1287515 人。[②]

虽然各县（市、区）特种壮丁模范队改编为义勇壮丁总队警备联队，但仍未能达到兵员补充的要求。不久，福建省订立《各县（市）区义勇壮丁常备大队暂行组织纲要》，要求各县（市、区）于 1937 年 11 月 5 日将义勇壮丁总队警备联队改组为义勇壮丁常备大队（简称"常备大队"）。常备大队分为甲、乙、丙三种，甲种大队下辖 7～10 个中队，官佐 7 名，士兵 12 名；乙种大队下辖 4～6 个中队，官佐 5 名，士兵 12 名；丙种大队下辖 2～3 个中队，官佐 2 名，士兵 3 名。每中队辖 3 分队，每分队辖 3 班，每中队士兵最高不超过 143 名。至 1937 年底，全省共编成 62 个国民兵义勇壮丁常备大队，184 个中队，队员 22000 余名（全省 22000 余保）。[③] 常备大队大队长由县（市、局、区）长兼任，副大队长、中队长、分队长等

---

① 福建省军管区编《福建兵役四年》，环球印书馆，1941，第 92 页。

② 《全省壮丁队》，福建省政府秘书处统计室编《福建省统计年鉴（第一回）》，1937，第 413 页。

③ 《保安处总动员大会计划》（福建省总动员计划大纲卷），福建省档案馆藏，档案号：17－1－01。

由省保安处会同省各师管区司令部及国民军事训练委员会遴员委派，或由县（市、局、区）遴员呈请委任。常备大队队兵由该县（市、局、区）按现有保数，每保限令征选已受训之正直之壮丁一名或两名，步枪一支或两支，每枪配发子弹 60 发，集中县（市、局、区）编组而成。常备大队编成后，嗣后各师（团）管区及部队征募补充兵役，就从常备大队的队兵中征募选抽。① 常备队也直隶于师管区，并受驻地军最高长官的调遣监督，以国民政府命令征集入营，受补充兵教育，补充作战部队参加战役。此一阶段，义壮队和常备队队丁的训练仍由福建省国民军事教育训练委员会主持。常备队在征集队兵时，兵员大多不充足，各县充员与自卫仍难各尽其责。

为适应抗战需要，划清任务，1938 年 6 月，福建将义壮常备队自卫部分改为县保安队，专负维护地方治安责任，使队兵明了自身的职责，无抽调补充的顾虑。其余部分仍为常备队，依照每月配赋兵额充分准备，各县（市、区）常备队士兵视地方财力而定，但不得少于最小限额（月配额再加 1/3），亦不必多于最大限额，例如福州不得少于 330 名，不能多于 402 名。② 各县（区）常备队经此次改编后，后方兵员补充已纳入正轨。至 1938 年 7 月，常备队补充部分共编成 70 个中队，217 个分队又 5 个班；自卫部分共编成 49 个中队，140 个分队又 4 个班。③

上述为各县（市、区）壮丁队的变迁情况。至于省的军训机关，则在 1938 年 2 月福建省军管区成立后，3 月，福建省将国民军事训练委员会改称为"福建省军管区训练处"，5 月 1 日改为军训处，兼办战时民教。在各县，1938 年 6 月，福建省依据《战时国民兵组训整备纲领》，各县（市）设立民训工作队，由县（市）长兼队长，乃将平时的社会军事训练改为以国民兵教育为主体的战时国民军事训练，各县（市）受训的民众分壮丁队、妇女队、少年团和一般民众四种，壮丁队为年满 18 ~ 45 岁的壮丁编成，进行战时军事操练。妇女队为年满 18 ~ 35 岁的妇女编成，授以战时救护常识，学习对战伤的救护、各种止血法与绷带包扎、骨折临时固定、搬运及担架使用等。少年团为年满 13 ~ 18 岁的男女少年编成，授以通讯侦

---

① 福建省军管区编《福建兵役四年》，环球印书馆，1941，第 93 ~ 94 页。
② 《省政一月：划清各县义壮队任务》，《闽政月刊》1938 年第 3 卷第 2 期，第 39 页。
③ 福建省政府秘书处编《福建兵役概况》，1939，第 16 页。

察、协助站岗放哨常识等。12 月，省政府、军管区司令部颁布《福建省战时国民组训纲领》，详细规定了军事训练的内容，将训练分为军事训练、政治训练和辅助教育三种。军事训练包括基本战术、游击战术、抗倭战术、后方勤务、通讯谍报、防空防毒、救护和制式教练、战斗教练、特种演习。政治训练包括讲解抗战意义、国际形势、民众责任、目前任务、日本现状、本省党务实施、保甲组织、战时法令、新生活须知等。辅助教育包括抗战话剧、化装宣传、时事壁报、通俗讲义、识字教育、歌曲、家庭访问、农工事指导、日常生活指导等。[①] 以此为训练内容，福建战时国民军训开展起来。

1936～1939 年国民军训的具体人数详见表 4 – 3。

表 4 – 3　1936～1939 年福建省国民军训人数

单位：人

年　份	总　　计	壮丁训练	妇女训练	少年训练
1936	108377	101320	1023	6034
1937	352897	306400	6742	39755
1938	531201	429552	20167	81482
1939	639853	516390	28324	95139
总　计	1632328	1353662	56256	222410

资料来源：《福建省第三回统计年鉴（兵役类）：1937～1944》，福建省档案馆藏，档案号：3 – 1 – 25，表 20《壮丁妇女少年历年组训人数》。

虽然民众训练在全省范围内开展实施，但由于军训机构未臻完备，各部事权不一，或因经济、农事、家事等影响，组训范围并不广泛，训练人数相差甚远，训练效果并不佳。至 1938 年底，全省共训练壮丁 775320 人，尚有 1015000 人未训练（总数 2453900 人，包括免缓禁役者）；共训练妇女 13492 人，尚有 345481 人未训练（总数为 358973 人）；共训练少年 78755 人，尚有 225852 人未训练（总数 304607 人）。[②]

———————————

① 高登艇：《本省一年来民政与军训》，《福建军训》1939 年第 1 卷第 3～4 期合刊，第 5～8 页。

② 《福建省已训及未训壮丁妇女少年人数比较图》，《福建军训》1939 年第 1 卷第 3～4 期合刊。

（二）第二期抗战时期的国民兵组训

随着战事的推进，前线兵员征补不及，补充兵员又素质低劣，壮丁逃役现象层出不穷。为了给战场提供量多质优的兵员，第二期抗战开始后，军政部决定调整国民军训机构，重点转向以国民兵团为组织的国民兵组训。1938 年 11 月，蒋介石在南岳最高军事会议上指出："查关于国民兵之组训，前以各部办法不一致，影响重大，基其组织管理教育诸端，亟应调整统一实施，确立国民兵制度，以达建国建军之目的。"① 以后他又提出"用兵不如用民，教民不如教兵""良兵为良民的模范，良民为良兵的基础""后方重于前方，训练重于作战""民众重于士兵"等全民皆兵的思想。1939 年 3 月以后，国民政府先后颁布《国民兵组织管理教育实施纲领》《国民兵组织管理教育实施办法大纲》《县（市）国民兵役组织管理暂行条例》《国民兵役实施规则》《国民兵役各期役龄壮丁推算表》《县（市）以下各级地方各役期国民数概算表》以及《户口与受训国民兵之比率表》等法律法规。《国民兵组织管理教育实施纲领》规定国民兵编组以县（市）为最大单位，设立国民兵团，以县（市）长兼团长，副团长为专职，由军政部考选派充。在组织关系上，国民兵团在军事方面隶属于兵役机关管辖，在行政上，受隶属上级行政机关指导。国民兵的组织、管理、教育由各省军师团管区司令部依照中央法令实施。② 关于国民兵役及国民兵的定义，《修正兵役法施行暂行条例》将国民兵役又分为义勇国民兵役、甲种国民兵役和乙种国民兵役三种。1943 年《修正兵役法》，简化国民兵役，将国民兵役区分为初期国民兵役、甲种国民兵役和乙种国民兵役。初期国民兵役，以男子年满 18 岁者服役，为期 2 年；甲种国民兵役，以初期国民兵役期满，适合于常备兵役现役所需的超额者充服；乙种国民兵役，以初期国民兵役期满，而未服常备兵役及甲种国民兵役者充服。"凡依法应服甲种国民兵役及乙种国民兵役之男子，其在受训期中及受训期满回乡者，统称为国民兵。"③ 国民兵役的成员，"平时受规定之教育及任地方军事补助工作，在非常时期应受战时或事变召集，以备补充常备兵的不足，

---

① 《设立各县国民兵团》，《闽政月刊》1939 年第 4 卷第 3 期，第 63 页。
② 《国民兵组织管理教育实施纲领》，《训练月刊》1941 年第 2 卷第 3 期，第 110~111 页。
③ 《修正兵役法》，徐思平：《中国兵役行政概论》，文治出版社，1945，第 268~276 页。

及任后方守备。"① 国民兵团成立后，所有各种国民军训及其他一切类似组织一律归并改组于该团国民兵团，成为综理国民兵组训、维护地方治安和办理兵员征集的基层役政机构和地方武装。1940 年全国普遍成立国民兵团，国民兵体系方始建立。

1940 年 3 月，福建省各县依照军政部颁发《县（市）国民兵团组织暂行条例》，将原有国民兵义壮队、常备队、预备队、壮丁队和国民抗敌自卫团、保安警察队、民众自卫总团部等名目众多的组织改组为国民兵团建制，设团长 1 人，副团长 1 人，团附 2 人，副团长由各县（市）政府军事科科长兼任，下设组训员、征募员、副官、管理员等 13～15 名，士兵 9 名。② 1941 年全省共设立 64 个国民兵团，2 个特种区国民兵队，180 个区队，1404 个乡（镇）队，保队甲班尚未普遍设立，国民兵总数 2007574人。③ 1944 年军事科裁并国民兵团后（具体内容详见第三章第三节），全省仍设 64 个国民兵团，2 个特种区国民兵队，190 个区队，1443 个乡（镇）队，15692 个保队，甲班普遍设立。④

关于国民兵团的组织，根据《福建省国民兵管理教育实施办法》（1939 年 6 月颁布）和《福建省国民兵组织管理教育实施细则》（1940 年 7 月颁布）规定，凡在役龄（18～45 岁）之男子，除服常备兵役外，均应加入国民兵团。初级中学学生受国民兵教育，高中及同等学力学生受预备军士教育，专科以上学校学生受备役候补军官佐教育，均视为国民兵教育。在国民兵团之下，按性质和任务编有常备队、自卫队、备役干部会，区队下设预备队和后备队（详见图 4-1）。具体任务和基本情况为：①常备队为接收训练补充兵的机关，办理应征壮丁入伍一切接待及准备事宜，按各县（市）月征兵额人数，依照《非常时期征集国民兵及抽签实施办法》，依年次征集已受国民兵教育的适龄壮丁编组而成。常备队以县（市）政府所在地成立为原则，必要时得由团管区司令集适当地点训练，队员每月 1 日入伍，月终拨补军队。1941 年 11 月，改为新兵招待所，归县府军

---

① 《国民兵组织管理教育实施办法大纲》，《训练月刊》1941 年第 2 卷第 3 期，第 112～114 页。
② 福建省地方志编纂委员会编《福建省志·军事志》，新华出版社，1995，第 315 页。
③ 汪复培：《福建省军管区三十一年度工作概况》《福建征训》1942 年第 1 卷第 3～4 期合刊，第 117～118 页。
④ 福建省地方志编纂委员会编《福建省志·军事志》，新华出版社，1995，第 477 页。

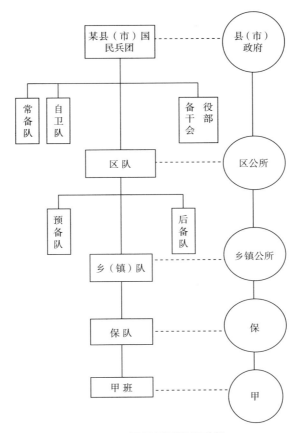

图 4 - 1　国民兵团组织系统

资料来源：《国民兵团组织系统表》，《兵役月刊》1940 年第 2 卷第 3 ~ 4 期合刊，第 15 页。

事科管理。常备队训练期满如未奉令拨出得令归编为第一预备队，在归休后两个月内应在乡待命受国民兵团管制。②自卫队为备地方警卫和"清乡剿匪"之用，由原国民自卫常备队和保安队改编而成，召集已受军事训练的国民兵入营服务，隶属于县军事科，自卫队数额依地方需要以及财力酌量编成。1944 年 2 月军事科裁撤后，改隶属于国民兵团。在营期限 6 个月（后延长为一年），每两个月为一阶段，可以归休三分之一队员，编入第一预备队，再召集同样的人补充足额。1941 ~ 1944 年全省自卫队编成情况为：1941 年 171 队，1942 年 122 队，1943 年 156 队，1944 年 66 队。① 全

---

① 《福建省第三回统计年鉴（兵役类）：1937 ~ 1944》，福建省档案馆藏，档案号：3 - 1 - 25，表 25 "全省自卫队"。

省自卫队官兵总人数 1941 年 21405 人，1942 年 13089 人，1943 年 14346 人，1944 年 3876 人。① ③备役干部会是由预备军士和备役候补军官组织而成的，凡高中以上学校学生军事教育期满经考试合格者，由原属学校分别造具预备军士及备役候补军官佐名簿，通报学生原籍国民兵团，发交备役干部会登记，有"寓将于学"的意义。④后备队为国民兵入伍集合训练的机关，依年次以 19～35 岁 17 个年次未受训的国民兵混合编组而成，以乡（镇）或保为训练召集单位，普遍实施，1942 年停办。后备队训练期满完全归休编为第二预备队。在福建，每 3 个乡（镇）设立 1 个后备队中队，在各乡（镇）巡回训练。1941～1944 年全省后备队编成情况为：1941 年度成立 147 队，1942 年度成立 160 队，1943 年度设 141 队②，1944 年原定设 213 队，但因经费与食米问题才设 140 队。③ ⑤预备队为地方服役之用，由常备队、后备队、自卫队及警察、保安团队退伍者编组而成，配合国民抗敌自卫团工作，是国民兵的在乡组织，编制无定额。除平时服劳役、更番轮值外，如有战事或事变发生，应受召集服任各种军事补助工作，如侦察、清乡、防空、盘查、通信、交通、运输、工务、消防、救护等，任务完毕，即行遣归。全省共有警卫、交通、救护 3 种预备队。④ 1941 年全省编制有 872 队，1942 年 858 队，1943 年 4199 队，1944 年 4328 队。⑤ 预备队服务人数视各县（市）情况而定，如 1942 年度，龙漳师管区预备队共有服务人数 51484 人，泉安师管区共有 13287 人，莆永师管区高达 58793 人。⑥

《福建省国民兵组织管理教育实施细则》（1940 年 9 月），将国民兵

---

① 《福建省第三回统计年鉴（兵役类）：1937～1944》，福建省档案馆藏，档案号：3－1－25，表 25 "全省自卫队"

② 《福建省第三回统计年鉴（兵役类）：1937～1944》，福建省档案馆藏，档案号：3－1－25，表 23 "全省后备队队数"。

③ 李健邦：《三十三年度本省国民兵组训概况》，《福建征训》1945 年第 6 卷第 6 期，第 94～95 页。

④ 《福建省各县（市）区国民兵预备队服役办法》，《福建征训》1943 年第 3 卷第 2～3 期合刊，第 101 页。

⑤ 《福建省第三回统计年鉴（兵役类）：1937～1944》，福建省档案馆藏，档案号：3－1－25，表 24 "全省预备队队数"。

⑥ 《福建省第三回统计年鉴（兵役类）：1937～1944》，福建省档案馆藏，档案号：3－1－25，表 24 "全省预备队队数"。

编组分为地区编组和年次编组两种，所谓"地区编组"，即按区、乡（镇）、保甲系统，设区队（1942 年 4 月后撤销）、乡（镇）队、保队、甲班，以区长兼任区队长，乡（镇）长兼乡（镇）队长，保长兼任保队长，甲长兼任班长。并以成立区队部、乡（镇）队部、保队部，做国民兵的基干组织，负责国民兵的组织、管理、训练、召集、点阅、治安等。① 由这种编组方法，可知各地区壮丁的人数，也便于国民兵的平时管理、召集、服役。例如，1942 年福清县按行政区将全县划成 5 个督练区，第一区辖 8 个乡（镇），第二区辖 6 个乡（镇），第三区辖 6 个乡（镇），第四区辖 4 个乡（镇），第五区辖 7 个乡（镇）。② 1940 年全省编成 188 个区队，1941 年编成 186 个区队。③ 1944 年全省共编成 153465 个班，其中建延师管区 32660 个班，福闽师管区 34742 个班，莆永师管区 28318 个班，泉安师管区 21216 个班，龙漳师管区 36529 个班。④ 1940～1944 年福建省国民兵地区编组乡（镇）队、保队情况详见表 4－4，表 4－5。

表 4－4　1940～1944 年福建省国民兵地区编组乡（镇）队情况

管区 ＼ 年份	1940	1941	1942	1943	1944
建延师管区	330	331	334	217	302
福闽师管区	273	299	293	269	223
莆永师管区	255	257	269	269	205
泉安师管区	167	167	167	172	139
龙漳师管区	373	373	372	356	277
总　　计	1398	1427	1435	1283	1146

资料来源：《福建省第三回统计年鉴（兵役类）：1937～1944》，福建省档案馆藏，档案号：3－1－25，表 19 "国民兵地区编组"。

---

① 《福建省县各级组织纲要实施计划》，《训练月刊》1940 年创刊号，第 118 页。
② 《福清县国民兵团组训概况》，《福建征训》1943 年第 3 卷第 2～3 期合刊，第 97 页。
③ 《福建省第三回统计年鉴（兵役类）：1937～1944》，福建省档案馆藏，档案号：3－1－25，表 19 "国民兵地区编组"。
④ 《福建省第三回统计年鉴（兵役类）：1937～1944》，福建省档案馆藏，档案号：3－1－25 案卷号，表 19 "国民兵地区编组"。

表 4 - 5　1940～1944 年福建省国民兵地区编组保队情况

年份 管区	1940	1941	1942	1943	1944
建延师管区	3424	3417	3370	3275	2925
福闽师管区	3141	3441	3417	2969	2640
莆永师管区	2393	2805	2985	2781	2376
泉安师管区	1557	1567	1567	1694	1415
龙漳师管区	3508	3507	3861	3623	3204
总　　计	14023	14737	15155	14342	12560

　　资料来源：《福建省第三回统计年鉴（兵役类）：1937～1944》，福建省档案馆藏，档案号：3－1－25 号，表 19《国民兵地区编组》，（三）保队。

　　"年次编组"就是以乡（镇）为单位，将 18～45 岁同一年次出生者编为一队，共编为 27 队，并以出生年次为队称，如民国八年出生的编为"民八年队"，以此类推，通过这种编组可知该乡（镇）各年次国民兵人数，便于国民兵的集合、训练、征调、服役。年队以下又以保为单位，编为若干分队，全保同一年龄的编为一分队，以保的名称确定分队名称，例如第三保则为某某乡（镇）某某年队第三分队，每分队至少由 6 人编成，不足时，与同乡的乡保合编，依编入保之队为队称，每分队下编为若干小队，每小队辖 5 至 16 人。① 比如龙漳师管区 1942 年度年次编组，共编成 3109 年队，23418 分队，全区共有国民兵 415030 名。② 1943 年全省共编成 1824770 个小队，1944 年共编成 1798605 个小队。③

　　上述地区编组和年次编组完成后，按地区造具壮丁名册，按年龄造具国民兵名簿，并将免役、缓役、除役、停役、禁役等信息在各年次国民兵名簿内详细注明，上报国民兵团团部，以此指定某年次的国民兵进行军事训练或者抽签征调入伍。为便利地区编组和年次编组，查考国民兵行动，规避壮丁逃亡，减少勒派强征和徇私舞弊，1940 年 6 月军委会颁布《国民兵身份证暂行条例》，规定凡役龄男子，均由国民兵团制发国民兵身份证

① 《福建省国民兵组织管理教育实施细则》，福建省军管区编练处编印《国民兵组训管教法令汇编》（一），1940，第 1～12 页。
② 《龙漳师管区三十一年度工作概况》，《福建征训》1943 年第 3 卷第 1 期，第 38 页。
③ 《福建省第三回统计年鉴（兵役类）：1937～1944》，福建省档案馆藏，档案号：3－1－25，表 18"国民兵年次编组"。

（原国民兵役证仍准使用，以发给 31 岁男子为原则），身份证上详载国民兵本人的姓名、出生年月日、家属、籍贯、职业、面貌、身长、特征、箕斗、特长等项，副证由国民兵本人随身保存以备查验，各地政府设盘查哨及流动清查队盘查、清查国民兵身份证，如发现未报填身份证或未领副证，或证件记载与本人特征不符，兵役机关可以强迫其入营服役。① 总之，国民兵建设在组织上以军事的方式配合到县各级组织，从最基层的甲与保，上递至乡（镇）区县，国民兵团下的常备队、自卫队、后备队、预备队以及年次编组和地区编组构成一个完整的国民兵召集、训练、征调、服役的系统。

国民兵教育为壮丁入营前的准备教育，其训练、管理与动员均按照军事组织的要求办理。根据《国民兵教育纲要》，国民军事教育目的"在造成体魄坚强，人格高尚，常识丰富与行动积极，能为民族牺牲，为国家奋斗的中国国民。在造成态度庄严，操作勤敏，负责任，守纪律，明礼义，知廉耻的现代国民。在造成思想统一，精神活泼，爱国爱群，共同奋斗，以复兴中华民族，完成国民革命自任的忠勇国民。"其主旨在施行全民皆兵制度，发扬尚武精神，坚定爱国信念，普及军事技能，准备入营服役，树立动员补充的基础，达成建国建军的目的。② 国民兵训练分为集合训练和普通训练两种。集合训练按年次编组召集，以区为召集单位〔1942 年后改为乡（镇），因群众负担重，并受各县财力限制，1943 年后停办，改为普遍训练，早晚实行〕，就所在城市及乡（镇）或集合于附近军队场所施行，所需给养由受训国民兵自备。依照《兵役法实施暂行条例》规定分初期教育、前期教育和中期教育，次第转役。国民兵役初期实施基本教育，以 3 个乡（镇）成立一队为原则，在 19 ~ 20 岁两个年次内实施。国民兵役前期实施正规教育，在 21 ~ 25 岁 5 个年次内实施。中一期（25 ~ 30岁）、中二期（30 ~ 35 岁）、中三期（35 ~ 40 岁）实施复习教育。后期教育在 41 ~ 45 岁内实施。各期教育均为两个月，分两年完成（每年集训 1 个月），每年教育日数，除点阅、例假外，以 26 日计算，每日教育时间平均为 8 小时，全期教育时间共为 416 小时，除实授规定教育时间 360 小时外（每年为 180 小时），其余为预备时间，并为辅助教育之用。③ 集合训练注

① 《国民兵身份证暂行条例》，《训练月刊》1941 年第 2 卷第 3 期，第 121 ~ 126 页。
② 中央训练团兵役干部训练班编辑《兵役法规汇编（二）》，1942，第 106 页。
③ 《国民兵各期教育计划大纲》，《兵役月刊》1940 年第 2 卷第 7 ~ 8 期合刊，第 43 ~ 47 页。

重完全军事训练，培养基本军事技能，修得备补兵必要的学术，训练期满完全归休编为第二预备队，听候政府召集当兵。1940～1942 年，全省年次编组除福州、闽侯等 5 县由于沦陷、壮丁疏散与国民兵名簿焚毁等原因，尚未完成外，其余各县（区）大多均已统计完成，共计初期教育 147065 人，前期教育 270484 人，中一期教育 299561 人，中二期教育 273791 人，中三期教育 271772 人，后期教育 215626 人，总计 1478299 人。1940～1941 年已训 1158469 人，达到壮丁总数的 70%。①

普通训练按地区编组，以乡（镇）或保为训练单位普遍实施，每年训练 5 期，每期 2 个月，在早晚或农闲时间进行，每天训练 2～3 小时，以完成 180 小时之教育为限。各保每周集合训练一次，乡（镇）队每月一日举行国民月会，区队每半年召集全区国民兵点阅、会操一次，传达中央法令及报告国家形势。普通训练注重政治训练，如国民公约、精神总动员、新生活运动等，如沙县各保每日举行升降旗典礼，晚间配合中心国民学校成人班上课，施以政治教育，以课满 150 小时就肄业。② 此外，还有简单的术科训练如立正、敬礼、稍息、开步走、集合、疏散等。1941 年由于沿海沦陷、壮丁疏散，全省普训没有完全进行，该年度仅训练 486129 人。1942 年普训有所改进，全省普训壮丁达 1437534 人。③ 无论是集合训练还是普通训练，从内容来看，可分为军事训练、精神训练、学术训练三种，以使每一个国民兼具"管教养卫"四者的知识与技能。军事训练的目的是要达到教育国民兵适应抗战需要，如补充前线兵员，配合正规军作战，实行游击战阵中服务，维持地方治安，弹压汉奸活动，破获敌探间谍，传达消息，运输军需，破坏敌军交通，维护国军交通等。精神训练的目的是使国民兵了解抗战的意义，认识现代战争的特质，坚定抗战必胜的信念，养成杀身成仁、舍生取义的气节。学术训练及生活管理的目的是使生活军事化。军事教育中，学科教育的内容有典范令摘要，如游击战术、防空、防毒、卫生、通信、侦察、简易测量、民众自卫组织纲要、筑城方法、辎重运输等基本知识。术科教育的内容包括制式教练，如班排连的基本教练、

---

① 李健邦：《如何完成国民兵三年训练》，《福建征训》1943 年第 3 卷第 4 期，第 129～130 页。
② 《沙县国民兵加强训练》，《南方日报》1944 年 12 月 26 日，第 4 版。
③ 《福建省军管区编练处三十一年度工作报告》，《福建征训》1943 年第 3 卷第 1 期，第 33～34 页。

战斗教练、阵中防务演习、游击战演习、筑城实施、筑碉堡实施、运输教练、实弹射击、夜间演习、防空演习等。① 以下略举几例国民兵训练的情形，如莆永师管区训练常备兵，"凡新兵入伍，首先注意整肃其仪容，纠正其一切散漫颓废之习气，对其衣食住行，力求保持合理、清洁、卫生，并改造其驻地附近环境之整洁。利用不同天候或黑夜之时间教练各种战时勤务，并就各种不同地形，教练各种战斗动作及爬山涉水，通过各种障碍练习。每日除学术科外，还教以歌唱、识字、国语，并举行各种比赛，以提高士兵兴趣及好胜进取心理"。② 浦城县普训国民兵，"每早出操收操时，城乡响起一片雄壮、热烈的《义勇军进行曲》《大刀进行曲》等歌声，鼓舞着当年我县 18 万同胞同仇敌忾，抗战到底的勇气和信心"。③

　　1942 年，国民政府公布《战时甲级国民兵组训方案》，规定自 1943 年 7 月 1 日起至 1946 年 6 月底止，以训练甲级国民兵为中心，3 年内将全国甲级壮丁训练完毕。自 1943 年 7 月起至 1944 年 6 月底止，召集"民九"至"民十四"共 6 个年次的甲级国民兵受训；自 1944 年 7 月起至 1945 年 6 月底止，召集"民五"至"民八"及"民十五"共 5 个年次的甲级国民兵受训；1945 年 7 月起至 1946 年 6 月底止，召集"民一"至"民四"及"民十六"共 5 个年次的甲级国民兵受训。遵照中央 3 年训练完成的规定，福建省制定《国民兵训练三年完成实施办法》，规定初期国民兵一律在 1943 年内完成集训，21～35 岁之前期及中期甲级国民兵由后备队予以集中训练，36～45 岁乙级国民兵由乡（镇）保队施行普通训练。每年训练人数约占全县（市）国民兵总数的 2/5。集中训练定于年首岁末举行，每年训练 2 期至 3 期，每期 48 小时，一次完成基本的和正规教育。普通训练每年训练 6 期，农忙时停止，每期 180 小时。原计划 3 年内训练壮丁 1799974人，1941～1942 年已训练 1158469 人，1943 年已训练 399879 人，尚有 241626 人未训。④ 1944 年，因全省后备队没有普遍设立，又因经费拮据，依照规定应训的"民九"至"民十四"共 6 个年次的国民兵，仅训练

①　朱启宇：《对于本省军事建设三年计划之理论与实际的研究》，《新福建》1943 年第 3 卷第 2 期，第 20～24 页。
②　《莆永师管区三十一年度工作概况》，《福建征训》1943 年第 3 卷第 1 期，第 42～43 页。
③　何宝珍、刘子进：《抗战期间我县国民兵组训》，《浦城文史资料》第 11 辑，浦城县政协文史资料委员会编印，1985，第 93～94 页。
④　李健邦：《如何完成国民兵三年训练》，《福建征训》1943 年第 3 卷第 4 期，第 129～130 页。

48356 人。普通训练因乡（镇）地域辽阔，干部不敷分配，1944 年只训练了 110748 人。① 需要指出的是，1944 年福建省为统一民众组训，将党团员、国民兵、人民团体会员、合作社社员、成人班的训练统一，以节约人力物力，强化自卫组织。并组织福建省各县（市）抗敌自卫团、特区抗敌自卫大队为统一民众训练的机构。县（市）凡 18 岁至 45 岁男子均须编入抗敌自卫团队训练，凡由自卫队、警察、保安团队、退伍及后备队乡（镇）队训练完成的男子，以乡（镇）为单位编成警备分队或警备班。以保为单位，分别编成侦查、交通、救护、宣慰等任务班。各种民众训练混合举行，不另单独设立。为某种目的而训练的民众训练，县（市）按当地情形及实际需要，以抗敌自卫后备队为单位，召集 19 ~ 25 岁的男子实施集中训练，并以乡（镇）队或保分队为单位，对 26 ~ 45 岁男子，实施分区与巡回训练。训练时间为 4 星期，两周时间受各技能训练，两周时间受军事及各种任务训练。各乡（镇）每 4 个月举行集中演习一次。②

为考核国民兵组训情况，检阅战时民教工作，军政部要求军师团管区每隔一年冬季派员至各县（市）点阅国民兵一次。国民兵团于每年秋季召集各区国民兵点阅，重点考查国民兵管教方法及国民兵学术科训练成绩、国民兵思想、国民兵团设备状况及经济情形、自卫状况与其服役成绩、武器保管情形等。1939 年，省军管区订定《福建省军管区国民军训处视导规程》，全省按行政督察专员区划分为七个视导区，由军管区司令部向每区派 1 ~ 2 名视导员进行 2 ~ 3 个月的视导，每县视导一星期，每区 4 日，于国民兵和战时民教教育期满后施行。视导内容为义勇壮丁队、常备大队组织训练情形及官兵质量，公务员及其他特种团体实施军训情形，保甲组织及保甲，武器质量，壮丁队、妇女队、少年团训练情形，民众教育经费等。比如 1941 年 12 月南平下道（应为夏道）徐洋实验保壮丁训练期满后举行阅兵典礼和打靶演习，南平专属专员黄朴心，县长卓高煊亲临检阅，并向训练优秀人员颁发奖品。③ 1942 年省军管区对全省保安团队及国民兵

---

① 李健邦：《三十三年度本省国民兵组训概况》，《福建征训》1945 年第 6 卷第 6 期，第 94 ~ 95 页。

② 叶骖：《省政要闻：九月份福建省政动态：统一民众组训加强抗战力量》，《新福建》1944 年第 6 卷第 3 期，第 73 页。

③ 张光庆：《下道徐洋实验保》，《南平文史资料》第 6 期，南平市政协文史资料委员会编印，1985，第 27 ~ 32 页。

团建设进行检阅，分四组于 10 月 1 日赴闽东、闽西、闽北、闽南各县，历时 3 个月。闽南组校阅福清国民兵团，当时全县 8000 名壮丁服装整齐，手持梭标、木棍等，赤足草鞋，头戴斗笠，军容严肃。[1] 闽东组检阅寿宁国民兵训练情况，在受训的 4216 名壮丁中选出八十余名成绩优良者。[2] 最后检阅结果，甲等县 10 个，乙等县 19 个，丙等县 16 个，丁等县 5 个，其中闽侯、同安、龙溪、沙县国民兵团被评为最优，霞浦、晋江、龙岩、崇安成绩最劣。[3] 对霞浦县的评语是："装备不全，精神萎靡，教育浅薄，动作生疏，纪律嚣张，检查阅毕一哄而散。"[4] 为促进全省国民兵组训，1944 年省军管区司令部颁布《福建省各县（市、区）国民兵团（队）暨各级队三十三年度工作竞赛实施办法》，参赛单位包括各县（市）国民兵团、特区国民兵队、自卫队、后备队、各乡（镇）保队以及甲班，竞赛内容包括各级组织设置情况和国民兵团各级兵役干部训练班训练情况等共 17 个方面。优等者由军区传令嘉奖，劣等者申斥。[5]

据统计，从 1940~1943 年，全省共组训国民兵 958300 人，具体情况详见表 4-6。

表 4-6 1940~1943 年福建国民兵训练人数统计

单位：人

年 份	总 计	训练人数	
		普通训练	集中训练
1940	184743	160923	23820
1941	235744	197342	38402
1942	300352	268942	31410
1943	237461	198972	38489

资料来源：《福建省第三回统计年鉴（兵役类）：1937~1944》，福建省档案馆藏，档案号：3-1-25，表22"国民兵训练人数"。

---

[1] 《福清县国民兵团组训概况》，《福建征训》1943 年第 3 卷第 2~3 期合刊，第 97 页。

[2] 《寿宁举行国民兵总校阅》，《福建征训》1943 年第 3 卷第 1 期，第 55 页。

[3] 《国民兵总检阅成绩颁布》，《南方日报》1943 年 9 月 30 日，第 3 版。

[4] 《国民兵总检阅成绩颁布》，《南方日报》1943 年 9 月 30 日，第 3 版。

[5] 《福建省各县（市）（区）国民兵团（队）暨各级队三十三年度工作竞赛实施办法》，《福建征训》1944 年第 6 卷第 1~2 期合刊，第 56 页。

三 国民兵组训的作用及问题

战时福建国民兵组训的作用是多方面的，首先，国民兵组训以组织来集中全民的力量特别是青壮年的力量，提高了兵员动员的效率，保证了兵员动员的顺利实施。国民兵组训是与基层政权紧密结合的，基层政权以保、甲为单位进行编制，国民兵团以甲班、保队、乡（镇）队、区队、国民兵团为编制单位，保甲、国民兵组训、战时民教三者合而为一实施战时国民组训，每保（或多保）设置一个战时民校，进行国民教育与军事训练，这样的编制，使国家遇到大事时，政府用一纸命令便可以动员全体壮丁，这种动员民众的最好方法，极大地便利了前方兵源的补充，这是坚持持久抗战、争取最后胜利的根本。

其次，国民兵组训以训练来健全民众的体魄，使民众掌握了基本的军事知识和军事技能，提高了后备兵员的素质和作战能力，为抗战提供了质量兼优的兵员，为军事动员提供了巨大潜力。这种组织与训练并重的方式，与古代"寓兵于农""寄军令于内政"的宗旨大率相同，也体现了现代征兵制度的基本精神。《抗战建国纲领》第13条明确指出："实行以县为单位改善并健全民众之自卫组织，施以训练，加强其能力，并加速完成地方自治条件，以巩固抗战中之政治的社会的基础，并为宪治实施之准备。"[1]

再次，国民兵组训培养了"尚武"的社会风气。国民兵组训使壮丁、学生和公务员都得到训练，在一定程度上提高了一般民众的政治觉悟和文化水平，改变了人们"懦弱的心理和贪生怕死的心理"，在一定程度上矫正了国民散漫、颓丧、奢靡的生活习惯。何应钦曾说："实行国民军训的目的，在使一般民众皆知重体力、守纪律，养成艰苦卓绝、忍苦耐劳的精神。"这种民族精神的激发与养成，便是国民军训在精神教育方面致力的目标。1938年6月8日，陈仪在永安第六期壮丁训练毕业典礼上就讲道："现在我们费了很多力量，集合你们来训练，就是为了使你们能共同担负抵抗敌人，建设国家的任务……此次训练，除了军事上基本的学科术科以外，只有告诉你们一点关于做人和做国民的道理。……现在我们所做的一切，都是为国家，你们之所以来训练也是为了国家。……目前只有壮丁，才可以救

---

① 《中国国民党抗战建国纲领》，《创导》1938 年第 2 卷第 11 期，第 35 页。

得我们国家的危险。所以大家应当明白，自己的责任重大，不苟且，不怕死，发挥杀身成仁、舍生取义的精神，加强抗战的勇气，尽我们所能尽的力量，保卫我们的国土，保卫我们的福建，保卫我们的家乡。……"①。的确，通过国民兵组训，福建各地报国从军风气得以发扬，"抗战序幕揭开，八闽的民气亦随之振奋，他们的热血澎湃，他们的情绪紧张，抗战的歌声，已普遍传到了福建的任何一个角落里，抗战的行动，随时会显露在我们的眼前，各地男女壮丁自动入伍。金门、厦门失陷时，当地民众冒着血肉的壮烈抵抗与牺牲，乃至最近闽南各县百十万壮丁协同驻军的防御，这些悲歌慷慨的事迹，足以代表全闽的民气，更足以证实我们数年来军训工作的收获。"②

　　福建国民兵组训成绩虽显著，但存在的问题亦不可忽视。由于战时户籍制度不完善，壮丁统计不精确，编组不严密，组织力量严重不够等原因，1944 年国民兵团与军事科合并以后，国民兵组训、管教、征召、服役就出现严重的问题，如国民兵团裁撤后，相关人员遣散，工作不敷分配，各县县长（兼团长）为推行庶政，往往将团内仅存的副团长、团附、督练员等分派国民兵组训业务以外的工作，如下乡催征田赋、劝募公债等，而本身的国民兵组训陷于停顿。战时福建国民经济极端困难，团部各种经费以及职员薪津和眷属米，各县政府未能依照规定如期如数与政府经费同样发给，以致兵团人员不能安心工作。李健邦曾说："（1944 年）官兵粮食每员每日仍发 22 两，至官兵薪饷尚未按照陆军给予，生活颇感困难"。③战时各种社会训练重复召集，既费时又互不联系，矛盾滋生。国民兵组训各年次集训时间过长、频次过密，一年集训 5 期，有违农时，以致许多农民废时失业，严重影响生产生活，遂使受训者皆视训练为畏途，不仅壮丁抵制军训，乡（镇）中的地主富农等也视服兵役为可耻，不但本人不愿参加军训，而且暗地里阻止他人前往受训。"组训单位队收米不收兵，或多给假期，种种弊端随之发生。"④ 另外，战时所要受训的人员太多，各县

---

① 陈仪：《我们现在最重要的工作》，《闽政与公余》（建设新永安专号）1938 年第 29 ~ 31号，第 5 页。
② 《福建省国民军训》，福建省政府秘书处编印《战时闽政概要》，1940，第 163 页。
③ 李健邦：《三十三年度本省国民兵组训概况》，《福建征训》1945 年第 6 卷第 6 期，第 94 ~ 95 页。
④ 刘希俊：《七年来征训工作之回顾与今后之策划》，《福建征训》1943 年第 4 卷第 1 ~ 2 期合刊，第 55 ~ 56 页。

（区）地域辽阔，受训情况不均，受训壮丁数量微小，以 1942 年泉安师管区国民兵组训为例，该年度应训的甲级乙级壮丁分别为 195371 人和 90169 人，未训的甲级壮丁高达 128581 人，乙级壮丁为 69717 人，分别占甲乙级壮丁总数的 65.8% 和 77.3%。① 下降幅度之大，足见国民兵军训阻力之大，步之履艰难。

战时福建由于武器简陋等原因，国民兵训练有时也徒有形式，"军事教育只有制式教练，射击教育，战斗教练，多未能切实实施，管教既不得法，保育亦未注意，至于精神教育，距理想更为遥远。"② 因此，未能达到国民兵组训的目的。诚如 1944 年 9 月刘建绪在三十四年度行政暨兵役会议闭幕式上所说："三年来，训练国民兵调用预备兵员毛病为大"。"组训民众，确实是成绩太小，甚且流弊丛生。"③ 1945 年 3 月他在上年度施政讲评中再次说道："民众组训始终未收到确实的效果……后备队的集训有 7 万人，成人班学员有 40 万人，人民团体会员训练有 4 万人，但实际效果不多（好），甚至还要耽搁人民宝贵的时间，妨碍他们的生产。"④ 1945 年 12 月 24 日刘建绪深刻检讨在闽施政期间的工作时说，"民众组训是国家总动员及地方自治的基本要务，也可以说是推行一切政令的利器。过去八年来，不断地改善，但始终未收到确实的效果，这不是完全由于人民程度太低，亦由于我们的方法不对。主管组训的机关，直到抗战胜利的前一天，还是分工多而少合作，军训往往委诸军事教官，除'立正'、'稍息'军事动作外别无教育可言。社训亦拘泥于课本，组织仅见数字的多寡，失却各分子间的联系，以致在动员业务方面，以兵役论，虽是'如期如数'，但谈不上'合法合格'。虐待强拉，雇买顶替，至今思之，尤觉痛心。"⑤ 当然，权衡上述利弊，抗战时期，福建军政当局组训国民兵适应了抗战动员的需要，在一定程度上执行了全民动员的总方针，保证了前方兵员的供给，就这方面来说，还是应该值得肯定的。

---

① 《泉安师管区三十一年度工作概况》，《福建征训》1943 年第 3 卷第 1 期，第 47 页。
② 杜心如：《国民兵组训之检讨与调整》，《训练月刊》1941 年第 2 卷第 3 期，第 54～62 页。
③ 刘建绪：《三十四年度行政暨兵役会议闭幕词》，《新福建》1944 年第 6 卷第 3 期，第 9～11 页。
④ 刘建绪：《三十四年度施政检讨总讲评》，《中央日报》（福建版）1945 年 3 月 15 日，第 4 版。
⑤ 刘建绪：《施政总讲评——在本省三十四年度施政总检讨暨三十五年度行政会议讲》，《新福建》1946 年第 8 卷第 5～6 期合刊，第 40～43 页。

第五章

福建兵员动员的具体实施

兵员动员的实施是指对常备兵的应征召集，征集程序为中央将兵额分配至各省军管区后，省军管区再分配至各师管区、团管区、各县直至基层。福建征兵体系统一后，其兵员征集的具体步骤为先对壮丁进行身家调查（4~6月），再行体格检查（7~9月），然后抽签定序（10~11月），最后征集入营，这一程序是征兵中最基本、最重要的环节。为了鼓励前方将士安心杀敌，激励后方壮丁踊跃应征，福建军政当局积极优待出征抗敌军人及其家属。抗战末期，福建军政当局发动"知识青年从军运动"，这场征兵运动为福建兵役史和抗战史增添了光辉的一页。

第一节　福建兵员动员体制的完善与兵额配赋

一　从自行征募到统一征集

福建兵员动员体制的完善经历了从自行征募到统一征集的发展过程。1936年3月《兵役法》试行之后，福建仍然实行募兵制，各方部队竞相招兵买马，大肆扩军拓地，民不堪命。1937年5月，福建省设立建延师管区司令部及闽海、汀漳两个师管区筹备处，其所辖县、区兵员补充事务由该部（处）自行办理。1937年6月，福建试办征兵，不久，全面抗战爆发，前方征补急迫，一切都未能按照《兵役法》办理。此时，福建省兵役宣传、调查尚未进行，全省役政又无统驭机关，军政部也未规定该年度应征兵额，各管区每个月应担负兵额尚无预定。随着战事的发展，前方需兵增多，1937 年 8 月福建省政府订定《福建省总动员民政部分计划》，规定除建延师管区奉军政部令自 9 月中旬起陆续征集 2500 名壮丁外，闽海、汀漳两个师管区也均于 9 月间各成立后方补充营二营，每营兵员 600 名至 1000 名，其兵员来源为各县（市）义勇壮丁队已受训壮丁、普通壮丁及在乡士兵。由各县（市、区）平均分配征募名额，分期征募。每一师管区每 3 个月须征集 8000 人至 10000 人。① 为完成如此紧急的征兵任务，福建省将"征集""招募""抽调"三种办法并用，汀漳师管区施行募集，建延师管区初期也募补若干兵员，其余完全实施征集。至于"抽调"，由于福建系沿海省份，情形特殊，因为治安及交通的关系，尚未举办。当时各管区所驻部队，如第 75 师、第 3 师、第 9 师、第 10 师、独立第 37 旅、第 157 师、第 80 军等为充实部队战斗力量，均直接由驻地自行招募补充，或由各管区（处）暨各县代为征募。② 由于征募尚未系统化，招募数额又没有严格限制，各县（市、区）虽疲于奔命，但"期迫额多，派员坐索，县政府无法应付"③，因此各部队多采取特殊手段，借以充数。比如第 75 师奉令补充兵额，在闽北 8 个县摊派，少数县分配兵额更多，以致壮丁逃避，县、区工作濒临停顿，应募者极寥。军政联席会议决议，除第 75 师缺额特准在驻地募补外，以后各师再有募兵，须按正规手续办理，对未经奉准配定数目者，一律制止。④ 至 1937 年年底，中央各部队在福建自行招募约 20000 名兵员，由各管区代为征募 24693 名。⑤

为统一混乱的役政，确保前线用兵需要，1938 年 1 月，军政部颁布《战时征兵统制办法》和《战时募兵统筹办法》。《战时征兵统制办法》规定战时补充兵的征集由军政部统筹办理，军政部按月将所需补充兵数量配赋给各省军管区，省军管区适当分配给各师（团）管区，师（团）管区定期召集各县（市）举行年度兵役会议，将兵额配赋给各县（市）。各县

① 《福建省总动员民政部分计划》，福建档案馆藏档案号：17 - 1 - 01。
② 福建省军管区司令部：《本省兵役征募概况》，《闽政月刊》1939 年第 4 卷第 3 期，第 32 页。
③ 林斯贤：《当兵是国民的权利》，《闽政与公余非常时期合刊》1938 年第 18 期，第 15 页。
④ 《本省数月来兵役行政进行概况，额外征募兵额一律制止》，《福建民报》1937 年 11 月 14 日，第 3 版。
⑤ 陈政生主编《福州市志》第六册，方志出版社，1999，第 940 页。

（市）接到团管区配赋征兵数目之命令时，按该县（市）各区、乡（镇）、保甲户口分布情形及壮丁比例，适当配赋兵额。① 《战时募兵统筹办法》规定，募兵在未设师管区的地方实行，已设师管区的地方不再实行募兵。各部队募补的兵额，须先呈请军政部核定募区及名额，经省军管区划定若干募集区域，由师管区司令、行政专员转饬县（市）政府负责招募。各部队未经呈报，不得擅自到各地招募或向地方摊派。各省招募壮丁以不妨碍征兵为原则，其年龄应以 23 岁以上为合格。② 1939 年军政部颁布施行《管区征募志愿兵办法》，从此实行以募兵来辅助征兵的征募并行制。③

1938 年 2 月，福建省军管区司令部成立，全省所有部队征募机关一律撤销，征补事务归司令部征募处办理。依据军政部颁发的《统一兵员征募及补充方案》，实施征额配赋法，即军政部订定各年度的《征补兵员实施办法》，确定每年的征补兵额总数，然后再按照各省的人口数、现役及龄壮丁人数、生产情形、交通状况、文化习俗等确定各省当年应征的兵额。配给各省的兵额，相当于全省人口数的 0.5% ~ 1%。各省按照征额分三次到四次进行征兵，完成各年度规定的征兵任务。当时驻闽各部队需要的补充兵及运输兵，呈请中央征补，由军政部统筹支配，军管区司令部按照中央配赋给本省的月征兵额，依据各县（市、区）人口、壮丁分布情形及治安生产的关系，将兵额分配至各师管区，再分配至县，各县按月从常备队或保安团中征调，各县（市、区）常备队准备补充名额，遵照中央每月配赋给本省的兵额，加倍编定。起初，闽海、汀漳、建延各师管区成立后方补充营二营作为补充前方作战部队之用，闽海师管区筹备处第一届征募壮丁区域为闽侯、长乐、福清、平潭、连江 5 县，汀漳师管区筹备处及建延师管区司令部，按各县人口壮丁数比例分配兵额，依新兵征集手续，征齐交由一五七师及一五八师的野战补充营。④ 由此，福建省的兵员征补结束了之前无序征集的混乱状况，开始走上正轨。⑤ 征额配赋一方面免除了自行招募的辛劳，而各区担负也有定额，按县进行分配，避免了许多纠纷。

---

① 《战时征兵统制办法》，中央训练团编《兵役法规汇编》，1939，第 345 ~ 346 页。

② 《战时募兵统筹办法》，中央训练团编《兵役法规汇编》，1939，第 347 ~ 348 页。

③ 1943 年新《兵役法》颁布后，国民政府实行完全征兵制，但 1944 年豫湘桂战役溃败后，大量地区沦陷，兵源受到很大影响，又在四川、贵州两省发起募兵，招收志愿兵 14 团。

④ 福建省军管区编《福建兵役四年》，环球印书馆，1941，第 100 页。

⑤ 福建省军管区司令部：《本省兵役征募概况》，《闽政月刊》1939 年第 4 卷第 3 期，第 32 页。

二 兵额配赋

自 1938 年起，福建省即按照军政部的征额配赋法实施征兵。征兵以不超过年征额为原则，如因急要补充超过年征额时得抵下年度征额，如有欠额也于下年度补征。1938 年军政部配赋给福建省的兵额为 72000 名，其中 2 ~ 5 月每月 4500 名，6 ~ 11 月每月 6000 名，10 月份奉令特征 10000 名，12 月份 8000 名。为供本省保安团队的兵员补充，本省每月加配 500 名，共 6000 名，上述中央与本省配额共计 78000 名。[①] 壮丁征拨均由军管区司令部分配给各管区征集，起初，各管区未按各县实际情况通盘转配兵额，因此，各县兵额负担不一。1938 年 5 月，省军管区司令部才依照各县人口分布、壮丁人数、治安情形、过去征集状况，调整配赋比例。随着战争的发展，各部队请求补充兵额纷至沓来，福建省出兵数额增加，而各县每月配拨次数和人数也逐日增加，为顾及福建省的人口分布、生产、治安、交通等实际情况，1938 年 7 月，省军管区司令部根据省政府人口数及壮丁数拟定平均配赋比例，一面参酌地方的实际情况，厘定各县（区）每月出兵额概数，并适当予以调剂，凡壮丁减少的县份，未予增配，地方秩序未恢复的，予以减免，重新厘定配赋标准。自此次兵额统制分配之后，各县、区大多能遵照办理，只有少数县份征调不能尽力，出现兵额积欠现象。1938 年度配征清交者计拨中央各部队 62007 名，福建省保安团队 7578 名，合计 69585 名。[②]

随着战争兵员损失的增加，前方急需大量兵力，1939 年度配额中央和本省的兵额达 112100 名，为抗战历年来之最。其中，调拨中央的兵额数为 106000 名，1 ~ 9 月每月均为 8000 名，5、6 两月份，奉令倍征兵员至 16000 名。随着配额的增加，征务愈加频繁，各县（区）大多无法担负，省军管区请准军政部于 1939 年 10 ~ 12 月各减为 6000 名。本省部队的调拨，1 ~ 5 月份各配 500 名，10 ~ 12 月份各配 1200 名，6 ~ 9 月份停配，共计 6100 名。[③] 上述兵额，因接收部队延期接领，或有少数县份逾限拨交，

---

① 福建省军管区编《福建兵役四年》，环球印书馆，1941，第 54 页。
② 福建省地方志编纂委员会编《福建省志·军事志》，新华出版社，1995，第 321 页。
③ 《福建省第三回统计年鉴（兵役类）：1937 ~ 1944》，《表 9 历年配赋定额（1938 ~ 1943）》福建省档案馆藏，福建省政府主计处档案，档案号：3 - 1 - 25。

因此，实际拨给中央各部队兵额共计 75114 名，拨给本省保安团队兵额 4367 名，合计 79481 名，尚欠 32619 名。

1940 年度中央部队月配兵额均为 6000 名，本省保安团队每月加配 1200 名，全年共为 86400 名。1940 年 1 月份，军政部规定凡属中央每月配赋的 6000 名均应照常征召，交由国民兵团常备队管训，于每月 1 日入队，月底拨交。福建省军管区司令部为划分中央与本省兵额，属于中央的称为常备队额，属于本省的称为准备征额，统称为月额。由于兵员补充日亟，甲级壮丁不断减少，常备队额与准备征额征集又有区别，为使准备征额能征到兵员，从 8 月份起，各县、区的保安队缺额就从乙级壮丁或免役者及甲级壮丁体格等位较次者中征集，并在该县、区征募补充。至 1940 年年底，共征得本省保安团及各县、区保安队兵员 11990 名，中央常备队 79000 名，合计 90990 名。

1940 年 11 月军政部颁布《三十年度征补兵员实施办法》，规定团管区将兵额配赋予各县（市）时，各县（市）召开征兵会议，配赋各保全年度征兵数目时，得照年额酌情增加一倍，作为预备兵额。① 1941 年 1 月省军管区司令部结合本省实际订定《福建省民国三十年度征补兵员补充办法》，规定 1941 年全年分 4 期平均配赋。1941 年度全国征（募）兵额 200 万名，其中配赋福建省兵额 8 万名。中央的配额，按照 1940 年度核定配征之额为 72000 名，本省配额，依照各县乡保人口壮丁数配量比例，平均配赋，而本省保安团队兵额，以每团管区每月配征 50 名为标准，两者合计为 8000 名。征选方式，由各保用自愿应征或抽签两种方式来决定。自抗战军兴以后，爱国青年请缨杀敌，志愿应征者较多，如连城、长乐、连江、闽侯等县组织志愿兵连拨补前方，其他的还有编组壮丁荣誉队，或个人投军，或数十人自动结合入伍，或由各部队请准自行招收，这些自愿兵，均在月征兵额内抵算。

1942 年征兵额与 1941 年一样仍为 8 万名，其中中央 72000 名，本省 8000 名。各师管区配征名额仍照军管区司令部 1941 年 10 月 15 日沙征一忠字第 1325 号令颁之配赋兵额一览表办理。各县亦应按上项配额依人口壮丁比例适当分配于各区、乡（镇）、保。② 规定虽然如此，但情况已发生变

---

① 《民国三十年度征补兵员实施办法》，《训练月刊》1941 年第 2 卷第 3 期，第 127~130 页。
② 《福建省三十一年度征补兵员补充办法》，《福建征训》1942 年第 1 卷第 3~4 期，第 151 页。

化，1941 年军政部将管区机构由三级制改为二级制，其征训体制也由原来的"征训合一"调整为"征补训合一"。"征补训合一"即每个师管区配属一个军，师管区为这个配属军的征兵、补充、训练基地，由配属军调一个师驻在这个师管区境内执行征补训任务，称为"后调师"，意即军队统一参与管理壮丁征补训事务，运用军队的力量推进征兵工作。具体为管区的行政改由部队接管，便于统筹协调役政，部队派军官到管区征集壮丁，并训练补充兵，训练时间为 2～3 个月。这在士兵入伍前就做好充分的准备，能够迅速补充前线兵力需要。"征补训"合一制度扩大了常备兵的征集，提高了士兵素质，节省了士兵补给的时间，提高了兵员补充的效率。新征补训区的建制，无论其精神、形式，均与过去管区建制不同，可谓战时役政的重大改革。应当说，福建省各师管区从 1940 年 7 月份起，就已先后奉令划为第 100 军，暂编第 9 军，暂编第 35 师，第 13 补训处的征补训区域，直接担任这些配属部队的兵员训练和补充任务。由于各部队任务不同，因而需要补充员额的多寡，事实上无法平均，往往一个部队需要补充的数目，要超过其配属管区二三期内的配额。而驻防的部队，可能数个月不需要补充。原配属管区负担过重或配额不敷时，由军管区予以调整改由其他管区征拨。一些临时调配兵种，或向外省配赋，如有远在四川的部队，而向福建或江西配赋新兵。[①] 1943 年兵额仍为 8 万名，全年分 3 期平均配赋，各师管区每期的配赋定额见表 5－1。

表 5－1　1943 年各师管区每期配赋兵额

单位：名

师管区	配赋总数	中央部队配赋数	本省部队配赋数
建延师管区	5402	4857	545
福闽师管区	6168	5555	613
莆永师管区	5746	5172	574
泉安师管区	5924	3532	392
龙漳师管区	5427	4884	543
总　　计	26667	24000	2667

资料来源：福建省政府秘书处编印室编《第一次福建省统计手册》，1944，第 223 页。

说明：表列配赋数额系按期计算，全年共分 3 期，每期计 4 个月，该年总计 8 万名。

---

① 朱沛霖：《本省三十年度征募实施之概述》，《福建征训》1942 年第 1 卷第 5 期，第 184 页。

1944 年度原定兵额为 8 万名，其中中央兵额 72000 名，本省保安团队补充 8000 名，本以"人口数"作为配赋标准，但福建省各地情形不尽相同，就壮丁体质而言，福建省壮丁一般不那么强健，闽东北各县则特别孱弱。就一般人口数而言，晋江、南安、永春、同安、惠安、龙溪、福清、莆田各县前往南洋经商者特多。就取得免缓役多寡而言，沿海各县人民较多，如在校学生、公教人员、船工、盐工等，皆有其特殊历史。根据上述情形，仅以"人口数"一项作为配赋标准，根本达不到"平允"的要求，因此，本省兵额的配赋，参酌各地实际情形，根据年度调查所得"人口数""应征壮丁数""现役男子数"三项标准，平均分配各县（市）办理征集。而当时也有少数县份，或以南洋经商者人数众多，或以船工、盐工特多为借口请求减轻配额，恰巧 7 月间，军委会电令各省将定额减少 5%，于是福建省各师管区所配兵额也分别核减。[①] 计建延师管区 13843 名，福闽师管区 15832 名，龙漳师管区 13919 名，莆永师管区 14740 名，泉安师管区 10066 名，合计 68400 名，至于配给本省保安团队的兵额 8000 名则照旧，1944 年度共计征额 76400 名，全年分 3 期平均配赋。[②] 随着抗战接近尾声，1945 年配征的兵额为 78000 名。抗战期间福建省壮丁配征定额见表 5 – 2。

表 5 – 2 1938～1945 年福建省壮丁配征定额

单位：名

	配赋总数	中央部队配赋数	本省部队配赋数
1938	78000	72000	6000
1939	112100	106000	6100
1940	86400	72000	14400
1941	80000	72000	8000
1942	80000	72000	8000
1943	80000	72000	8000
1944	76400	68400	8000
1945	78000	70000	8000
总　计	670900	604400	66500

资料来源：《福建省第三回统计年鉴（兵役类）：1937～1944》，表 9 "历年配赋定额（1938～1943）"，福建省政府主计处档案，福建省档案馆藏，档案号：3 – 1 – 25。

---

① 朱沛霖：《三十三年度本省征募工作报告》，《福建征训》1945 年第 6 卷第 6 期，第 91～92 页。

② 汪复培：《一年来的福建兵役》，《新福建》1945 年第 6 卷第 6 期，第 48 页。

虽然福建省兵额有了明确规定，但在大规模战争背景下，实际情形往往不能按部就班理想化地实施。自征兵开始至1944年，福建省军事机关、驻军部队仍见有未经规定征拨手续，自行招补已中签或未中签壮丁的现象，影响征集工作，为此，省军管区特别规定各单位需补兵额，须由上级机关转军政部核准，不得擅自招补，各单位如未经本部核准，自行招募，除将招补壮丁遣回外，并予严惩。如果自行招募，一律不准列抵征额。①

以上所述，均为在月额内征拨补充，还有在月额以外征补各部队逃兵缺额，这项缺额按军政部规定不得在月征兵额内计算，由逃兵原征送县、区征补，唯随逃随征，省军管区司令部会定各师管区及补训处的补充团队，所有逃额应3个月征补一次，在未征补前，仍应当依法查缉，这样法令与事实才能兼顾，历年均以此办理。

第二节　壮丁调查、检查和抽签

一　壮丁身家调查

所谓"壮丁"，即年满18～45岁，体格健康之男子的统称。② 战时特指合于服兵役条件的男子，1939年7月，壮丁改称为国民兵。要实行征兵，首先要施行身家调查，亦称壮丁调查，这是征兵的首要步骤。壮丁调查是指调查机关根据户籍，按照《兵役法》的规定，对年满18岁至45岁之男子作全面正确的调查，调查完竣后编造名册，由此以受调查壮丁的生理身份（如性别、年龄、疾病）、经济身份（如职业）、知识身份（如教育）作为兵员征集、缓役、退伍及征属优待的依据和兵额配赋的标准，也可以作为国民兵地区编组及年次编组的基础。

根据1936年7月训练总监部、内政部及军政部联合颁布的《兵役及龄男子调查规则》，壮丁调查一般每年举行一次，时间自4月开始至6月底完成（战时各年或因战况变化而有所不同），由区、乡（镇）公所及保甲长具体办理。壮丁调查分为"现役及龄男子调查"和"国民兵役及龄男子

---

① 《部队招补壮丁须先呈部核准》，《南方日报》1944年6月22日，第4版。
② "国民党中央执行委员会训练委员会"编印《兵役概论》，1941，第106页。

调查"。现役及龄男子调查于 20 岁之年施行，国民兵役及龄男子调查于 18 岁之年施行，所调查的役龄范围均以上年 12 月 1 日起至本年 11 月 30 日止。现役及龄男子调查又分为"征兵调查"与"募兵调查"，调查程序为：每年 4 月 1～10 日，家长将家中年满 20 岁之男子填具现役及龄呈报书。内容包括：姓名别号、出生年月日、本籍地、现住址、箕斗（左右手）、与家长之关系、职业、学历、特有技能等，经甲长、保长署名与登记后，呈报乡（镇）公所，如有符合免、缓、禁、停役的情况者同时提出申请。乡（镇）公所呈报区公所，区公所编成本区常备现役及龄壮丁名簿，呈报县（市）政府，县（市）政府呈报团管区，团管区又转呈师管区，师管区呈军管区，军管区于 6 月 20 日前咨报内政部，完成征兵调查。① 国民兵役调查与征兵调查同时进行，5 月 10 日以前造具《国民兵役及龄人员表》上交县（市）社会军事训练总队，再层层上报。由于上述规则颁自平时，已不适合战时频繁征调的需要，且兵役调查委托家长呈报，就给意图让子弟规避兵役的家庭以可乘之机。1938 年 1 月，国民政府颁布《非常时期征集国民兵及抽签实施办法》，调整了常备兵及国民兵役调查的年龄范围，现役兵第一次调查及检查年龄在 20～25 岁，国民兵役第一次调查年龄在 18 岁至 35 岁，此次改变，增加了受调查的数目和年次。② 福建省在 1937 年 6 月试行征兵之初，兵役调查尚未举行，各年次壮丁数目尚无正确统计，仅利用原有保甲户口的壮丁数据作为配征之依据，依据各县政府呈报的数据，1937 年度福建省壮丁数统计为 2312692 人。③ 1938 年 4 月，福建省军管区颁布《福建省各县（区）正规及运输备补役龄壮丁复查暂行办法》，通饬各县（区）于 6 月底前办理征兵调查，但由于各种原因该年度壮丁调查没有施行。

　　1939 年，福建省举行首次兵役调查，由团管区发动县（区）、乡（镇）、保甲、民教、统计、合作、卫生人员协同进行，当时各县（区）征务频繁，在办理兵役调查的同时又要兼顾征集，其间沿海多次遭受敌机、

---

① 《兵役及龄男子调查规则》，徐思平：《中国兵役行政概论》，文治出版社，1945，第370～382 页。

② 《非常时期征集国民兵及抽签实施办法》，福建省军管区兵役处第一科编《兵役法规汇编》，中华印书局，1939，第 197～209 页。

③ 福建省档案馆编《民国福建各县（市）（区）户口统计资料（1912～1949）》，1988，第 2 页。

军舰的轰炸威胁，人口紧急向内地疏散，或因清剿民军、散匪，壮丁调查统计受到影响。复查结果计全省壮丁数为 1829472 人，其中应征壮丁数为 349931 人，应缓役壮丁数为 296898 人，应免役壮丁数为 1181427 人，应禁役壮丁数为 1216 人。[1] 应征壮丁数中 18～35 岁者为甲级壮丁（正规备补兵）224933 人[2]，36 岁至 45 岁乙级壮丁（运输备补兵）为 124998 人，合计为 349931 人，兹分别列于表 5-3 和表 5-4。

表 5-3　1939 年福建省各师管区应征甲级壮丁统计

单位：人

项　　目	建闽师管区	永泉师管区	汀漳师管区	总　　计
应　征　者	121023	51454	52456	224933
应免役者	319537	295053	180879	795469
应禁役者	238	205	390	833
应缓役者	91323	57295	69872	218490
合　　计	532121	404007	303597	1239725

资料来源：福建省军管区编《福建兵役四年》，环球印书馆，1941，第 21 页。

表 5-4　1939 年福建省各师管区应征乙级壮丁统计

单位：人

项　　目	建闽师管区	永泉师管区	汀漳师管区	总　　计
应　征　者	71042	19736	34220	124998
应免役者	152202	148407	85349	385958
应禁役者	130	104	149	383
应缓役者	36306	19363	22739	78408
合　　计	259680	187610	142457	589747

资料来源：福建省军管区编《福建兵役四年》，环球印书馆，1941，第 22 页。

1940 年，经过几年的征召，应征壮丁的签号已基本用完，或因户口异动的关系，壮丁人口数据异常紊乱。为开拓兵源，一些县份自发举行壮丁

---

[1]　福建省政府秘书处编印室编《第一次福建省统计手册》，《1939～1942 年全省壮丁表》，1944，第 225 页。

[2]　为扩大兵役调查数目，1939 年全国兵役会议决议，男子年满 18 岁至 35 岁者为正规备补兵（甲级壮丁），年满 36～45 岁者为运输备补兵（乙级壮丁），都有应征的义务，即有调查的必要。

总复查，如 1940 年 8 月，永泉师管区举行全区各县壮丁总调查，晋江县则于 8 月 20 日起举行壮丁总调查。① 根据永泉师管区的经验，福建省军管区商同省政府将壮丁调查与户口总复查、征属调查、免（缓）役合并办理，这样不仅可节省时间精力和经费，也相对减少壮丁登记遗漏。1940 年 10 月福建省军管区专门订定《福建省各县（区）二十九年度户口壮丁总复查暂行办法》（以下简称《办法》）、《福建省各县（特种区）复查户口须知》《福建省各县（特种区）举行复查户口讲习会简则》，要求各县在 1940 年 11 月 20 日起至 12 月 20 日止进行户口调查和壮丁复查。② 与此同时，依据省军管区颁布的《福建省出征抗敌军人家属调查办法》，一并举行大规模的出征军人家属总调查，以明了征属状况，切实予以救济。③ 对于壮丁总复查的目的，省军管区征募处处长李寿芝谈道：“本来兵役调查，已有定期的举行，因为在作战时，征召比较频繁，人事嬗变，也来得纷乱和迅速，往往会使已调查的结果和现在的实况失了确实性，这就不符合三平原则而且影响兵源，所以必须举行总复查，并且要普遍地进行才有效果。”④此次壮丁复查以乡（镇）为单位，壮丁（包括外籍壮丁）不论是否具有征召或免、缓、禁、停役条件一律接受调查。调查员由乡（镇）副乡（镇）长、户籍员、事务员、兵役协会干事及乡（镇）中心学校、国民学校校长、教职员等充任，并以户籍员为主办人员。县政府还指派第一科科长、主办保甲科员、第五科科长、兵役股主任、警察所督察员、巡官、区署区长、主管股区员等充任督导员赴各县督导。壮丁复查前由县（区）政府召集保长讲习会讲解户口壮丁总复查各章则以及复查户口方法，各保举行保民大会宣达复查要旨。复查以原有保甲兵役编查册、现役及龄壮丁名簿为根据，重点复查前次复查遗漏匿报之壮丁；免缓役原因消灭之壮丁；本年届满 18 岁役龄之壮丁；曾经征送因体格未合格被剔退，现已恢复健康之壮丁；查有避役实据之壮丁。此次复查，还特别注重壮丁异动情况的调查，对于外出谋生的壮丁，除免缓役者外，还要将该壮丁外出的客居地点、门

① 《晋县府定期举行全县合格壮丁总调查》，《泉州日报》1940 年 8 月 8 日，第 2 版。
② 《省政府训令》，福建省档案馆藏，档案号：11-6-3846。
③ 《省军管区订颁办法调查全省征属状况》，《闽北日报》1940 年 10 月 23 日，第 4 版。
④ 李寿芝：《对于本省二十九年度兵役总复查的期望》，《南方日报》1940 年 11 月 13 日，第 3 版。

牌，从事何种职业或正谋事的情况详细记载于表册附记栏内，依照《战时征募事务暂行规则》第47条的规定，将异动壮丁的兵役义务移至驻居地履行。① 在复查过程中，各户户口如有错误、遗漏，即就地更正，家长须盖章或捺指模，复查完毕后，根据已经更正的保甲兵役编查册，以乡（镇）为单位，编造甲、乙级壮丁名册及统计比较表，凡属同一年龄之壮丁均应排列一起，自18岁起至45岁止，共27个年次，分甲乙级各造册5份，保、乡（镇）、区、县、国民兵团各分别存档一份，保存期限28年。各县（区）再造4份甲乙级壮丁统计比较表，呈报由师管区转省政府查核。②

1940年度的壮丁复查于1941年1月底全部办竣，壮丁总数较之前有所增加，共计2004823人，其中甲级壮丁1340781人，乙级壮丁664042人。应征者485625人，应免征者1066933人，应缓征者450415人，应禁征者1850人。③ 1941年因上年度壮丁复查刚刚结束，因此没有举行。

1942年，福建省颁布《三十一年度征补兵员补充办法》，将壮丁名册调整作为本年度的中心工作，并于4月15日全部完成。调查办法依据1940年度壮丁总复查办法，以届满甲乙级适龄者为限，同时举行出征军人家属调查，调查范围自1940年12月1日起至1941年11月30日止，调查重点为1940年度复查时"遗漏"或"匿报"之壮丁，免、缓、禁、停役原因消灭或伪报年龄之壮丁。各乡（镇）造具壮丁名册及统计表各两份，一份留乡（镇）公所保存，一份呈报县（市）政府备案。壮丁名册内详列有适龄应征壮丁姓名，详细填具有免缓役的原因。各县（市）政府根据上项壮丁名册及统计表，汇造全县（市）壮丁名册及甲乙级适龄壮丁统计表、出征抗敌军人家属状况调查表、出征抗敌军人家属生产能力统计表、国民兵名簿及国民兵统计表等。为了使壮丁调查能依期精确办理，1942年度福建省政府采取较为严厉的督促惩罚措施，如分期分派县（区）、师管区、军区部人员前往乡（镇）检视，如未完成依级处分乡（镇）长、县长、师管区司令。初步调查完竣，报送到县后，由县（市）长组织政府人

---

① 《严密考查壮丁异动情形》，《闽政月刊》1941年第8卷第2期，第51页。
② 福建省军管区编《福建兵役四年》，环球印书馆，1941，第34页。
③ 《1939~1942年全省壮丁》，福建省政府秘书处编印室编《第一次福建省统计手册》，1944，第225页。

员、军事科及国民兵团全部人员，分组携带各（乡）镇壮丁名册，按保甲点阅壮丁，在点阅时，准许民众当场检举漏丁及不应免缓役壮丁，一经发现，依照兵役事项治罪规定判处 3 年以上有期徒刑。① 规定虽然严厉，但该年度仅有 1/3 的县份依限办理完竣，除泉安师管区各县外，其余各师管区部分县（市）"仍多敷衍从事，应办手续均不能如期完成"② 。1942 年 9、10 月间，福建省军管区司令部派员分赴莆永师管区各县抽检壮丁名册，受检视的 35 个县（区）中，全部完成者仅有 21 个，部分完成者 10 个，尚在调整者 4 个。壮丁调查名册最为精确的是德化县，该县每一壮丁的家庭状况备考栏均有简略记载。而惠安、平潭两县则"根本未办"。③ 原沦陷的闽侯、福清、长乐、连江、平潭、福州各县，收复时刚举办调查也不再重复举办。④ 经过复查，1942 年度壮丁总数为 1782123 人，其中甲级壮丁 1156142 人，乙级壮丁 625981 人。⑤

　　1943 年 3 月 15 日新《兵役法》公布后，福建省即遵照新《兵役法》重行壮丁调查，并展期至 9 月底办竣。在调查前，县（市）、区政府暨乡（镇）公所分别召集讲习会，讲解壮丁调查法令手续，调查人员由乡（镇）人员、保甲长办理，各乡（镇）士绅、各校校长、教员协助调查。本次调查以 1942 年度壮丁名册为根据，所有新及龄与以往遗漏错误登记之壮丁，分别就册内添注改正。调查完毕，由保甲长从实做汇报，再由师管区会同县政府，组织点阅组，赴各乡（镇）抽查。⑥ 此次壮丁调查不同于以往的在于公开审查壮丁免缓役情况和举办特种壮丁调查，如 1943 年 4 月南平城区各保将应免、缓、停、禁役壮丁的申请在保民大会召开时公开审查，县

---

① 《壮丁调查严密，军区订调查办法，免缓役的年龄不确严重惩处》，《同安民报》1942 年 4 月 11 日，第 3 版。
② 汪复培：《一年来的征补工作》，福建省政府秘书处编印室编《闽政一年》，1942，第 138 页。
③ 《福建省军管区征募处三十一年度工作概况》，《福建征训》1943 年第 3 卷第 1 期，第 30～32 页。
④ 《福建省三十一年度征补兵员补充办法》，《福建征训》1942 年第 1 卷第 3～4 期合刊，第 151 页。
⑤ 福建省政府秘书处编印室编《第一次福建省统计手册》，附表"1939～1942 年全省壮丁"，1944，第 225 页。
⑥ 朱沛霖：《三十二年度征募议决案概述》，《福建征训》1943 年第 3 卷第 4 期，第 126～128 页。

政府军事科、征募股出席各保大会。① 依据新《兵役法》的规定，各地均要举办特种壮丁调查，凡 18 岁至 45 岁的适龄公务员、党员、士绅及其子弟，无论是否合乎免缓役规定，均应接受壮丁调查，以防逃匿。② 本年度全省壮丁调查仍未全部按规定在期限内办竣，如南平县于 11 月 1～30 日才举行调查。③ 1943 年度调查结果与 1939 年度调查结果相差最大者即应免役者，减为 462177 人，应缓役者增为 1039925 人。④ 这一结果与《兵役法》修正后免缓役人数增减密切相关，也与壮丁公开审查的结果紧密关联。

1944 年 7 月福建省依据军政部颁布的《三十三年度壮丁调查计划大纲》订定《福建省壮丁调查实施暂行办法》，规定本年度壮丁调查与户口调查同时办理，凡年满 18～45 岁之壮丁，不论是否具有免、禁役与缓役、征召之条件，已入伍或残废者除外，否则都必须登记造册，无论本籍或暂住户口，都必须在现住地办理。调查时间从 7 月 5 日起至 9 月 5 日止。为使壮丁调查与户政调查能更加详尽、完备，省政府、省军管区司令部督导省会永安严密身家调查，以为全省示范。本年度对免缓役者申请给予严格规定，要求免缓役者于 7 月 5 日起至 7 月底申请，凡不依时限申请者即系自愿放弃免缓役权利，依法征送入营，申请时还须附上免役、禁役、停役、缓役、缓召证明文件，因公出国在 3 年以内未能回国者，应附具出国护照。⑤ 由于调查经费入不敷出，严重影响壮丁调查的开展，虽然军政部于 1944 年 5 月将每名壮丁补助调查费提高 2 角，专为印刷壮丁名册和国民兵名簿费用，其余费用均由福建地方政府筹措，但地方政府财政窘迫，仍感困难重重。仅有部分县（市）按规定办理调查，绝大多数县份因赶征兵额或经费关系，或因改并乡（镇）关系，并未办理，即使有呈报调查完毕者，也欠确实。⑥

纵观 1939～1944 年福建省的壮丁调查，虽然每一年度有上一年度的旧册作为参考，但各县调查不尽翔实，不够严密，且不够充分，特别是沦陷的县（市）调查根本不准确。龙漳师管区各县所报壮丁总数与前一年度数

---

① 《南平壮丁身份决定公开审查检举》，《南方日报》1943 年 4 月 16 日，第 4 版。
② 《军管区奉令举行特种壮丁调查》，《中央日报》（福建版）1943 年 2 月 18 日，第 3 版。
③ 《南平壮丁总调查举办业务讲习》，《南方日报》1943 年 11 月 11 日，第 3 版。
④ 《福建省第三回统计年鉴（兵役类）：1937～1944》，档案号：3－1－25。
⑤ 《福建省壮丁调查实施暂行办法》，《福建征训》1944 年第 6 卷第 1～2 期合刊，第 27 页。
⑥ 刘建绪：《军队党务工作的新途径》，《福建征训》1944 年第 6 卷第 1～2 期合刊，第 6 页。

据基本无差，或者每月所报前后不相符，"漏报、匿报及伪造免缓役原因仍属不少"。① 1943 年福建省军管区征募处处长朱沛霖在总结抗战六年来征补业务时概括了壮丁调查的三点病态：①县方将调查工作委诸乡（镇）公所，仅按上年壮丁名册，抄录一份，呈报县府，再将免缓役壮丁统计表呈报，敷衍了事。②县方接到调查办法后，仅增列数条注意或补充事项，责成乡（镇）公所办理。③比较进步的县份，则于计划之外举办时间短促的调查业余讲习会，然后分赴各乡调查，对于参加讲习的人员是否了解法令，根本不注意。如此一来，"不特壮丁数不能增加，反见减少，最足痛心者若干县份，唯恐配赋繁重，故意减报壮丁数，以图轻减配额，似此敷衍。"② 除了减少月配兵额的主因外，一些县份为节省人力、物力、财力，担心编查后保甲户口异动又必须重行调查，因此也敷衍应付。再者，壮丁调查与户籍紧密关联，户口册记载确实，则服役、免役、缓役、禁役资格自然容易确定，战时福建户口册籍根本不确实，因此壮丁调查的准确性也就大受质疑。另外，福建各地有养子、招赘、承祧等不同风俗，使事实与法律常发生差异。综合上述种种原因，壮丁调查极难准确。

为求确知壮丁人数，减少匿报、漏报的现象，国民政府及福建军政当局订定法规给予严罚，如 1942 年军政部颁布《兵役调查办法》6 项，规定如有发现漏丁，或不当免缓禁停役，或年龄不准确，在每甲 1 人以上、每保 3 人以上，每乡（镇）10 人以上的，该乡（镇）保甲长不予缓征，提前征送入营，以示惩处。③ 福建省政府也专门规定分层负责办法，如发现每甲漏丁 2 人以上，甲长提充兵役；发现每保漏丁 5 人以上，保长撤职查办，保队附提充兵役；发现每乡（镇）超过 25 人时乡（镇）长议处，乡（镇）队附撤职；发现每县漏丁 100 人以上，县长、军事科科长、国民兵团副团长，分别从严议处。④ 省军管区专设检举奖项，凡民众检举 2 名以上漏丁及不应免缓役壮丁，准其缓役 1 期；检举 4 名以上，准其缓征 2 期；若检举雇买顶替情形，可用一半罚金充当奖金。省军管区将应免、缓、禁

① 《龙漳师管区三十一年度工作概况》，《福建征训》1943 年第 3 卷第 1 期，第 39 页。
② 朱沛霖：《六年来征补业务之回顾与今后之改进》，《福建征训》1943 年第 4 卷第 1～2 期合刊，第 9～10 页。
③ 兵役部役政月刊社编《抗战八年来兵役行政工作总报告》，1945，第 70 页。
④ 《闽全省壮丁限期清查》，《福建征训》1943 年第 3 卷第 2～3 期合刊，第 101 页。

役壮丁姓名列榜公布于乡（镇）公所，并遍设密告箱，以便民众检举。[①]
为惩处违抗、隐匿行为，福建省军政当局严令，如"住户有违抗调查及故
意隐匿，即派兵逮捕，依照《妨害兵役治罪条例》第2、16、17、18、21
条各条治罪，省属机关违抗调查及故意隐匿壮丁名册，转军政部核办"。[②]

总的来说，尽管福建省的壮丁调查不尽确实，但调查的结果仍为兵员
动员提供了相对较为可靠的数据，兹将1939～1943年全省壮丁调查情况列
于表5-5。

表5-5　1939～1943年全省壮丁调查情况一览

单位：人

年　份	类　别	合　计	应　征	应缓役	应免役	应禁役
1939	甲级壮丁	1239725	224933	218490	795469	833
	乙级壮丁	589747	124998	78408	385958	383
	总　　计	1829472	349931	296898	1181427	1216
1940	甲级壮丁	1340781	326608	321023	690892	1253
	乙级壮丁	664042	159017	120387	375041	597
	总　　计	2004823	485625	450415	1066933	1850
1941	甲级壮丁	1362728	326954	341772	602469	1533
	乙级壮丁	661094	64770	129132	366595	597
	总　　计	2023822	491724	470904	1059064	2130
1942*	甲级壮丁	1156142	206332	288872	628788	2267
	乙级壮丁	625981	109643	12799	387361	1178
	总　　计	1782123	315975	416671	1016149	3445
1943	甲级壮丁	1191123	204823	645823	334352	6125
	乙级壮丁	633647	108725	394102	127825	2995
	总　　计	1824770	313548	1039925	462177	9120

资料来源：福建省政府秘书处编印室编《第一次福建省统计手册》，1944，表172"历年全省
壮丁"，第225页；《福建省第三回统计年鉴（兵役类）：1937～1944》，福建省档案馆藏，档案
号：3-1-25，表6"1939～1943年全省适龄壮丁表"。

说明：*本年度因浦城、建阳两县甲级壮丁仅报有总数，以致全年合计与甲、乙级壮丁合计
两数不等于其各栏数据之和。

---

① 《闽省壮丁调查限期一律办竣》，《南方日报》1943年3月8日，第3版。
② 《福建省壮丁调查实施暂行办法》，《福建征训》1944年第6卷第1～2期合刊，第27页。

二　壮丁体格检查

壮丁身家调查后则进行体格检查，无论是志愿应征或被应征的壮丁（除免缓役者外），都要经过该项程序，身体检查及等位检定合格，以选定兵种和确定是否免缓役。体格检查一般在 7～9 月进行。抗战前期，福建省对壮丁的体格检查依照 1937 年颁布的《修正陆军应征募壮丁身体检查及新兵检定规则》办理，并以《陆军新兵身体检查规则》作为参照，该《新兵检定规则》对壮丁的身体检查、检查实施、体格检定、免役缓役、诈病鉴别 5 个方面做了详细规定。体格检查原定在征（募）兵事务所内举行，由 2 员至 3 员军医及 2 员至 3 名护士执行，每日检查 150～200 人。后征（募）兵事务所的体格检查无法满足大规模征兵的需要，改由各县（区）卫生院（所）办理，检查内容及顺序为：身长、体重、胸围、视器、辨色力、视力、听力、听器、鼻腔、口腔、咽喉、言语、精神、关节、运动、体格等。初检结束后，医务人员将成绩逐项记入身体检查表内，其等位及兵种由 3 位医生根据检查结果审慎判定，兵种分步兵、骑兵、炮兵、工兵、辎重兵、交通兵 6 种。体格等位分为甲、乙、丙、丁四种，其中乙种又分为第一乙和第二乙种，甲乙两种为合格，可征为现役兵，其他的则为补充兵役。甲种的标准为"身长逾 165 公分，体重逾 55 公斤，胸围在身长半数以上，身体强健，并无暗疾及畸形者，适合于现役"；乙种的标准为"身长逾 160 公分，体重逾 50 公斤，胸围达身长之半者，在甲种人数不敷分配时亦适合于现役"；丙种的标准为"身长虽不满 160 公分，而一般发育尚属佳良，且无显著之疾病缺点或畸形者，在甲乙两种人数不敷分配时，亦适于现役"；丁种的标准为"身长不满 150 公分，且确具有显著之不治病或畸形者，不适于兵役，得免服兵役"，一时疾病，难以判定是否适合兵役，令其缓役，翌年再接受身体检查。[①]

壮丁经卫生院检查后，缮造合格壮丁名簿一份附同身体检查表送交团管区复验，复验后再送呈师管区，最后再交接收部队。抗战初期，由于接收部队不明地方体检实况，对壮丁多有挑剔，又与兵役机关、各县（区）

[①]　《修正陆军应征募壮丁身体检查及新兵检定规则》，《福建省政府公报》1937 年第 746 期，第 9～10 页。

政府立场、观点互异，因此有关壮丁体格的纠纷层出不穷。① 对此，1938年，省军管区司令部特规定《新兵体格检查办法》，要求初步身体检查以县（市）为单位，由县长督同卫生院依照检查规则检验②，凡五官不端正及患花柳、烟癖、肺病、疝气、痔疮及其他传染病等，不堪训练者，一律责成卫生院限期医治；如系烟癖者，即责成当地戒烟院所，限期勒令戒绝，医愈或戒绝后仍令服役，不准擅离，并予提前补充；如故意逃避兵役的，则按照《违反兵役法治罪条例》第5条第1款之规定，从重处罚，以示惩戒。新兵经县政府严切检查、汰弱留强之后填具检定表，再交团管区军医复检。接收部队或后补营接收后，不再剔退。如果常备队在接收时发现患有应淘汰疾病的壮丁，县长、卫生院院长及团管区军医，均应受相当的处分。③

为使征送者与接收者有章可循，1940年福建省军管区司令部订定《兵役机关接收部队关于办理体检应备手续及应行惩处注意事项》及《新兵体格检验标准表》，《注意事项》对兵役办理机关、接收部队的相关事项做了具体规定，如对于兵役办理机关：由各县卫生院检验壮丁，详填检查结果交团管区复验，并在原表内详填复验结果，体格检查表应存底于各县（区）一份；凡检查不合格的壮丁，除身体畸形、残疾或有不治病症者外，须在验退检查表上载明可健复的时间，并将验退壮丁的姓名、年龄、籍贯、住址、剔退病症、康复时间按月造册汇报给县政府，以便届时征集复验，以免遗漏。对于接收部队，凡合格壮丁应予以接收，如发现体检表虚伪记载，应向军区司令部举报查办；接收部队对于不合格壮丁必须剔退，在体格检查表内详填淘汰病症。营级以下接兵部队均应带军医复验，各连官长不得询问壮丁有无宿疾，任意挑剔；接收部队接收壮丁如不按规定故意挑剔，允许拨交机关告发，报请军管区司令部查办；至于暗中买放壮丁，准许检举证据报请严办。④

随着抗战兵员需求数量的骤增，频繁征兵使各地征兵异常困难，为了能够征到足够的兵员，1941年军政部颁布《三十一年度征补兵员实施办

① 朱文伯：《如何使征兵走上合理的途径》，《闽政月刊》1938年第3卷第2期，第10页。
② 1941年度壮丁体格检查改由管区军医与接收部队军医、县卫生院医师共同进行，以免发生纠纷。参见朱沛霖《本省三十年度征募实施之概述》，《福建征训》1942年第1卷第5期，第184页。
③ 《省政一月：严定新兵体格检查办法》，《闽政月刊》1938年第3卷第4期，第37～38页。
④ 福建省军管区编《福建兵役四年》，环球印书馆，1941，第124～125页。

法》，规定从 1942 年 7 月起，征集程序由原来的调查—检查—抽签—征集，调整为调查—抽签—检查—征集，即将体格检查改置于入营之日并在抽签册报之后，作这样的改变，原因在于：第一，新征补训管区当抽出 2% 的合格壮丁时，已注意到补充兵应有"合格"的体格；第二，抽签前壮丁身体检查，所需军医人员数目庞大，无法办理，为使壮丁入营手续简化，改为在入营后进行身体检查。① 1942 年 12 月颁布的《战时征补兵员实施办法》，又大大放宽了体检标准：①身长逾 155 公分，体重 48 公斤以上，身体强健者为合格。②年龄适合，身体精壮者，即使与上述规定稍有不合，也属合格。③甲级壮丁须年满 18 岁以上 35 岁以下，乙级壮丁须年满 35 岁以上 45 岁以下。④须确实土著壮丁，包括本籍、省籍及寄居 6 个月以上之壮丁。②

福建省在壮丁体格检查过程中发现，各县符合免缓役规定、得有痼疾或身体孱弱不及格的壮丁不在少数，特别是闽东北各县壮丁体质异常孱弱，闽东有些县份壮丁体格不合格者甚至达到 80%。③ 因此，全省壮丁应征后每次剔退的数量众多。林斯贤曾说："像这样的身体，自保还不行，那（哪）能负起保国卫民的责任，实在是福建民族健康史中非常可耻的一页。"④ 我们从 1939 年福建省壮丁身体检查状况中可见本省壮丁的基本情况，详见表 5 - 6。

1941 年，福建省卫生处处长陆涤寰抽取了材料比较齐全，条件各不相同的 35 个县，时间从 1939 年 9 月至 1940 年 3 月 6 个月中体检的壮丁样本进行分析，该时段检查壮丁总数为 121167 名，其中合格壮丁为 74068 人，占总人数的 56.46%，不合格壮丁占 43.54%。不合格原因为：体轻、身矮、脾肿大、睾丸肿大、血丝虫、痔疮、眼病、疝气、花柳病、肺结核、皮肤病、心脏病、畸形、耳病、盲哑、手足残疾、支气管病及其他等 18 项。其中体轻、身矮的不合格人数最多，共 10812 名，占壮丁总数的 8.3%。与蚊虫相关的疾病如脾肿大、睾丸肿大占总数的 6.2%，再次是花柳病占总数的 2.2%。⑤

---

① 程泽润：《战时兵役动员的加强》，《福建征训》1942 年第 2 卷第 2 期，第 46 页。
② 徐思平：《中国兵役行政概论》，文治出版社，1945，第 461 页。
③ 万九光：《斗士之造成》，《福建体育通讯》1940 年第 1 卷第 2 期，第 16 页。
④ 林斯贤：《国民体育与兵役》，《福建体育通讯》1940 年第 1 卷第 2 期，第 8 页。
⑤ 陆涤寰：《福建省壮丁》，《闽政月刊》1941 年第 8 卷第 4 期，第 21 ~ 22 页。

表 5-6　福建省 1939 年壮丁身体检查状况

单位：人,%

区　　分		人　数	百分比	备　注
受检壮丁总数		9534	100	
合格壮丁总数		6662	69.993	
不合格项目	手足残疾	136	1.427	
	畸形	89	0.944	
	盲	15	0.157	
	哑	4	0.042	
	耳聋	22	0.23	
	循环系统疾病	68	0.713	
	肺结核	54	0.566	
	身矮	199	2.087	
	疝气	236	2.475	
	近视程度	56	0.587	1. 本表受检人数及百分比率以一个月征拨额数为核算基准
	麻疯病	2	0.021	
	癫痫	9	0.094	2. 本表根据各师管区转据各县卫生院所填的月报表填载
	橡皮足	29	0.304	
	小计	919	9.639	
缓役者	呼吸器病	61	0.64	
	梅毒	53	0.556	
	淋病	79	0.829	
	痔疮	359	3.765	
	营养不良	246	2.58	
	重度皮肤病	287	3.01	
	烟癖	4	0.042	
	脚气	11	0.115	
	体轻	413	4.332	
	眼病	98	1.029	
	其他	342	3.587	
	小计	1953	20.484	

资料来源：福建省军管区编《福建兵役四年》，环球印书馆，1941，第 124 页。

　　为什么福建有这么多的壮丁体格检查不合格？究其原因，首先这与福建山高林密、气候潮湿的地理环境密切相关，在这样的环境下，容易滋生地方性疾病，如寄生虫病、虐疾，当时全省每年约有 400 万虐疾病人，沿海一带的睾丸肿大和闽西一带的大脚病都与虐疾、寄生虫病相关。其次，体格检查不合格也与福建民众结婚年龄过早，营养不良有关，如体轻身矮。最后，生活习惯不良。福建各县壮丁花柳病患者广泛存在，如 1939 年永安县卫生院统计，该年该县不合格壮丁中犯花柳病者约占总数的 30%，其原因在于壮丁私娼，或为避役自愿染上。[①] 当时报道称，福建"都市的花柳病，现在变成了乡村病。在这里，非特感觉到一般民众的身体差，同时也觉得一般民众道德的堕落，走上这民族自杀之途"[②]。

鉴于福建省壮丁的身体状况，为了能够完成征集任务，省军管区司令部不得不上报中央降低壮丁体检标准，1939 年 9 月，省军管区司令部编订《福建省新兵交接须知》，将壮丁体检标准调整为：①身长 160 公分以上，体重 55 公斤以上为甲等；身长 155 公分以上，体重 50 公斤以上为乙等；身长 150 公分以上，体重 48 公斤以上为丙等。以上均属合格。②年龄适合，身体强健，堪服兵役者，即达不到上项标准，也应认为合格。③聋、盲、哑、手足残疾、畸形及患有肺结核、疝气、痔疮等疾病者应予淘汰。④患有烟癖、花柳病，应予验收勒戒，或医愈后仍令服役。[③] 以上规定比军政部颁发的体格等位"甲乙丙丁"四种标准明显降低了许多，如军政部颁要求"身长逾 165 公分，体重逾 55 公斤为甲等"，而福建标准为"身长 160 公分以上，体重 55 公斤以上为甲等"，在身高上降低了 5 公分。

体格检查是战时征兵的既定程序，但在实际执行过程中，福建一些地方政府或征兵机构敷衍了事的情况大量存在，"除身高体重外再无其他项目，简单潦草到几近于无"。一些壮丁为了避役，采取各种方式向负责体检的卫生院或医生行贿，"只要价钱商量好了，他们就可以用人眼看不见的病名，什么高血压、神经失常、心脏脆弱等，名正言顺地把一个个'不合格'的壮丁剔回去"，长乐县人把这种方法叫作"打针"，意思说"送了礼，打了针，病就好了"。[④] 一些卫生人员不认真检查壮丁体格，致使接

---

① 《永安壮丁患花柳病》，《闽北日报》1939 年 2 月 3 日，第 4 版。
② 万九光：《斗士之造成》，《福建体育通讯》1940 年第 1 卷第 2 期，第 16 页。
③ 《福建省新兵交接须知》，福建省军管区编《福建兵役四年》，环球印书馆，1941，第 81 页。
④ 郑守贤：《长乐征兵苛政的形形色色》，《长乐文史资料》第 2 辑，长乐市政协文史资料委员会编印，1986，第 140 页。

收部队剔退较多，浪费人力财力。对此，各县政府专派主管兵役人员监督，并要求有条件的县份必须在壮丁体检表上加贴本人二寸半身正面相片，或加盖左五指或右五指指纹模，以杜绝舞弊。[①]

三 壮丁抽签定序

体格检查及等位检定后，再下一步便是依据合格壮丁名簿进行抽签，即老百姓所说的抽壮丁，决定谁应该去服役。抽签的办法是抗战时期国统区征集壮丁时采用的最主要的办法（志愿应征者可以不经抽签程序而优先入营。其他的方法如推举法、招募法等），一般在 10～11 月举行。1936 年8 月，军政部公布了《修正陆军征募事务暂行规则》，该《规则》第 37 条至第 46 条对抽签规定为：身体检查合格的壮丁，决定本年度应征集现役兵数及备补兵数，在征集区临时组设抽签事务所（通常设在县城，必要时在适当地点分设）举行抽签，抽签日期于 11 月上旬至同月 20 日止。备补兵数为所需兵役人数 5/10 至 10/10。抽签事务由团管区司令（征兵官）主持办理，各该县（市）长协办，并指派唱名员、粘贴员、盖印员、壮丁抽签名薄登记员、整理员执行事务。抽签半个月之前，县（市）长再将抽签日期布告周知。抽签时，各管区征兵官会同地方公团代表及区、乡（镇）、联保主任、保长担任临时监督，由每区、乡（镇）、联保两名壮丁代表参加抽签，同时由参加壮丁代表中推选抽签总代表 4 人至 8 人分别行之。抽签前，依照壮丁名簿就体格等位相同者，按兵种分类，分别装入签号票封袋。抽签开始前，在团管区征兵官前朗诵兵种体格等位及号数后，定征集顺序，扯破封袋，同时检查票匣后启封，将签号票列入匣内搅乱。抽签的程序为：唱名、抽签、粘贴、盖印、整理、登记。最后由团管区司令宣布现役兵及现役备补兵的号数。抽签名簿做成 2 份，分别存置于县（市）政府和团管区司令部。[②] 该办法虽然规定了抽签的具体程序，但未必适合抗战后大规模兵员动员的需要，以后又经多次修正。

抗战爆发后，福建省在不违背中央原则的情况下，对壮丁抽签作了适合本省情况的改进，如 1938 年 1 月军政部颁布的《非常时期征集国民兵及

---

① 《省政一月：严定新兵体格检查办法》，《闽政月刊》1938 年第 3 卷第 4 期，第 37～38 页。
② 《修正陆军征募事务暂行规则》，《福建省政府公报》1937 年第 746 期，第 1～5 页。

抽签实施办法》（1940 年 2 月修订）对壮丁抽签规定为：非常时期壮丁抽签以区、乡（镇）、联保为单位，由县政府派员监督执行，各保长按规定抽签之时日与地点，带领各保役龄壮丁，依时到达抽签场所亲行抽签。①

对于应服兵役的壮丁，以年满 18 岁至 30 岁者为甲级，年满 31 岁至 40 岁者为乙级，除免缓役者外，甲级壮丁先抽签，之后乙级壮丁抽签，最后按中签序号依次征集。② 抽签后，以户为单位，依据"三丁抽一，五丁抽二，独子免征"的原则，确定本年度或下一年度应征的壮丁。福建省在实施征兵不久，对于乙级壮丁仍暂缓抽签。福建省军管区认为乙级壮丁原有暂缓征召的规定，且战时甲级壮丁增加了 18 岁和 19 岁两个年次后③，其人数尚可应付兵员补充的需要，因此，1938 年 6 月省军管区颁布的《福建省兵员征集办法》规定甲级壮丁一律抽签，乙级壮丁得先调查，暂不举行抽签，等到甲级中签壮丁不敷补充时，再办理乙级壮丁抽签，各县也可根据实际情形自行办理，这样的规定，避免了人民的疑虑，有利于乙级壮丁安心地生产生活。

1940 年 2 月，国民政府修正《非常时期征集国民兵及抽签实施办法》，详细规定了抽签程序，抽签由新兵初步身体检查委员会负责，由检委会主任委员（一般为县长）主持④，抽签时，临时由主任委员检查后，投于筒内搅乱，由唱名员按国民兵名册依次唱名，国民兵本人向签筒抽签，交予开签员当众朗诵，再交登记员登记，登记后再及次人。国民兵抽签完毕后，依签号顺序整理，另编国民兵签号名册，以备将来按次征集之用，其原抽签登记签号名册，留存乡（镇）国民兵队部备查。检委会对于乡（镇）保各级队部办理兵役人员舞弊行为，负纠查检举之责，抽签后发现

① 福建省军管区兵役处第一科编《兵役法规汇编》（一），福建省军管区兵役处印行，1939，第 197～198 页。

② 《非常时期征集国民兵及抽签实施办法》，福建省军管区兵役处第一科编《兵役法规汇编》，中华印书局，1939，第 197～209 页。

③ 1936 年《兵役及龄男子调查规则》规定现役壮丁调查从 20 岁开始，1938 年《非常时期征集国民兵及抽签实施办法》规定现役壮丁调查从 18 岁开始，18 岁至 35 岁为甲级壮丁，使甲级壮丁增加了 18 岁至 19 岁两个年次的人数。

④ 《修正非常时期征集国民兵及抽签实施办法》规定新兵初步身体检查委员会由下列人员组成：县政府 1 人，县党部或法团代表 1 人，兵役协会代表或公正士绅 1 人，国民兵团团部 1 人，民医 3 人，邻区国民兵队长及邻乡（镇）国民兵队长列席参加。以县长为主任委员。

有隐匿壮丁，除尽先征集外不得给予优待金，如系党员公务人员及士绅富户子弟隐匿者也应从重处罚。检查经费，由军政部发给，其支付办法，每个检委会机关人员，其 4 人每人每日支旅费 1 元，民警 3 人每日各支薪 2 元，运费及公杂费（含业务津贴）每日 3 元，共 13 元。每年一等县只以 90 日计算，二等县 80 日计算，三等县 70 日计算。① 该办法颁布后，福建依据此办法实施。

1940 年 7 月 1 日到 1941 年 6 月 30 日为兵役改进年，国民政府要求举国上下应一致努力改进兵役。依据《民国三十年度征补兵员实施办法》，福建省军管区制定《福建省三十年度征补兵员补充办法》，规定各保于县年度征兵会议后配定全年征兵数目，召集全保保民开年度征兵大会，确定本保本年应征壮丁姓名，造册填报。先鼓励保民志愿应征，如志愿兵人数尚不足配定年额时，再举行抽签。每保合格壮丁在保长带领下，按时到达县政府抽签地，仍由壮丁本人亲自抽签。抽签应先减去志愿应征者，视应需名额确定抽签号数，例如乙保应配兵额为 20 名，已有志愿应征者 10 名，则需抽签的只有 10 名，抽签者即自 1 号至 10 号，其余均为空白票，抽得有签号者即为中签，抽得空白票者不应征。无论是中签或志愿应征者或代役者，均应由壮丁本人及家属向保长具结在服役期内保证不逃。各保长再向乡（镇）长具结。如有壮丁逃役，除停止优待外，还要给予严办。凡中签壮丁检举逃兵 1 人，可以缓役 1 年，如非中签壮丁，给予奖金。②

浙赣会战发生后，兵员征集愈加频繁，1942 年度壮丁抽签依据《福建省三十一年度征补兵员补充办法》，将原定 10～11 月的抽签改为 4 月 20～30 日举行。抽签方法为，由县长（征兵官）召集国民兵团副团长、军事科科长、县（市）党部书记长、兵役协会、优待委员会委员及各区乡（镇）长、保甲长，并推选壮丁代表 4～8 人临场监督，根据乡（镇）调查之名册，除免缓役外，以乡（镇）为单位，县长就各保年度配额依次抽定壮丁，在场监签人员立即将中签壮丁名字宣读，并登记、盖章，中签壮丁数以各保总人口数的 2% 为正签，为预防临时逃避与体检不合格，另加 2% 为预备签，即按配额加一倍或两倍。抽签结果不分正签、预备签造具中签壮

---

① 《修正非常时期征集国民兵及抽签实施办法》，《重庆市政府公报》1939 年第 6～7 期，第 71～72 页。

② 李寿芝：《三十年度本省役政改善之新猷》，《南方日报》1941 年 2 月 27 日，第 4 版。

丁名册，依中签号确定征集顺序。① 这一方法最大的变更是将抽签的主持者由原来的团管区司令改为县（市）长，由壮丁"亲行抽签"改为县长"间接抽签"，这样无疑增加了实际中签壮丁的人数。亲行抽签需要壮丁亲自来抽签，有些壮丁有事不能来或逃避，实际人数自然减少，间接抽签由县长对符合条件的壮丁进行抽签，不管中签后去不去当兵，实际中签人数肯定比之前更多，该办法也使得全部壮丁除极少数中签外，其余均得安心各务所业。但该方法也增加了役政舞弊，役政人员可以随时随意更换、增加中签人员名单。

1943 年 3 月全省行政兵役会议决定抽签日期仍定于 4 月 20～30 日举行。抽签地点改在乡（镇），以乡（镇）为单位，由乡（镇）长召集当地机关、法团、学校负责人，乡（镇）兵役协会委员，乡（镇）优待委员会、地方士绅、乡（镇）公所职员，保甲长，并由县长或派代表亲临现场指导。抽签方法以直接、间接并用，即由现役及龄男子亲自抽签，如本人未到场，则由征兵委员代为抽签，这两种方法由各县（市、区）政府视当地情况适宜选定。抽签时，乡（镇）公所根据调查正确的壮丁名册，除经免缓役者外，分别将甲乙级壮丁编列签号，按规定手续全数抽定，不分正签、预备签，造具中签壮丁名册呈报备案。② 该年颁布的新《兵役法》缩小免缓役范围之后，福建省军管区扩大了抽签范围，除师范、工科及其他专门技术人员外，公务员、大中学校学生一律参加。另外，一些县为适应地方情形，也有改为全部壮丁总抽签，如古田、仙游就以保为单位对所有壮丁进行抽签。

1944 年度，福建省对壮丁抽签实施办法如下：各县（市）对年届 21 岁男子除免禁役和缓征者外，无论贫富阶级全部征集抽签，不足时再依年次即征集 22～25 岁各年次壮丁，22～25 岁年次壮丁无论应征或缓召，根据上年度调查名册（除已应征入营者外）分别依乡（镇）、年次详细列册抽签，抽签于 1 月底完成。上述四个年次壮丁应随征随检，不必预行检查。抽签由县（市）长亲自主持，于县（市）政府所在地举行，采用间接方式，依乡（镇）、年次分别抽定，事后于各乡（镇）列榜公布，准许民众

① 《福建省三十一年度征补兵员补充办法》，《福建征训》1942 年第 1 卷第 3～4 期合刊，第 153 页。
② 朱沛霖：《三十二年度征募议决案概述》，《福建征训》1943 年第 3 卷第 4 期，第 127 页。

公开检举。核定征召的 5 个年次如有不敷，可发动"一甲一兵"运动提前征集补足。① 抗战时期国民政府对征兵的方法有了原则性的规定。但是，与制度性的规定相比，落实就具有相当复杂性和困难。抽签是兵员征集中相对公正合理的手段，然而，随着前方催征紧促，福建省军政当局只得要求各县以最快速度、最大限度获得兵员，甚至不大过问采取何种方式征召，致使壮丁抽签制度形同虚设，并未认真执行，即使执行了抽签法，也由于中签壮丁名单未张榜公示，因之发生许多舞弊事件，如秘密抽签、间接抽签，壮丁本人不知抽中的签号，或者不知所中签号的真伪。还有一些乡（镇）保甲长借故以甲报乙，以乙报甲，颠倒错乱，混淆不分，致使富家子弟应服役者从中贿赂而缓役、免役，贫苦子弟或应缓役者从中受压迫而先令入营，或未中签而借故错乱其签号。这些明显违反了"平等、平允、平均"的原则。而抽签制度的执行不力从另一个侧面反映了福建地方政府统治的薄弱。

第三节　壮丁征拨

一　壮丁征集

壮丁在抽签当选之后，除一部分作为备补兵外，其余的都作为现役兵征集入营。福建省新兵征集最初以《修正陆军征募事务暂行规则》为施行根据（1936 年 8 月颁布，1938 年 4 月修正），各乡（镇）将应服兵役的壮丁送到县兵役征集所集中，再拨交义勇壮丁常备队，等到师管区征拨命令后，即送交师管区补充团，在补充团进行 2~3 个月的精神教育与技能训练，最后由接兵部队接收。新兵入营一般在 12 月以后（次年 6 月 1 日为补助期）。新兵入营前，征集机构依其应入部队驻扎地之远近，规定其集合日期，新兵入营时，由团管区征兵事务所造具新兵入营花名册，于入营集合地点验后，将该名册连同壮丁交付部队长官或新兵受领员，然后造具新兵名册，在 10 日内按级呈报到军政部备案。常备师及独立部队，于新兵入

---

① 朱沛霖：《三十三年度本省征募工作报告》，《福建征训》1945 年第 6 卷第 6 期，第 91~92 页。

营 1 个月内，将新兵的征集数目及编配的情形造具清册，呈报到军政部核查。① 由此，完成兵员征集的所有程序。

依据《修正陆军征募事务暂行规则》，1938 年 6 月福建省军管区订定《福建省兵员征集办法》，规定了新兵集合、点验、训练的场所和方法。在新兵征集过程中，由于手续烦琐，各县（区）在奉行中间有遗漏，而接收部队大多不熟悉交接法令，由此产生许多纠纷。为保证如期、如数输送合格壮丁，1939 年 9 月省军管区司令部编订《福建省新兵交接须知》，新兵征集、交接程序才渐渐被纳入正轨，其中对壮丁征集规定如下。

①县（区）政府应将预定新兵集中日期、地点，通知各区、保。各区、保根据路程远近征送壮丁，以便远近者均能在同一时日集中。②县（区）政府对于调拨义壮队的新兵应在 5 日内点交补充部队，如系拨交后补团营的，不得超过 15 日。壮丁到达县城后，团管区再次对壮丁体格进行复查。③新兵集中到县（区）时，由县（区）长个别考询身家，对照原户口册，以防止顶替、强拉或误征。④新兵所到之处，应设置新兵招待所（1945 年 6 月 1 日改为新兵集合所），当地长官亲自到所内慰问，保证不得关禁、捆缚、虐待，新兵临时发生病症应由卫生院诊治。严禁压迫病兵先进或将其遗弃道旁，或枪毙活埋，若有遗弃或虐待情形，一经查明，应即以杀人论罪。②

1940 年 7 月，福建省军管区颁布《修正福建省各县（市）国民兵团常备队新兵征集费分配暨领发支报程序实施办法》，规定各县（市）国民兵团常备队新兵的征集除配额不足 30 名（其他县份编训）外，一律以就县（市）编训为原则，新兵由各保集中到乡（镇），再由乡（镇）集中到区署，最后由区署集中到县（市）。常备队新兵限于月初入队，月底拨交，拨交地点以国民兵团驻在地为准，接兵部队均应到达国民兵团所在地接收。③

随着战争的发展，各部队请求征补纷至沓来，征拨次数和人数也在不断增加，甚至有某月特征，某月倍征的情况。自 1941 年 1 月起，征兵改为

---

① 《修正陆军征募事务暂行规则》，徐思平：《中国兵役行政概论》，文治出版社，1945，第 359～360 页。
② 《福建省新兵交接须知》，福建省军管区编《福建兵役四年》，环球印书馆，1941，第80～83 页。
③ 福建省军管区编《福建兵役四年》，环球印书馆，1941，第 167 页。

每三个月或四个月征集一次，即将全年征额，按年次平均征集拨补。于是，1941 年福建省兵员征补由每月一次改为 3 月一次，共征集 4 期，以 3、6、9、12 月的一日为征补交接期。① 这一变化减少了每月交兵接兵的烦琐，节省了人力、物力、财力，可使各县有充裕的准备及整理时间，各县能兼顾其他庶政的推行，又使人民休息有时，不耽误生产，同时利用休息时间加紧军训，增强壮丁素质，并且在军事上适合各季攻势，适当补充团之训练与拨补。

1942 年度福建省依照《三十一年度征补兵员实施办法》，将征兵改为每 4 个月一次，一年分 3 次完成征额。其征集办法为：第一次征集时，以中签者依次征集之。第二次及下次征集时，依前项原则办理，如中签不足合格之数，以预备签补充之。凡中签壮丁，曾受相当教育，品质优良者（包括党政人员、青年团员及士绅公务员子弟中签者），征集后得考试选编入师管区模范队。② 虽然规定 3、6、9、12 月四期为征补交接期，但 1942 年随着浙东战局转变，各部队补充孔亟，催接频繁，因而仍按随征随拨或提前征拨，甚至一些部队直接到县国民兵团将兵接走，根本无法按程序办理。③ 1942 年 12 月，军政部鉴于各省关于兵员征补法令太多太杂，特于《战时征补兵员实施办法》中规定战时征集的具体办法：征集时征兵官（县长）就应征名额，依据中签壮丁名册的签号顺序填发征集票，在征集令下发 5 日以前，分别密送到各乡（镇）长；乡（镇）长收到征集票后应立即登记，并迅速分发到各保甲长转给应征壮丁，令其如期到指定新兵征集所报到；新兵征集所以师管区所属补充团每营部或县（市）政府所在地设置一个征兵所为原则，必要时得视地区广大及人口稠密程度，酌情予以增减；中签壮丁如有志愿提前入营者，不依签号次序提前征集，并可列抵征额；征集之日须达到合法、合格、如期、如数的要求，并注意衣食住之优裕及欢送欢迎大会之举行；严禁征兵人员任意捆绑虐待壮丁情事，如有发现，即判该征兵人员犯罪，依法惩办，征兵人员的长官也应受连带处分。④

---

① 《本年役政略有改变，征募改为三月一次》，《南方日报》1941 年 1 月 24 日，第 4 版。
② 程泽润：《战时兵役动员的加强》，《福建征训》1942 年第 2 卷第 2 期，第 47 页。
③ 《莆永师管区三十一年度工作概况》，《福建征训》1943 年第 3 卷第 1 期，第 41 页。
④ 《战时征补兵员实施办法》，徐思平：《中国兵役行政概论》，文治出版社，1945，第 462 页。

1942 年福建省兵员征集仍以 2、5、8、11 月为征补交拨期。依规定每期应交中央兵额仍为 72000 名，但因上年积欠稍多，须在 3 月底以前办理完，4 月起方开始实行本年度的征补工作。省军管区动员各县在 4、5、6 月三个月举行征兵成绩竞赛，其间，浙赣会战爆发，驻闽各部队被调往前线，无法接受补充。9 月，战事停止，第七战区各参战部队的补充大部分由福建省供给，于是配赋激增。当时闽北受浙赣战事的影响，人口急剧变动，闽海师管区的闽侯、福清、长乐、平潭、连江各县（市）则因收复后壮丁尚未调查，困难重重，费尽周折才征集部分兵额。之后军管区司令部、师区部分别派遣人员到县监督催征，到 12 月底，本年度配赋的数目，超过年定额的 1/4。实交数目加上上年积欠的数目约等于年配征额。①

1944 年度兵员补充仍分为直接补充与间接补充两种方式，所谓直接补充，系由军政部根据各部队缺额数目，配由管区转配各县征集，由部队自行派遣相当干部赴各县接领。所谓间接补充，即由各师管区或各补训处之补充团营依编制人数，预先向其配属县份接足名额，施以相当时间的训练，然后由军政部视各作战部队之需要指定送交拨补。该年度普通兵（国军作战部队之补充兵）征集办法为先征集年满 21 岁一个年次，如果一个年次不足时，得按 25、24、23、22 的年次按序征集，每一年次壮丁，均以抽签法确定其先后征集次序，如应缓召者准予缓征缓入营至缓召原因消灭时，仍须应召。② 然而，各县 5 个年次人数仍无法满足配额，省军管区司令部为征足本年度兵额，一方面上报军政部将年次增至 35 岁，另一方面令各师团管区司令部、各行政区督察专员公署、各县（市）政府，发动"一保数兵"运动，之前的"一甲一兵"运动停止。③ 与此同时，督促各县（市）完成征兵竞赛，并派员到各县（市）督征，如参谋长汪复培到福闽师管区，征募处处长朱沛霖到龙漳师管区，科长刘执中到莆永、泉安两师管区，科长汪瀚赴建延师管区。

1944 年 9 月，闽海战事再度发生，福州、连江、长乐等地复陷入敌

① 《福建省军管区征募处三十一年度工作概况》，《福建征训》1943 年第 3 卷第 1 期，第 30 页。

② 朱沛霖：《三十三年度本省征募工作报告》，《福建征训》1945 年第 6 卷第 6 期，第 91～92 页。

③ 《军管区推行一保数兵运动，前颁一甲一兵运动，应改照本办法办理》，《中央日报》（福建版）1944 年 11 月 24 日，第 3 版。

手，沿海情况突趋紧张，各县纷请减缓配额。虽经严厉督催，终因战事影响，最终只配拨 55251 名。① 闽海战事重启后，本省征兵任务加重，为了能迅速补充兵员，省军管区拟定应变办法 6 项：本省兵额的拨补应尽先就驻本省战区野战军部队行之，如非必要不再另拨省外其他部队；各县（区）发动"一甲一兵"运动，各国民兵团后备队一律集训应征壮丁；各师管区补充团随时保持编训名额；各师管区补充团拨交后，按各县配额迅速将干部预先分驻于各县准备接兵；野战部队缺额由师管区补充团拨补，除特经指定者外不得直接到管区接兵；师管区补充团干部不敷派遣时，得令各县将所征兵额送达指定地点拨交，但由县出发之日起所需粮饷由补充团负责归还。②

1945 年国民政府将壮丁的征集改为一年一次。为了能尽快征集兵额，多地急忙赶征，如泉安师管区司令电令晋江县国民兵团，略云："此次紧急征集大量补充兵，无论任何困难，不得借辞延缓，现第一次精交之期瞬届，务如期如数征齐，合亟电仰该乡（镇）长队长督征主任漏夜赶征，如期如数征齐，如敢违延，准由督征员将该乡（镇）长、乡队附、兵役事务员押县撤惩，保甲长、保队长、保队附、甲长分别押服兵役，督征人员催办不力者，亦严惩不贷。"③

新兵征集后，其生活待遇并不佳，省军管区司令部曾报告："各地壮丁在未正式编列入伍前，因时间甚短，而致待遇欠佳，如宿处不洁，伙食粗劣，制服分配不周，医药设备欠缺，辄使壮丁痛苦，以致产生潜逃思想。查壮丁来自田间，未曾有过集体生活，亟须加以妥善待遇，尤须注重壮丁初入伍之供应，仰即转饬遵照，注意改正。"④ 为改善新兵待遇，1939 年 4 月间省军管区司令部订定的《设立新兵招待所办法大纲》，要求团管区、县（区）所在地及其所属区（署）所在地设置新兵招待所，设置规格为：团管区须设立能收容该区月征额 1/2 的新兵招待所一所（如无宽大之房屋可分设数所）；县（区）须设立能收容该管辖地区月征额 1/2 的新兵

① 汪复培：《一年来的福建兵役》，《新福建》1945 年第 6 卷第 6 期，第 49 页。
② 朱沛霖：《三十三年度本省征募工作报告》，《福建征训》1945 年第 6 卷第 6 期，第 91 ~ 92 页。
③ 《漏夜赶征》，《泉州日报》1945 年 1 月 24 日，第 3 版。
④ 《军管区司令部令改善初入伍壮丁待遇》，《闽北日报》1940 年 2 月 14 日，第 4 版。

招待所一至两所；区署（联保）应设立能收容该区署（联保）月征额 1/2 的新兵招待所一所。新兵招待所以借用寺庙、祠堂或公产民房，并加以修理，招待所内配备有床铺、草席、蚊帐、棉被、桌椅、锅灶、茶桶、碗筷等物。新兵招待所得随时借给邻县过境壮丁临时居住。县（区）间于必要时得选择冲要地点设置临时休息所，预备茶水及急救药品以供过境壮丁使用。①

1941 年福建省征兵改为每 3 个月征集一次后，一次征集到的兵员数量增多，各县原有常备队营房或新兵招待所很难容纳，需要扩充。省军管区要求常备队营房或招待所逐一扩充修建，以能容纳各县（区）每次配额 3 倍人数为准则。所内必须有床、铺、稻草及饭厅、浴室、眷属接待室、厨房、厕所等设备。② 与此同时，省军管区决定在全省各交通线的城镇，每隔 40 华里至 60 华里沿途修建一座能容纳一二百人或三四百人或七八百人居住的过境壮丁招待所，以解决壮丁的行军食宿困难。③ 1942 年度新兵招待所改称为征集所，所内设置管理员、文书、传达、勤务等员役，由配属部队派员办理。而福建省自实施征补区域以来，各配属部队均因任务繁重，未能遵照规定派员前往，若干县自派役员专任。④

为改善进入征集所的壮丁的生活，1944 年福建省军管区提出 5 项办法：①壮丁在县候拨期间原定 5 天，各县如有困难酌予延长，延长时间最多不得超过 5 天，其食米副食费参照国军标准，由县自行筹补；②征集所候拨患病壮丁及各部队交县医治的病兵，其医药费由地方预备金项下实数报销，或由县另行筹补；③凡患病留医待拨壮丁，由县卫生院逐日予以诊治，不合格或重病壮丁应随时退回，不得留所，以免给养超支。④壮丁拨交时，应举行欢送仪式，其应用物品，由保甲、乡（镇）、县分层负责筹办；⑤严禁虐待壮丁，如再有捆绑、殴打、幽禁或者克扣食米、没收财物等情事，一律依法严惩，并奖励检举者。充实各县新兵征集所设备，务使壮丁在精神、物质方面均能获得适当安慰。⑤ 规定虽如此，然而"各县对

① 《省军管区司令部彻底改善新兵待遇》，《福建民报》1939 年 7 月 9 日，第 4 版。
② 《县常备队备补兵改三月征集一次，常备队营房招待所等各县政府应予以扩充》，《南方日报》1941 年 4 月 21 日，第 4 版。
③ 明渊：《一月省政报道》，《闽政月刊》1941 年第 8 卷第 5 期，第 52 页。
④ 《福建省军管区征募处三十一年度工作概况》，《福建征训》1943 年第 3 卷第 1 期，第 31 页。
⑤ 汪复培：《一年来的福建兵役》，《新福建》1945 年第 6 卷第 6 期，第 50 页。

于壮丁生活，能设筹财源给予适当改善者，为数寥寥。尤以候拨期间食米5天（为难事），各县均感不足供应。"[1]

新兵在入营以前，如有以下具体原因，可以申请延期入营服役：新兵本人病重；本人直系尊亲死亡或病重时；本人住宅遭受水火风灾或受其他重大灾害，非本人无以善其后时；其他重大变故时。[2] 福建省军管区司令部参酌本省实际情形订定《非常时期福建省壮丁声（申）请延期服役暂行办法》，壮丁倘若有以下事项之一，准许申请延期服役：因担负后方生产，不能中辍者；因职业关系不能远离者；合于免缓役规定壮丁原因消灭者；经政府特准者；其他特殊事故者。延期入营最长3年，期满后如果原因尚未消灭，仍准再申请延长。申请延期入营所遗的缺额，应按照《管区募集志愿兵办法》，招募1名合格志愿兵入营服役，由申请人与该志愿兵双方订立契约约定事项，如家属生活费、奖励金、抚恤金、医药费之给予补助及入营后逃亡的各种损失之赔偿等，并报县（市）政府备案。延期入营申请人如不履行契约，即取消其延期入营资格，并将申请人财产一部或全部抵偿被招募志愿兵的损失，但仍保留其剩余财产所有权。申请人如逃匿他处不履行契约，经缉获，不经抽签检验手续尽先征送入营。举家逃避者，依规定标封全部财产。[3] 该项《办法》一方面照顾到了壮丁的特殊需求，但也给逃避兵役者提供了逃避的机会。1942年福建省废除该《办法》，举行壮丁总复查以开拓兵源。

福建省壮丁征集因受地势影响，有时并不顺利，闽西、闽北许多县份，由区、保到县城间相距百里，并受崇山峻岭的阻隔，既无公路河川，递步哨也未完全设置，传达消息动辄三五日，而管区征召命令，都以县城距区路程束规定集中日期，以致期间过于紧迫。各县（区）奉令之后，办理不及时，因此不是预为集中候拨，耗费财力，就是延误征期。[4]

战时福建经济落后，财政枯竭，中央拨付的征集费根本不敷使用。抗

---

① 朱沛霖：《三十三年度本省征募工作报告》，《福建征训》1945年第6卷第6期，第91~92页。

② 《修正陆军征募事务暂行规则》，徐思平：《中国兵役行政概论》，文治出版社，1945，第359~360页。

③ 《非常时期福建省壮丁声（申）请延期服役暂行办法》，福建省军管区编《福建兵役四年》，环球印书馆，1941，第145~149页。

④ 李寿芝：《县（区）役政之检讨》，《闽政月刊》1938年第3卷第2期，第27~29页。

战前三年，军政部分配给福建省征集费为每名士兵 2 元，征集费包括分配运送费用、护送官兵费用、征补费用、区保征费等。比如新兵由县到团管区集中地，每日膳食费 2 角，零用 1 角。护送新兵的官兵，官员每日膳食津贴 4 角，兵 2 角。福建省因交通不便，山岭综错，各县（市）距新兵集中地点远近不一，每名士兵 2 元的征集费，对于绝大部分的县份来说根本不足。且师管区仅下拨 70% 的征集费给各县（1939 年 7 月后征集费由军管区司令部直接发至各县），另外 30% 还要视各县征额收齐的情况发放或延期不发，本来征费就不敷使用，致使各县政府垫付异常艰难。1939 年 12 月，福建省各县（市）每名新兵征集费降为 1 元，并规定每 3 个月清算一次，如兵额未交清，须扣发次月的征集费一部分或全部。款少费多，分配更加艰难。尽管如此，福建省体恤中央财政困难，没有要求增加费用。1940 年后各地米价飞涨，新兵在县驻留伙食费 4 角 5 分完全不敷使用，超出的费用，完全由县（市）地方预备金项下拨补，而县（区）以下的征兵用费也由乡（镇）款项开支，乡（镇）极不情愿，因此常发生乡（镇）设法从壮丁身上取回的情况。

此外，交接双方不能依时限办理，一些县（区）对于已配赋的兵额，等到接收部队到县时，才开始仓促征配，以至于对征到的壮丁有无暗疾及是否征集、是否免缓役壮丁，均无从容的时间予以查核。仓促征集的原因还在于各县怕依期征齐后，如果接收部队不能及时到达，壮丁的给养要发生问题，但接收部队，又认为县方征集多半延期，因此往往拖延时日才到达接收点接领。双方互相猜疑，造成征拨迟误。[1]

二　新兵交拨

壮丁征集后，如何补充至部队，是另一个关键。福建省兵员的拨补分为月征兵额拨补和补充团营拨补。关于月征兵额的拨补，在抗战初期，各部队募补新兵，都是自行加以教育训练，新兵训练很不系统，训练效果也不明显，有的部队甚至未经训练就上了前线，在激烈的战斗中，经不起几次消耗，便损伤殆尽。1938 年福建省役政统一之后，便着手开始筹划征训合一制度，以保证前线兵员质量。3 月，省军管区遵照《战时征募新兵接

---

① 　朱沛霖：《三十年度福建征募的回顾》，《福建征训》1942 年第 1 卷第 1 期，第 17 页。

收办法》的规定以及军政部令各师（团）管区增设补充团（营）的要求，各县按月将中签壮丁征集到县兵役征集所，征集所每月 1 日将征集到的壮丁拨交县壮丁总队（常备队）编训 1 个月，月终再交补充团（营）或补训处训练 1~2 个月，最后由补充团（营）或补训处调拨野战军部队补充，这是"征训合一"的体制。补充团（营）或补训处是受征集兵员补入野战军的中转站，全国曾设二十几个补充团（营）。① 福建省各师管区的补充团（营）或补充兵训练处在 1938 年 9 月先后编成，1939 年 1 月份起第 13 补充兵训练处的补充团也先后编成。1940 年 9 月各师管区的补充团一律撤销，归由第 13 补充兵训练处各补充团。② 1940 年 3 月，福建省各县（市、区）成立国民兵团，各县（市、区）壮丁常备队归其建制，"训"机构也改由国民兵团，此时，"军事科"和"国民兵团"职责更加明确。国民兵团的建立，改变了以往征者自征、训者自训的分化状态，使兵员的征集和训练二者有机地统一起来，征训合一体制逐步完善。征训合一制度经历了 1938 年、1939 年、1940 年三年的实施，所征新兵大都能施以 1~3 个月的训练，始行送补，情况良好。之后由于国民政府经费紧张，又前方急需兵员征补，1940 年 9 月间，军委会通令各县（市）兵员随征随拨，接收部队直接向各县（市、区）接领，常备队改为新兵招待所，不再负训练责任。随征随拨的状况不胜其烦，因为未经受训练的应征者素质欠佳，尤其是福建省言语庞杂，民众知识水准低下，壮丁被征后未经训练立即拨交到部队，兵员质量可想而知。

为迅捷有效拨补兵员，1940 年国民政府实行了管区配属军制度，即将每一驻防部队（一个军）配属给一个征补训区（每军征补训区为一个至两个团区，即一个师管区，约 80 万人口），配属部队派干部至所属征补训区域的县实施组训、征编所要的国民兵，各该军所属缺额，均就配属的征补训区域内征补，即该师管区征集的壮丁首先补充配属部队的兵员缺额，如配属部队没有缺额再调剂给其他部队。③ 这种征补训合一制度，将士兵的征集、补充和训练相结合，奠定军队与管区以及地方民众切实融成一体的完整体系。征补训过程中，统一由军队参与管理壮丁的征补训事务，运用

---

① 《中国军事史》编写组编《中国历代军事制度》，解放军出版社，2005，第 645 页。
② 福建省军管区编《福建兵役四年》，环球印书馆，1941，第 89 页。
③ 张燕萍：《抗战时期国民政府经济动员研究》，福建人民出版社，2008，第 127 页。

军队的力量推进征兵工作，便于统筹协调役政，扩大常备兵的征集①。士兵在入伍前就做好充分的准备，既提高了兵员素质，又节省了兵员补给的时间，大大地提升了兵员补充的效率。从1940年7月起，福建省奉军政部令划定各征补训区，将龙漳、泉安、福闽、莆永、建延5个师管区先后划为第20军、暂编第9军，第13补训处，第5补训处，第46补训处，第100军的征补训区域（详见表5-7），也就是各县所征新兵由国民兵团（不再由国民兵团训练）交团管区，团管区对新兵体格进行复验、考查后，送交师管区补充兵训练处或补充团（营）进行2个至3个月的精神教育与技能训练，最后补充给配属军部队，由此形成"征训补合一"的体制。这一体制的好处是一方面同一师管区的壮丁被输送至同一部队，同乡情谊有助于降低逃亡率；另一方面，部队在管区征兵自用，也可减少中间环节的弊端。当然，"征补训"合一制度有时也未能发生预期的效力，因为战时配属军与管区经常发生临时变动，两者之间无法建立经久不变的固定关系，配属军一有变动，管区司令也随之变动，管区司令更迭，管区内部人事也跟着变动，以缺乏经验者办理兵役，业务就无法顺利推行。

表5-7　1942年福建军师管区名称、驻地、配属部队

名　　称	驻　　地	番　　号	驻　　地
龙漳师管区	龙　岩	第20军 暂编第9军	漳　州 潮　安
泉安师管区	永　春	第13补训处	南　平
福闽师管区	福　安	第5补训处	福　安
莆永师管区	永　安	第46补训处	建　瓯
建延师管区	建　瓯	第100军	古　田

资料来源：福建省军管区编《福建兵役四年》，环球印书馆，1941，第106页。

说明：此表为1942年1月31日制。

在新兵交接的过程中，为了避免地方与部队的冲突，1939年9月编订的《福建省新兵交接须知》对县（市）与团管区拨交程序、团管区与部队

---

① 1942年前的兵役管区制因分层太多，征补训未能配合一致。《三十一年度征补兵员实施办法》重新规定，就各管区人口数抽2%的合格壮丁于年度内分期施训。常备兵从此项已受训壮丁中依抽签先后次序征集，如此扩大征集潜力。

交接程序作了详细规定，即县（市）拨交新兵，以团管区所在地为交接地点，无特殊情形，不能由县（市）递送师管区或其他地点接兵；新兵拨交至团管区时，必须考察新兵有无顶替强拉及误征情弊，团管区新兵招待所要给予周到的食宿招待；壮丁待拨前，所在地党政军重要人员出席讲话，振奋壮丁精神；接兵部队应携带服装及其他物品，做好充分准备到团管区所在地接交；一次点交所征募的新兵或调拨的壮丁，不得零星征送，如因征额过多须分期点交，其点交次数及日期由团管区司令部酌量规定后，通知接收部队；新兵入营，应举行宣誓；县方应及时将士兵送到接收地点，如县方逾期未将士兵送到，处分县长。各接收部队应按时到达接收地点接收，如逾限 7 日即予停止补充，若延期不接收报转军政部议处；接收部队应依期接收新兵，否则所有逾期之费用，均归该管区或部队负担；各接收部队对不合格剔退壮丁须在体格表内详填淘汰病状，如故意挑剔，准拨交机关告发，如暗中卖放壮丁，严查严办。①

1940 年 4 月，新兵交接改由接兵部队直接向各县（市）接领后，因为地点远近不一，兵额又不能集中，接收比之前更加困难。为改善接兵办法，11 月，军委会颁布《民国三十年度征补兵员实施办法》，对接兵部队至县（市）接兵作了明确规定：接兵部队应预先派遣所要接兵干部，在征补交接期 10 日前到达配属征补训区各县准备接兵，如届期接兵干部不赶到，停止其兵员补充；接兵部队干部及军医应带足火饷、药品以及正式接兵印领与必要的文具；接兵部队接兵所需被服，依照军政部 1941 年度规定，先期在征补训区域内，会同当地党政军各机关，组织被服制办委员会，预先制办齐备，于接兵前 3 日送达交接地点备用。②

1941 年 12 月颁布的《战时征补兵员实施办法》，也对新兵交接办法作了补充，致使新兵拨交程序更加完善，该办法规定各部队机关与管区间应互相密切联系，使兵员能如期如数交接；接兵干部未到达以前，师（团）管区不得令各县（市）征集新兵，但接兵干部到达以后，交拨新兵不得逾期；接兵干部应慎选优秀而忠实，有良心血性者充任，并熟悉交接新兵守则、接收办法等法规；新兵交接之日，得请当地党部、法团及机关首长临

---

① 《福建省新兵交接须知》，福建省军管区编《福建兵役四年》，环球印书馆，1941，第 83 页。
② 《民国三十年度征补兵员实施办法》，《训练月刊》1941 年第 2 卷第 3 期，第 128 页。

场监交，如接兵干部借故不接或遇事挑剔，监交人员会同县政府报师（团）管区通知所属军（师）长迅便予以纠正；交兵县（市）政府应努力达到合法、合格、如期、如数征交，不得零星征集、敷衍；长途行军每日不超过 60 华里，继续行军 3 日即应休息一天，凡休息地宿营地及运输船中均须预备茶水，保证穿暖吃饱，睡足 8 小时。①

1943 年 9 月，军政部再颁定《接兵办法》十项：①各管区拟定征途行军计划，派员沿途设置军民合作站、住宿站、茶水站、给养站及卫生院所并发动社会方力量，实物慰劳救济；②出发前必有行军卫生教育；③出发前必须注射疫苗，携带药品；④出发前必须携带床单、棉被、雨笠、草席、面巾及更换之军服；⑤出发到达必由军医检查身体，不合格与有病者，均不准拨送；⑥出前时先由营队沿途分别接洽，预购军粮、稻草、菜蔬；⑦征途必须饱食穿暖，不得克扣鞭打及负荷私人物品；⑧征途中病兵应请托当地人民、保甲医治保育；⑨驻营地配置厕所，不准随地便溺；⑩新兵应随征随训，未训之新兵除非有紧急命令，否则不准开入征途。如有违犯以上 10 条，经查报除将团队长加重惩处办法外，该管区司令处长亦受连带处分。② 1945 年 5 月军政部颁布《改善接兵办法》，要求各县（市）国民兵团所在地设置配备齐全的新兵集合所；各县（市）应邀约地方名望绅士、各界领袖组成监交委员会；地方所征新兵，均送集合所与补充团队，由接收补充团队接收训练后再送配属部队，不准配属部队直接向县（市）接兵；交兵、接兵、送兵中间绝对禁止捆绑、押解、虐待，否则惩处交兵、接兵、送兵及相关责任人员；交接新兵，应由接兵官长填具新兵来历登记册，以考查其是否中签，是否被拉丁抑或顶替，真实姓名与地址及家庭状况等。③

经过各方努力，1937～1945 年福建各师管区被征召的壮丁迅速补充第3、14、26、40、52、62、75、79、80、98、157、187、190、194 师各师，新编第 7、20、33、34、35 师各师，预备第 5、6、9、10 师各师，第 4、21、28、29、50、70、74、86、88、100 师各军，暂编第 9 军，独立第 20、

---

① 《战时征补兵员实施办法》，徐思平：《中国兵役行政概论》，文治出版社，1945，第462 页。

② 《军政部重申前令优待征送途中新兵，拟定改善办法十条严饬实行》，《南方日报》1943年 9 月 21 日，第 2 版。

③ 《军政部订颁到闽，改善接兵办法》，《南方日报》1945 年 5 月 29 日，第 4 版。

22、23 旅、第 23 集团军、海军陆战队，第三战区工兵营、第三战区运输总队、第 25 兵站，第五补训处、中央军校第三分校、宪兵司令部、本省保安团队、本省各营区补充团队、龙岩空军站、马尾要港司令部、闽浙赣边区绥靖部、海军闽江江防司令部等（详见附表 2《福建省 1937～1940 年征拨中央部队兵额一览》）。① 从抗战期间各月征拨兵的情况来看，1937～1940 年各师管区奉配的月额及拨补兵额，以永泉师管区（前称为闽海师管区）为最多，建闽师管区（前称为建延师管区）次之，汀漳师管区较少，附表所列兵员数，征补逃额尚不计算在内。随着抗战的进展每月征额变动无常，曾数度增加每月征兵数，加上连年征集，可征壮丁日益减少，加之户籍不完善，地方役政人员的营私舞弊，致使壮丁逃避严重。地方与接收部队验收标准不一致，接兵部队随意剔除或延期不收，致使每年征兵任务均难以完成。壮丁交拨问题成为福建省征兵的最大难题。以 1937～1942 年兵额配赋与实征兵额为例，1937 年度福建省无固定月配兵额，其时驻闽各中央部队自行招募者 20000 名，后由各管区（处）代募者 24693 名，共计44693 名。福建从 1938 年 2 月份起始奉中央和本省配定月额全年计 78000名，实际征拨兵额 69585 名。1939 年度配定月额全年计 112100 名，实际征拨兵额 79481 名。1940 年配拨 86400 名，实际征拨 80990 名。② 1941、1942、1943 年配定月额均为每年合计 80000 名，但实际征拨兵额分别为71109 名、97306 名、59566 名。③ 1944 年和 1945 年度配额分别为 76400 名和 78000 名，实际完成征兵数为 34174 名和 60615 名。④ 八年间，各年的征拨情况不一，1942 年度征拨兵员最多，达 97306 名，1944 年度征拨兵员最少，仅 34174 名。各县各年亦难如期如数完成配赋任务，如福州在 1942、1943、1944 年，分别仅完成中央配赋任务的 39%、20%、40%，⑤ 而各县每

---

① 《抗日战争时期驻闽国民革命军序列》，福建省志方志编纂委员会编《福建省志·军事志》，新华出版社，1995，第 55～56 页。

② 《福建省第三回统计年鉴（兵役类）：1937～1944》，福建省档案馆藏，档案号：3-1-25，表 10 "历年征募兵额总数（1937～1943）"。

③ 福建省政府统计处编印《福建省社会统计手册》，1947，《表 26　1942～1947 年全省壮丁与征募》，第 33 页。

④ 福建省政府统计处编印《福建省社会统计手册》，1947，《表 26　1942～1947 年全省壮丁与征募》，第 33 页。

⑤ 陈政生主编《福州市志》第六册，方志出版社，1999，第 943 页。

年各月完成征拨任务的情况也并不一致，我们从 1937～1942 年各月份征拨中央部队兵额中就可见一斑。

表 5-8　1937～1942 年福建省各月份征拨中央部队兵额

单位：人

年　　月	征拨兵额	年　　月	征拨兵额	年　　月	征拨兵额
1937 年 *	44693	1939 年	75114	1941 年	65091
1 月	—	1 月	—	2 月	1660
2 月	—	2 月	21123	2 月	9271
3 月	—	3 月	1390	3 月	305
4 月	—	4 月	—	4 月	6359
5 月	—	5 月	156	5 月	4498
6 月	—	6 月	23733	6 月	6770
7 月	—	7 月	3905	7 月	2949
8 月	—	8 月	8442	8 月	1300
9 月	—	9 月	2207	9 月	6373
10 月	—	10 月	5318	10 月	16643
11 月	—	11 月	5403	11 月	4365
12 月	—	12 月	3437	12 月	4600
1938 年	62007	1940 年	72000	1942 年	89121
1 月	—	1 月	6000	1 月	3112
2 月	4824	2 月	6000	2 月	5382
3 月	4436	3 月	6000	3 月	12568
4 月	400	4 月	6000	4 月	5899
5 月	5795	5 月	5950	5 月	8511
6 月	8019	6 月	6050	6 月	1954
7 月	4034	7 月	6000	7 月	24173
8 月	2662	8 月	6000	8 月	6668
9 月	5198	9 月	6000	9 月	9430
10 月	5068	10 月	6000	10 月	1953
11 月	16130	11 月	6000	11 月	520
12 月	5432	12 月	6000	12 月	8951

资料来源：福建省政府秘书处编印室编《第一次福建省统计手册》，1944，表 171 "1937～1942 年各月份征拨兵额"，第 224 页。

说明：* 1937 年 1～5 月并无征集，6 月以后因期限不清，无法分开计算，故仅列全年数据。

壮丁的拨交不能如期如数的原因还在于壮丁交拨过程中，大量逃亡现象的存在。为防止壮丁逃亡，军政部先后颁布了《战时征募新兵接收办法》

《违反兵役法治罪条例》《陆军兵役法惩罚条例》《办理逃兵官长惩奖规则》《士兵保育及逃亡处理办法》等对壮丁逃亡的预防和处罚作了严格规定。如《战时征募新兵接收办法》规定，新兵点交后，如中途逃亡，应由接收人员负责。[1] 1939 年颁布的《福建省新兵交接须知》也明确规定逃额征补由原征集区乡（镇）、联保所属保甲抽签应征之壮丁依次补征，不得按月额计算。新兵发生逃亡，所负看管新兵责任的官佐士兵，依《办理逃兵官长惩奖规则》（修订）各条规定办理。[2] 法美意良，但终究无法改变现状。

第四节　优待出征抗敌军人及其家属

壮丁服行兵役虽是对国家应尽的义务，但壮丁几乎负有仰事父母，俯蓄妻儿，维持家庭生计的责任。为了解除出征壮丁的后顾之忧，安定出征抗敌军人家属（以下简称征属）的生产和生活，提高征属的社会地位，借此鼓励前方将士安心杀敌，激励后方壮丁踊跃从征，福建省军政当局采取积极措施优待出征抗敌军人及其家属，这不仅是战时政府优抚政策的重要内容，也是间接动员壮丁出征参战的有效方法。

一　优待机构的设置

战时优待出征军人及其家属是国民政府的重要工作。1938 年 4 月，国民党全国临时代表大会通过的领导抗战的纲领性文件——《中国国民党抗战建国纲领》第 11 条就明确规定："抚慰伤亡官兵，安置残废，并优待抗战人员及其家属，以增高士气，而为全国动员之鼓励。"[3] 为优待出征抗敌军人及其家属，国民政府先后制定、颁布、修正了一系列优抚政策、法令，如《应征（召）入营士兵家庭救济暂行办法》（1937 年 10 月）、《慰问出征军人家属办法》（1937 年 10 月）、《优待出征抗敌军人家属条例》（1938 年 10 月）、《征属田地义务代耕办法》（1941 年 8 月）、《现职军官佐

---

[1] 《战时征募新兵接收办法》，《文汇年刊》1939 年第 1 期，第 13 页。
[2] 《福建省新兵交接须知》，福建省军管区编《福建兵役四年》，环球印书馆，1941，第 84 页。
[3] 《中国国民党抗战建国纲领》，《教育部公报》1938 年第 10 卷第 8 期，第 8 页。

属在抗战期间无力求学子女救济办法》（1941 年 10 月）、《陆军抚恤暂行条例》（1941 年 5 月）、《海军平战时抚恤暂行条例》（1935 年 1 月）、《空军抚恤条例》（1943 年 8 月）、《出征抗敌军人家属婚姻保障条例》（1943 年 8 月）等法规条例五十多种。福建省以国家法律为依据，制颁了适合本省情况的优待法规，保证优待抚恤的顺利实施。

抗战初期，福建省出征抗敌军人及其家属的优待慰问是由"慰问出征军人家属委员会"（以下简称慰问委员会）办理的，慰问委员会以省、市（县）政府长官为主任委员，党、政、警机关公务员、区乡村自治员、保甲长、各业董事以及各慈善人员为委员。慰问委员对象仅限于出征军人的直系血亲、配偶和父母俱亡而无伯叔扶养的祖父母。慰问会的主要任务为：调查征属生活状况；筹集款项；安慰亲属伤亡或音讯断绝之家属；接济生活不能维持之征属；在民食统制区域，会商统制机关给予征属所需之粮食。1938 年 3 月军政部颁布《优待出征抗敌军人家属条例》，规定征属之优待，由县政府出征抗敌军人家属优待委员会、乡（镇）设分会或由动员委员会办理。① 依据该《条例》，1938 年 5 月，福建省政府订定《福建省优待出征抗敌军人家属实施细则》，在各县（市）和乡（镇）分别成立县（市）优待委员会和乡（镇）优待分会。县（市）优待委员会设主任、副主任，分别由县（市）长、县（市）党部书记长兼任，委员 11 人至 19人，由县（市）机关、学校、法团负责人，当地公正绅耆及征属代表充任。优待委员会设总务、筹募、宣慰、救济四组，负责开展征属调查统计，筹集、保管优待资金和物品，实施宣传慰问以及救济征属等工作。乡（镇）分会主任由乡（镇）长兼任，干事 9 人至 15 人，以乡镇机关、学校、法团负责人、当地公正绅耆及征属代表等充任，下设总务、筹募、宣慰、救济四股。各级优待委员会及分会附设于县（市）、乡（镇）政府内，所有职员、办公人员由各级机关职员兼任，不另支薪津。② 至 1938 年 8月，全省共有 53 个县（市、区、局）设立优待委员会。③ 1940 年 8 月，福

① 《优待出征抗敌军人家属条例》，徐思平：《中国兵役行政概论》，文治出版社，1945，第476 页。
② 《福建省优待出征抗敌军人家属实施细则》，福建省军管区兵役处第一科编《兵役法规汇编》，中华印书局，1939，第 135 页。
③ 福建省地方志编纂委员会编《福建省志·民政志》，方志出版社，1997，第 45 页。

建省军管区将各县（市）出征抗敌军人家属优待委员会裁撤，并入军事科办理。1944 年 4 月，成立福建省优待委员会，各县（市）重新成立优待委员会及乡（镇）分会，由县府指派 1 人专责办理，其余工作人员仍为兼任。至 1944 年底，全省共设立 53 个县优待委员会和 683 个乡（镇）分会。① 优待工作不仅是政府的责任和义务，也是社会力量共同的事务。为动员基层民众参与优待活动，福建一些地方还自发成立"保优待委员会"，由保长、保国民学校校长、保内士绅及征属代表组成，专门负责本保出征军人家属的优待，"保优待委员会"不是强制设立的机构，因此，全省并不普遍。优待机构设置后，福建省对出征抗敌军人及家属的优待采取鼓励、慰问、优待、救济四种方式进行。

二　出征抗敌军人的优待与抚恤

出征抗敌军人系指凡应征（召）上前线的在营官兵、应征（召）入义壮常备队、应征（召）补充省驻军或保安团队的官佐士兵（包括女士兵）。对于出征士兵的优待包括精神鼓励和物质慰问两个方面。壮丁中签，县长优礼招待慰问，赞扬其英勇与热忱，保甲长和地方士绅到家中诚恳庆贺与勉励，赠送喜报或匾联。② 应征壮丁未送到师管区编队前，各县抗敌分会应召集当地机关、团体、学校组成慰问队，给予物质和精神上的慰问，如发给戎衣、棉被、饼干、糖果、面巾、药品等物品；各类店铺、澡堂、邮局免费或折价优待；精神谈话，表演话剧，放映电影，代为缮写家信，举行游艺。③ 1940 年 1 月，福建省军政当局还专门颁布《福建省推行致送应征壮丁家属贺仪运动办法》，规定壮丁应征入营前，由乡（镇）长率领保甲人员及名望士绅到征人家中致送贺仪，甲等户 5 角，乙等户 2 角，丙等户 1 角，以后每逢年节致送一次。④ 贺仪虽少，却体现了政府对入营壮丁的关怀。新兵入营时，政府发给奖励金、安家费，社会各界举行隆重的欢送会或入营典礼，馈赠物品（如衣服、草鞋、食物、药品等）、送旗、赠

---

① 朱沛霖：《三十三年度本省征募工作报告》，《福建征训》1945 年第 6 卷第 6 期，第 91～93 页。

② 《对应征新兵及其家庭鼓励办法》，《广西兵役通讯》1941 年第 3 期，第 54 页。

③ 《省抗敌会订定慰问壮丁入伍办法》，《福建民报》1939 年 4 月 2 日，第 4 版。

④ 《推行致送征属贺仪运动》，《闽政月刊》1940 年第 5 卷第 6 期，第 56 页。

匾以示尊敬。例如，1937 年 12 月 5 日集美 1300 多名群众（其中集美小学师生 400 余名）欢送 7 名自动入伍壮丁，民众向出征壮士赠送棉衣、手电、面巾、肥皂等。集美小学校长王登沂致词鼓励曰：“各位壮丁，爱国将士，你们杀敌心切，自动参赴前方杀敌，忠勇可钦！集美民众，应步后尘，再接再厉，愿本此忠勇精神，抱定牺牲决心，我爱国民族英雄——岳飞，即为榜样，不灭倭寇誓不还，为我中华民族留一光荣史迹……”。壮丁代表亦表示：“几年来，眼看国土沦丧，同胞死亡，我们不愿做奴隶，我们已认识求生之路，唯有战，为国家民族战死沙场……”。沿途高呼口号，鞭炮轰鸣，集美小学生赠予每位壮士手电 1 支，运动棉衣 1 件。临行，全体师生高唱《沙场战士》，群众高呼：“欢送壮丁到前方去，祝福壮丁抗敌胜利！”① 新兵入营后，当地优待委员会向家属发放安家费和优待金，这是开展优待、救济工作的最实际方法。由于全省各地优待金筹募情况不同，因此各地发放的数目、标准并不一致，例如 1942 年省军管区规定壮丁安家费为 100 元至 500 元②，但同年晋江县每丁安家费 300 元，优待金 700 元；南安县每丁安家费 300 元，每月救济金 20 元；永春安家费 100 元，每月救济金 20 元；同安每丁安家费 1000 元，分两期发给。③ 到抗战后期，随着物价的疯狂上涨，军政部令各省依实际情形提高壮丁安家费，每名壮丁不得少于 2000 元。④ 而福建省财政拮据，新修订的《福建省优待出征抗敌军人家属实施细则》只将壮丁安家费提高至 1000 元。⑤ 一些地方在此基础上亦有所提高，如霞浦、平和、龙溪等县每名壮丁安家费为 2 万元，长乐县每名壮丁发谷 3 市石，龙岩每名壮丁优待金 3000 元至 10000 元不等。⑥ 对于出国的远征军，福建省参照军政部颁布的《改善出国兵员优待办法》，专门制定《师区选送出国兵员征集及优待办法》，规定每人一次给予安家费 3000 元；对于征属，除依照《优待出征抗敌军人家属条例》予以优待外，每人每月还发给 300 元，小麦 50 斤。⑦

---

① 《小学校消息：欢送集美壮丁入伍》，《集美周刊》1937 年第 22 卷第 12 期，第 16 页。
② 《福建省军管区征募处三十一年度工作概况》，《福建征训》1943 年第 3 卷第 1 期，第 32 页。
③ 《泉安师管区三十一年度工作概况》，《福建征训》1943 年第 3 卷第 3 期，第 36 页。
④ 《出征壮丁安家费不得少于 2000 元》，《东南日报》1944 年 5 月 29 日，第 3 版。
⑤ 《征属优待会通过优待征属条例》，《南方日报》1944 年 8 月 27 日，第 4 版。
⑥ 汪复培：《一年来的福建兵役》，《新福建》1945 年第 6 卷第 6 期，第 50 页。
⑦ 《省军管区参照改善出国兵员优待办法》，《南方日报》1944 年 2 月 8 日，第 3 版。

对于自动入伍的壮丁，《福建省各县市区志愿应征壮丁暂行处理办法》规定凡年满 18 岁至 30 岁，原系免缓役或未经抽签的合格壮丁，或抽签后其签号仍在未被征壮丁人数的后半数者，均为志愿应征壮丁。志愿应征壮丁其本人或家属除应享受《对应征新兵及其家庭鼓励办法》《慰问出征军人家属办法》以及《优待出征抗敌军人家属办法》各项权利外，由省抗敌后援会发给奖金 10 元。① 1939 年，省抗敌后援会共向志愿应征的 594 名壮丁发放奖励金 5940 元，其中福安 237 名，福清 113 名，闽侯 112 名，霞浦 50 名，福鼎 18 名，长汀 16 名，莆田 11 名等。② 据统计，自 1937～1940 年，除一部分由县自行奖励给自愿入伍壮丁外，由省抗敌后援会发放奖金的壮丁共计 2178 人，其中古田 564 人，福安 271 人，永春 250 人，霞浦 186 人，福清 113 人，闽侯 108 人。③ 随着物价的上涨，1940～1945 年，各地奖励给自愿入伍壮丁的奖金数目为 20 元至 200 元不等。

抗战时期，国民政府对出征军人征前债务、租赁房屋及土地、财产、婚姻等合法权益均做了法律保障，福建省军政当局依法对出征军人的权益进行保护。关于出征军人在应征召前所负债务，依据《优待出征抗敌军人家属条例》，"出征军人在应征召前所负之债务，无力清偿者，得展至服役期满后第二年内清偿之，在服役期内其家属赖以维持生活之财产，债权人不得请求强制执行。""出往军人或家属承租耕作之地或自住之房屋，在服役期内出租人不得收回或改租他人。"④ 1941 年 12 月又将该优待条例第 27 条修正为："出征抗敌军人在应征召前所负之债务，无力清偿者，得展至服役期满后第二年内清偿之，其因作战阵亡，或因公积劳成疾，或受重伤致残，或因伤病请假回原籍，在短期内死亡，确因家贫无力清偿者，应视其情节轻重，酌准展缓，得自阵亡或停役或归休之日起满三年后，于二年内清偿之。"⑤ 对于入营壮丁债务偿还问题，福建省政府在 1940 年 12 月公布了《出征军人对于合作社借款展期偿还办法》，针对不同种类债务规定

① 《鼓励壮丁自动入伍，军管区订定办法十项》，《闽北日报》1938 年 11 月 27 日，第 4 版。
② 《闽省壮丁自动入伍》，《申报》1939 年 6 月 17 日，第 3 版。
③ 《福建省自动入伍壮丁经本省抗敌会给奖人数统计表》，福建省军管区编《福建兵役四年》，环球印书馆，1941，第 197～202 页。
④ 《优待出征抗敌军人家属条例》，《立法院公报》1942 年第 117 期，第 87～100 页。
⑤ 《修正优待出征抗敌军人家属条例》，徐思平：《中国兵役行政概论》，文治出版社，1945，第 428 页。

了偿还情况，如"对于出征军人家属借款予以缓偿，不得请求强制执行；对于合作社的贷款如系自集资金，应予以展期，如系向贷款机构借者，应先尽所有股金代为垫还。不足时再向贷款机构转借展期。属于互助社者，应尽结算盈余代还。不足时再向贷款机构转借展期。"① 关于田地房屋出典权益之保障，依《优待出征抗敌军人家属条例》第 28 条规定："出征抗敌军人在应征召前出典之田地或房屋，于出征抗敌期内约定或法定期限届满无力回赎者，得展至服役期满后第二年内回赎之，其因作战阵亡，或因公积劳成疾，或受重伤致残废，或因伤病请归休回籍而死亡者，得自阵亡或停役或归休之日起满三年后，于二年内回赎之。"② 关于田地房屋承租之保障，依优待条例规定，出征抗敌军人或其家属承租耕作之田地或自住之房屋，在出征抗敌期内，出租人不得收回或改租于他人。出征抗敌军人或其家属承典耕作或收益之田地或自住之房屋，在出征抗敌期内，以别无耕作或收益之田地或自住之房屋为限，出典人不得收回或改典于他人。③

对于出征军人征期内婚姻的保障，要求女方应对其未婚夫或夫婿精诚守誓，不得变志，任何破坏婚约的行为均将被视为非法，而将被处以变志而影响前方将士之处理罪。④《出征抗敌军人家属婚姻保障条例》也明确规定出征抗敌军人在出征期内，其妻或未婚妻无论持何理由，不得离婚或解除婚约；其妻或未婚妻若与他人订婚，除婚约无效外，其妻并处 6 月以下有期徒刑、拘役或 1000 元以下罚金，其未婚妻处以拘役或 500 元以上罚金；其妻或未婚妻与他人结婚，除撤销其婚姻外，其妻处 7 年以下有期徒刑，并处以 5000 元以下罚金，其未婚妻处 1 年以下有期徒刑或拘役，并处以 3000 元以下罚金；出征抗敌军人生死不明，满 3 年后，其妻或未婚妻始得向法院声（申）请为死亡之宣告；出征抗敌军人之妻，自其夫死亡逾 6 个月后，始得再婚；出征抗敌军人因伤成残废后，其妻或未婚妻非取得本人同意不得离婚或解除婚约，其以胁迫利诱或诈术取得本人同意离婚或解除婚约之证据者，处 3 年以下有期徒刑或拘役；出征抗敌军人在出征期内

---

① 《出征军人对于合作社借款展期偿还办法》，《福建省政府公报》1940 年第 1038 期，第 2735 页。

② 《优待出征抗敌军人家属条例》，《立法院公报》1942 年第 117 期，第 87～100 页。

③ 《优待出征抗敌军人家属条例》，《立法院公报》1942 年第 117 期，第 87～100 页。

④ 《军委会命令与前线将士毁婚者有罪》，《广东兵役》1940 年第 1 期，第 36 页。

其妻与人通奸者，处 3 年以下有期徒刑，并处以 3000 元以下罚金；出征抗敌军人在出征期内其未婚妻与人通奸者，处 6 个月以下有期徒刑、拘役或 1000 元以下罚金，上述罚金由司法机关交予当地出征抗敌军人家属优待委员会充作优待资金。① 在国家法律的基础上，福建省订定法律明令严禁虐待征属，否则以刑罚处置，如诱迫出征军人家眷改嫁的判处 5 年以下有期徒刑，保甲长对征人家属不予优待或加重其负担者，判处 3 年以上有期徒刑，如有强征、强索、勒征或强募财物者，判处 10 年以上有期徒刑。②

对于士兵的优抚是在福建省各级抚恤委员会领导下进行的，1941 年 3 月，福建成立了省抚恤处，担负优待征属、褒扬功勋将领和忠勇官兵的任务。从法律上来说，针对出征军人因作战阵亡或受伤致残，陆、海、空抚恤条例都有明确的规定，如《陆军抚恤暂行条例》将抚恤分为平时和战时两种，战时军人伤亡分为阵亡、因公殒命、积劳病故、伤重殒命等。因公受伤军人，根据伤势轻重、丧失劳动能力及影响生活能力的程度评定为一等伤、二等伤和三等伤三个伤残等次，并且对各个等次伤残条件的界定标准作了详细规定。依据抚恤条例，福建省抚恤处给予伤残军人相应的抚恤费。福建省又根据《人民守土伤亡抚恤实施办法》对人民及一切人民武装抗日组织（包括壮丁队、义勇壮丁、义勇军、防护团、人民自卫军等）的子，因守土伤亡，给予一定的抚恤金，如参加抗敌战斗，临阵伤亡者，除给予其遗族 80 元一次抚恤金外，并给予每年 50 元的年抚金。并对一、二、三等级伤残者分别给予 70 元、60 元、40 元的恤金，并给予每年 40 元、30 元、20 元的年抚金。③

除了发给数额不等的抚恤金和伤残费外，福建省政府还制定了褒扬办法，褒扬殉难、伤残官兵，主要包括建立忠烈祠、修缮烈士纪念建筑、编撰烈士事迹、刊碑赠匾等。比如在省政府所在地及各县（市）政府、乡（镇）公所所在地均应设立忠烈祠一所（纪念坊碑建立于事迹表著地、殉难地或原籍地），将为国捐躯的官兵入祀忠烈祠或建立纪念碑（塔）以示褒扬。忠烈祠于每年 7 月 7 日举行公祭，分别由省政府主席、县（市）长、乡（镇）长主祭，当地各机关法团均须参加。人民经过抗战烈士纪念

---

① 《出征抗敌军人婚姻保障条例》，《立法院公报》1943 年第 127 期，第 80~82 页。
② 《虐待出征军人眷属，依法判处徒刑》，《南方日报》1943 年 3 月 26 日，第 4 版。
③ 《人民守土伤亡抚恤实施办法》，《文汇年刊》1939 年第 1 期，第 34 页。

塔或进入忠烈祠，应脱帽行礼致敬。各地须在集会、抗战纪念日、重大节日等时间，多方宣扬抗战士兵、烈士的英雄事迹，增加人民对抗战士兵的敬仰。① 其他的方法有送匾额、奖状，如 1942 年 7 月军政、内政两部共同奖励 1941 年福建守土伤亡烈士 13 人（包括官兵），除发给 15 年（每年 400 元至 600 元）的一次性恤金外，13 人均受到精神奖励，如给予方濂瓯"舍生取义"匾额题字，褒扬证书；给予柏杰生、陈秉忠、郑起良等银质奖章，奖励证书。②

三　征属的优待与救济

1. 鼓励和慰问

鼓励和慰问包括精神和物质两个方面，1937 年 7 月，军政部颁布《对应征新兵及其家庭鼓励办法》，规定壮丁应征（召）入营时，发给家属奖励金 5 元。新兵在营期间，乡镇长、保甲长应不时慰问家属，依法保护家属。新兵入营 3 个月内每月寄风景名信片 1 张，以报平安。③ 对于征属婚丧大故或生育子女，乡镇长协同保甲长、地方绅耆庆吊、馈赠；经常报告消息，访问疾苦，加以安慰；民众须敬重征属，喜丧宴会请征属列坐首席，集会或演戏时请征属坐前排，并请他们演讲。④ 于征属住宅前悬挂木制光荣牌，张贴荣誉红笺，颁给荣誉证书或荣誉匾额等；收寄或缮写书信；统一制作征属木制住宅牌，悬挂于家门口以提高其社会地位；嘉奖自愿应征壮丁。⑤ 比如 1944 年省军管区司令部对漳平县新桥镇 18 名自愿应征壮丁及家属的"空前壮举"给予传令嘉奖。⑥

慰问征属是战时福建各地经常性的工作，1938 年省军管区颁布《举行出征抗敌军人家属恳亲会办法》，规定每年在清明、国庆日县政府举行两次恳亲会，各县（市）长备柬敦请，由保甲长陪同征属到会，年老或不能步行的征属则雇轿送会，各机关、团体、学校职员、学生、乡镇长、保甲

① 《军管区补充办法五项民众敬抗战人士》，《闽北日报》1939 年 8 月 22 日，第 4 版。
② 《准咨送三十年度人民守土伤亡抚恤案件汇报表复请查照转饬依法办理——咨福建省政府》，《内政公报》1942 年第 15 卷第 7～12 期，第 99 页。
③ 《对应征新兵及其家庭鼓励办法》，《广西兵役通讯》1941 年第 3 期，第 54 页。
④ 《军管区补充办法五项民众敬抗战人士》，《闽北日报》1939 年 8 月 22 日，第 4 版。
⑤ 《饬制出征军人家属住宅牌》，《闽政月刊》1941 年第 8 卷第 4 期，第 54 页。
⑥ 《福建省军管区司令部代电》，《福建征训》1944 年第 6 卷第 3 期，第 53 页。

长备具礼物赠给征属。① 例如 1939 年 2 月，福州战地妇女工作队 10 队分区前往慰问征属，分甲乙丙三等，甲等 150 户，每户发给慰问金 8 元；乙等 1000 户，每户发款 3 元；丙等 850 户，每户发款 1 元。每户发放光荣状一张。② 1940 年 4 月，军事委员会修正《慰问征人家属办法》，规定每年在元旦前后和 7 月 7 日抗战纪念日前后举行慰问，由省（市）及行政督察区各级行政长官，当地党部、军师团管区司令部及其他机关、法团等临时组成慰问委员会实施慰问。③ 不久，福建省颁布了《慰问征人家属办法实施细则》，对征属慰问作了更广泛、详细的规定，如慰问会改由乡（镇）举办，除元旦、七七纪念日由省军管区、省政府派员慰问外，每逢 1、4、7、10 月和其他纪念日组织社会团体、机关、学生举行扩大慰问和宣传。慰问会的主要任务是宣达国民政府主席的慰问训谕；颁发省主席的慰问书或纪念章；向贫苦征属颁发慰问金；宣传保卫国家、复兴民族，拥护国民党及总裁；宣传国民精神总动员纲领，坚定抗战必胜建国必成之信念；举行游艺活动；抗战军官佐家属登记；救济贫苦无依征属等。比如 1941 年春节期间，各地优待委员会向征属印发陈仪亲笔撰写的"家有壮丁，抗日出征；光宗耀祖，保国卫民"对联。④ 战时兵役宣传与征属慰问一般同时举行，各宣传机构在宣传兵役政策的同时，也大规模地举行慰问活动，如 1942 年 7 月 11 日沙县富口举行兵役宣传暨征属恳亲大会，向征属发放优待金，赤贫者 20 元，贫者 15 元，自给者 10 元。在夏茂、高桥，征属无论是赤贫者、贫者、自给者均给 10 元。并发动福建省立医学院举行征属义诊及优待备药运动，扶助贫苦征属。⑤ 1944 年福建慰劳会或青年团实行分季慰问征属，在春季（2 月 4 日），赠送征属礼物，辅助征属子弟就学及聘请当地党政长官及社会名流前往征属家中慰问；在夏季（5 月 4 日），帮助征属预防疫疾及赠送家庭常用急救药品；在秋季（8 月 4 日），请求政府管理物价机关，特别以布疋及其他日用必需品，廉价配给征属；在冬季（11 月 4 日），

① 福建省军管区编《福建兵役四年》，环球印书馆，1941，第 207 页。
② 宏基：《一月来省政要闻：慰问征人家属分级发款》，《闽政月刊》1939 年第 4 卷第 1 期，第 85 页。
③ 《军事委员会颁到慰问征人家属办法》，《福建民报》1940 年 4 月 13 日，第 4 版。
④ 《征属之荣》，《南方日报》1941 年 2 月 3 日，第 4 版。
⑤ 兵役巡回宣查队：《出发沙县第一区宣查工作报告》，《福建征训》1942 年第 2 卷第 2 期，第 69～73 页。

救济贫苦征属及发给救济金或慰问金。①

2. 优待和救济

对于征属的优待，《对应征新兵及其家庭鼓励办法》规定，新兵在营期间，其家庭享有三项优待：①除工役法规定之正当工役外，免除地方临时劳役、征工；②除不动产或货物正当捐税外，不准摊派任何临时费用，豁免本族中会社所需的捐款；③优先享受一切公益设施，如子弟免费或减费入学，在公立医院或诊所免费诊治，免息借贷积谷等。② 以后出台的《优待出征军人家属办法》大体与上述《办法》相同。

福建省对征属的优待不仅有免工、免捐，还包括发放优待金、优待物，各县因情形不同，发放数量也不一致。比如1940年建延师管区每县最高优待金额20元，最低5角。③ 1942年龙漳师管区发给每一名征属优待谷最少400斤或与其相当代金。④ 1943年元旦龙岩县妇女会优待征属，每户发给20元至30元的慰劳金，每户食盐2斤。⑤ 1944年沙县举办征属恳亲大会，向征属发放优待金10余万元，其中壮丁安家费200元，贫苦征属生活补助费30元至60元。⑥ 1944年长乐拨给每名壮丁家属优待谷2市石（约200市斤），连江1市石。⑦ 随着各地米价高涨，"贫苦且无告"的征属购买十分不易，因此"冻馁堪虞"。为解决征属购米盐难、价格高的问题，福建省军政当局专门拿出一定数量的粮食和食盐按成本价出售给征属，价售粮、价售盐以大口每月发盐10两，每日发米20两，8岁以下的小口盐6两，米减半为限。⑧ 各县政府也依据本县情形，自行调整价售数量，如闽清县对贫苦征属的直系血亲一律发售公价米，每人每月30斤。⑨ 1944年，

---

① 《本年度优待征人家属将分季举行慰问》，《南方日报》1944年2月4日，第4版。
② 《对应征新兵及其家庭鼓励办法》，《广西兵役通讯》1941年第3期，第54页。
③ 《福建省建延师管区1940年优待出征抗敌军人家属报告表》，《呈报优待工作卷》，福建省档案馆藏，档案号：76-1-16，第23页。
④ 《龙漳师管区三十一年度工作概况》，《福建征训》1943年第3卷第1期，第37~40页。
⑤ 《福建省龙漳师管区龙岩县三十一年十二月份兵役工作报告》，《福建省军管区所属各师管区工作报告之二》，第三战区副司令长官办公室、师管区、宪后团队（联合全宗）档案，福建省档案馆藏，档案号：88-1-365，第44页。
⑥ 金勉生：《沙县征募近事》，《福建征训》1944年第6卷第1~2期，第18页。
⑦ 汪复培：《一年来的福建兵役》，《新福建》1945年第6卷第6期，第50页。
⑧ 《福建省出征抗敌军人家属粮盐公价分配暂行办法》，福建省档案馆藏，档案号：76-1-19.2。
⑨ 《闽清发公价米救济征属》，《南方日报》1943年1月20日，第4版。

福建省还严令经常优待的谷物务须发给现品实物，不得折价现钱，凡赤贫征属每人每年发给黄谷 2 市石，或小麦 1 市石，不产谷麦之地，得用杂粮或其他实物比照折价给。①

优待征属不仅体现在物质和精神方面，还体现在实际的劳动上，如《福建省优待出征抗敌军人家属实施代耕办法》充分发动民众帮助征属代耕，凡出征抗敌军人家属自耕或承耕田地，其农事上一切工作，由本保或本甲内未出征民众代其耕种，代耕者不得以摊工名义索取代款。征属如无田地可耕，可将公有、业经标管的田地以及被政府没收的汉奸之土地优先租给征属，如无上述田地，由保甲长设法代向私人租佃；征属因家人出征无力耕种将田地出租他人，应即收回，以便代耕。② 征属缺乏肥料种子，所在保应予贷金，秋收后再由征属免息归还；征属缺乏耕牛、农具，保内各家应予购平借用。③ 除了代耕，还有帮工，福建省军管区还专门组织兵役协会帮工队，义务帮助征属做工，一般每保编列帮工队一队，每甲一班，帮工队队员由各保内 18 岁至 45 岁的免缓役壮丁及未征壮丁充任，保长为队长，甲长为班长。凡出征抗敌军人的配偶及其直系亲属均可以享受帮工队帮助的权利，此外，拨充前方服役运输兵与调回后方休养整训军人的家属也可以享受此项权利，由此扩大了优待范围。④ 帮工队的存在，无疑是有极大益处的，如在清流县，"每一个出征壮丁的田园或家事都可分配给其他壮丁代做了，此法施行以来，效果显著，出征家属备受其惠"。⑤福建妇女多缠足，打柴、挑水等极为不便，对此，各地还组织儿童杂役队，指定每天替某征属户挑水、拾柴、捡粪等。总之，代耕和帮工消除了农村征属缺乏劳动力的忧虑，弥补了优待金保障的不足，为保障征属的基本生活创造了有利条件，也获得了征属的支持。

关于征属的救济，福建省优待委员会于 1938 年 7 月订定《福建省救济出征军人家属实际办法》，对于家庭赤贫非依本人不能维持生活者；患病无力医疗者；死亡不能埋葬者；生产子女不能善后者；遭遇意外灾害者；

---

① 《省政府订改进办法优待征人家属》，《东南日报》1944 年 12 月 11 日，第 2 版。
② 《实施代耕征人田地》，《闽政月刊》1940 年第 6 卷第 2 期，第 45 页。
③ 《省军管区颁定福建省优待征属办法》，《南方日报》1943 年 3 月 29 日，第 3 版。
④ 《组织兵役协会帮工队》，《闽政月刊》1941 年第 8 卷第 3 期，第 51 页。
⑤ 《调查与抽签》，《服务月刊》1940 年第 4 卷第 1 ~ 2 期合刊，第 38 ~ 41 页。

被人非法侵害者；耕作事忙者，凡符合以上任意一种情况的征属给予救济。救济的种类有生活扶助（给予金钱或粮食等物）、职业扶助（如资金借贷、物品借贷如种子农具之类）、临时捐税豁免、子女入地方公立学校学费豁免、工役豁免、劳力帮助（如田地代耕、拨地供其耕种）、医疗优待等。[1] 9月，《福建省优待出征抗敌军人家属实施细则》对救济项目作了具体规定：家庭赤贫不能维持生活者，每人每日给予1角生活费，或相当价值的粮食，时间不超过一年；患病无力治疗者，免费入住公立医院或给5元以下医药费；死亡不能埋葬者酌给10元以下埋葬费；生产子女无力抚养者酌给5元以下助产费；无力教养之子女者，送入儿童教养院收容或转送各工厂学习技艺；遭遇意外灾害者酌给15元以下赈恤费。[2] 各级优待会在查明征属家庭情况后，发给优待证，至11月，全省各县（区）先后发放共计93603张。[3] 福建各地救济办法与力度不同，如龙漳师管区1942年度救济征属，以家庭赤贫、不能维持最低生活者均占50%；医药费、死亡埋葬费、生产子女抚养费占40%；其余豁免临时捐、粮食救济、工役豁免者占10%。发给救济金的标准为：家庭赤贫不能维持生活者10元以上，死亡不能埋葬者20元以上，生产子女无力抚养者30元以上。[4] 1940年1月省军管区司令部修正优待细则，将原实施细则规定救济时间"最多不得超过一年"，改为"其期间至抗战终了为止"，并要求各地优待会按月将优待基金收支情形暨救济人姓名公布。[5] 1943年3月省军管区新订《福建省优待征属办法》，该办法涵盖物质救济、权利享受、法律保障、临时救济、田地代耕等5项，是抗战时期福建最为全面的优待办法。其中物质救济分每年1、4、7、10月发放优待金、物品；普遍设立征属工厂、教养院及生产合作社；减免征人子女宿膳书杂费用；发给游击区域内征属移驻后方迁移费（20～30元）等。

　　物质的救济解决了征属的一时之需，随着物价的逐渐高涨和征属的日

① 木河：《省旬一闻》，《闽政与公余非常时期合刊》1938年第19期，第41页。
② 《福建省优待出征抗敌军人家属实施细则》，福建省军管区兵役处第一科编《兵役法规汇编》（一），福建省军管区兵役处印行，1939，第135～136页。
③ 《优待出征军人家属——本省一年来办理情形》，《闽北日报》1938年11月26日，第4版。
④ 《龙漳师管区三十一年度工作概况》，《福建征训》1943年第3卷第1期，第37～40页。
⑤ 《一月来省政要闻》，《闽政月刊》1940年第5卷第6期，第55页。

益增多，政府感到负担过重，如 1940 年需要救济的征属共有 36 万人，该年优待基金不及 100 万元，如果以每人每月生活补助费 3 元计，月需 108 万元，年计 1296 万元。① 缺口巨大，而微薄的救济也根本不能解决征属生活的困难。1940 年 12 月，省军管区决定设立出征军人家属工厂，并参照杭州、成都办理征属工厂的做法，将 1941 年度所征收的免缓役壮丁登记费、随捐优待金全部充作征属生产事业基金。② 1942 年 2 月，省军管区在永安成立福建省出征抗敌军人家属工厂筹备处（后改为总管理处），计划分三期在沙县、邵武、上杭等地举办工厂 72 种，容纳征属 11650 人。③ 为能筹到更多的资金，省管区司令部扩充了免缓役证书费的征收范围和标准，将原每名免役者收取 4 元证书费提高到 10 元，缓役者由 2 元提高到 8 元。至 1942 年底，共筹集了 500 万元，提取其中 110 万元，设立 3 个征属工厂。④ 沙县第一厂分设纺纱、缝纫和织布三厂；永安第二厂分设家庭化学工业部、专门化学工业部、照相材料制造部、农具机械制造部、炼糖酒精部、滑机油部、酸碱部，生产产品如墨水、鞋膏、农具、天秤、钳、锤、照相底片、幻灯片、酒精、硫酸等；永安第三厂举办农产品加工制造，分酱油部、酿造部、豆酱部、腌蔬部，并附设经济农场。三厂共收容征属 429 名⑤，省军管区原计划 1942 年度在每县设 1 个征属工厂，但鉴于战时物资来源困难，征属又不习惯集体生产，计划最终难以实现。到 1944 年，部分县市又开始举办征属工厂，如仙游县募集 30000 余元开办工厂。⑥

---

① 《福建省军管区征属工厂被控各节申复表》或《代电》，《呈报优待工作卷》，福建省档案馆藏，档案号：76 - 1 - 16，第 32 页。
② 《福建省军管区征属工厂被控各节申复表》，《呈报优待工作卷》，福建省档案馆藏，档案号：76 - 1 - 16，第 32 页。
③ 《福建省出征军人家属生产事业三年计划纲要草案》，《福建征训》1942 年第 2 卷第 1 期，第 42 页。
④ 《闽省征属工厂决定分设三厂》，《中央日报》（福建版）1942 年 6 月 19 日，第 3 版。
⑤ 至 1943 年 10 月，第一厂工人 136 人，见《福建省出征军人家属第一工厂现有工人名册》，《呈报优待工作卷》，福建省档案馆藏，福建省军管区司令部档案，档案号：76 - 1 - 16，第 77 页。第二厂工人数 148 人，参见《福建省出征军人家属第二工厂现有工人名册》，《呈报优待工作卷》，福建省档案馆藏，福建省军管区司令部档案，档案号：76 - 1 - 16，第 74 页。第三厂工人 145 人，见《福建省出征军人家属第三工厂现有工人名册》，《呈报优待工作卷》，福建省档案馆藏，福建省军管区司令部档案，档案号：76 - 1 - 16，第 79 页。
⑥ 《仙游征属优待会筹办征属工厂》，《南方日报》1944 年 12 月 11 日，第 4 版。

除设立工厂外，省军管区规定全省公私营之公司、工厂、农场招雇工人时应尽先由征属充任。从 1943 年起，四行及福建省银行设置征属贷款处，以最低利息发放小规模贷款以便于征属能独立经营各种农商业。① 总之，抗战时期这种合救济与生产为一体的优待方式，使消极救济转为积极劳动，征属在工厂、农场、商场自食其力获得的劳动收入远远超过救济金，这不仅减轻了政府和国民的负担，又使征属掌握了生存的技艺和本领，也在一定程度上增加了社会财富，实为抗战的"切要之图"。

四　优待资金及物品的筹集

优待资金及物品的筹集是办理优待的先决条件，《优待出征军人家属办法》第 10 条明确规定，优待所需基金"得由优待委员会按照地方情形酌量捐募，负责保管，不足时由县（市）政府负责筹集，呈由省政府核准施行。"② 《优待实施细则》第 7 条进一步规定，"由优待会函请各该主管区官署，令饬各该管保甲长负责向其乡里、族邻、保甲从其公款、公产、庙产、祠堂或捐募项下拨给。如确系无法筹措，或筹措不足时，得由该管区优待会补助之"③。可见，出征抗敌军人家属的优待金（物）绝大多数是由各地方优待委员会多层次、多渠道筹集而来，由国家或地方财政统一划拨的较少。优待金可以通过以下几种途径筹集：①免缓役金。包括征收壮丁免缓役金、免缓役者向征属自认月捐、征收免缓役证书收费、免缓役家资或薪俸收入年纳金的百分之几。②违反兵役罚金。包括逃役罚金、卖替罚金、抗役罚金、舞弊罚金。③募捐。利用各种盛大庆典季节纪念日、游艺会举行各种募捐与义卖活动。④县（市）政府筹集。包括征集费之剩余、节余经费之动用、其他罚金之提用。⑤征收附加捐税。包括屠宰附加税、迷信捐、娱乐捐、筵席捐等可借以收取附加税的一切事务；⑥其他。如提拨公款公产、积谷、救济金，提拨已停止事业专款，提拨逆产、汉奸财产、敌货及资敌物品罚金、庙会财产之乐捐、宗教财产之乐捐、募捐会

---

① 朱沛霖：《三十二年度征募议决案概述》，《福建征训》1943 年第 3 卷第 4 期，第 126 ~ 128 页。

② 《优待出征军人家属办法》，福建省军管区兵役处第一科编《兵役法规汇编》，中华印书局，1939，第 133 页。

③ 张斯麐：《本省办理优待出征抗敌军人家属概况》，《闽政月刊》1938 年第 3 卷第 2 期，第 26 ~ 27 页。

计财产、劝募殷商富户捐款、纳金缓役款项、排演话剧及放映电影等售票所得等。

优待金或物品的筹集状况，直接影响征属优待的效果。福建省各地经济状况不同，优待金的筹措方式、数量互有差异，如闽西、闽北各县多从捐税附加如屠宰税、田亩税、出口捐等筹集。华侨较多的县份，劝募的优待金较多，如 1939 年 3 个月间，古田县旅居南洋侨胞就募捐优待金 5 万元。① 福清县政府则要求回国侨胞每人捐 5 元，旅居国外华侨每人捐 1 元。② 抗战初期，福建各地优待金的筹集并不尽如人意，1938 年，仅长乐、晋江、福州警察局等沿海较富裕 36 县（区、局）筹集到资金 80376 元，其中长乐县由田赋加 4 成，约 36000 元。③ 其余各地均因地方贫穷，公款、公产缺乏，无法筹募或筹措不足，如南平县募集 1825 元，福州警察局募集 1610 元，沙县募集 1000 元，上洋特区仅募集 350 元，建阳募集 3500 元，霞浦募集 2200 元。晋江县每保筹 5 元，全县 800 余保，得 4000 余元等。④ 为筹措更多的优待金，1939 年省军管区将筹款优等县做法，印成表格分发给筹集不力的县份参照，并厘订《整理地方公款公产拨充优待基金办法》，在各县努力下，至 12 月底，全省共筹集优待金 407223 元，大大超过了上一年度的筹集数额。⑤ 1940 年度，除福州、晋江等三十余个单位筹有一部分的款外，其余县份仍无法筹集，但经过多方努力，全省 66 个县（区、局）（金门、厦门沦陷尚未筹措）共募集款项 464545 元。其筹款方法，8 县以田赋附加为主，33 县以各种捐税附加为主，另外 37 县以向殷商、富户及华侨劝募为主。⑥

福建省各级政府及优待委员会所筹款项虽解决了部分征属的生活问

---

① 《侨胞不忘祖国征人集款成万元作慰劳金》，《闽侨月刊》1939 年第 4 期，第 66 页。

② 张斯麐：《本省办理优待出征抗敌军人家属概况》，《闽政月刊》1938 年第 3 卷第 2 期，第 27 页。

③ 《福建省各县区局出征军人家属优待金收支一览表》，福建省军管区编《福建兵役四年》，环球印书馆，1941，第 210 页。当年全省 7 个行政督察区、1 个市、62 个县、7 个特区。

④ 张斯麐：《本省办理优待出征抗敌军人家属概况》，《闽政月刊》1938 年第 3 卷第 2 期，第 26～27 页。

⑤ 《福建省各县区局出征军人家属优待金收支一览表》，福建省军管区编《福建兵役四年》，环球印书馆，1941，第 227 页。

⑥ 《福建省各县区局出征军人家属优待金收支一览表》，福建省军管区编《福建兵役四年》，环球印书馆，1941，第 227 页。

题，但战时仅 1942 年全省就有征属 283455 户，549194 人，应受救济家属总计有 238561 户，375413 人。① 要谈生活救济，无异于杯水车薪。为了改善筹集方法，1940 年 6 月福建省军政双方共同拟订《福建省非常时期征募出征军人家属优待金暂行办法暨实施细则》，该《细则》扩大了筹款目标，规定：①免缓役纳捐（发给合于免缓役规定的壮丁免缓役登记证，免役者 4 元，缓役者 2 元。）；②田赋待征（改制县份比征捐二成，未改制县份征捐 1 成）；③普通营业税征捐 2 成；④所得税征捐 1 成；⑤烟酒税征捐 5 成；⑥公款公产及劝募。② 上述各项税收及劝募金定额为 600 万元。③ 其中，缓役壮丁登记费为优待金的重要来源之一，该《细则》实施后，1942 年龙岩县发放免役证书 1960 张，缓役证书 1437 张，共收到证书费 10352 元。④ 对于不缴费的免缓役壮丁，省军管区司令部明令"得以适当强制方法勒令登记，必要时报请本部核准，提前征服兵役"。⑤ 到 1941 年年底全省共征收田赋捐 619400 元，普通营业税附加收解 2513840 元，免缓役登记证随征优待金因属创举，加之少数县份匪患滋扰，最终仅收到 1838988 元，以上三项共收入 4972228 元⑥，大幅度扩大了优待金的来源，但仍未及原定 600 万元的定额。

1942 年，优待金筹集方式改为以乡（镇）为单位，并选定殷实富户（每保 20 户至 40 户）以自治捐为标准，按贫富比例配募及加收免缓役证书费等，如地主按照田地赋额每元出谷 2 升，商人照营业额按月每千元缴纳 4 元，行商照应纳战时消费税税额代征 1/10，免役证书费 10 元，缓役 8 元。⑦ 各县（市）根据地方实际情形采取不同筹集办法，如建瓯按照各保每名兵额安家费 100 元和未出征壮丁家庭财富比例，分作一次或分次劝募

① 汪复培：《福建省军管区三十一年度工作概况》，《福建征训》1942 年第 1 卷第 3～4 期合刊，第 117 页。
② 李寿芝：《三十年度本省役政改善之新猷》，《南方日报》1941 年 2 月 27 日，第 4 版。
③ 《本省大事日记》，《闽政月刊》1940 年第 7 卷第 4 期，第 80 页。
④ 《福建省龙漳师管区龙岩县三十一年十二月份兵役工作报告》，《福建省军管区所属各师管区工作报告之二》，第三战区副司令长官办公室、师管区、宪后团队（联合全宗）档案，福建省档案馆藏，档案号：88-1-365，第 43 页。
⑤ 《强制登记免缓役壮丁》，《闽政月刊》1941 年第 9 卷第 3 期，第 74 页。
⑥ 汪复培：《福建省军管区三十一年度工作概况》，《福建征训》1942 年第 1 卷第 3～4 期合刊，第 116 页。
⑦ 《福建省军管区征募处三十一年度工作概况》，《福建征训》1943 年第 3 卷第 3 期，第 32 页。

优待金，免役证书征收 12 元，缓役证书 5 元，1942 年共收入 30 万元，平均每户征属月领救济费 10 元。① 龙漳师管区的上杭、永定、漳平、诏安等县由屠宰税附加；龙岩、宁洋、华安、长汀、武平等县则由劝募征集；海澄、龙溪、长泰、云霄、东山、漳浦、平和各县大多由富商、华侨劝募；南靖则由糖、笋税附加；连城由迷信捐征收。② 据统计，1942 年全省共筹集壮丁入营安家费 800 万元，征属生活补助费 1296 万元。③ 1943 年又有大幅度提高，全省共筹集 5432304 元。④ 到抗战后期，因受沿海战事及内地匪患的影响，而且地方政务百端待理，可以挪移充用的公有款产早已罗掘俱穷，至于县（市）地方预备费，为数本来就有限，办理战时役政早已超出预算，更无余款可以提拨。此外，自从太平洋战争爆发，侨汇中断，募捐发生问题，各种捐税又多与省令抵触，无形停顿，因此征属优待基金无处筹措，不得不听任各乡、各保自行捐派，既无一定标准、方式又各自不同，遂致障碍丛生，困难万分。

五 优待成效及问题

战时福建省军政当局及社会团体在经济枯竭和财政困窘的情况下对征人及征属实施优待、救济，付出了相当的努力，取得了一定的成绩。据统计，1938～1943 年的 6 年间全省优待机构共救济出征军人家属 950162 户，受救济 1884414 人，发放救济金 4133184.94 元。1938～1944 年，共发给征属生活补助费 2054.6 万元，稻谷 13.3 万斤，大米 469.5 万斤，受补助的征属达 93 万多人（次），每人（次）年均 22 元，谷（米）5 斤。⑤ 仅 1943 年，发放征属优待金 3000 万元，远超浙赣各省。⑥ 到 1944 年 9 月，全省共发放贫苦征属生活补助费 320.4 万元，米 4393 石，谷 258 市石。⑦

---

① 《建瓯县政府努力改进役政》，《福建征训》1942 年第 2 卷第 5～6 期合刊，第 211 页。
② 《龙漳师管区三十一年度工作概况》，《福建征训》1943 年第 3 卷第 1 期，第 38 页。
③ 汪复培：《一年来福建兵役》，《福建征训》1943 年第 3 卷第 1 期，第 9 页。
④ 《福建省征属生产事业基金支收对照表》，《呈报优待工作卷》，福建省档案馆藏，档案号：76－1－16，第 32 页。
⑤ 福建省地方志编纂委员会编《福建省志·民政志》，方志出版社，1997，第 45 页。
⑥ 《临参会第七次大会》，《南方日报》1944 年 4 月 23 日，第 4 版。
⑦ 朱沛霖：《三十三年度本省征募工作报告》，《福建征训》1945 年第 6 卷第 6 期，第 91～93 页。

以 1942 年 3 月成立的省军管区兵役巡回宣查队第一队（1943 年成立第二队）为例，仅一年间，该队在全省巡回期间就发放了优待金 27000 多元，慰问征属 586 家，代缮写书信 292 封；代征属解决琐碎困难事宜 215 件。① 抗战期间福建省出征军人家属救济金、出征军人入营安家费发放情况列于表 5 - 9 和表 5 - 10。

表 5 - 9　1938 ~ 1943 年福建省出征军人家属救济情况

（年份）	出征军人家属户数统计（户）	出征军人家属受救济人口数（人）	救济金发放数（元）
1938	45587	77587	152507. 32
1939	57647	88621	217319. 55
1940	182492	254132	409713. 06
1941	209205	80886	443645. 48
1942	226665	157085	680958. 88
1943	228566	1226103	2229040. 65
合　计	950162	1884414	4133184. 94

资料来源：《福建省第三回统计年鉴（兵役类）：1937 ~ 1944》，福建省政府主计处档案，福建省档案馆藏，档案号：3 - 1 - 25，表 13 "出征军人家属救济（1938 ~ 1943）"。

表 5 - 10　1941 ~ 1944 年福建省出征军人入营安家费发放情况

单位：元

年份	安家费发放数	发放标准	
		最高额	最低额
1941	8349000	100	50
1942	22975000	500	100
1943	32929813	2000	200
1944	129829000	10000	500

资料来源：《福建省第三回统计年鉴（兵役类）：1937 ~ 1944》，福建省档案馆藏，档案号：3 - 1 - 25，表 13 "出征军人家属入营安家费（1941 ~ 1944）"。

优待的实施，在一定程度上使征人征属在物质上得到了保障和维持，精神上得到安慰和受到尊崇，从而赢得他们对征兵、对抗战的支持，同时也使政府和民众发扬了"患难相救济，疾病相扶持，死亡相赒恤"的仁爱

———————

① 金碧波：《兵役巡回宣查工作第一年》，《福建征训》1943 年第 3 卷第 1 期，第 96 页。

美德。然而，由于福建经济恶化和财政困窘，时局动荡，政治腐败，再加上民众本身生活水平低下，优待金筹措困难，严重影响了优抚政策的实施效果。1941 年 3 月福建省参议员郭公木提出《切实救济征人家属案》，尖锐地指出征属救济存在的问题，"抗战军兴，全省被征壮丁约在 30 万人，受救济征属 10 万，已嫌未能普遍，每人平均一元七角，尤为无济于事，兹值百物腾贵，生活程度日高一日，倘非指发巨额专款，万难收到成果。"[1] 以 1942 年度福建省各师管区征属救济统计为例，可知当年征属优待救济的问题。

表 5 - 11　1942 年福建省各师管区征属救济情况

	户　数			人　数		
	合　计	已救济	未救济	合　计	已救济	未救济
建延师管区	38097	10238	27859	80206	27816	52390
福闽师管区	57120	19744	37376	137024	47831	89193
莆永师管区	38293	8899	29394	108864	19802	89062
泉安师管区	29493	3220	26273	108547	11514	97033
龙漳师管区	63662	15735	47927	206833	50122	156711
总　　计	226665	57836	168829	641474	157085	484389
百分比（%）						
建延师管区	100.0	26.9	73.1	100.0	34.7	65.3
福闽师管区	100.0	34.6	65.4	100.0	34.9	65.1
莆永师管区	100.0	23.2	76.8	100.0	18.2	81.8
泉安师管区	100.0	10.9	89.1	100.0	10.6	89.4
龙漳师管区	100.0	24.7	75.3	100.0	24.2	75.8
总　　计	100.0	25.5	74.5	100.0	24.5	75.5

资料来源：福建省政府秘书处编印室编《第一次福建省统计手册》，1944，第 231 页。

从表 5 - 11 可知，1942 年福建省已救济的户数只占了全部征属户数的 25.5%，未救济户数则占 74.5%。已救济的人口数仅为全部征属人口数的 24.5%，未救济人口数则占 75.5%，未救济的户数、人口数是已救济的 3 倍。可见，救济根本无法普遍，这一情况从下列事实中可以看到。1944 年福建省军政联合视导团检视霞浦、屏南后报告称，霞浦"1943 年度免缓役

---

[1] 《对当前兵役问题提出积极建议案》，《福建民报》1941 年 3 月 21 日，第 2 版。

证书费迄今未征收，致上年度（1942 年）优待停滞，除上年元旦及双十节，发有慰劳征属金外，其余各月大多未发放分文"。① 再以龙溪为例，1940 年该县有征属 24864 人，其中受救济 12746 人，未受救济达 12118 人，当年筹集优待金 47275.12 元，发给征属 47859.81 元，超支 584.7 元，每人俱领最高 9 元，最低 3 元。福清县 1944 年度只发给 4 家征属优待金 295 元。② 龙溪县籍军官苏履谦（营长），在长沙会战中阵亡，省政府饬令龙溪县政府发给一次性抚恤粮和按年发给遗属抚恤粮，直到抗战胜利后二年，仍无着落。③ 建瓯县也是如此，1940 年度建瓯共有征属 2698 人，已受救济 1424 人，未受救济达 1274 人。④

对出征抗敌军人及其家属优待不到位，原因是复杂的，除了财政空虚、资金筹集艰难的原因外，优待机构不健全、不明了征属状况、征人与征属失联、民众意识不高等，均是重要因素。例如，一些免缓役纳捐者对于纳金或纳谷采取推诿逃避的态度。一些乡（镇）根本未设优待分会，以致"出征军人家属均无底册，漫无稽考"。有些县份虽成立优待委员会，但兼职人员本身已责重事繁，兼职又无薪酬，因而对于优待大多"敷衍将事，或竟置之不理，或假借此种名义在地方摊派金钱物品以自肥。"⑤ 省军管区征募处处长李寿芝在谈到 1941 年征人征属优待时说："本省优待征属欠完善。……对于壮丁之优待，在入伍之前，招待未周，甚有少数不肖官兵，加以虐待，竟为局部不良之现象，而影响整个之观感，至堪痛恨。即入伍后，对于家属之优待，或徒具其名，未沾实惠，或仅有一时之救济，未谋具体之善策。"⑥ 1939 年《福建新闻》曾有一段对南安县优待征属情况的报道："在南安，简直未曾有人做过一次出征军人家属的慰问。保甲长或联保主任的确去过几回，但那完全不是慰问，而只是填写一些表格，以便汇报而已。虽然募集慰劳出征军人家属（资金）的办法十分精细，各区的优待委员会相继成立，募捐的办法也详细地决定出，

① 《福建省各县工作应行指示事项》，《新福建》1945 年第 7 卷第 5 期，第 52～53 页。
② 刘建绪：《三十三年度各县工作总讲评》，《新福建》1945 年第 7 卷第 5 期，第 12 页。
③ 汪照元主编《芗城区志》，方志出版社，1999，第 89 页。
④ 《福建省建延师管区 1940 年优待出征抗敌军人家属报告表》，《呈报优待工作卷》，福建省档案馆藏，档案号：76－1－16，第 23 页。
⑤ 《军政部训令》，福建省档案馆藏，档案号：76－1－19.1。
⑥ 李寿芝：《三十年度本省役政改善之新猷》，《南方日报》1941 年 2 月 27 日，第 4 版。

已募到 8000 元左右。原定 8 月 11～20 日，目前已 10 月过半，尚未发放。"① 一些地方不仅不优待，不肖保甲、土豪劣绅还横行乡里，敲诈勒索征属，甚至"奸其妻室，占其财产，鬻其子女，而贫苦无智无力之人为恶势力所欺压，隐痛而不敢言"②。一些保甲长对征属调查不确实，或者营私舞弊，浮派、多收、贪污、克扣、侵吞、胡乱支配优待资金（物）等。1940 年 11 月，陈嘉庚、庄西言等南洋华侨慰劳团到龙溪、海澄、漳浦、南靖等地慰问征属，他们对着陈仪严厉批评各级政府贪污克扣征属优待款的行为。③

福建省军政当局对于优待不力的情况是了如指掌的，对此也采取了多种措施加以改善，例如明定征属优待金发放不准巧立名目，假借办理工厂、合作社及其他机构俾征属能获实惠，违者以贪污论罪。邀请中央机关、社团、公正士绅监视优待金发放。④ 要求民众尽力帮助征属解决困难，设法救济征属灾患，扶持和慰问征属族裔，尽力帮助征属做工、种田和收获，随时随地尊敬征属等。

综上所述，尽管福建军政当局优待出征抗敌军人及家属存在许多问题，但总体来说，优待发生在兵员动员其中或者之后，在一定程度上解除了前线战士的后顾之忧，又使未出征的壮丁欣然从军，这种事实引发的影响深远，它有利于形成役政推行的良好社会氛围，在客观上助益前方补充兵员的征集，是为兵员动员间接之手段，是一种不能忽视的最现成、最有效、最雄辩的事实宣传。

第五节　福建知识青年从军运动

兵役动员，以志愿参加最为上乘。抗战时期，福建兵员动员除了政府自上而下的强制性征集外，还有大批青年志愿应征入伍。所谓志愿应征，即原系免缓役、未经抽签的合格壮丁，或者壮丁经抽签后其签号仍在未被征之列而志愿应征的。志愿应征者填具申请表，在征集时免去其调查、抽

---

① 石决明：《南安兵役概况》，《福建新闻》1939 年第 9 期，第 12～13 页。
② 《军政部代电》，福建省档案馆藏，档案号：76－1－19.2，第 58 页。
③ 朱文伯：《福建省兵役概况》，1941，第 30 页。
④ 《征属优待金切实发放》，《南方日报》1943 年 9 月 10 日，第 3 版。

签手续优先征集。① 抗战末期，国民政府两次发动"知识青年从军运动"，国统区甚至沦陷区各地迅速掀起从军热潮。在福建，青年军的报名应征人数位列全国第二，这场气势磅礴的集权式征兵运动在福建兵役动员史上是一件重要的事件，由此产生了巨大的社会影响。

一　知识青年从军运动之缘起及概况

知识青年从军运动发轫于 1943 年年底。其时，抗战已进入第 7 个年头，兵员征补已成为关系民族前途的最重大问题，据统计，仅在 1937 ~ 1942 年，国民政府陆军伤亡人数就达 2668940 人②。1936 年征兵制实施后的数年间，由于国民党基层政权腐败，经济状况恶化，教育文化落后，社会控制力量薄弱，国统区出现了大量壮丁避役、抗征、逃亡、病亡的现象。随着沦陷区范围的日益扩大，可征兵源数量大幅减少，1943 年全国非沦陷区的人口总数（包括陕北根据地）只占 1936 年的 44%，为 210569455 人。③ 在征兵配额相同的情况下，1941 年实征人数为 1667830 人，比 1940 年少 241009 人。④ 就福建而言，沿海部分地区沦陷后，福建省政府机关、学校、工厂内迁，民众或向内地疏散，或逃避出洋，户口异动频繁，壮丁征集十分艰难，1943 年仅完成中央配额的 74%，1944 年下降为 44%。⑤ 兵员征补异常困难，而前线又需兵孔亟，国民政府不得不动员大量"囤积"的合于入伍条件的知识青年，以开拓兵源。

知识青年的"囤积"，是《兵役法》免缓役范围过于宽泛的结果。1933 年的《兵役法》规定高中或同等学力以上的学生、公教人员、技术人员、归侨、议员等仅服国民兵役或享受免缓役待遇。⑥ 以 1941 年为例，该年全国中等学校和专科以上在校毕业男生为 542331 人，这些人都可以免缓

---

① 《福建省各县市区志愿应征壮丁暂行处理办法》，《闽政月刊》1938 年第 3 卷第 3 期，第 35 页。
② 何应钦：《日本侵华八年抗战史》，台北黎明文化事业股份有限公司，1982，附表 2 - 3。
③ 国民政府内政部统计处：《各省市户口统计》之《各省市户口统计总表》，1944。
④ 兵役部月刊社编《抗战八年来兵役行政工作总报告》，1945，第 46 页。
⑤ 《1942 ~ 1947 年全省壮丁与征募》，福建省政府统计处编印《福建省社会统计手册》，1947，第 33 页。
⑥ 《修正兵役法施行暂行条例》，徐思平：《中国兵役行政概论》，文治出版社，1945，第 291 ~ 292 页。

役。再以福建1939～1943年为例，5年中应缓、免、禁役壮丁数占全部壮丁数的80%。① 这无疑直接影响兵员动员的数量和质量，违背《兵役法》的"三平"原则，给一些妄图规避兵役者留下巧取之机，间接减损壮丁的从军热情。

抗战是一场现代化的战争，不仅要求兵员数量增多，更需要质量精强。由于具有一定文化的壮丁可以免缓役，而"仕宦之家以势而免疫，富豪之家以财而避役"，② 这就使国民政府的兵源多为目不识丁的农民和市井细民，这些靠抽签强拉等办法强制征集来的壮丁，还由于部队腐败，待遇恶劣，缺乏训练，大量逃亡，战斗力不断下降。蒋介石曾痛心疾首地说："在军队方面，得不到知识青年的参加，因之战斗力亦无形减低，这是我们国家与军队最大的弱点，亦是我国青年与智识份子最大的耻辱！"③ 1942年中国远征军首次入缅作战，败守滇、印，为协同盟军作战，中国驻印军完全采用美械装备训练和作战，急需大量高素质的兵员以及无线电、医药卫生、翻译等方面的人才，其缺额达22508人。东南亚盟军最高司令、中国战区参谋长史迪威曾多次催促中方改善役政，加紧征调知识青年，空运印度，把中国军队训练成一支"真正的作战力量"。从军运动的另一目的在于提振军风，蒋介石曾说："为什么要成立青年远征军，就是因为现在一般部队暮气太深，习染太重，而毫无生动力量……"④ 如若使知识青年能相率入伍，那么"不但我前线官兵，闻风欢跃，增加他们作战的勇气，社会各界也必观感一新，互励互勉，以亲临前线杀敌为无上的光荣，以规避战时国民义务为最大的耻辱。必须如此，然后乃能改革过去颓风恶习的旧社会，树立举国一致为国效命的新风气。"⑤ 此外，国民党发动从军运动的政治意图在于与共产党争夺青年。国民党统治的失利，使国统区人民对国民党失去信心，大批知识分子、民主人士、青年学生日益倾向共产党，

① 《福建省第三回统计年鉴（兵役类）：1937～1944》，福建省档案馆藏，档案号：3-1-25，《表6 1939～1943年全省适龄壮丁表》。
② 《新战术新兵制》，《中央日报》（福建版）1944年9月20日，第3版。
③ 蒋介石：《对从军学生训话》，秦孝仪主编《先总统蒋公思想言论总集》卷二十，中国国民党中央委员会党史委员会，1984，第314页。
④ 吴相湘：《第二次中日战争史》（下），台北综合月刊社，1974，第1070页。
⑤ 蒋介石：《告知识青年从军书》，秦孝仪主编《先总统蒋公思想言论总集》卷三十二，中国国民党中央委员会党史委员会，1984，第93页。

他们冒着生命危险、冲破重重阻挠，涌向圣地延安。这引起国民党的极大恐慌，为笼络人心，培养干部，蒋介石利用知识青年的抗战爱国热忱，将青年吸引到军营中，这一企图从蒋介石在 1944 年 10 月 11 日重庆知识青年从军会议上阐述的宗旨中可见一斑："第一，要使一般社会民众，改变其过去对于兵役的心理，从而踊跃应征，来充实作战的实力。第二，要使社会民众改变对中国国民党的态度，认识中国国民党革命牺牲的精神，因之接受国民党的领导，共同一致来完成革命的使命。这两层用意，后者尤重于前者。"①

总之，为了挽救各种危机，1942 年 10 月，蒋介石通电全国，号召青年学生服役，其电文如下。

> 查征兵开始，六载于兹，所征壮丁多系目不识丁之文盲，其知识分子之学生，多未予以征集，因之士兵素质低劣，影响抗战甚大。更以各地学校收容超过学龄之学生，几为壮丁避役之渊薮，役政推行，尤多滞碍。兹将通令各级学校之兵役适龄学生，自三十二年一月起一律依法抽签，按序征召，依其程度，配服兵役，不得予以缓役。②

根据这项指示精神和国民参政会提出的《加强兵役推行缩减缓役范围案》，1943 年 3 月颁布的《修正兵役法》要求学生和公务员均要服常备兵役，并规定学生服役期间保留学籍，仅对"专科以上学校肄业学生，年未满二十五岁者"予以缓征。对小学以上教师，荐任以上官职，军需工业或国防工程，交通技术员工，警察予以缓召，但缓召原因消灭有召集必要时仍受召集。③ 这就扩大了战时兵员动员的征集范围。

1943 年 11 月，军政部向各省军、师管区发出《戍征役募》电令，令四川军管区"征集四万五千名优秀知识青年，飞印度受训，补充远征军，以作反攻中印公路之准备"，"限亥月中旬转送出国"。④ 四川省军管区参谋长徐思平至三台县宣导远征军意义，两三日内报名学生达 304 人，⑤ 以此

① 蒋介石：《知识青年从军运动与本党革命前途成败的关系》，秦孝仪主编《先总统蒋公思想言论总集》卷二十，中国国民党中央委员会党史委员会，1984，第 520 页。
② 《非父母亲生独子不得免服常备兵役，适龄学生应依法抽签》，《福建征训》1942 年第 2 卷第 5 ~ 6 期合刊，第 211 页。
③ 《修正兵役法》，徐思平：《中国兵役行政概论》，文治出版社，1945，第 269 页。
④ "教育部"主编《中华民国建国史》第四编，台北国立编译馆，1986，第 885 页。
⑤ 《三台县学生三百余名连袂从军》，《南方日报》1943 年 11 月 26 日，第 2 版。

为"嚆矢",从军运动迅速扩至全川,又"风动全国",波及鄂、陕、甘、青、豫、赣、海、闽、皖、浙、绥远等十余省,由此形成第一阶段的学生从军热潮。① 此后国民政府先后颁布了《学生志愿服役办法》《知识青年志愿从军办法》等,规定征集 18 周岁至 25 周岁,身长 155 公分,体重 46 公斤,无疾病之在校肄业男生,入营后保留学籍,退伍后按服役学分及其程度升级,此项办法适用于公教人员。② 1944 年 1 月 11 日,国民政府成立全国学生从军指导委员会,在川、陕、赣、桂、湘、黔、东南地区分别成立志愿从军学生教导团(营)。③

二 福建青年远征军的动员与征集

征集青年远征军的浪潮波及福建后,福建的《中央日报》于 12 月 20 日发表《扩大知识青年从军运动》社论,阐述学生参加远征军的必要性及意义。由于交通信息闭塞,起初仅永安、南平等地几个学生响应。1944 年 1 月 5 日,省政府主席刘建绪发表《青年从军运动与时代的要求》讲话,号召全省知识青年秉承辛亥先烈的革命精神,风起云涌地来响应全国学生从军运动。④ 不久,省军管区订定《福建省鼓励学生志愿服役暂行办法》《福建省学生志愿服役实施办法》《福建省鼓励学生志愿服役运动宣传大纲》,通电各县(市)政府、党部、中等以上学校宣传发动。⑤ 随即,各校利用纪念周及升旗时机对学生作精神讲话,全省各大报刊专载从军专论、采登有关消息,各剧团、戏院排练学生从军剧本,各校邀请当地党政军负责人及社会名流举行演讲会。三青团联合省广播电台发动从军运动广播周,省教育厅编制《兵役法》《知识青年从军优待办法》《从军诗歌》《武器制造原理》等书籍分发各大中学校。⑥ 宣传活动产生了些微影响,1944 年 1 月 25 日,东南战区崇安训导所学生何在廷等 10 人率先响应,继而顺

---

① 第一阶段:1943 年 11 月至 1944 年 10 月,青年学生志愿从军运动,征集远征军;第二阶段:1949 年 10 月至 1945 年 9 月,知识青年从军运动,征集青年军。
② 《学生志愿服役办法》,《东南日报》1944 年 1 月 5 日,第 4 版。
③ 兵役部役政月刊社编《抗战八年来兵役行政工作总报告》,1945,第 39~40 页。
④ 刘建绪:《青年从军运动与时代的要求》,《福建训练月刊》1944 年第 3 卷第 1 期,第 4~5 页。
⑤ 《闽鼓励大中学生志愿投效远征军》,《南方日报》1944 年 1 月 17 日,第 4 版。
⑥ 《青年军教育的宣传》,《福建交通旬刊》1944 年第 2 卷第 17~19 期,第 8 页。

昌县省立临时中学、建阳暨南大学、长汀第一侨民师范、南平剑津中学、福建省军管区兵役班学员、省立农学院、农业职校、福建协和大学 8 所学校学生先后报名。[①] 其中长汀县第一侨民师范报名 25 人，为从军运动发起后响应人数最多的学校。在学生的影响下，福建省公教人员亦有零星响应，顺昌卫生院医生吴士坤、省地方行政干部训练团分队长刘明德、省立医学院会计室办事员章生华、福建省第二监狱两主任自动请缨，为公务员从军之先导。[②] 至 3 月份，全省报名从军者已有 200 余名，但在东南五省中仍为最少。

1944 年 4 月 25 日，福建省学生从军指导委员会成立，随后各县相继成立从军指导委员会。[③] 省从军指导委员会订定优待办法，对每名从军学生奖励 5000 元至 10000 元，并在国家标准的基础上加倍发放安家费至 2000 元。[④] 各地、各校亦颁布优待办法，如厦门大学订定《学生从军优待办法》，古田对青年远征军家属每年发谷 10 担，安家费 2 万元，由此，福建省青年远征军运动"愈渐蓬勃"。[⑤] 随后，南平建华学校、建瓯中学、沙县初级工业学校、沙县福州高级学校、福建省立医学院晋江建国商校、江苏学院等 14 所学校学生陆续报名。原系缓役的永安、沙县、闽侯、建阳、龙岩、连城、福鼎简师等师范学生最为踊跃，报名人数共计 914 人（最终体检合格者 214 人）。[⑥] 其中，永安师范有近 300 名学生表示愿随校长黄震从军。闽侯师范有女生李夑金等 52 人请命远征。[⑦] 1944 年 1～5 月福建省报名应征知识青年前后共计 1200 余人，实际参加体检仅 700 余人，经复检、测验，合格者只有 120 人（内有龙漳师管区 30 名送交广东军管区编训，其余送江西横峰军政部教导第 5 团受训），1944 年度福建省远征军的配额为 12000 名，其中知识青年配额 200 名[⑧]，还相差 80 名，于是省从军指导委员会又在沙县、永安两地发动征兵，结果复验合格者 44 名。这 44

① 王敦正：《知识青年从军近有多起》，《大成日报民主报》1944 年 3 月 23 日，第 4 版。
② 《闽公务员响应从军》，《大成日报民主报》1944 年 3 月 11 日，第 4 版。
③ 《鼓励学生从军指导委员会成立》，《南方日报》1944 年 4 月 26 日，第 4 版。
④ 《优待远征军加倍安家费》，《福建征训》1944 年第 6 卷第 1～2 期合刊，第 24 页。
⑤ 《闽志愿军指委会组织就绪，将积极开展工作》，《南方日报》1944 年 4 月 29 日，第 4 版。
⑥ 《闽各师范学生远征报国》，《东南日报》1944 年 7 月 15 日，第 3 版。
⑦ 《学生从军》，《新福建》1944 年第 5 卷第 4 期，第 61 页。
⑧ 朱沛霖：《三十三年度本省征募工作报告》，《福建征训》1945 年第 6 卷第 6 期，第 91～92 页。

名青年学生于 1944 年 7 月 20 日由永安赴江西铅坑集训。青年远征军出征时，永安举行了热烈欢送会，刘建绪授予从军学生"为国干城"锦旗一面及每名学生零用费 1000 元，学生代表答词曰："在此神圣之民族解放战争中，得尽国民一份子之责任，本属应该，今承主席厚爱，当多杀敌以报。"会后，从军学生于爆竹声中游行全市，一些民众为感青年学生壮举当场捐献金饰、银元、手表等。① 这些青年学生原定在赣受训 3 个月，后因战局关系，于 8 月 15 日出发至昆明，经 6 个月的专科训练后，分派驻印部队或远征军特种部队、空军及国内部队服役，依其所习学科分发服任特种兵、特业兵、空军及军事辅助勤务。② 由于东南五省首批青年远征军未达配额，1944 年 6 月底东南五省再次发起从军，配额为 2000 名，其中福建省 700 名，定于 8 月 1～15 日报名，10 月 15 日入伍。福建省虽提高优待条件，放宽体检限制，但报名从军知识青年依然不多，至 1944 年 10 月，报名人数为 446 人，其中男性 358 人，女性 88 人。建延师管区最多 278 人，泉安师管区则无一人，最终检查合格入伍者 140 人（男性 139 人，女性 1 人）。③ 这与中央对福建省的配额相去甚远。

从总的情况来看，福建省第一阶段的学生从军效果并不理想，究其原因，一是该运动并未普遍到全省各校各部门，一些学校党团组织对此项运动毫无有效方法；二是国民党的腐败和军事的溃败使学生充满怨愤，厦门大学的教师甚至力劝学生不要盲从，从军优待办法亦缺乏吸引力。尽管如此，这场运动作为前奏，为即将到来的"十万知识青年从军运动"做了重要的准备。

三 福建青年军的发动、编练与复员

正当全国征集青年远征军之际，1944 年秋，日军大举进犯桂黔，占领独山，兵锋直指重庆，国统区的危机达至顶点，蒋介石说："八年抗战之险恶，未有今日之甚者也。"④ 加之豫湘桂战役大溃败，国民对抗战充满悲

---

① 《省政要闻：全省纪念抗战七周年》，《新福建》1944 年第 6 卷第 1 期，第 76 页。
② 《闽首批从军青年已转昆明受训》，《南方日报》1944 年 8 月 24 日，第 4 版。
③ 《福建省第三回统计年鉴（兵役类）：1937～1944》，福建省档案馆藏，档案号：3-1-25，《表 12 全省志愿入伍知识青年人数》。
④ 吴相湘：《第二次中日战争史》（下），台北综合月刊社，1974，第 1062 页。

观失望的情绪。为挽救危局，陈诚建议蒋介石"饬令党团，尽量选征党员团员，或另编劲旅，建立生力军，或补充各部队，提高士兵素质"。① 蒋介石亦认为："本党在这个生死存亡关头，我们没有其他办法来提振我们一般同志的志气，现在唯一一个希望，就是此次所发起的智（知）识青年从军的这一个运动，只有这个运动成功，乃是振作我们一般同志的精神，重整本党革命的旗鼓，这是本党起死回生的最后机会。"② 9 月 16 日，蒋介石在国民参政会上提出征集十万党、团员组成青年志愿军，以增加抗战力量，配合盟军反攻。"双十"节上，军委会政治部发表《告爱国的革命青年书》，呼吁广大知识青年"放下书本，背上枪炮，丢下职业，跨进军营"，"消灭敌人，再回学校，先保国家，后谈职业""一寸山河一寸血，十万青年十万军"。③ 10 月 11~14 日，重庆国民政府召开"发动知识青年从军会议"，拟定征集、编练、优待等办法，定名为青年军，并成立"全国知识青年志愿从军指导委员会"，蒋介石亲任主任委员，预定目标是在 3 个月内党、团各征集 5 万人。各省（市）征集数额，可抵补该省（市）原定征兵额。④ 征集对象为年满 18 岁至 35 岁受过中等以上教育，身长 152 公分，体重 46 公斤以上，无疾病，其依法缓征、缓召及应征服役的男青年，役期 2 年。⑤ 从军学生保留学籍，公教人员保职保薪，退伍后可复学、复职，并给予升迁、保送军校、留学等优先权利，社会知识青年复员后优先安排就业等。⑥ 11 月，国民政府决定征集 2000 名 18 岁至 35 岁受中等以上教育的女青年组成女子志愿服役队，随军进行医疗、政工、通讯、缝纫等服务工作，役期及优待办法与男青年军相同。⑦

在"十万知识青年从军运动"的号召下，1944 年 9 月 26 日，福建省在

① 陈诚：《电呈委员长谨拟非常之举敬企裁核》（1944 年 8 月 20 日），何智霖编《陈诚先生回忆录：抗日战争》（下），台北国史馆，2004，第 904 页。
② 蒋介石：《知识青年从军运动与本党革命前途成败的关系》，秦孝仪主编《先总统蒋公思想言论总集》卷二十，国民党中央委员会党史委员会，1984，第 522 页。
③ 《大家从军去》，《东南日报》1944 年 10 月 10 日，第 3 版。
④ 《各级团部征集知识青年志愿从军实施办法》，中国第二历史档案馆编《中华民国史档案资料汇编》第 5 辑第 2 编《政治》（3），江苏古籍出版社，1998，第 841 页。
⑤ 《全国知识青年志愿从军征集办法》，《东南日报》1944 年 10 月 23 日，第 3 版。
⑥ 《中央决定办法优待从军青年》，《东南日报》1944 年 11 月 19 日，第 2 版。
⑦ 《全国知识女青年志愿服务队征集实施办法》，《福建交通旬刊》1944 年第 2 卷第 17~19 期，第 8 页。

永安成立志愿军指导委员会，指导党、团开展从军运动。11月4日，福建省知识青年志愿从军征集委员会成立（以下简称省征委会），刘建绪兼任主任委员，军管区参谋长、教育厅厅长、三青团支团干事长15人组成常务委员会，下设总务、宣传、编组、招待四科。① 5日，各县（市）和规模较大的学校、机关也相应成立从军征集委员会，指导党、团部门开展从军运动。

（一）宣传发动

宣传是"动员民众最犀利的武器"，鉴于第一阶段从军运动的成绩不佳，刘建绪决心"加倍努力，实行彻底动员"，9月27日，他发表热情洋溢的《告全省知识青年书》，希望全省知识青年"凛于国难之严重，警觉自己应尽之天职，抱定为国家牺牲的决心，一致起来，相率入伍，实行彻底动员。"② 此篇文告成为发动福建知识青年从军的宣言书。随即，省征委会组织10人到15人的宣传队13支分发各地，"每日活动不分昼夜"。七区专署也派员到连城、宁化、上杭、武平、明溪、清流、长汀等地宣传督导。③ 全国征委会及本省各县（市）共同筹集700余万元作为宣传经费。

"双十"节前后，宣传活动达到第一个高潮，福建党、团、政、军、学社会各界，以党团员、中等以上在学青年、社会知识青年和青年公教人员为对象，通过集会演讲、标语壁画、歌咏话剧、展览广播、出版专刊、编制歌曲等形式由城市到乡村展开全方位宣传。比如10月10日，南平各界约3000人齐集公共体育场庆祝国庆并举行从军运动宣传大会，打出标语，如"一切为前线，一切为胜利""好青年上前线""投笔从军是青年的光荣""为保卫祖国而战""新青年新战斗新国家"④。11月12～18日是宣传的第二个高峰期，全省五十多地同时举行知识青年志愿从军宣传周，开幕式当天，永安党政机关、学校、社团全体4000人集会，民政厅厅长高

① 《闽省青年志愿从军征集委员会昨成立》，《南方日报》1944年11月5日，第4版。
② 刘建绪：《告全省知识青年书》，《福建征训》1944年第6卷第5期，第72～73页。
③ 《知识青年从军运动》，《新福建》1944年第6卷第5期，第64页。
④ 《知识青年从军运动宣传计划纲要》，《南平县党部关于接收视事、节约、知识青年从军戡乱建国、召开纪念会的函、会议纪要》，南平市档案馆藏，档案号：05-001-0000062，第71～73页。

登艇宣读刘建绪的《立志为革命军人》训词，志愿从军知识青年陈述祖、陈飞（女）、阮友基等 6 人登台演讲，感动至人。随即开始签名从军，省立第二医院余姓女医师慷慨陈词，率其全家子媳签名，福建省高等法院林青席检察官令其在学的三个儿子签名从军。① 当日永安签名从军人数达 850 多人，连同先前签名的共计 1560 余人。② 同日，南平县妇女会印发《告南平女青年书》，报名者 203 名，其中团员占 70%，党员占 25%，女青年 45 人，男青年 168 人。③ 长汀县还在十字路口竖立高大木牌，逐日公布从军青年姓名，以示褒扬和激励。13 日，厦门大学校长萨本栋、暨南大学校长何炳松、江苏学院院长戴克光、省立师范专科学校校长李黎州、省立医学院院长李鼎勋、省立农学院院长周桢、私立福建协和大学校长林景润、私立福建学院院长郭公木、私立华南文理学院院长王世静联名致电蒋介石，表示愿协力动员知识青年从军，原电为：

> 抗战已临决胜之阶段，必须提高兵员之素质，乃能把握最后之胜利，钧座倡导青年学生从军运动，实为民族更生之关键，东南学生闻风景从，校长等协力宣传以集事功。④

而在此之前，暨南大学、厦门大学、省立医学院等高校已各自致电蒋介石拥护从军运动。各学校校长的倡导，激励着师生救亡图存的爱国精神，师生情绪高涨。在闽清的省立福州初中，245 名学生签名从军，占全校学生总数的一半。⑤

福建省各大报刊如《中央日报》（福建版）、《东南日报》《南方日报》《大成日报民主报》《新福建》《福建青年》等开辟从军专栏，发表特刊、社论、从军法令，报道从军状况等。比如《南方日报》自 1944 年 11 月 12 日后开办有《各地从军汇志》专栏。各地剧团演出话剧《奴城传奇》《燕归樑》《领港人家》《魔窟》，歌剧《抗战声》，放映电影《热血忠魂》。省征委会专门编制《万人颂词》，传颂八闽，词曰：

① 《闽宣传从军，宣传周昨日起开始》，《东南日报》1944 年 11 月 13 日，第 3 版。
② 叶骖：《纪念国父诞辰，青年踊跃从军》，《新福建》1944 年第 6 卷第 5 期，第 65 页。
③ 《闽省知识青年从军运动白热化》，《南方日报》1944 年 11 月 14 日，第 4 版。
④ 《闽专科以上校长联名电呈委座》，《东南日报》1944 年 11 月 14 日，第 3 版。
⑤ 《福初区队从军记》，《南方日报》1944 年 12 月 15 日，第 4 版。

敌人残暴，荼毒神州，尸横遍野，鬼哭人愁。八年苦战，热血成流，志士十万，谊切同舟。一心一德，有勇有谋，摧尖毁锐，灭贼赴仇。山河再造，勒石岩幽，奇材际遇，奕奕千秋。①

省征委会编制《从军歌集》，分发到各学校及机关，1945 年元旦，全省各地举行万人大合唱，合唱曲目如《知识青年从军》《万里赴长征》《保卫大东南》等。永安还专办从军美术展览，包括中西画、木刻、漫画、金漆画、图案等 300 余件。

（二）报名登记

广泛的宣传使福建知识青年对于民族危机、国家观念、兵役法规、国民的兵役权利与义务认识得更加深刻，激励着知识青年的爱国心、责任心及荣誉感。1944 年 11 月 12 日至 12 月 31 日，全省各地志愿从军知识青年纷签订《志愿从军申请书》，原书为："余立志革命决心报国，谨应蒋主席之号召志愿从军，期以完成革命、抗战、实现三民主义大业。兹郑重填具从军志愿书敬请鉴核。具志愿书人××。"② 一时间，从军报国的热潮弥漫八闽大地。此次报名人数众多，范围广泛，影响巨大，今天我们仍能从当时的报刊上看到上自耄耋老人下至舞勺少年群情激昂、争先应征的情景及感人事迹。时年已 82 岁高龄的福鼎籍同盟会会员周忠魁向省党部请缨入伍，20 余名十二三岁的学生要求签名被拒后，竟反问"小国民岂不能救国"？黄花岗烈士陈更新哲嗣省立师范专科学校教务长陈永康教授特电中央请缨。③ 漳浦县青年团负责人杨慎徨送其子杨酉京、媳陈瑞娘、女杨绰儒签名从军。④ 邵武县县长袁国钦、水吉县县长李和涛弃官从戎。⑤ 中央日报社福建分社的丁寄冰、章炯光等年逾 40，坚请从军，谓："吾人平日执笔而言，唤起同胞，卫国御侮，今日坐言起行，执戈杀敌，应不后人。"⑥ 各大、中学校教师踊跃报名，暨南大学理学院院长江之永、省立农学院

① 《万人颂词》，《福建青年》1945 年第 1 卷第 3 期，第 128 页。
② 《福建省知识青年志愿从军申请书》，福建省档案馆藏，档案号：13-1-7。
③ 《省执委陈永康志愿从军》，《南方日报》1944 年 12 月 3 日，第 4 版。
④ 《各地青年从军热》，《南方日报》1944 年 12 月 28 日，第 4 版。
⑤ 《邵武县长请辞官从戎》，《东南日报》1944 年 11 月 1 日，第 3 版。
⑥ 《全省党员报名从军数已逾两千》，《中央日报》（福建版）1944 年 12 月 1 日，第 4 版。

教授符致，晋江培元中学英文教师邓约翰、音乐教师吴勇签名从军。在报名者中，他们或首长率先倡导，或姐妹、兄弟联袂从军，或夫妇相伴入伍，如晋江培元中学王友丞、王友照姐妹，华侨黄锦华、黄锦星两兄弟，建瓯中学英文教师周勇、邹华珍伉俪等。

福建省各校员生集体请缨从戎的消息迭纪报端。顺昌临时中学、集美商校、漳浦中学、英华中学、晋江培元中学、闽清联合中学、厦门大学、暨南大学、江苏学院、福建学院、省立医学院、福安师范、闽侯师范、龙岩师范、建阳师范、仙游师范等校学生异常踊跃。建瓯中学校长陈培光率先签名，全校 532 名师生（女生 82 人）望风景从一致效仿，"树闽省完全中学全体从军之先声"。①

在宣传周内，沙县闽侯师范学校报名从军员生达 455 人，人数最多。② 协和大学仅半旬应征员生已分别占总数的 1/5 和 1/4。③ 厦门大学报名人数 205 人，占全校师生的 3/5。④ 集美学校（高商、高中、高农、水产）400 人报名，其中高三学生就有 60 人。据省教育厅统计，至 1945 年 2 月 25 日，全省七十余所学校签名从军员生共达 8000 余名。⑤

据福建省征委会报告，截至 1944 年 12 月 28 日，全省报名从军青年已达 13472 名（女青年 500 余名），仅次于四川，位居全国第二，其中团员占 72%。⑥ 报名截止时间原定 12 月 31 日，但后续报名者络绎不绝，最后延至 1945 年 2 月 8 日。到 1945 年 1 月 20 日报名人数已增至 16182 人。⑦ 国民政府原计划给予福建配额 8000～9000 人，其中国民党负责征集 3000～4000 人，三青团负责 5000 名。⑧ 各县配额 20 人至 300 人不等，但

---

① 《建瓯中学员生全体从戎》，《东南日报》1944 年 11 月 29 日，第 3 版。
② 《闽青年踊跃从军》，《南方日报》1944 年 11 月 18 日，第 4 版。
③ 《协大校友》第 62 号，1944 年 11 月 20 日，第 2 页。
④ 《厦大体检合格者百人》，《南方日报》1944 年 12 月 31 日，第 3 版。
⑤ 《教育厅工作报告》，《新福建》1945 年第 7 卷第 2 期，第 74 页。
⑥ 《闽青年从军今截止报名，从军人数近万四千人》，《东南日报》1944 年 12 月 31 日，第 3 版。另据《南方日报》报道，至 1944 年 12 月 30 日，登记入伍人数为 11759 人。参见《全国知识青年从军已逾十二万人》，《南方日报》1944 年 12 月 31 日，第 2 版。两者统计数据不一。
⑦ 《各地青年军分批入营》，《东南日报》1945 年 1 月 23 日，第 3 版。
⑧ 《抗战时期之青年活动》，杜元载主编《革命文献》第 62～63 合辑，台北中央文物供应社，1973，第 254 页。

福建省党部、团部在 1944 年 11 月底报名人数就分别达到 4700 人。① 全省 65 个县（市）、区，除沦陷区金门、厦门、长乐未予以配额外，浦城、海澄、永定、莆田、德化等 12 县尚未足额，龙岩、长汀、建瓯、上杭、南平、沙县、晋江、邵武、同安、连城等 45 个县皆已超出配额。② 闽北 16 县从军青年总数逾 5000 人，超过定额半数以上。③ 南平配额为 440 人，至 1945 年 1 月 2 日已达 1508 人，居全省之冠，经测验、体检后有 749 人合格（女 150 人），通过严格复检、抽签淘汰后仍有 441 人。④ 建瓯共有 783 人报名，经过文化考试、体检、口试后有 300 人合格，仍大大超额完成一等县 200 名配额任务。⑤

应征知识青年须经过严格体检和测验（科目有国文、常识、口试）后方能入伍，先由各县、市初检，1945 年 1 月后分别在龙岩、长汀、永安、大田、南平复检站复检，依据《福建省志愿从军青年体格检查详细标准》，体检项目包括眼力、眼疾、辨色力、听力、耳疾、身长、体重、胸围、精神、言语等 23 个方面。⑥ 至 1945 年 3 月，复检合格男青年 9869 人⑦。晋江 17 名因体格复查和常识测验不合格青年，再三请求收编为普通兵，安溪 7 名不合格青年因谙熟音乐，请求收为军乐兵，德化 17 名复检不合格青年，竟"痛哭失声，劝慰甚久，始行返去"。⑧

（三）征集入营

合格入伍的应征青年先向县（市）或各机关学校征委会集中，再向省征委会指定的地点集中，最后到全国知识青年志愿从军指导委员会指定的地点入营。集中时间为 1945 年 1 月 1 日至 3 月底止。⑨ 福建省各县从军青

---

① 《闽从军党员已逾 4700 人》，《东南日报》1944 年 12 月 1 日，第 3 版。
② 《从军人数激增》，《东南日报》1945 年 1 月 9 日，第 3 版。
③ 《闽从军青年近一万四千人》，《东南日报》1945 年 1 月 5 日，第 3 版。
④ 《闽省从军青年下月入营集训》，《东南日报》1945 年 1 月 2 日，第 3 版。
⑤ 《省征集会传令嘉奖建瓯中学》，《南方日报》1944 年 12 月 20 日，第 4 版。
⑥ 《青年军体格检查，闽订颁各项标准》，《东南日报》1944 年 12 月 23 日，第 3 版。
⑦ 《闽北青年军定下月初入伍》，《东南日报》1945 年 3 月 28 日，第 3 版。
⑧ 《闽各地青年军继续赴赣》，《东南日报》1945 年 4 月 21 日，第 3 版。
⑨ 《全国知识青年从军征集办法》，《东南日报》1944 年 10 月 23 日，第 3 版。

年于 2 月 1 日起分县集中管训，3 月中旬后向永安、长汀、南平、建阳四处集中地点集中。① 为便于到达上述地点，省征集会在永安、南平、长汀、龙岩、大田、朋口等地设立能容纳 300 人至 1000 人的接运站（处），闽清、南平还专设沦陷区从军青年接待站。接运青年军分步行、民船、汽车、汽船四种方式，在征送期内，所有公商、货运、盐运一律不得以汽车运输，公路局班车减少班次。福建省社会部及各县发动工商、运输、机关团体、慰劳机构办理从军食宿、招待、医药、娱乐、家属安置等方面的服务。② 从军青年在县（市）集中候令出发的一段时间里，公教人员及在学青年仍应照常办公或上课，部分县市已自发组织集训，如南平私立剑津中学为待征的 53 名学生开设军事学、时事讲座、寻生常识、英语会话、无线电通讯等科目。③

从军青年由各县前往集中地和入营时，各地都举行盛大的欢送仪式，其盛况 "实亘古所未有"。比如 1945 年 3 月 21 日，永安万民夹道，歌声鞭炮声不绝，市民高呼 "青年军万岁"，妇女高举横幅 "凯旋归来，为君解战袍"④。在晋江，一母亲分别赠授其入伍两子刺刀，劝说："断倭奴头，饮倭奴血""不成功即成仁"，观者动容。在沙县，闽侯师范学校女生郑碧玉当场义卖金戒指一枚得 3000 元赠予出征青年。⑤ 在浦城，民众赠送给 190 名从军青年金饰、银元、手表以及手帕、万金油、铅笔、信纸、信封、火柴、布鞋等共计 776300 件。⑥ 知识青年过境的县、区、乡都予以优裕的招待，南靖青年军卢森辉回忆说，1945 年 4 月南靖 150 多名青年军至上杭，沿途受到盛情款待，由此 "进一步激发了青年军抗日报国的热情"。⑦

因受湘桂战事的影响，东南各省的从军青年延至 1945 年 4 月 1～30 日

① 《青年从军护送归各县统筹办理》，《南方日报》1944 年 12 月 26 日，第 4 版。
② 《省征集会规定办法接运青年志愿军》，《南方日报》1944 年 12 月 21 日，第 4 版。
③ 《剑津中学从军学生开始特殊训练》，《南方日报》1944 年 12 月 29 日，第 4 版。
④ 《省会青年伟大集合，志愿军首批入营》，《中央日报》（福建版）1945 年 3 月 22 日，第 3 版。
⑤ 《从军青年云涌，各地热烈欢送》，《南方日报》1945 年 3 月 25 日，第 4 版。
⑥ 《优待青年军》，福建省档案馆藏，档案号：13－1－16。
⑦ 卢森辉口述，吴斗山整理《我对征集青年军的片段回忆》，《南靖文史资料》第 9 辑，南靖县政协文史资料研究委员会编印，1988，第 38 页。

办理入营。福建省从军青年于 4 月 15 日由上述集中地分批入赣,据不完全统计,入营人数为 11212 人①,超出福建省配额 2200 多名,其中大学毕业生占 8%,大学程度占 17%,高中毕业生占 28%,初中毕业生占 40%,其他占 7%。② 到达江西后,集中整编为 208 师(驻黎川)、209 师(先驻铅坑后改福建上杭),在第 208 师入伍的青年来自 40 县及柘洋、周墩两区,在 209 师入伍的有 21 县。由于东南区入伍青年超出编制甚多,省征委会请求当局在铅坑另设第 210 师,收编多余人数,以免志愿青年"向隅",后仅在两师各增加 1 团。③

福建省从军女青年 86 人④,于 1945 年 5 月 12 日齐集南平赴 208 师入伍。至此,福建省青年军征集工作完成,各级征集会在 5 月底一律结束。1945 年 6 月初,208 师师长黄珍吾致函福建省征委会:"贵会领导八闽英俊,踊跃从军,举凡发动、征集、接送诸工作,均具有优良成绩,予本师助益至大,对国家贡献尤多。……现本师编组工作,业已完成,正式教育工作者,即将实施,尚祈仍秉关爱之情,时赐指导"⑤。

(四)编组训练

福建青年军入伍后,先是实施 3 个月的预备教育,其目的是留强汰弱,分配兵种。预备教育有精神、学科、术科、一般教育 4 个课目。精神教育包括国父遗教、领袖言行、中国革命史、精神讲话、时事讲话与专题演讲,目的在于纠正各种不正确的观念与习惯。学科教育分军事与政治两种学科,军事学科包括陆军礼节、军队内务规程、军语释要、陆军惩罚令、陆军刑法、连坐法及步兵操典,阵中要务令之摘要等,其目的是授予军人基本军事常识。政治学科则以军人读训、青年守则、新生活信条、外国语、数理、历史、文艺、戏剧等为主要课目。术科教育是重点,主要有战

---

① 此数由档案、报刊等多方材料统计得出。因战事、家事影响小部分青年未能入营,但 1945 年 5 月后仍有青年申请入营,故与实际数可能有出入。
② 青年军人丛书编辑委员会编《编练概况》,1945,第 9 页。
③ 《闽省从军青年正式入伍》,《泉州日报》1945 年 4 月 29 日,第 2 版。
④ 原配额为 100 名,最后入营 94 人。永安 15 名,南平 20 人,沙县 10 人,闽清、仙游、龙岩各 5 人,龙溪、晋江、安溪各 6 人,长汀、南靖各 4 人。邵武女青年 8 人,已先行入营。参见《闽女青年军离延入营》,《东南日报》1945 年 5 月 13 日,第 3 版。
⑤ 《青年师黄师长函谢闽征集会》,《南方日报》1945 年 6 月 7 日,第 4 版。

术与兵器的使用，测量地形、制作各种阵地模型，使士兵了解地形的应用与如何摧毁敌人阵地，训练方法有体操、游泳、跳木马、障碍跑与基本训练等。除上述科目外，还有劳动服务项目，如 208 师在所驻村镇清洁环境、修筑水沟、建筑公路、开辟球场及游泳池。① 经过预备训练，青年军扫除了"散漫、奢侈、自傲、浮躁与轻视劳动"的习气，老百姓改变了过去对国军的看法，当地老俵说："他们待人和气、买卖公平、从不给我们找麻烦，是支'文明军'。"②

训练完毕后，即举行入伍宣誓："愿做一个服从命令、遵守纪律、捍卫国土的革命军人。"随后依每个从军青年的学识、体格、志愿、能力分配至山炮、辎重、工兵、通讯、骑兵、卫生、迫炮、机枪、防毒、战车防御炮与列兵等兵种进行编组训练。女青年则分文化、经济、救护各组编成。③ 青年军的训练完全采用美式教育与训练方法，分准备、讲解、示范、实习、考核 5 个阶段。208 师、209 师的训练官由第 3、7、9 战区中挑选出来，并由青年军编练总监部东南分部施以短期训练结业后担任。正式训练除进行基本军事常识和专门军事技能训练外，还增设英语日语、日美苏概况、国际公法、台湾研究、宪兵勤务、俘虏管理等课程教育，教员均由东南各省大学教授及专门学者巡回各部队施教。

据随慰问团访问的《东南日报》记者报道，青年军在训练期间过着"丰衣""足食""安居""乐业"的生活。黄维曾说："国家是以最大的财力满足青年军最低的生活。"④ 就膳食方面，每人每天糙米 27 两，蔬菜 10 两，肉 1 两，豆 2 两，远比一般士兵 24 两糙米的生活标准高出很多。两师的卫生人员，则由中正医学院、江西医专、福建医学院 84 名医专学生担任。为使"军营学校化""军营家庭化"，两师均配有教室、图书室、沙盘教育室、教练场、体育场、游泳池等设备，各师、团、营经常举办运动会、音乐会、新生活晚会，举行射击、演讲、辩论、写作、壁报、歌咏、劳动服务等项竞赛。⑤ 从当年的报道来看，青年军的管理训练较之国民党

---

① 《由智识青年成为智识兵》，《东南日报》1945 年 9 月 11 日，第 4 版。
② 《由智识青年成为智识兵》，《东南日报》1945 年 9 月 11 日，第 4 版。
③ 《青年军八万名现已编练成功》，《东南日报》1945 年 8 月 27 日，第 3 版。
④ 《新军的政治工作》，《东南日报》1945 年 9 月 13 日，第 4 版。
⑤ 青年军人丛书编辑委员会编《编练概况》，1945，第 26～29 页。

一般部队，确实有了很大的变化。

（五）青年军的复员

青年军编组训练尚未完成，日本就宣布无条件投降了，这是许多青年始料不及的，松溪籍青年军罗致中在复员合影照片后面写道："从军方六月，日寇俯首降，未尝沙场味，复员回故乡"①。概括了知识青年复员的心情和从军始末。

抗战胜利不久，208、209 两师 800 余名女青年，已于 1945 年 10 月先行退伍。对于男青年军，国民政府并未按照从军时的承诺让其即时复员，而是想利用这支素质精良的新军接收台湾或打内战，这个用意在蒋介石发动青年从军时就已明白表示："倘若我国知识青年皆能闻风而起，踊跃从军……不仅可以完成抗战的胜利，并且足以奠定建国永久的基础"。② 1945 年 10 月中旬，208、209 两师共 3 万人奉令由黎川、上杭出发，经取道永安、南平乘轮赴榕，经短期训练、学习日语、闽南语及台湾概况后由马尾营前候轮赴台驻防。③ 后国民政府另派部队赴台，便把两师整编为 31 军，由黄维任军长，准备开赴杭州进行美式装备训练以准备内战，但遭到了青年军及其家属的强烈反抗。在各方要求下，考虑到为稳定军心，恢复信誉，国民政府决定让青年军复员，并给予了前所未有的重视。为避免青年"误入歧途"，复员前青年军须接受 3 个月的预备役军官教育，按其入伍学历及其训练考试成绩分别授予陆军兵科少尉预备军官、少尉陆军预备军官、陆军预备军士等证书，以便国家再行动员时召集服役。1946 年 1 月208 师、209 师由福州出发至浙江嘉兴进行预备役军官训练，直至 5 月 15日结束。④ 1946 年 5 月 11 日，福建省设立青年军复员委员会，由刘建绪任主任委员，委员由省党政团负责人 27 名担任，并拟订复员组织规程、工作计划大纲，各县（市）于 5 月 20 日成立前设复员分会，至 5 月底全省 33县设立分会，各级复员委员会下设总务、辅导、交通、招待四组。其中辅

---

① 林舒：《抗战后期松溪县征集知识青年从军的始末》，《松溪文史资料》第 17 辑，松溪县政协文史资料委员会编印，1990，第 9 页。

② 蒋介石：《告知识青年从军书》，秦孝仪主编《先总统蒋公思想言论总集》卷三十二，中国国民党中央委员会党史委员会，1984，第 89 页。

③ 《运送青年军第 208、209 两师赴榕》，《闽政导报》1945 年第 34 期，第 5 页。

④ 《复员后就业就学办法订颁到闽》，《中央日报》（福建版）1946 年 5 月 29 日，第 4 版。

导组专门设立各种职业训练班、转业训练班、升学补习班及升学转业辅导所，以确保复员青年军能够得到及时、妥善的安置。① 复员办法分留营、就学（复学、转学、升学）、就业（复业、转业、求业）、回籍四种。② 其中复学、复业最为简便，求业最为困难。省教育厅专门颁布青年军复学、转学、升学、毕业办法。例如，中等以上学校已停办或因特殊情形不能返回原校复学可转他校复学；由学校举行特别考试成绩特优者升级一学期或一学年，成绩较差者暂随原班肄业，由学校给予补习等。专科以上学校学生在服役期间能抽空自修者，经校方考核成绩优良，可认定一部分成绩；原系大学四年级第一学期修业期满或应毕业学生而服役成绩确属优良者，退役时给予办理毕业手续，发给毕业证书；曾在先修班修业期满或高中毕业学生，退役后免试分发至专科以上学校；曾在初中二年级或高中二年级肄业期满的学生，退役后继续升学高中或专科以上学校。③

1946 年 6 月 3 日定为全国"复员日"，除 207 师被调往东北参加战后接收延役，部分青年军留营或升学（包括就读青年中学、青织训练班、政工训练班）外，各师同时开始复员。第 208、209 两师中闽籍青年共 4772 名④，先由嘉兴抵沪，于 6 月 13、14、18 日由上海分三批乘"明兴""舟山""海地"号轮船驶往榕、厦二地，其中送厦门登陆者 1418 名（另一说为 1243 名），由福州登陆者 3354 名。⑤

复员青年荣归故里，受到各界的热烈欢迎，其盛况不亚于一年前的出征。首批复员青年 3000 多名 6 月 17 日抵榕，全市街衢悬旗结彩，街头打出欢迎青年军的标语，"欢迎青年军荣归故里""欢迎现代班超荣誉归乡""脱下军衣各回岗位，走出军营再进学校""出征为良兵还乡为良民""青年远征军精神万岁"，等等。50 名各机关首长乘游艇前往马江迎迓，台江

---

① 《闽省府昨日正式成立青年军复员委员会》，《民主报》1946 年 5 月 12 日，第 4 版。
② 《转知奉发青年军复员后分赴各省就学就业等办法三点》，《闽政导报》1946 年第 42 期，第 12 页。
③ 《中等以上学校战时服役学生复学及转学办法》，青年军复员委员会，延平区档案馆藏，档案号：0002-011-183，第 301~302 页。
④ 福建省地方志编纂委员会编《福建省志·军事志》，新华出版社，1995，第 323 页。关于复员人数，各方统计不一，另一说法是当时两师返闽复员青年共 4604 人，其中复业 1015 人，求业者 924 人，复学 813 人。另宪兵教导团三团返闽就业者 146 人，两项合计 4750 人。见《民主报》1946 年 6 月 6 日，第 4 版。
⑤ 《闽籍复员青年军月中分三批返闽》，《民主报》1946 年 6 月 13 日，第 4 版。

第二码头万余民众奏乐鸣炮。① 次日，在福州公共体育场举行盛大欢迎会，省复委会颁给复员青年荣誉章，青年军服役证书，复员补助费 5 万元。省复委会指定省立高级工业学校等 12 所学校为临时招待所，发动在榕同乡会招待复员青年，各商店、澡堂、理发店、运输公司削价优待，戏剧界、娱乐场所、电影院免费慰劳，省立医院也对青年军实施优待。协和大学学生郑慰白在《从军一年的观感》中写道："此次归来，途经杭州、上海、福州，国人对于复员青年的热烈欢迎，以及国家对于我们的优待，诚感受之有愧。"②

6 月 19 日，最后一批青年军抵达厦门，至此复员青年已全部返闽。复学、复业或回籍青年于 6 月 20 日前办理手续。求业青年亦暂先回原籍，2 个月内分配工作。209 师 13 名闽籍侨生也于福州办理出国手续返回侨居地，其中前往新加坡者 2 人，暹罗（泰国）、缅甸、中国香港、菲律宾、马来亚荷属日里各 1 人，爪哇 2 人，婆罗洲 3 人，另有赣籍侨生 1 人。③ 6 月 21 日赴各县青年军开始输送回原籍。由福州转赴各县市者 2386 人，其中 208 师赴 56 个县人员分别为：永春 78 人，惠安 70 人，安溪 99 人，泰宁 24 人，德化 7 人，福安 24 人，将乐 27 人，建瓯 50 人，莆田 98 人，南平 72 人，建宁 12 人，建阳 35 人，龙溪 7 人，长汀 35 人，仙游 97 人，大田 17 人，浦城 279 人，邵武 44 人，厦门 46 人，崇安 14 人，龙岩 43 人，同安 26 人，晋江 238 人，长乐 6 人，古田 13 人，平潭 2 人，南安 124 人，永安 9 人，福清 11 人，连江 3 人，顺昌 17 人，连城 13 人，罗源 1 人，明溪 6 人，诏安 5 人，福鼎 1 人，屏南 1 人，平和 4 人，闽清 3 人，永泰 1 人，南靖 26 人，华安 1 人，沙县 33 人，政和 6 人，清流 8 人，云霄 1 人，霞浦 1 人，武平 35 人，宁洋 3 人，上杭 1 人，三元 3 人，柘荣 1 人，周宁 2 人，松溪 14 人，宁化 14 人，水吉 9 人，另由榕往台湾就业者 29 人。209 师赴 32 个县人员：连江 7 人，罗源 1 人，宁德 13 人，霞浦 30 人，福鼎 20 人，福安 28 人，寿宁 21 人，政和 19 人，屏南 17 人，古田 1 人，建瓯 6 人，建阳 6 人，水吉 5 人，浦城 11 人，崇安 22 人，闽清 19 人，邵武 3 人，福清 3 人，南平 8 人，长乐 4 人，三元 1 人，平潭 7 人，清源 21 人，莆田 5 人，宁化 21 人，仙游 5 人，永安 174 人，柘荣 1 人，大田 7 人，尤

---

① 《三千闽籍复员青年军昨日荣旋福州》，《民主报》1946 年 6 月 18 日，第 4 版。
② 《协大校刊》第 26 卷第 2 期，1946 年 7 月 1 日。
③ 《闽籍青年军复员抵榕，今举行欢迎大会》，《民主报》1946 年 6 月 19 日，第 4 版。

溪 32 人，明溪 6 人，永泰 13 人。① 返厦门的 1243 名复员青年军除 28 名为厦籍，其他的龙岩 138 人，安溪 73 人，漳浦 55 人，漳平 61 人，云霄 55人，海澄 41 人，平和 100 人，长泰 20 人，德化 35 人，宁洋 12 人，同安 4人，东山 37 人，南靖 50 人，其他为各学校人员。②

依据《福建省各县市政府任用求业青年军办法》，复员青年到达目的地或回原籍后，于 8 月 15 日前向原机关、学校报到复职，逾期者予以免职；带职从军公教人员复员后如确系留营服役或受训致尚未报到复职者应继续保留其原职原薪，复员后如确已另有任务或已就学者予以免职，无故未报到者不予留职停薪。③ 各地对复业者一般"悬缺以待"，安置并无困难，最成问题的是 1103 名之转业（176 人）、求业人员（927 人）。军委会青年军复员管理处陈诚曾致电刘建绪尽先任用复员青年军并"设法安插"外省籍来闽复员青年，省复委会婉拒并解释了原因，"本省除原有带职从军公教人员当设法安插外，其余人员，就目前本省情形，安置实感困难。"④ "困难"在于闽省十年间训练的干部 16000 余人须加以任用，闽省收复区仅金、厦两地，1946 年度各县因财政困难裁员达 1/3，各级转业军官 570 人加上赴闽复员转业、求业人员两部分共计 1673 人，安置都已十分困难，因此，对于外省青年军之延揽，"力绌心余，歉难广为安插。"⑤ 为了解决复员青年就业问题，福建省人事室电请国民党中央追加 1946 年度公教人员预算额 2000 名，未得批准。

经过反复讨论，并依据《福建省各县市政府任用求业青年军办法》，最后，闽籍求业青年军回原籍，根据其资历、籍贯、志愿，按中央驻闽各机关，省、县（市）各机关、公司、银行等单位预算员额的 4% 比例分派工作（每百人分派 4 人，但各县小学教员得视其需要分发 8%）。⑥ 结果，

---

① 《闽二千余青年军转赴各县》，《民主报》1946 年 6 月 20 日，第 4 版。

② 《闽西南青年军昨日凯归抵厦》，《民主报》1946 年 6 月 20 日，第 4 版。

③ 《福建省各县市政府任用求业青年军办法》，福建省青年军复员委员会训令，青年军复员委员会，延平区档案馆藏，档案号：0002 - 011 - 183，第 298 ~ 300 页。

④ 《陈部长电》，福建省档案馆藏，档案号：16 - 1 - 82，第 22 页。

⑤ 《电复本省因情形特殊对于青年军就业人员不能广为安插请查照由》，福建省档案馆藏，档案号：16 - 1 - 82，第 38 ~ 39 页。

⑥ 《福建省青年军复员委员会训令》，《青年军复员委员会卷》，延平区档案馆藏，档案号：0002 - 011 - 183，第 272 页。

大部分被派往各县（市）充任税捐征收处职员、田赋粮食管理处职员、商店店员、工厂工人、小学教师、校长、乡镇干事等。[1] 比如在 208 师 26 名松溪籍复员青年，罗致中等 14 人回原籍，其中 5 名当了小学教员，9 名安排为乡干事和乡队附。其他 12 名有的进了嘉兴中学，有的进了职业培训班，有的成为国民党军政工人员。[2] 再如南平县复员学生 34 人，其中南平中学复学学生 7 人，剑津中学 3 人，其他的有县政府人员、车站站务员、卫生院事务员、田粮处办事员、防疫队防疫员、建生火柴厂工人、车场工程员、电信局通信员、菖白乡干事、夏道镇镇长，南平省立医院办事员、南平省立医院护士等各 1 人，上述人员中，3 人在商，1 人失业。[3]

1946 年 8 月 22 日，经省复委会统计，除运送回原籍外，最终共有复业者 548 人，就学者 1160 名（详见表 5 - 12），求业者 914 人，其中各县市政府 722 人，省级各机关学校及公营事业机关 82 人，中央驻闽各机关银行 84 人，警察机关 21 人，其他机关 5 人（轮船公司）。[4] 另外，无法适应就业又无家可归者 18 人，统一送至军官大队收容。[5]

表 5 - 12　1946 年福建省复员青年军就学统计

单位：人

	专科及以上学校（207）			中等学校（416）			师范学校（342）			职业学校（195）			合计
	复学	升学	转学	复学	升学	转学	复学	升学	转学	复学	升学	转学	
208 师	18	77	11	146	46	34	37	65	24	89	43	21	611
209 师	10	82	9	105	52	33	139	59	18	10	25	7	549

资料来源：《闽就业青年军计分发 914 人，就学登记者达 1160 名》，《中央日报》（福建版）1946 年 8 月 25 日，第 4 版。

说明：4 名至其他师就学者未列入。

---

[1] 《复职复业青年军限八月中报道》，《中央日报》（福建版）1946 年 7 月 25 日，第 4 版。

[2] 林舒：《抗战后期松溪县征集知识青年从军的始末》，《松溪文史资料》第 17 辑，松溪县政协文史资料委员会编印，1990，第 9 页。

[3] 《南平县青年军就业就学复学回职失业失学调查表》，见《南平县政府关于青年军复员分布调查卷》，延平区档案馆藏，档案号：0002 - 003 - 579，第 6~9 页。

[4] 《闽请兴办实业，安置编余军官》，《中央日报》（福建版）1946 年 8 月 29 日，第 4 版。

[5] 《青年军复员情形》，《中央日报》（福建版）1946 年 8 月 28 日，第 4 版。

青年军中部分留营的闽籍青年被分配到北平训练东北流亡学生，或到其他部队以尉级军官留用，成为以后扩军时的基干力量。有些青年军和1948 年重新招募的青年军①参加了内战，后来少数人又去了台湾。两个时期组建的青年军性质不同，其作用不可混淆。

四　福建知识青年从军运动的问题及评价

（一）青年军的优待及问题

福建青年军的征集在短短的 3 个月内效果如此显著，知识青年在国家存亡绝续时期临危受命，除了宣传鼓动的积极效应外，其应征的动机是复杂的，有救国心切，解决生计，寻找出路，捞取便宜，碍于面子，等等，但更多的是基于强烈的报国热情以及对现实出路的考量。如前文所述，在寇深祸亟的危殆局势下，八闽知识青年热烈投效的壮举就是爱国热情空前引爆的明证。而优厚的待遇也是知识青年踊跃从军的动力之一。抗战后期国民政府经济枯竭，物价飞涨，青年学生的生活困苦不堪，而参加青年军却能享受优厚的待遇和获得良好的出路，这是知识青年踊跃应征的现实动力。在福建，为鼓励知识青年踊跃从军，保障征属的生产、生活，除依国家规定的优待条例外，福建省征委会先后颁布了《福建省知识青年从军优待办法》《福建省知识青年志愿军家属优待办法》《失业从军青年救济办法》《福建省从军公教人员薪津食米支给办法》等。例如，《福建省知识青年从军优待办法》规定征人原学校、原机关及党（团）需在礼堂上刊碑列名，战后各县修志时须辟专刊列从军人员姓名，为特殊功勋及殉国者立传，殉国者入祀忠烈祠。征属可代领征人薪津、奖励金及安家费，征人阵亡、伤残或积劳病故，征属由申送地党政从优抚恤、救济直至子女成年或配偶死亡或直系尊亲属死亡。②各县、各单位也依情订有优待办法，如南平、建阳、永泰、省税务管理局、省邮政局、剑津中学、私立英华中学、厦门大学、协和大学、省立高工职校等单位分别订定优待办法。

根据优待办法，福建省各地、公教机关及银行公司等积极开展慰问、

---

① 1947 年 12 月闽省军管区分别在闽南、闽北两师管区共征集 1000 名青年军。见《闽发动青年从军》，《中央日报》（福建版）1947 年 12 月 9 日，第 4 版。

② 《福建省知识青年从军优待办法》，《新福建》1944 年第 6 卷第 5 期，第 65 页。

优待从军青年及家属。除按全国知识青年从军指导委员会规定每人发给
5000 元安家费以及失业从军青年 12500 元的补助费外，各地征集会、机
关、团体依据财力的多寡，向出征青年及征属发放数目不等的慰问金、安
家费、奖励金，如永安商会发给优待金每人 3000 元，福建省第二医院、福
建省水利局、南平县征集会赠送优待金每人 5000 元。① 建瓯中学每人安家
费增至 1 万元外，还由本校王雨农田产管理委员会发给每名从军学生最高
奖励金或奖学金。福建省税务管理局发放安家费 2 万元，莆田赠予每名优
待金 3 万元，由全县 350 保分配负担，每保筹集 3 万元。② 晋江每位奖励 4
万元。南靖每名发放 5 万元安家费，并获得金牌纪念章一枚。③ 云霄每名
发放优待金 6 万元至 8 万元。④ 协和大学未婚从军教职员领受一次奖金
5000 元，有眷属者 10000 元至 20000 元，其数额由在职教职员 3 个月薪津
内月抽取 1/10，其家属享受教职员医药上的同等待遇。⑤ 实物优待主要是
食米及慰问品，如长汀每名从军青年月领取津贴食米 150 斤。⑥ 浦城县 190
名从军青年受赠手帕、万金油、铅笔、信纸、信封、布鞋等慰劳品共计
776300 件。⑦ 南平建华火柴厂捐火柴 8 万盒送青年志愿军。福建省征委会
招待科还要求永安各理发所、菜社、照相馆、浴堂廉价优待从军青年，以
示敬意。⑧ 省邮政局规定凡从军青年及其家属互寄自用的衣服、食物、日
常用品等，一律按小包邮件资费折半计算。⑨ 这些慰问金、奖金、物品在
当时恶性通货膨胀状态下并不能解决许多问题，但多少缓解了一定的
压力。

　　另外，征属的优待也减少了从军青年的后顾之忧，对于征属的优待，
除上述各项外，福建省各机关、学校、社团均于 1945 年 2 月 10 日前成立

① 《福建省征集会督导省会各学校机关社团志愿军家属服务会报告表》，福建省档案馆藏，
档案号：13 - 1 - 3。
② 《莆田筹优待金每人三万元》，《南方日报》1944 年 12 月 19 日，第 4 版。
③ 卢森辉口述，吴斗山整理《我对征集青年军的片段回忆》，《南靖文史资料》第 9 辑，南靖
县政协文史资料研究委员会编印，1988，第 38 页。
④ 《知识青年远征军陆军第 209 师司令部代电》，福建省档案馆藏，档案号：13 - 1 - 7。
⑤ 《协大校友》第 62 号，1944 年 11 月 20 日，第 2 页。
⑥ 《长汀县政府优待志愿军》，《南方日报》1944 年 10 月 22 日，第 4 版。
⑦ 《优待青年军》，福建省档案馆藏，档案号：13 - 1 - 16。
⑧ 《招待志愿军》，《福建交通旬刊》1944 年第 2 卷第 20～22 期合刊，第 18 页。
⑨ 《邮政新猷》，《时事文汇》1940 年第 2 期，第 16～17 页。

"知识青年志愿从军委员会家属服务会"，服务范围包括代领代送薪金或谷物、代缮书信或文件、补助子女教育、疾病医药补助、储助婚丧、失业介绍、灾害救济、年节馈赠、解决困难事件等，服务会金钱及物品由全体会员共同筹募。比如福建省农林处畜牧兽医事务所知识青年志愿从军委员会家属服务会对待应征知识青年日供牛乳半磅，卫生衣一件，由每个会员捐一月薪津作为慰劳金。① 社会青年或学生原系从事耕种者，其原有耕地由当地保长征召保民代耕或助耕，子女入公立学校免收学杂费，免除各项临时捐款及劳役等。② 无论知识青年出于爱国热情还是失业青年可以暂时寻得避风港等目的，这些优待政策足以使青年在精神上获得激励，对未来的生活产生向往，在一定程度上推动了知识青年从军运动的发展。永安从军青年许民榕直言不讳地坦言："此次报名，最吸引我的是优待条件。"③

从军优待规定尚可，但执行未必照单，在福建省档案馆所藏的案卷中对部分县（市）优待问题的控告、请示比比皆是，如南平志愿从军青年刘泰谭曾与他人联名签称："窃查各机关学校优待志愿从军青年每人俱曾发给安家费及其他优待，而失业青年则独负抱隅，惟月前中央民主（报）及东南、南方（日报，笔者注）等均载失业青年安家费12500元，现集中出发在即，尚未发给。"④ 永安体育师范学生刘作扬入营后，按规定免除其家属所住地一切捐税，但其所在家乡贡川乡公所仍强行向其家属勒缴临时派款如守城点心费、教育金、知识青年从军慰劳金等。⑤ 209师永定籍从军青年集体于1945年4月25日向省征委会报告三点：补助费4000元赊欠；公务员从军照发之薪津、公米2年未发；从军人员法定可抵该县兵额之优待金5000元至10000元未发。⑥

除了优待外，中央和福建省对从军知识青年颁布了惩处逃亡办法，中央颁布的《志愿从军青年逃亡惩处办法》规定入伍前逃亡者，劝导不能回

① 《福建省农林处畜牧兽医事务所志愿军家属服务会组织通则》，福建省档案馆藏，档案号：13-1-3。
② 《福建省知识青年志愿军家属优待办法》，福建省档案馆藏，档案号：13-1-14。
③ 《各地从军风起云涌》，《中央日报》（福建版）1944年12月5日，第4版。
④ 《青年军优待问题的请示、代电》，福建省档案馆藏，档案号：13-1-7。
⑤ 《青年军优待问题的请示、代电》，福建省档案馆藏，档案号：13-1-7。
⑥ 《青年军优待问题的请示、代电》，福建省档案馆藏，档案号：13-1-16。

来时，退还一切损失；入伍后逃亡者，依军法办理。① 福建省征委会也通告全省各机关团体学校，对于签名从军青年中途萌生退志，签名后不办理登记手续，或已办理登记手续不受体格检查，体检合格又设法逃避应征，在加以劝导无效的情况下，即予以停学、开除学籍、停职、免职等处分。②

（二）从军运动的评价

福建知识青年从军运动是战时中国知识分子从军救国的缩影，为中国抗战胜利的画卷增添了亮丽光彩。经过编训后的部分知识青年充实到中国远征军中，为世界反法西斯战争作出了重要贡献，大部分未走上战场的青年军所表现的精神与行为，对抗战后期中国的军事、社会产生了相当影响。知识青年从军的意义，不仅在于提高国军的素质，增强反攻的力量，而且建立了一套较为科学完备的征集、优待、编训、复员机制，促进现代兵役制度的发展，在我国兵役制度史上尚属首次。徐思平说，"（这）实已树立现代兵役及建军百年大计之基础"③。三青年团第一届中央干事会议小组委员会报告曾表示，知识青年从军运动"对于全国军民苦闷心理之振奋与鼓励，对于军队素质之提高与反攻力量之加强，对于全国青年革命报国之正确认识与实践，实具有振衰起弊、转捩安危之绝大作用。"④ 在福建，此项运动对于振奋与鼓励民众精神，扭转社会风气等方面具有积极的作用。

福建地处东南边隅，自洪杨之役之后未经重大战祸，人民的兵役思想薄弱，从军风气低迷，战时兵员征集困难重重。而长期以来，在习惯于募兵制的中国社会，人们大多把"倡优隶卒"视为贱民，而当兵最为末流，知识分子从军服役几乎不可想象。知识青年在国家最艰危时期主动请缨报国，共赴国难，不仅改变了"好男不当兵"的不良国民心理，而且打破了中国千年来士不当兵的风气和特权，重扬"文武合一"的历史传统，有利于社会各阶层重新认识兵役与个人权利和义务的关系。征兵制实施的七年间，人民仍视兵役为畏途，向被国家重视的知识青年热烈从军的行动与当

---

① 《惩处青年军逃亡中央已定颁办法》，《南方日报》1945年5月21日，第4版。
② 《已签名从军青年不得中途萌退志》，《南方日报》1944年12月27日，第4版。
③ 徐思平：《中国兵役行政概论》，文治出版社，1945，第133页。
④ 《审查〈知识青年志愿从军运动工作报告〉，小组委员会报告》，《三民主义青年团第一届中央干事会第三次全体会议记录》，第15页。转引自贾维《三民主义青年团史稿》（下），社会科学文献出版社，2012，第508页。

时穷尽办法逃避兵役的现状产生鲜明对比，这无疑对长期视兵役为畏途的一般壮丁的心理产生深刻而普遍的影响，这种宣传"较之诸将领和役政人员的偶而演说座谈，更能深入脑海，改变贪生怕死的心理。同时知识青年尚肯捐躯沙场，亦增加民众的勇气，为国献身"①。在欢送会上永安一位从军青年说："各级主管兵役之机关及其人员，应趁此机会，使向来办理兵役所发生之一切弊端，一扫而空，则民众惧服行兵役之观念，自必根本改观，役政推行亦将毫无困难矣。"② 受其影响，普通壮丁"闻风兴起"，在南平峡阳，一次就有42名普通壮丁应征，这在以往几乎是不可能的。在龙岩，新兵征集"随时可以看到衣服华丽的有钱子弟和服装整齐的知识分子，征兵的风气在龙岩已有很大的转变，于役政前途是值得欣慰的。"③ 建阳洞生乡农民曾万民请人代书谓："年富力强之大中华青年，蛰居后方，无异希图苟安，可耻敦甚，愿以致力乡政之刻苦精神，投效疆场。"④ 事实是，1945年1~8月福建省实际征集壮丁60615名，占配额的77.7%，比1944年度的征集率高出了33个百分点。⑤

知识青年从军运动也"触动"了特权阶层当兵服役的神经，国民党要员、达官贵人、巨绅富贾亦率其子弟签名从军，如福建省党部委员李雄、李黎洲、曹挺光、郑杰民、朱宛刚等二十余人自己签名并率其子弟签名从军。⑥ "闽南王"张贞长女张霞笙、省党部委员李黎洲之女李倩云、闽支团干事长黄珍吾之子黄回良等"高干子弟"也应声报名。⑦ 一时间上层社会签名从军遂成风尚，在社会上引起了很大的反响，一般青年争附骥尾，以率先请缨为无上光荣，以不被录取为最大忧耻，甚至以与从军青年交游为"光宠"。当然，一些官员送子参军是为了迎合政府，沽名钓誉，谋求政治资本，甚至一些子弟报名后借故离去，根本没有入营服役。另一些子弟入

① 郑拔驾：《送敬爱的知识青年入伍》，《公余生活》1945年第3卷第1期，第8页。
② 《盛大欢送从军青年，鼓励民众服行兵役》，《中央日报》（福建版）1945年3月22日，第3版。
③ 李镇淮：《龙岩兵团工作近貌》，《福建征训》1944年第6卷第5期，第79页。
④ 《从军潮激荡闽北，志士奋起投军旅》，《东南日报》1944年11月20日，第3版。
⑤ 《1942~1947年全省壮丁与征募》，福建省政府统计处编印《福建省社会统计手册》，1947，第33页。
⑥ 《闽党团员从军拟征集万人》，《东南日报》1944年11月9日，第3版。
⑦ 方且：《欢欣、感动、兴奋：从军潮中佳话录》，《福建青年》1944年新1卷第2期，第32页。

营后，形成一种特殊阶层，处处养尊处优，优待照顾，引起其他从军学生的反感和不满，影响至劣。①

知识青年从军运动推动了女子从军运动的实践。在传统的中国社会，无论是征兵还是募兵都是以男子为对象，女子没有当兵的资格，1933 年的《兵役法》也将女子排除在外。随着战局的变化，1943 年的《兵役法》适时对女性免役做出相应的修改，规定适龄女子"战时得征调服任军事补助勤务"。② 1944 年 11 月女青年志愿服务队征集运动发动 2 个月内，全国不少女青年主动请缨，仅四川报名知识女青年就达 5714 人。③ 至 1945 年 4 月，全国共接收重庆、西安、甘肃、福建等地征委会女青年 989 名，分编 6 个队。④ 东南区的 208 师、209 师在编制上原未接收女青年，但闽浙女青年不待政府征召，即自动赴黎川入伍，经过数度请求才在两师设女生服务大队。福建省在发动一个月内，报名女青年已达 500 多人，体检合格的有 423 人。⑤ 而福建省配额只有 100 名，永安女青年许秀琪等 12 人复检合格，因超过配额，经抽签才"如愿以偿"，未中签者竟痛哭流涕地质问："爱国无分男女，女子何以不能抗战杀敌？国家兴亡，匹夫匹妇，均有其责，知识妇女，深明国族不存，知识何用，职业何用？"⑥ 此种场景，实在是中国"兵役史上之奇迹"。知识女青年大规模从军在中国兵役动员史上尚属首次，这一行动是对中国几千年来传统思想的突破，改变了旧有传统思想对女性的束缚，南平妇女会会长蔡川琴在欢送女青年时致辞称，这是妇女解放之先声，"翻开了女性历史的新一页"。⑦

福建知识青年从军运动难逃历史的局限，除了抗战御侮外，其"党化"教育的目的也十分明显，如在青年军的征集与编训过程中，很多地方都出现了强迫入党入团的现象。漳州入伍知识青年苏宗谢回忆说："国民党为了钳制青年思想，规定凡参加青年军的人都要参加国民党或三青团，

① 蔡宏俊：《从民国档案看抗战末期知识青年从军运动》，《兰台世界》2007 年第 19 期，第 71 页。
② 徐思平：《中国兵役行政概论》，文治出版社，1945，第 276 页。
③ 吴相湘：《第二次中日战争史》（下），台北综合月刊社，1974，第 611 页。
④ 青年军人丛书编辑委员会编《编练概况》，1945，第 9 页。
⑤ 《本省大事记》，《新福建》1945 年第 7 卷第 1 期，第 72 页。
⑥ 《福建青年》1944 年新 1 卷第 2 期，第 47 页。
⑦ 《巾帼英雄本省木兰，女青年军今上征途》，《南方日报》1945 年 5 月 12 日，第 4 版。

非'党'、'团'员都要办理入'党'入'团'手续。"① 当时从军青年成分也很复杂，除了占绝大多数的知识青年以外，一些地痞流氓也混入其中，这些人入营前后，欺压民众，捣毁公共场所，嫖娼赌博、打架斗殴，在人们心中留下了恐惧的阴影，时人蔑称为"丘九"。另外，知识青年的优厚待遇与惨虐普通壮丁的反差引发了民众的强烈不满，等等。然而，瑕不掩瑜，知识青年从军运动的创举，在我国兵役史、抗战史、青年运动史甚至国民革命史上，都占据着光荣的一页。虽然大多数人战功未建，但已亲执戈矛，实践了文武兼修、持危扶颠的壮志，他们为民族独立、国家自由而战的英名应该镌刻在抗战的丰碑上，永载民族史册。

---

① 苏宗谢：《我参加青年军的经过》，《漳州文史资料》总第 13 辑，漳州政协文史资料研究委员会编印，1986，第 59 页。

第六章

福建兵员动员的成效与影响

通过上述多种举措，福建省较好地完成了战时役政工作，为抗日战争的最后胜利做出了重要贡献。就征兵的直接结果和意义来看，福建乃至全国"兵役补充的工作是卓有成效的"，但在征兵过程中普遍而广泛地存在着饱受诟病的流弊，福建军政当局为改善役政付出了努力，然而整顿改革收效甚微，役政弊端终究未根本廓清。究其原因，在于战争的紧迫，基层组织松懈，民众意识的缺乏，经济状况恶化，社会秩序失调等一系列非常状态。

第一节　福建兵员动员的效率

一　兵员动员的数量和动员率

福建自 1937 年 6 月 10 日开始在全省推行征兵，是战时国民政府第二期成立的征兵省份，征兵伊始，正值抗战军兴，福建省政府随即投入轰轰烈烈的紧急征兵状态中。抗战八年间，福建究竟有多少壮丁应征入伍？各方说法不一。福建《中央日报》曾报道"八年来，闽省征拨兵额达 60 万名以上"。[①] 1945 年 12 月 24 日，刘建绪深刻检讨在闽施政期间的工作时讲道，"八年来，人力方面征兵共计 523636 名，可说'如期如数征足'"。[②]

---

① 《中央日报》（福建版）1946 年 3 月 28 日，第 4 版。
② 刘建绪：《施政总讲评——在本省三十四年度施政总检讨暨三十五年度行政会议讲》，《新福建》1946 年第 8 卷第 5 ~ 6 期合刊，第 40 ~ 43 页。

刘建绪所言，应当仅指征拨中央部队的兵额数，未包括征拨本省保安团队的兵额。笔者从相关书籍的统计资料看到，抗战期间福建壮丁征额为425225人[1]，如果这一统计数据仅是交拨给中央部队的数据，也与上述两个数据及相关统计资料的数据相差甚远。由于战时档案数据资料缺失或移至台湾，各方记载、报道又不一致，笔者经过多方资料整理得出，抗战八年间，福建征拨中央部队和本省部队的兵额总计为597519名（见表6-1）。

表6-1 1937~1945年福建省壮丁征募情况

单位：名

年 份	壮丁人数	兵额配赋[1]	实征兵额
1937	2312692	— [2]	44693
1938	— [3]	78000	69585
1939	1829472	112100	79481
1940	2004823	86400	80990
1941	2023822	80000	71109
1942	1782123	80000	97306[4]
1943	1824770	80000	59566
1944	1798605	76400	34174
1945	1741039	78000	60615
总 计		670900	597519

资料来源：①福建省政府秘书处编印室编《第一次福建省统计手册》，《表172 历年全省壮丁》，1944，第225页。②福建省政府秘书处编印室编《第一次福建省统计手册》，《表171 1937~1942年各月份征拨兵额》，1944，第224页。③福建省政府统计处编《福建省社会统计手册》，《表26 1942~1947年全省壮丁与征募》，1947，第33页。④福建省政府统计室编《福建省第三回统计年鉴（兵役类）：1937~1944》，《表9 历年配赋定额（1938~1943）》《表10 历年征募兵额总数（1937~1943）》，福建省档案馆藏，福建省政府主计处档案，档案号：3-1-25。⑤福建省军管区编《福建兵役四年》，1941，第57~58页、第61~79页。

说明：①兵额配赋为中央各部队额与本省保安团队配额之和。②1937年度本省无固定月配兵额，当时中央部队自行招募20000名，各管区（处）代征募24693名，共计44693名。③1938年本省未举行壮丁调查，故本年度壮丁数缺失。④1942年部分兵额为补征之前未完成的任务，故实征兵额数超过兵额配赋数。

在上述所征员额中，1937~1943年征拨兵额总数就达502730名，

---

[1] 《抗日战争时期国民党战场史料选编》（一），附表16"抗战期间各省历年实征壮丁人数统计表"，浙江省中国国民党历史研究组（筹）编印，1986。

其中征拨中央部队兵额数 460679 名，征拨本省部队兵额数 42051 名（见表 6 - 2），仅征拨中央部队兵额数就已远远大于 425225 名的数额。因此，足见前述《抗战期间各省历年实征壮丁人数统计表》的数据仅是拨给中央部队的兵额。

表 6 - 2　1937 ~ 1943 年福建省征拨兵额总数

单位：名

年份	征拨兵额总数	征拨中央部队兵额数	征拨本省部队兵额数
1937	44693	44693	
1938	69585	62007	7578
1939	79481	75114	4367
1940	80990	72000	8990
1941	71109	65091	6018
1942	97306	89121	8185
1943	59566	52653	6913
总　计	502730	460679	42051

资料来源：福建省政府统计室编《福建省第三回统计年鉴（兵役类）：1937 ~ 1944》，《表 10　历年征募兵额总数（1937 ~ 1943）》，福建省档案馆藏，福建省政府主计处档案，档案号：3 - 1 - 25。

抗战八年间，全国兵员征集数量为 13922859 人（详见附表 3《抗战期间各省历年实征壮丁人数统计表》)[1]，其中福建实征人数为 597519 人，包括 1943 ~ 1945 年从军的福建知识青年共计 11460 名（远征军和青年军可抵征额），在这一点上，福建算是尽了应尽的责任。这些被征召的闽籍壮丁被迅速派往闽、浙、赣、湘、粤、皖各省及远征海外战场作战，例如，1939 年 9 月第一次长沙会战（湘北会战），就由闽、湘、赣、浙等省新兵负责补入第九战区；1942 年 4 ~ 6 月滇缅战役及浙赣会战所有伤亡缺额也由闽、湘、赣、浙等省各军征补训区域及补充团补充。[2] 这些英勇的战士为了保卫国家江山社稷，挽救民族危亡，付出了血汗与生命，他们与所有为民族独立和人民解放而英勇奋斗的英雄们一道，其英名应镌刻在抗战的丰碑上，永为人民缅怀与纪念。

---

[1]　兵役部役政月刊社编印《抗战八年来兵役行政工作总报告》，1945，第 46 ~ 47 页。
[2]　兵役部役政月刊社编印《抗战八年来兵役行政工作总报告》，1945，第 51 ~ 52 页。

从统计数据分析，抗战时期福建应征壮丁人数虽然只占全国征兵总数的 4.3%，但战时福建人口总数约为 1175 万（未包括厦门、金门沦陷区人口数目）①，仅占国民政府可控制人口数的 4%（总数约 2.8 亿），而实际征集的壮丁人数占了全省人口的 5%，也就是说全省平均不到 20 人中就有 1 人参加了前线抗战。刘建绪在 1944 年 3 月 20 日讲评 1943 年度工作时就曾说道："1937～1943 年全省出征壮丁共 41.4 万名，占全省壮丁总数的五分之一，以全省人口论，每 30 人中就出征了 1 名壮丁。"② 从壮丁人数来看，八年抗战期间全省壮丁人数约 192 万，平均每 3.2 名壮丁中就有 1 人应征入伍。从单位的征兵数量来看，1937～1940 年，全省征兵数额约为 23.3 万，以本省 15800 余保来计算，每保平均征出壮丁约 14 人，每甲约征出壮丁 1 人。③

当然，衡量兵员动员的成功与否，不仅要看动员的"数量"，还要看动员的"比率"，即兵员动员率。所谓兵员动员率，是指某国或某地每年征召服役的人数占总人口的百分比。兵员动员率对战争和社会生产力都将产生重要影响，动员率太低，军队将无法得到必要的兵员补充，不能满足战争的需要；动员率过高，众多男性公民被迫离开土地，离开生产，就会使生产力受到破坏。因此，适度的动员率对于任何方面都十分重要。抗战时期中国的总人口 4.5 亿～4.72 亿，全国兵员征集数量约为 0.14 亿，兵员动员率只有 2.9%～3.1%，这个数据远远低于二战中日本（13%）、英国（14%）的动员比率，与美国（24%），苏联（30%），德国（38%）的动员率相比，更是差距悬殊。④ 加拿大学者徐乃力认为，抗战期间国民政府能真正控制的区域为 28 省，人口总数大约 2.8 亿，其中役龄男子（18～45 岁）占 18%～20%，即 5000 万～5600 万，据此推算，可征壮丁人数应在 7500 万以上，但中国实征壮丁的人数仅占应征人数的 18.67%。⑤ 若按地域面积来算征兵额，以当时中国 1100 余万平方公里的

---

① 福建省档案馆编《附表 6　民国福建各县市（区）户口统计资料（1912～1949）》，1988，第 2 页。
② 刘建绪：《三十二年度工作讲评》，《新福建》1944 年第 5 卷第 4 期，第 9 页。
③ 徐学禹：《战时的福建》，战地图书出版社，1940，第 17 页。
④ 转引自张燕萍：《抗战时期国民政府经济动员研究》，福建人民出版社，2008，第 131 页。
⑤ 转引自〔加拿大〕徐乃力《抗战时期国军兵员的补充与素质的变化》，《抗日战争研究》1992 年第 3 期，第 50 页。

土地面积及 4.5 亿人口总数作比例，则中国每平方公里兵额数实为世界上最小的。日本平均每平方公里就有 220 个军人，中国平均每平方公里还不到 2 个军人。从人口的总数来说，俄国平均每千人中就有 142 个军人，中国平均每千人中还不到 2 个军人。[1] 总之无论从哪方面来说，国民政府兵员动员率是相当低的。

相比于战时全国 2.9% ~ 3.1% 的兵员动员的比率，福建的兵员动员率略高于全国的最高值，按全省 597519 人的实征人数计，福建兵员动员率约为 5%，这一数据与号称"无川不成军"的四川 7% 的动员率相比是较低的。[2] 福建省在兵员征集的过程中，各县（市、区）的动员比率并不一致，如顺昌战时全县人口 57335 人[3]，八年间被征集壮丁共 3393 人[4]，其动员率为 6%，高于全省的平均水平。德化县战时人口 107678 人[5]，被征壮丁合计 4705 人，动员率为 4.4%。[6] 霞浦县从 1939 至 1945 年共征募 7200 多人，[7] 其战时总人口约 20 万，动员率 3.5%。

二 影响动员效率的因素

战时福建兵员动员率低的原因是多方面的，既有中央配额过多的原因，也有《兵役法》规定存在的问题以及本省内外部环境的因素。具体我们可以从以下几个方面分析。

1. 兵员欠额巨大

这是影响动员率的最重要原因。在兵员征集过程中，能否如期如数拨交成为征兵的最大问题。从全国的统计数据来看，抗战八年，全国征兵配

---

[1] 林振镛：《兵役制概论》，正中书局印行，1940，第 273 页。

[2] 汤梓军：《抗战时期四川兵员动员研究》，四川大学博士学位论文，2006，第 123 页。

[3] 福建省档案馆编《民国福建各县市（区）户口统计资料（1912 ~ 1949）》，1988，第 3 ~ 27 页。

[4] 爱强、传瑞、向荣著《征兵—抓兵》，《顺昌文史资料》第 5 辑，顺昌县政协文史资料工作委员会编印，1987，第 111 页。

[5] 福建省档案馆编《民国福建各县市（区）户口统计资料（1912 ~ 1949）》，1988，第 3 ~ 29 页。

[6] 史钟搜集整理《民国时期德化县征捕壮丁记》，《德化文史资料》第 9 辑，德化县政协文史资料研究委员会编印，1988，第 34 页。

[7] 徐宏：《抗战时期霞浦县军事组训概况》，《霞浦文史资料》第 6 辑，霞浦县政协文史资料委员会编印，1987，第 61 页。

额为 16641802 人①，实征额为 14050521 人②，欠额达 2591281 人。到抗战后期，欠征兵额巨大，据国民政府临时参政会报告，1943 年全国征兵额仅达 70% 。③ 八间年福建省壮丁配额 670900 人，其中中央配额 532631 人④，而实际应征人数为 597519 人，缺额 73381 人，平均每年约欠 1 万名的兵员，缺额人数占配额数的 11% 。以 1937 ~ 1940 年福建各师管区应征、已征和欠征兵额统计为例，超征的管区很少，绝大多数的师管区未完成配额任务。事实上，在抗战开始的一年多时间内，福建月征兵额从未短缺和间断，在当时，兵役一事，差不多已成为福建省整个政治工作中的最重要事务，尤其是县以下的行政人员每天在兵役工作中都要耗费最多的时间和精力。原因在于"一方面当局对于兵役的极端重视，严厉督促，使他们不能稍稍疏忽；另一方面由于他们对抗战救国的责任心的自觉，多数都能力疾以趋。"因此，战初，"福建省对于兵员补充的工作，总算有相当的成绩。兵役工作其成绩即在各省之上……福建数月来兵源源源不断运往前方，没有间断，没有短缺数目。"⑤ 1939 年前后福建开始出现了欠征，该年度中央配额与本省配额合计 112100 名，但实拨给中央部队 75114 名，本省保安团队 4367 名，两者合计 79481 名，欠征兵额 32619 名。⑥ 1940 年欠征兵额最多，至 12 月底尚欠 24014 名，截至 1941 年 1 月仍欠 16800 名。⑦ 虽然福建省订定清理及奖惩办法，对限期未交单位分别予以申诫、罚薪、撤职之处分；限期能办理完毕者，给予嘉奖、记功、加薪、升职之奖励，但到了 1941 年 3 月底，只交了 700 多名，仍欠 16000 余名。⑧ 以师管区为例，福闽师管区 1942 年配给第 5 补训处兵额 8807 名，配给第 46 补训处兵额 1800

---

① 《抗战期中各省壮丁配额统计表》，《抗日战争时期国民党战场史料选编》（一），浙江省中国国民党历史研究组编印，附表 15。另见附表 4 "抗战八年全国各年配赋总额和实征兵额一览表"，附表 5 "抗战时期各省壮丁配额统计表"。

② 关于全国征兵额各方说法不一，《抗战八年兵役行政工作总报告》中为 13922859 人。

③ 《临参会七次大会》，《南方日报》1944 年 4 月 23 日，第 4 版。

④ 《抗战期中各省壮丁配额统计表》，《抗日战争时期国民党战场史料选编》（一），浙江省中国国民党历史研究组编印，附表 5。

⑤ 《闽省兵役问题》，《申报》1938 年 10 月 2 日，第 2 版。

⑥ 福建省军管区编《福建兵役四年》，环球印书馆，1941，第 55 页。

⑦ 明渊：《一月省政报道：役政消息：限期清理配征兵额》，《闽政月刊》1941 年第 8 卷第 4 期，第 53 ~ 54 页。

⑧ 《各师管区欠征兵额限期交清否则决予处分》，《福建民报》1941 年 4 月 2 日，第 4 版。

名，配给陆军第 100 军兵额 3000 名，三者共计 13607 名，截至 1942 年 12 月底欠征兵额达 7832 名，占应征兵额的 57.5%。[1] 1943 年莆永、泉安两师管区所欠兵额高达 1 万名，其中莆永师管区的福清、惠安两县征集最难。[2] 以行政区为例，如第七行政区各县地处山区，民智落后，役政推行困难，1942 年配赋额为 4583 人，旧欠额 1800 人，当年实际只征拨 4388 名，尚欠兵额 1995 人，如表 6-3 所示。

表 6-3　1942 年福建省第七行政区所属各县兵役概况

单位：人

县别	配赋额	旧欠数	已征送数	结欠数	备　注
长　汀	1008	600	986	622	征送数统计截至 10 月底
连　城	552	0	376	176	
上　杭	905	111	1016		
武　平	828	534	784	578	
宁　化	707	555	770	492	征送数统计截至 10 月底
清　流	355		228	127	征送数统计截至 11 月底
明　溪	228		228		
合　计	4583	1800	4388	1995	

资料来源：福建省政府秘书处编印室编印《新福建》1943 年第 3 卷第 6 期 7，第 63 页。

再以各县为例，1942、1943、1944 年福州征兵分别仅完成中央配赋任务的 39%、20%、40%。[3] 尤溪县八年间应征兵额为 8404 名，移交兵额为 7341 名，欠额 1063 名，平均欠额达 14.4%。由于征拨频繁，到抗战后期基本已无兵可征，如 1944 年应征兵额为 1032 名，实际移交 343 名，欠额高达 689 名，占 66.8%，1945 年应征兵额为 1282 名，实际移交为 907 名，欠额达 375 名。[4] 即使省会所在地永安，1942 年只交了 88 名，欠额高达 75%。[5]

---

[1] 《福建省军管区所属各师管区工作报告之二》，福建省档案馆藏，福闽师管区司令部民国三十一年度十二月份工作月报，第三战区副司令长官办公室、师管区、宪后团队（联合全宗）档案，档案号：88-1-365，第 10 页。

[2] 刘建绪：《军队党务工作的新途径》，《福建征训》1944 年第 6 卷第 1~2 期，第 1~2 页。

[3] 陈政生主编《福州市志》第六册，方志出版社，1999，第 943 页。

[4] 尤溪县志编纂委员会编《尤溪县志》，福建省地图出版社，1989，第 539 页。

[5] 李健邦：《视察各县役政之观感及其改进意见》，《福建征训》1943 年第 4 卷第 1~2 期合刊，第 48~49 页。

南平县是兵役办理较好的县份，到 1940 年亦出现了大量欠征（见表 6 - 4）。

表 6 - 4　1939~1945 年南平县征拨兵额一览

单位：人

年份	应征兵额			实征兵额			欠征兵额			备　　注
	中央额	省额	合计	中央额	省额	合计	中央额	省额	合计	
1939	993	279	1272	983	372	1355	10			欠中央 10 名，省额超交 93 人
1940	514	875	1389	364	819	1183	150	56	206	
1941	1008	261	1269	480	272	752	528		517	省额超交 11 人
1942	1203	111	1314	696	230	926	507		388	省额超交 119 人
1943	1321	27	1348	886	82	968	435		380	省额超交 55 人
1944	914		914	601		601	313		313	
1945	1471	97	1568	1007		1007	464	97	561	

资料来源：福建省南平县历年征拨兵额一览表，历年征拨兵额一览表及征集费一览表卷，延平区档案馆藏，档案号：0002 - 002 - 848，第 38~39 页。

说明：南平县 1938 年以前未交代，故 1937 年、1938 年两年无法填报。

2. 免缓役范围过于宽泛

《兵役法》规定："高中或同等以上学校肄业者""依国家官制，由中央及省政府授予委任以上现任官职者""有正当事业在国外旅行，短期尚未能回国者""身体疾病不堪行动在数月中无健复之望者""主任官公事务及现任小学以上教师，经登记合格者"皆可缓征。[①] 其中"主任官公事务者"系以国家法定机关任命之职员负有实际任务者，包括保甲人员、乡镇代表。[②] 另外，患病不堪负作战任务者、国防工业专门技术员工、现任国民学校教员、负全家庭生计主要责任者、省银行人员、盐工、无同父兄弟者，甚至一些皮革、汽车司机及修理工、运输公司编制的船夫等都应缓召。比如《战时国防军需工业技术员工缓服兵役暂行办法》规定了冶炼工业、机械及铁工业、电工器材工业、交通器材制造工业、基本化学工业、

---

① 《修正兵役法施行暂行条例》，徐思平：《中国兵役行政概论》，文治出版社，1945，第 291~292 页。

② 《军政、内政两部会衔电复浙江省政府》，福建省军管区兵役处第一科编《兵役法规汇编》，中华印书局，1939，第 217 页。

燃料工业、纺织染工业、面粉工业等 21 个工业中的技术人员，如翻砂工作者、管理各种炉窑火力烘炼者、调配或检验原料者等都可免缓役。以 1943 年为例，全国中等以上学校学生 62 万名，除女生、体格弱者及独子外，全国中等以上学校及专科合格服役在校男生数为 461223 人，加上已毕业男生 81108 人，两者合计 542331 人，这些人都是可以免缓役的。如果役龄壮丁服兵役的最高比率为 1/10，那么全国中等以上学校学生服兵役者不超过 5000 名，仅占征兵总额的 1/400。① 这对役政推行影响重大。在全部人口数量中，适龄壮丁最大限度是 1/4，而这些适龄壮丁中，身体残疾不适合现役，家庭独子等必须免缓役的已经为数甚巨，再加上上述这些人数的扣除以及在海外的华侨、归侨，必然影响兵员动员的效率。

就福建而言，在 1939～1943 年这 5 年间，全省应缓役、应免役、应禁役的壮丁人数几乎占到了全部壮丁数的 80%。在应征壮丁中，再除去体检不合格者，真正征集入营者不及 10%。我们可以从表 6 - 5 中略见一斑。

表 6 - 5　1939～1943 年全省壮丁应征情况

单位：名,%

年　份	类　别	合　计	应　征	应缓役	应免役	应禁役
1939	甲级壮丁	1239725	224933	218490	795469	833
	乙级壮丁	589747	124998	78408	385958	383
	总　　计	1829472	349931	296898	1181427	1216
1940	甲级壮丁	1340781	326608	321023	690892	1253
	乙级壮丁	664042	159017	120387	375041	597
	总　　计	2004823	485625	450415	1066933	1850
1941	甲级壮丁	1362728	326954	341772	602469	1533
	乙级壮丁	661094	64770	129132	366595	597
	总　　计	2023822	491724	470904	1059064	2130
1942 *	甲级壮丁	1156142	206332	288872	628788	2267
	乙级壮丁	625981	109643	12799	387361	1178
	总　　计	1782123	315975	416671	1016149	3445

---

① 《军政部订定中等以上学校学生征服兵役与限制入学资格办法》，《南方日报》1943 年 3 月 23 日，第 2 版。

续表

年　份	类　别	合　计	应　征	应缓役	应免役	应禁役
1943 年	甲级壮丁	1191123	204823	645823	334352	6125
	乙级壮丁	633647	108725	394102	127825	2995
	总　　计	1824770	313548	1039925	462177	9120
百分比						
1939	甲级壮丁	100.0	18.1	17.6	64.2	0.1
	乙级壮丁	100.0	21.1	13.3	65.4	0.1
	总　　计	100.0	19.1	16.2	64.6	0.1
1940	甲级壮丁	100.0	24.4	23.9	51.6	0.1
	乙级壮丁	100.0	23.9	19.5	56.5	0.1
	总　　计	100.0	24.2	22.5	53.2	0.1
1941	甲级壮丁	100.0	24.0	25.1	50.8	0.1
	乙级壮丁	100.0	24.9	19.5	55.5	0.1
	总　　计	100.0	24.3	23.3	52.3	0.1
1942*	甲级壮丁	100.0	17.9	25.0	54.4	0.2
	乙级壮丁	100.0	17.5	20.4	61.9	0.2
	总　　计	100.0	17.7	23.4	57.0	0.2
1943	甲级壮丁	100.0	17.1	54.2	28.1	0.5
	乙级壮丁	100.0	17.1	62.2	20.2	0.5
	总　　计	100.0	17.1	56.9	25.3	0.4

　　资料来源：福建省政府秘书处编印室编《第一次福建省统计手册》1944 年 4 月，《表 172　历年全省壮丁》，第 225 页；《福建省第三回统计年鉴（兵役类）：1937～1944》，《表 6　1939～1943年全省适龄壮丁表》，福建省档案馆藏，档案号：3－1－25。

　　说明：*本年因浦城、建阳两县甲级壮丁仅报有总数，以致全年合计与甲级壮丁合计两数及其百分比不等于其各栏数据之和。

　　再以县为例，从 1942 年尤溪县免缓役情况来看，甲级应征壮丁 2265名，缓征 3324 名，免征 11099 名，禁征 7 名；乙级壮丁应征 1600 名，缓征 2408 名，免征 7633 名。[①] 缓征和免征壮丁数是应征壮丁数的 6 倍多。

3. 壮丁大量逃亡、病亡

　　抗战期间全国各地壮丁在征送过程中或征送入营后，都出现了大量逃

_____

　　① 　尤溪县志编纂委员会编《尤溪县志》，福建省地图出版社，1989，第 538 页。

亡、病亡的现象。从全国来看，逃兵的数量尚无确切的数据，但各方统计或估计的数字是惊人的，费正清曾引用大量西方国家的文献及美国国务院档案资料，得出中国"永远也不会知道究竟有多少新征招的士兵死亡"的结论，他估计"800 万以上的士兵的去向，也就是总兵力的一半，无法得到解释，很可能是逃跑或死于与战争无关的原因了"。[1] 史迪威报告亦称，中国征到的新兵能到达目的地的只有 56%（相当于 800 万），其余的都损耗了。[2] 何成濬、白崇禧、丁治磐也一致估计，"能到达部队的数量，最多是十分之七八，少则十分之五六。"[3] 1941 年 7 月，时任中国红十字会会长的蒋梦麟对兵役状况作过一次实地考察，考察报告称，"战事起后数年中，据红十字会医生经验，四壮丁中一逃一病一死，而合格入伍者，只（有）四分之一，是为 25%。以询之统兵大员，咸谓大致如是。若以现在之例计之，恐不及 10% 矣。"他得出受到虐待、死亡壮丁与存活壮丁的比例高达 11∶1。[4] 另有学者也认为，一些部队"逃亡数大于本年度第二期交接之兵"的现象，逃兵和病兵往往要占全团兵额的 1/3，甚至 2/3。[5] 郑发展依据国民政府官方数据得出 1937 ~ 1945 年，有 191 万（士兵）在途中逃跑或死亡。[6] 如果按折损率 200 万来算，那么，国民政府征集的 1400 万名兵员，实际补充到各部队的只有 1201 万。

从福建省的情况来看，壮丁的逃亡也不在少数，据省军管区统计，1938 ~ 1941 年，各师管区及补训的补充团队逃兵据报共计 24667 名。[7] 这一数据占四年实征总兵额（302654 名）的 1/12。蒋梦麟实地考察兵役情况后特别指出，从福建征来的 1000 名新兵，到贵州剩下不到 100 名。[8] 国民党军事委员会军法执行总监何成濬在 1942 年视察福建役政后说："闽省征兵极为困难，已征入营之壮丁，逃亡者几达总额二分之一或三分之一，

① 〔美〕费正清主编《剑桥中华民国史》第二部，章建刚等译，上海人民出版社，1992，第 625 ~ 638 页。
② F. F. Liu：《Military History of Modern China 1924 – 1949》，第 137 页。
③ 庞齐：《建军中改进兵役之商榷》，《军事杂志》1941 年第 135 期，第 20 ~ 25 页。
④ 蒋梦麟著《西潮与新潮——蒋梦麟回忆录》，东方出版社，2006，第 327 页。
⑤ 文芳主编《兵祸》，中国文史出版社，2004，第 169 页。
⑥ 郑发展：《试论抗战时期户口统计中的壮丁调查与征兵》，《齐鲁学刊》2010 年第 1 期。
⑦ 福建省地方志编纂委员会编《福建省志·军事志》，新华出版社，1995，第 312 页。
⑧ 蒋丰：《万条微博说民国》，东方出版社，2013，第 228 页。

缉拿不易云。"① 以县为例，1944 年尤溪县应征 1032 名，逃避服役者 689 人，占应征兵员的 67%。② 在浦城，仅 1943 年，逃役的壮丁就有 914 人。1945 年 1 至 3 月，福闽师管区壮丁队接收新兵 7294 名，训练两个月，即逃亡 269 名，病故 220 名，停役遣返 335 名，共占壮丁总数的 11.3%。③ 兵员大量逃亡后，中央各常备部队有的直接请原征送管区征补，有的没有报给省军管区司令部，又有中央各常备部队对逃额不另征补，即以缺额论处，或请逃兵所在县市赔拨，随逃随征。如此一来，数据混乱没有统计或无法统计，自然影响了动员率。

4. 兵额配赋过高

抗战初期，多数省份尚未沦陷，各地征兵相对较为容易。抗战中期，大批国土沦丧，征兵区域不断缩小，除固定月征兵额外，国民政府还大量征召民伕、雇用公杂人员，而且不时临时征拨兵员，使"可资提充兵役者日少"，一些地方兵源已近枯竭，自然无法完成中央高额的任务。福建省自浙赣战事发生后，征拨更加频繁，其间有一月一征或一月数征，一些年份实征壮丁数往往要大于配赋的兵额数，如 1942 年福建省实征壮丁 97306 人，超过应征额 17000 名。一些县份负担兵额与实际情形大不相符，1944 年南安县国民兵团报告，"南安县本年度（1943 年）征额为 2647 名，因本县地处滨海，多为侨居外洋谋生侨胞，及沿海住民多为盐场晒工，征集较为困难，所以历年配额不能如期如数征集。"④ 即使是受敌寇骚扰或匪患严重的县份，兵额也尚未减少。1940 年 1 月，福建省参议员尧添、郭公木提议"在沿海军事严重县区，如诏安、东山、闽东南各县及未肃清之匪区如德化、安溪等均应参酌各该县情况，准其停征或减额"。该提案虽被通过，但配额仍未减少。⑤ 再如人口数量、经济发展水平相差不大的县份之间负担兵额也相差悬殊，如甲县可负担 50 名而只派 30 名，乙县可负担 100 名却派出 150 名，完全没有依实际情况来执行。由于频繁的征拨，致使办理兵役人员每天都在征送壮丁，而民众也感觉政府日日向其抽调壮丁，各地

① 《何成濬将军战时日记》（上册），传记文学出版社，1986，第 100 页。
② 尤溪县志编纂委员会编《尤溪县志》，福建省地图出版社，1989，第 538 页。
③ 陈政生主编《福州市志》第六册，方志出版社，1999，第 938 页。
④ 《各县国民兵团工作报导》，《福建征训》1944 年第 6 卷第 3 期，第 48 页。
⑤ 《拟请军管区切实改善役政以裕兵源案》，《闽政月刊》1940 年第 7 卷第 4 期，第 77 页。

无可应付，只能流于敷衍，影响极坏。

5. 闽海战事影响

1945 年 12 月刘建绪在总结时曾讲到，"福建在战前政治经济基础并不坚实，到了抗战军兴，本省又处于海滨前线，金厦首告沦陷，福州两度放弃，海口紧遭封锁，后方勤务频繁，这种艰难困苦情况，实为本省近数百年来所未有。"① 1941 年闽海战事发生以后，福州、闽侯、长乐、连江、福清、平潭 6 县沦陷，一部分壮丁为逃避战乱相继举家外逃至闽北、闽东、闽西。不仅如此，敌人也在沦陷区征集壮丁，早在 1939 年 4 月，日寇就计划两个月内在厦门、广东粤两地强征壮丁 10 万。② 《中央日报》也曾报道，福州沦陷后，敌寇开始所谓"壮丁总检查"，"连日福州城区各街衢交通已完全断绝，被捕之壮丁达五百余人。测其用意不外两途：一捕押我壮丁解送欧洲与德意换取军火；二藉此残杀我知识青年。"③

为了免被日军强迫征兵，壮丁也相率出逃或迁移。以福州为例，战前的 1936 年，福州人口达 41 万人，而抗战结束后只有 28.7 万，这些减少的人口除了一部分直接死于战乱或匪乱，一部分逃往海外和邻省，其余大多数迁往福建省的腹地。据统计，抗战爆发至 1938 年 12 月福州迁出的户数为 7703 户，人口数为 35260 人，其中男性 20877 人。再至 1939 年 12 月，福州迁出的户数为 25013 户，人口数为 203008 人，其中男性 111994 人。④ 1939 年一年迁出的人数是 1938 年的 5 倍多。1944 年 10 月，福州再次沦陷，福州人民不堪搜刮，许多义民、员生纷纷向后方迁移，仅一个月内，南平登记闽海退出的义民达 23600 余人，其中逗留南平者约 12000 人，其余均由南平转往闽西北各地。⑤ 3 个月后，南平人口已增加 5000 余户，8 万余人，而八年前南平人口仅 3 万，到 1944 年底已超过 10 万。⑥ 福建虽然只有沿海部分县（市）沦陷，但沦陷区人口的异动必然影响壮丁的征集（见表 6 – 4）。例如，1941 年福建省的中央配额为 72000 名，本省配额

---

① 刘建绪：《三十四年度施政总检讨暨三十五年度行政会议闭幕词》，《新福建》1946 年第 8 卷第 5~6 期合刊，第 37 页。
② 《以华制华敌在厦粤两地强征壮丁十万》，《大公报》1939 年 4 月 8 日，第 3 版。
③ 《榕敌在福州搜捕壮丁》，《中央日报》（福建版）1941 年 7 月 4 日，第 4 版。
④ 《福州户口异动统计》，《闽政月刊》1940 年第 6 卷第 6 期，第 91 页。
⑤ 《榕难胞不堪敌扰纷纷内迁》，《南方日报》1944 年 12 月 9 日，第 4 版。
⑥ 《延人口骤增》，《东南日报》1944 年 12 月 16 日，第 3 版。

8000 名，共计 8 万名，但至 1942 年 4 月只交中央兵额 45428 名、本省兵额
4285 名，未交中央兵额 19137 名、本省兵额 1737 名，两者共计 20874 名，
其中沦陷的 6 县未征额就达 9000 名，对福建沿海地区光复后的役务经两度
复查尚无良好结果。① 再如，霞浦县虽未沦陷，但因地处海滨，时遭敌伪
滋扰，沿海乡镇均无法征集。

表 6 - 6　1939～1945 年福州各县市征兵统计

县　市		1939 年	1940 年	1941 年	1942 年	1943 年	1943 年	1944 年
福州	配赋	—	—	—	3698	1320	405	
	交拨	647	1482	885	1535	266	165	
林森	配赋	—	—	—	3127	2831	1662	
	交拨	1923	3421	1795	2584	1451	389	
连江	配赋	—	—	—	1367	1018	525	
	交拨	772	1305	807	1142	707	188	
长乐	配赋	—	—	—	1508	942	573	
	交拨	422	1280	866	1011	749	57	
罗源	配赋	909	675		735	804	645	780
	交拨	388	617	929	733	784	425	451
福清	配赋	—	—	—	—	—	—	599
	交拨	—	—	—	—	—	—	485
永泰	配赋			1693				
	交拨			1162				

资料来源：福州市档案馆各档案。

说明：1. 上述兵额配赋包括中央和地方的配额；2. 1945 年因福州、林森、连江、长乐沦陷，
省军管区未予配赋。

三　多法并用提高动员率

面对大量的欠额和日益枯竭的兵源，为了能如期、如数、合法、
合格地征清欠额，福建省军政当局"以全副之精神，采敏捷之方法"，
采取多种措施来扩大征兵，提高动员率，如举行征兵竞赛、实施保甲

---

①　汪复培：《福建省军管区三十一年度工作概况》《福建征训》1942 年第 1 卷第 3～4 期合
刊，第 116 页。

配额、紧缩免缓役、动员公务员及士绅子弟当兵，甚至调用监犯服兵役等扩充兵源。

1. 开展征兵竞赛

福建的征兵竞赛早在 1938 年就在各地举行，1939 年以后各地普遍举行。例如，1939 年 11 月，浦城县举办各区、各联保、各保征兵成绩比赛，比赛的总成绩以本县两个月出兵 300 名为比赛标准，评判标准为"迅速""征集是否合法""志愿兵之多寡""验收之多寡""配赋额是否足"5 个方面，最终成绩优异的区、联保、保主任及相关役政人员给予奖状、记功、嘉奖，成绩劣等的役政相关人员给予撤职查办、记过、扣薪处罚。① 到抗战后期，福建积欠的兵额越来越多，为增进动员效率，1943 年福建省军管区依据军政部颁布的《战时征兵竞赛成绩考核奖惩办法》，于 4、5、6 月展开征兵竞赛，要求在此期间内，各地将应征兵额和欠征兵额如数征齐。1944 年后，改为 3、8、12 月为竞赛期。每级竞赛都要依级考核、奖惩，如乡（镇）保甲由县政府考核，各县由师、团管区考核，师、团管区由省军管区考核。竞赛记分标准为"数量""素质""是否合理合法""实到交接人数"4 个方面。考核成绩规定为：平均在 85 分以上者为优等，给予嘉奖、记功或颁发奖状或调级晋升；平均在 60~80 分者为中等，免职；平均在 60 分以下者为劣等，记过或撤惩。因紧急补充超过征额的配拨数之前任欠额均应负责征集，如不能如数征齐，虽征足名额，仍应依照当时情形给予适度惩罚。② 为了完成配额任务，各地也因本地情形自行颁布竞赛办法，如《建瓯县三十二年度举行战时征兵竞赛办法》，决定分 3 期举行征兵竞赛，第一期定为 7 月 15 日至 7 月 30 日，其余二期时间以命令方式决定。征兵竞赛以保为单位，发动志愿应征为原则，志愿应征者可抵扣当年配额。第一期规定一保发动二兵入伍，如果征送的壮丁体检不合格则退回或发觉冒名顶替，均以未征交来论处。竞赛记分标准分为"数量""体质""是否合法""时间快慢"4 个方面，各占 25%。竞赛考核成绩依前述部颁的标准进行。③ 征兵竞赛的实施，虽然使兵额的数量增加，但各

---

① 《增加兵役行政效率浦城举行征兵比赛》，《闽北日报》1939 年 11 月 8 日，第 4 版。
② 《战时征兵竞赛规定分三期举行》，《南方日报》1943 年 5 月 29 日，第 4 版。
③ 《建瓯县府订定征兵竞赛办法》，《大成日报民主报》1943 年 7 月 22 日，第 2 版。

乡（镇）、保、甲为了完成任务，也制造了大量强行抓丁的事件，引发民众的强烈不满。

2. 推行"一保数兵、一甲一兵"运动

为应对中央配赋激增的现状，1940 年福建省军政当局发动"一甲一兵""一保两丁"或"一保数丁"运动，即国民兵除应予免役、缓役、禁役者外，按"一甲一兵"的原则，由甲长会同本甲绅耆，造具名册，具结取保，以待征集。签约壮丁如有逃避，即责令其家属、甲长及联保人员限期追还，否则从这些人员中择其适龄者抵补。甲长、保长如不能完成征额，便要罚充兵役。县长不能完成任务，根据欠额多少，给予记过、记大过或撤职处分。各县也可依自身情形自定办法，如 1941 年建瓯县订定《一保两壮丁比赛办法》，各保于 1941 年 12 月 5～25 日展开竞赛，每保至少动员两名壮丁，对能在限期内征足配额、超额征集的保甲长给予奖励。[1] 1944 年 9 月沙县号召全县各甲发动"一甲一兵"运动，仅 3 个月应征人数达 1200 名，剔除体检不合格者，实交部队 581 名，超过 56 名（原配额525 名），打破本县征兵纪录。[2] 1944 年福建省奉军政部令推行"一保数兵"运动，所有宣传、征调、输送、训练等有关役政事务均须按级逐层竞赛，古田当年积欠兵额 2000 余名，征兵竞赛发动后，每保平均征送 5 名壮丁。[3] 通过征兵竞赛，兵员征集取得了一定成效，但这些运动具有很大的强制性，造成的弊病也十分严重，许多保甲长借此敲榨勒索、贪污受贿、公报私仇、营私舞弊，民众的命运完全置于保甲长的支配之下。另外，征兵竞赛以保或甲为单位，采用摊派式，一般不问该保人口数及壮丁数之多寡，由于各保人口多寡不一，"一保数兵"的办法并不符合实情。

3. 缩小免缓役的范围

福建省免缓役在不违反中央规定的原则下，兼顾本省教育、交通、经济发展以及地方行政工作人员的培育，酌情将免缓役规定加以变通。从1942 年 3 月起，省军管区征募处首次将省银行、警察及特约印制纸币员工，县财务、卫生、机关的税警、卫生稽查警、义勇警察以及省营贸易运输企业三公司员工等缓役规定予以废止或限制。同年 8 月，又将本省过去

---

① 《建瓯县政府实行一保两丁运动》，《闽北日报》1941 年 12 月 5 日，第 4 版。
② 《沙县本年壮丁应征超过原定配额》，《南方日报》1944 年 12 月 18 日，第 4 版。
③ 《古田征募一瞥》，《福建征训》1945 年第 7 卷第 1 期，第 2 页。

所有自行核定的免缓役单行法令一律通饬作废，凡《兵役法》所规定的应予免缓役而实际上负有重要工作的人员或技工，则另订补救办法。[①]

4. 策动公务员、士绅子弟当兵

为推进兵役，1938 年 3 月，国民党临时全国代表大会首倡公务员、党员应劝勉子弟服任兵役，"所有党政军各级人员有合于兵役年龄合格之子弟，应先遣送入营服役，其在缓役之列者，亦应自动应征或入军事学校受训服役，为民众表率"。[②] 不久，蒋介石发表《告全国各县党部及各县地方绅耆士民书》，希望各地父老士绅"务各乘时崛起，当仁不让，号召乡里弟子，严密组织，为抗战之协助，或为前线部队输送劳力和兵役，或与游击队相通呼应，收夹击之力。"[③] 随后，国民党颁布《党政军各级人员子弟服兵役办法》8 条，国民党中央宣传部和军事委员会先后电饬各县党部发起士绅、公务员子弟当兵运动，由党部负责人联合当地政府及军事长官、妇女工作团队劝导和奖励所属役龄子弟率先入营服役或入军事学校受训服役。[④] 奉中央命令，国民党福建省执委会订定《福建省各县策动士绅公务员子弟当兵运动实施办法》，要求县党部成立该县"士绅公务员子弟当兵运动委员会"，并令士绅、公务员子弟在 1941 年 12 月前发动半数以上提前入伍，凡士绅、公务员使其子弟规避兵役者，依法惩处。[⑤] 随后各党部会同各级兵役机构及其他机关团体，运用文字、照相、图画、戏剧、歌咏、电影等宣传方式，将党政军各级人员子北率先入营，及自动应征或入军事学校的事实予以广泛宣传。各级党部还策动当地党政机关及人民团体，在各子弟应征入伍或出征时举行欢送会、慰劳会，激发民众情绪。1942 年 6 月，福建省军管区发动"三一当兵"运动（即每一期每一乡镇应征送公务员士绅子弟一人），刘建绪发表《为推行役政告全省士绅公务员及其子弟》讲话，劝勉士绅公务员及其子弟改变"能挽三石弓不如识一丁字"的风

---

① 汪复培：《一年来福建兵役》，《福建征训》1943 年第 3 卷第 1 期，第 9 页。

② 《奉令党政军各级人员有合于兵役年龄之子弟应率先遣送入营服役为民表率》，《内政公报》1939 年第 12 卷第 1～3 期，第 66～67 页。

③ 蒋介石：《告全国各县党部及各县地方绅耆士民书》，《闽政与公余非常时期合刊》1938 年第 29～31 期合刊，第 13 页。

④ 《党政军各级人员子弟服兵役运动办法》，《兵役月刊》1941 年第 3 卷第 6 期，第 6～7 页。

⑤ 《士绅公务子弟当兵运动》，《南方日报》1941 年 10 月 13～14 日，第 4 版。

气，踊跃应征。① 为更规范地动员党员、公务员及士绅子弟当兵，1943 年，军委会订定《党员、公务员、士绅子弟调查及征集办法》，规定定期将全县党员、公务员及士绅子弟进行身家调查、身体检查、抽签公布，对入营子弟或亲送子弟应征的党员、公务员、士绅，予以奖励，并保障其工作。对依法应予征集者逾期入营或逃避，其父兄开除党籍，停止工作并予究办。② 公务员、士绅子弟应征，一般入模范队或特种兵部队。1942 年福建省 5 个师管区内各增设两个补充团及模范队一队，其中补充团为普通兵员补充、入伍的训练机关。各师管区模范队则专为志愿入伍的士绅公务员子弟及党员、团员而设，以示与普通壮丁的区别。③ 虽然军政当局发动公务员、士绅子弟当兵运动，但从总体来看，应征者"仍属寥寥"，成效并不彰显。

5. 调用监犯服兵役

为满足兵员补充需要，缓解征兵困难，加强抗战力量，1937 年 8 月至 1945 年 11 月国民政府制定并实施了调用监犯服兵役办法，先后出台《战时监犯调服军役办法》《战时调服军役监犯感化队管理办法》《非常时期监犯调服军役条例》《非常时期监犯调服军役调拨管训办法》等法规，创立了调拨监犯服行兵役制度。规定在作战期内，凡在军人及普通监狱执行的人犯，除女犯，犯通敌或利敌罪者，年未满 18 岁或在 40 岁以上，受无期徒刑执行未满 5 年及受 10 年以上有期徒刑未逾 1/5 者，确有疾病不堪服役者外，其他均得依规定调服军役。④ 据统计，从抗战爆发到 1942 年 8 月止，全国依照监犯调服军役法规调服军役的监犯计 52066 名。⑤ 在福建，1938 年 5 月，省军管区成立调服军役监犯感化队，并拟具《福建调服军役监犯感化队调拨办法》，要求所有应行调役的人犯，经体格检查合格，分别解送到保安旅团部及各师管区司令部进行感化训练。由于闽海师管区后补营名额已满，该辖县区调服军役的监犯转送至建延师管区或汀漳师管区编训。抗战爆发到 1938 年 12 月，福建省调用监犯 258 人，其中调

---

① 刘建绪：《为推行役政告全省士绅公务员及其子弟》，《福建征训》1942 年第 2 卷第 1 期，第 6 页。

② 《党公及士绅子弟应服役，军会订征集办法》，《南方日报》1943 年 1 月 4 日，第 4 版。

③ 《闽省明年度起整理兵役机构》，《中央日报》（福建版）1941 年 11 月 27 日，第 3 版。

④ 《国府公布监犯服役条例》，《新华日报》1939 年 9 月 10 日，第 2 版。

⑤ 《司法院工作报告》，司法院编印，1945，南京图书馆古籍部馆藏。

服军役 252 人，内有军事犯 70 人，刑事犯 182 人，编入感化队 6 人。① 1939 年 1~10 月，福建省调用监犯 84 人，全部编入感化队。② 1941 年 1~9 月，福建省调用监犯 18 人，也全部编入感化队。③ 直至 1941 年 9 月前，福建共有 360 名监犯调服军役。战时福建监犯调服军役的人数虽然较少，但仍具有重要意义，战时监犯调服军役的立法，实际上是对兵役法的补充和突破。监犯调服军役，促进了国民政府狱政工作的改善，为前线抗战补充了兵力，也为监犯提供了抗日杀敌、报效祖国、悔过自新的机会。如，1939 年仙游县就有监犯吴凰廷等 53 人联名向自卫团请缨调服兵役，悔罪报国。④ 建瓯监犯吴友凰调服军役期间，作战勇敢，临难不避，重伤不退，功绩颇著，依据《非常时期监犯服军役条例》，国民政府给予赦免罪刑。⑤

第二节　福建兵员动员的弊端及成因

抗战时期福建征兵之难不仅在于动员率低，在征兵实施过程中还存在着饱受诟病的弊端，这些问题广泛存在，并且伴随着抗战的始终。战时役政弊端不是孤立产生的，而是多种因素综合作用的结果，它关乎政治、社会、经济、军事各个方面，并受着抗战形势、兵役制度、地方情形等方面的影响。

一　形色各异的役政弊端

1. 壮丁逃役

抗战时期，壮丁规避兵役和逃亡成了福建办理兵役的最大障碍。许多文献资料、回忆录记述了当时民众逃避和抵制兵役的方式，可谓五花八门，有金钱觅替，摊款雇丁，宗祧寄养，贿赂求免，虚报年龄，涂改户籍，更改性别，兄弟分居，捏造身份，入赘过继，逾龄入学，出家为僧，

① 《司法院最近工作概况》，司法院编印，1939 年 2 月，南京图书馆古籍部馆藏。
② 《司法院最近工作概况》，司法院编印，1939 年 11 月，南京图书馆古籍部馆藏。
③ 《司法院最近工作概况》，司法院编印，1941 年 11 月，南京图书馆古籍部馆藏。
④ 《壮丁请缨闽省民气勃发》，《大公报》1939 年 3 月 3 日，第 3 版。
⑤ 《监犯吴友凰服军役立功》，《大公报》1941 年 6 月 21 日，第 3 版。

落草为寇，附逆匪徒，栖身海岛，加入帮会，远渡重洋，主动犯法等，不一而足。一些壮丁家属甚至以死相拼，捣毁乡（镇）公所，或不惜其子弟、夫婿吸食鸦片，或食用药物致使精神失常，或嫖妓沾染梅毒，或有病不治故意拖垮身体。更有一些壮丁自戕身体，或用剧毒药物腐烂腿脚，或忍痛斩断右指、刺瞎右眼等。除了家庭或个人自我避役外，福建各地大大小小的民军、股匪以金钱收容壮丁，更加剧了逃风，如民军头领张雄南为扩张实力阻扰政府征兵，收容大量壮丁，致使闽中各县适龄壮丁征集"倍感困难"。平和、云霄等县匪卒也多为逃役壮丁。以下略举几例文史资料记载的民众规避兵役的史实，如浦城曾有壮丁以重金贿赂兵役管理人员和体检医师，以瘦猪肉嵌入肛门，医师指为痔疮或脱肛而暂缓入伍。① 建瓯县光孝寺一次就有二十余名壮丁落发为僧。② 顺昌县抗战八年间征集壮丁3393 人，其中潜逃后被抓回壮丁696 人，买卖顶替者247 人，伪报伪证被揭露者204 人③，规避壮丁占了总数的1/3。

壮丁即使被征入营之后，也想方设法"伺机潜逃"，他们或翻高墙，或登高屋，或潜水逃跑。据《南靖文史资料》记载，1939 年秋，国民党陆军75 师一个工兵连驻扎在南靖县宝林"阁老楼"，该连100 多名从闽南各县强征入伍的新兵集体"烘营"（全数逃跑而不伤人），趁夜逃走，有个病号逃跑未遂，竟被活活打死。④ 壮丁不愿服行兵役，就给役政执行者留下了舞弊的空间，舞弊使役政失去公平，不公平便促进逃役，逃役又产生舞弊，两者息息关联，恶性循环不止。

2. 抓丁拉扶⑤

福建在征兵制实行的前一、两年，兵员征集比较正规，按中签号数顺

---

① 伍国梁：《国民党的保甲与征兵》，《浦城文史资料》第 3 辑，浦城县政协文史资料委员会编印，1983，第 144 页。

② 冯炳凤：《战时的征兵》，《建瓯文史资料》第 11 辑，建瓯市政协文史资料委员会编印，1987，第 61 页。

③ 爱强、传瑞、向荣：《征兵——抓兵》，《顺昌文史资料》第 5 辑，顺昌县政协文史资料委员会编印，1987，第 111 页。

④ 楚枬：《记国民党陆军 75 师一个连逃兵实况》，《南靖文史资料》第 9 辑，南靖县政协文史资料研究委员会编印，1988，第 45 页。

⑤ 关于"抓壮丁"，有学者提出异议，认为抗战期间国民党政府"抓壮丁"不是主流，著名作家流沙河先生也认为被抓壮丁者"不到万分之一"，"99.99% 是自己去的"，"中间也有逃兵，但都是个别的"，说"抓壮丁"是"诽谤旧社会"，等等，引发广泛争议。

序征召，各县搞过欢送仪式，应征者戴红花入伍等。在浦城，抗战伊始，青年壮丁踊跃参军，全县征集名额 3100 人，平均每保 14 人。笔者曾在家乡南平市延平区夏道镇鸠上村（当时称为鸠源联保）进行调查访问，鸠源联保在 1937 年 7 月至 1939 年上半年，采用动员和抽签的办法征兵，在一户之中，有三个至五个兄弟，适于役龄的首先作动员，如杨运鉴、杨运隆、杨肇钦、杨肇崑、杨肇富等 15 人，都是动员后去参军的。随着战争的惨烈，同村被征壮丁有去无归，兵员征补配额又不断增加，村里百姓极其害怕，开始出现了壮丁逃役，采取动员和抽签的方式已很难征到兵员。1939 年下半年后，鸠源联保开始采用硬抓或杨、陈二姓摊派的方法征兵，俗称"抓壮丁"，这一时期该联保蓝水启、蓝固寿、纪孔臻等四十多名壮丁被抓，该村前些年还有 3 位曾被"抓壮丁"的 87 岁以上抗战老兵，这些耄耋老人在回忆当时被抓的情景，仍然心有余悸。

鸠源联保只是战时福建征兵的一个缩影。我们现在已无从知晓福建 59.7 万名士兵中究竟有多少人是自愿应征的，但当时征兵公开的方法只有两个，一是抽签应征，二是摊钱买丁。抽签应征是兵员动员的最主要方式，适龄壮丁中签后必须应征，一些壮丁不想被征，又无钱买顶，只能以极端的方式逃役。而摊钱买丁，即纳金缓役，俗称"买壮丁"，即出钱或出粮买人顶替入伍，这个办法在 1938～1941 年是政府允许的，1938 年 4 月修正的《陆军征募事务暂行规则》明确规定中签壮丁入营前，如本人病重或直系尊亲死亡或病重，家中遭受重大灾害，在家中担负生产不能中途停止，可以申请最高 3 年的缓役，同时招募合格的志愿兵 1 名补充缺额，双方订立合约补偿志愿兵家属生活费、奖励金、恤金等，并向当地政府上交缓役金用于优待其他出征军人及其家属。1939 年 6 月，军政部颁行《纳金缓役办法》，规定缓役人数不得超过本地抽签人数 2/10，每次缓役期为 1 年，每人申请缓役不得超过 2 次，每期每人交纳缓役金 200 元。同年，四川、贵州、湖北、浙江等省开始施行，福建省闽海师管区亦开始施行。1940 年，福建省专门颁布《非常时期福建省壮丁声（申）请延期服役暂行办法》，此后，纳金缓役在福建各县普遍实施，各地买卖的手续、对象、价格不同，每名壮丁需谷子 10 石至 60 石不等，银元 100 元至 800 元不等，法币 1000 元至 5000 元不等。壮丁买卖形式有全保派款共同买丁顶充本保壮丁名额，也有壮丁家庭出钱由保甲长买人替充或自己直接出钱买人顶替，于是社会上出现了专门买卖壮丁的"牛贩"和"交易场所"，"牛贩"志在以贩卖壮丁为业，或引诱乡愚及无业流痞出售，或本身出售，借以取得重价，一俟征送，即行逃亡，后再卖、再逃，如此反复多次。"牛贩"助长了保甲长借端舞弊，实为役政的最大障碍之一，军政部针对"牛贩"的行为，曾专门颁布取缔办法，除遵照《违反兵役治罪条例》处断外，如发现逃亡，还应以海陆空军刑法之规定以敌前逃亡论罪，从重科刑。① 但福建纳金缓役需求市场很大，根本无法控制，1938 年厦门市政府（1939～1945 年厦门因沦陷日深尚无征兵）还曾为完成征兵任务，"令饬各区公所转知全市兵贩，即日来府相商所有壮丁买卖问题，以裕本市兵源"。② 不可否认，纳金缓役的方法满足了一部分经济条件优裕的壮丁及家属的要求，也扩大了优待金的筹集来源，但纳金缓役破坏了兵役办理的"三平"原则，违反民权主义，滋生了基层役政的腐败与弊端，造成阶级对立，降低国军素质，增加了征兵困难，固此，1941 年 8 月军政部废止纳金缓役办法。然而，福建一些乡（镇）、保买顶之风仍然炽盛，如 1945 年 3 月南平县台溪镇镇长李士炳就令所属每保缴纳代雇壮丁 2 名的费用，每名 2 万元，该镇 13 保中共有 11 保代雇了 22 名壮丁，共计 44 万元。③ 再如买顶远征军，1944 年福清每名壮丁高达 15 万元，晋江 7 万至 8 万元，莆田 5 万至 6 万元，其他各县 3 万至 4 万元不等。④

壮丁避役，兵痞狡猾，又少人买丁，而前方逃兵日炽，兵员补给日蹙，后方频繁征兵，可征兵员越来越少，致使征兵陷于万难的困境。为了完成征集任务，乡（镇）长、保甲长甚至接兵部队只能采取"强掠"的方式，谓之"抓壮丁"，于是，合法的"抽丁"蜕变为非法的"抓丁"，"抓壮丁"逐渐演化为抗战后期国民政府"征兵"的代名词。"抓丁"的方法形形色色，有间接抽签⑤，围屋捉人，路遇强拉，抓独子，抓逃兵，抓应征

---

① 平一：《一月来省政要闻》，《闽政月刊》1939 年第 4 卷第 4 期，第 53 页。
② 《充裕本市兵源，市府借重兵贩》，《星闽日报》1938 年 11 月 4 日，第 4 版。
③ 《至福建省第二区行政督察专员兼保安司令电》，《福建省政府、第二区行政专署、南平县各乡（镇）强拉壮丁纠纷的代电、训令》，南平市档案馆藏，档案号：01－001－0000046，1945 年 5 月 22 日，第 82 页。
④ 刘建绪：《军队党务工作的新途径》，《福建征训》1944 年第 6 卷第 1～2 期，第 1～2 页。
⑤ 抽签时由壮丁所属保甲长代为抽签，中签者姓名保密，一俟召集，保甲长带人潜赴中签壮丁的家里，将中签壮丁突击抓捕入营。

家属，抓免缓役人员，更有重演"石壕吏"深夜抓壮丁的情景等。抓丁事件遍及全省乡村和城镇，"抓壮丁"的人员，既有乡（镇）保甲长，也有作战部队官兵，还有接兵部队和国民兵团人员以及补充部队官长，甚至流氓地痞也抓丁卖钱。例如，1945 年 3 月南平县宝茂乡蛟湖保长卢仰光强捕王台林场鸡母谷工作站工人陈点熊等 6 人；王富保保长黄乃洙啸聚三十多人持械鸣枪包围来州（现作"来舟"）工作站，绑走技工陈应良等 12 名壮丁，撕毁工人缓役证、通行证、技工证。① 用"抓壮丁"的方式强制征兵是国民政府明令禁止的，但屡禁不止，并最终成为兵员的主要征集方式之一。刘建绪在 1945年总结上年度工作时说到，1944 年，一半以上的壮丁是强迫拉来的，驱之充数。所谓"三丁抽一""五丁抽二，单丁独子免征""华侨缓征"的规定根本无效，而被抓的壮丁也多是贫苦子弟，甚至是未及或超过役龄的男子或免役男子。比如，按《返国侨民应征服役办法》规定，凡在 1941 年 12 月太平洋战争爆发后，单独一人携眷回国之侨胞，负有家庭生活责任者，暂准缓役。凡被抽签的侨胞，不使入营服任现役，另派以军事辅助勤务②，但福建各地办理役政人员每多非法强征，违背了政府保护华侨的本旨，如晋江旅菲华侨洪源土在 1943 年初携眷回国时已三十多岁，家庭困难，第一次被抽中壮丁时，变卖房屋家具，交由保长雇用 1 名顶替，1944 年冬，再次被抓押送入伍。不久，被折磨致死于军中。③ 再如单丁独子本可以免征④，但浦城城关东祥保老寡妇杨妹妹的独子黄金生却被保长抓去卖给该镇市心保顶替壮丁名额，群众愤恨冲击保办公室，殴打保长，酿成大案。⑤ 《闽政月刊》曾报道，"因此每次征送单丁，往往是哭声震天，惨不忍睹。"⑥ 总之，

① 《据华侨兴业公司电诉王台农林场工人被捕顶替兵役，扩被劫财物等情彻查详复由》，《福建省政府、第二区行政专署、南平县各乡（镇）强拉壮丁纠纷的代电、训令》，南平市档案馆藏，档案号：01 - 001 - 0000046，1945 年 5 月 4 日，第 10 ~ 16 页。
② 《归侨征服兵役中央令颁要点》，《南方日报》1943 年 9 月 15 日，第 3 版。
③ 洪祖良：《"抽壮丁"的惨痛回忆》，《晋江文史资料》第 22 辑，晋江市政协文史资料委员会编印，2000，第 137 页。
④ 包括螟蛉子，即养子，且收养者年龄长于被收养者 20 岁以上。但因宗祧继承构成之长子，不得免役。
⑤ 伍国梁：《国民党的保甲与征兵》，《浦城文史资料》第 3 辑，浦城县政协文史资料委员会编印，1983，第 142 ~ 148 页。
⑥ 宏基：《一月来省政要闻：螟蛉子身属长子可免常备兵役》，《闽政月刊》1941 年第 9 卷第 4 期，第 85 页。

强抓壮丁的结果至劣，以致于人们谈"兵"而色变，闻"拉"而逃遁。一方面使更多的民众相继逃往外乡或出国，俗称"走（逃避）壮丁"，另一方面引发民众的反抗，致使社会生产生活受到严重影响。1939 年《民意周刊》报道："年余来，福建各地实行征兵制，究其实，则多未能依照法律之规定，或则强拉凑数，漫无标准，或则徇情偏私，任意脱漏，甚且欺诈敛财，借端骚扰。名为征召，实则拉派，以致流弊丛生，怨声载道。不但妨碍前线之作战，且亦影响后方之治安，实为当前急待解决之严重问题。"[1]

3. 残虐壮丁

这些被抽签或抓捕的壮丁集中于乡（镇）或县（区）新兵招待所待令候拨，名为"招待"，实则类似监狱，一些联保、乡（镇）公所私设牢狱，幽禁应征壮丁，几十个壮丁挤在一屋，睡在地板上，为防止壮丁逃跑，大多把他们拷起来，或剃成光头。吃喝拉撒都在同一屋子，患痢疾、疟疾的病丁很多。并设赌局，强邀壮丁参加赌博。永安县燕江镇被捕壮丁吴依农被公所职员殴打致死。[2] 据德化一位名叫苏珠缄的老人回忆他目睹关押在宝美土楼的壮丁的惨状时说："当时的壮丁个个都面黄肌瘦，缺衣少穿，更换衣服时，有上身的衣就没有下身的裤，有下身的裤就没有上身的衣，只好在晴天赤着身子围坐在天井中晒太阳，等衣服晒干了再穿上。"[3] 不仅被征调的壮丁受到虐待，许多自愿入伍的壮丁，"竟也跟被征调的壮丁一样，遭受到鞭打、捆缚、辱骂、监视种种待遇。这种非人的情形，是整个福建普遍的现象。"[4]

壮丁在被征集、转送部队过程中，接兵部队虐待壮丁、卖放壮丁、强抓壮丁、骚扰群众、为非作歹等现象比比皆是，有的甚至达到令人惊骇的地步。1942 年，国民政府立法委员蔡瑄在视察福建省役政后向国民政府报告说："福建省役政紊乱，强征贿放虐待壮丁非常严重，兵役优待政令达

①　汪龙：《户口统计与役政前途》，《民意周刊》1939 年第 72 期，第 4~5 页。
②　李绍汤：《抗战期间的新二十师》，《文史资料选编》第 4 卷《政治军事编》第 3 册，福建人民出版社，2003，第 66 页。
③　史钟：《民国时期德化县征捕壮丁断记》，《德化文史资料》第 9 辑，德化县政协文史资料委员会编印，1988，第 36 页。
④　郇劳：《抗战中的各省：抗战中的福建》，《国民公论》（汉口）1940 年第 4 卷第 1 期，第 40 页。

不到民间。壮丁送到新兵招待所，已如囚徒，接兵部队待之不如牛马，开拔时两人并肩前进，各铐其手，前后以铁线或麻绳连贯以防逃跑，且令其挑货而行（接兵官长兼营食盐、土特产等货物走私），饥不给食，病不给药，稍迟缓则鞭挞随之。有一壮丁患病已面无人色，两壮丁挽之而行，一兵持大刀在后威吓，道旁观者无不摇首咋舌。"① 一些被征送的壮丁"衣衫褴褛，鸠形鹄面，形同罪犯，稍有反抗，便遭捆绑吊打、伤残肢体、凌辱折磨甚至任意枪杀"，"其手段之凶狠、残忍，达到登峰造极的地步。"②《泉州日报》曾报道，壮丁被征送至惠安途中，因患疟疾不能行走，押送军官为了恐吓其他壮丁，就说他是装病，当众一枪击毙，然后惨无人道地把尸身丢在公路旁，后来野狗将部分尸骸拉到公路上来，汽车开过时，腐肉四溅，情状之惨目不忍睹。③ 再如，1941 年夏，新 20 师接兵干部从建阳接 500 名新兵返回闽南平和时，其中有两名潜逃士兵被用刺刀活活刺死，之后又在途中强抓了两名补上。④ 德化县三班镇人颜肃斋在 1940 年日记中记载了他所目睹的官长凌辱壮丁的悲惨事件⑤：

> 二月初八日午刻，壮丁连环索臂二百多人，不知何处抽来，经过此少憩车路旁，军人买吃分之，乡民携物卖之，数分钟后起行，因感乱机之惨，各处皆然，见之莫不泪云。
>
> 二月初九日，壮丁经过又百余人，俱系以索防逃脱……而逃脱不离者开枪毙之，军令之严何惜民命。

1941 年 3 月 29 日日记又记载：

> "官军壮丁有五阵过前村，每阵 160 人、800 多人，两天千余人，

---

① 转引自福建省地方志编纂委员会编《福建省志·军事志》，新华出版社，1995，第 322 页。

② 范训练、范鸿声搜集整理《"解壮丁部队"在大田的罪行录》，《大田文史资料》第 2 辑，大田县政协文史资料委员会编印，1984，第 91 页。

③ 《惠安北门外壮丁惨毙途中》，《泉州日报》1940 年 6 月 4 日，第 3 版。

④ 《抗战期间的新二十师》，《文史资料选编》第 4 卷《政治军事编》第 3 册，福建人民出版社，2003，第 66 页。

⑤ 《肃斋生平志录》卷八，德化县档案馆藏，转引自史钟《民国时期德化县征捕壮丁断记》，《德化文史资料》第 9 辑，德化县政协文史资料研究委员会编印，1988，第 36 ~ 37 页。

值此粮食恐慌，加治屯军地方……见者亦多流泪心伤也。"因感赋诗曰：

> 壮丁无罪连环系，政府惧逃用毒计；
>
> 谁无父母妻子怀，割别心肠那不涕；
>
> 奋武时期乱招兵，惨苦民家受压制；
>
> 长城力役有望还，敌外而今非秦世；
>
> 触目不觉欲悲天，无可奈何任泄泄。

新征壮丁的保育工作极其低劣，福建省规定壮丁每日仅供 12 两糙米，伙食费不过 2 角（原为一角半），在物价腾贵的抗战后期，仍未提高多少，而且还要经接兵部队层层克扣，到壮丁的口中时，已没有此数，对于身强体壮的壮丁来说，这焉能果腹？壮丁们个个都处于"愁肠饥火日相煎"的境地，度日如年，如此怎能安心服役？刘建绪在总结三十三年度工作时说："多数县征集所，设备简陋，房屋狭隘，被帐衣服以及医药大半短缺，影响新兵健康甚钜。"① 壮丁从集中到部队，经历了由壮丁而弱丁，由弱丁而病丁，由病丁而死丁的过程。壮丁经过长途跋涉，饥寒交迫，残酷折磨，缺医少药，生病基本得不到及时治疗，不少人在路途中病死、饿死、冻死、被打死，除去沿途折磨而死和逃亡之外，"真正到达杀敌前线的寥寥无几。"②

1940 年 11 月陈嘉庚先生回国考察时在桂林对香港大公报记者谈到他在家乡福建看到的不良现象有五个方面："一为兵役办理不善，因壮丁待遇太薄，甚或不得一饱，故每因壮丁解赴团师管区时，多有逃亡，而决不想提高壮丁之智识，及改善其待遇等项……"③。新加坡宜力福建会馆会长张舜忠愤慨上书国民政府主席林森，陈述福建虐待壮丁惨状，他写道："征兵制度本为国民应尽义务，若处之得宜，实为长期抗战良策，然行失其法，百弊丛生。据逃亡海外的家乡人陈述和侨领陈嘉庚视察闽省所见，入伍壮丁，不但捆以绳索，滥施鞭笞，甚至每日不得一饱，生病不给医

---

① 刘建绪：《三十三年度各县工作总讲评》，《新福建》1945 年第 7 卷第 5 期，第 12 页。

② 林舒：《民国时期征兵制度与抓壮丁实况》，《松溪县文史资料》第 14 辑，松溪县政协文史资料委员会编印，1987，第 3 页。

③ 《侨领陈嘉庚在闽观感》，《大公报》1940 年 11 月 28 日，第 4 版。

治，许多壮丁未死于敌人枪弹之下，而死于入伍之前，闻悉之余，能不伤心，八闽子弟何故遭此荼毒，我等身处异邦，心萦祖国，民困如此，不胜恻焉心忧，痛彻肺腑，难安缄默，为此胆敢披沥……"。①

虐待壮丁的惨象，何止福建，全国皆然。时任国民党军事委员会副委员长的冯玉祥曾把前线部队军官张公干写给他的信，通报全国，信中陈述壮丁从接兵到达前线部队要过好几道"鬼门关"：一是后方征集机关在壮丁集中后，唯恐逃亡，群禁一屋，且日食稀饭，不得一饱，因之身体日渐羸弱。二是接收新兵的补充团，途中捆绑新兵犹如绑赴刑场，因伤病行动稍缓，即遭毒打，甚至割耳朵，枪杀遗弃荒郊事件，屡见不鲜，凡是壮丁经过的地方，路上多倒毙尸骨。三是接兵部队不带服装、粮食，造成壮丁衣不蔽体，食不果腹，饥寒交迫，长途行军，即使健壮者亦不堪忍受，遂致疾病丛生，沿途医院又以手续不备为由，拒不收容，于是由饥寒而疾病，由疾病而死亡，随死随弃，极尽人间之惨事。因之，接兵部队接领新兵，需时数月，耗资巨万，而除去沿途病故逃亡者外，到达部队仅十之二三，且已奄奄一息，非三个月调养，难以康复。四是新兵团训练新兵，终日操练，任意打骂，操场如刑场，班、排长如狱吏，入伍当兵如下人间地狱。层层克扣军粮，成为通病，两百斤一包米，实发只一百四、五十斤，两餐稀饭都吃不饱，衣服冬夏各一套，虱子多得捉不完，而致新兵身体羸弱，面黄肌瘦，病兵极多，病了不给治，甚至被枪杀。有个新兵团曾发生新兵殴打官佐之事，56人结伙逃亡，结果被击毙20多人，淹死10多人，捉住8人，逃脱仅十多人。新兵团因怕新兵逃亡，把新兵集中一屋，门前架起机枪，燃起篝火，如临大敌，如防猛兽。经过上述几道鬼门关，活下来的新兵仅十之一二。② 根据信中内容，冯玉祥向兵役部揭发了接兵部队的七项弊端，要求所属各部队切实查禁：

一、以医官为敛财之媒介，如张三由县交给接兵部队时，其家眷则托人向医官行贿，医官则诡言有疾不合标准驳回，得钱则大家均

① 林舒：《民国时期征兵制度与抓壮丁实况》，《松溪县文史资料》第14辑，松溪县政协文史资料委员会编印，1987，第3页。
② 林舒：《民国时期征兵制度与抓壮丁实况》，《松溪县文史资料》第14辑，松溪县政协文史资料委员会编印，1987，第3页。

分；二、验收以后，仍可得钱卖放者，向上冒报逃亡；三、雇人顶数以敷衍上级；四、进步之办法，从前壮丁家属花钱才使接兵部队验不上，现在是体格强壮者，部队故意说不合格，一律不收，迫使乡（镇）保甲出钱活动，接兵部队验收，从前仅为壮丁家属出钱少，现在使乡（镇）公所出钱则出得多，但钱仍出在民众身上；五、买空类送入虚报十人，其中二人根本未送，仅花了钱验收，接兵部队则打十人之收据，空额则抓捕；六、虚报伙食，冒领军米，实行各种克扣；七视民如牛马，殴打备至，吃不饱，穿不暖，病无医，死不问等语。①

总之，壮丁应征入伍本是极庄严的事，然而征调变为拘捕，递送变成押解，监护成为幽禁，荣誉反成为污辱，未到战场先流血，出师未捷身先死，种种恶端极大地动摇了军心民心，加剧了民众畏役的心理，使得本已存在的逃役现象愈加严重，恶性循环不已。

4. 基层舞弊

在国民党统治下的基层乡（镇）公所、保甲组织是办理兵役的最下级机构，其役政人员是最有"权势"的基干人员，包括乡（镇）长、保甲长、保队副、保干事等，他们掌握着适龄壮丁的"花名册"，决定壮丁服役、免役、缓役的实权。在办理兵员征补过程中，一些不肖保甲人员借机大肆侵渔，包庇亲友，强抓勒派，受贿替换，敲诈勒索，徇情偏私，敷衍怠忽等，成为役政舞弊之最。② 有关基层保甲人员的舞弊和腐败，国民党高层早已所知，1940 年 5 月，蒋介石在对四川省训练团地方行政干部训练班讲话时就列举了保甲办理兵役的四大通病：第一，假公济私，营私舞弊。第二，倚势招摇，压迫民众。第三，假借职位的名义公报私仇。第四，操纵权力派工征兵，借机苛派滥索。"以致政令推行，自治有名无实"。③ 1944 年他再次尖锐地指出："乡（镇）保甲人员借此（征兵）谋利，有钱者应行征召而行贿以免，无钱者虽不应征召而强绑以去。有充任乡长一年而获银巨万者，政府坐视不理，甚或狼狈为奸，平民含冤，无从

①　《冯委员玉祥揭发接兵弊端》，《泉州日报》1945 年 4 月 25 日，第 3 版。
②　福建省临时参议会编印《改善保甲为当前之急事》1940 年第 4 期，第 10 页。
③　蒋介石：《推进地方自治之基本要务》，秦孝仪主编《先总统蒋公思想言论总集》卷十七，中国国民党中央委员会党史委员会，1984，第 285～287 页。

控告，即控告亦不得直，或竟反遭陷害"。①

福建征丁不久，各地役政舞弊事件即已发生。1938 年福建省军管区司令部列举了保甲长办理兵役弄权舞弊的诸种形式：①保甲长对殷富之壮丁，利用手腕，直接、间接收买顶替，诈敛钱财，中饱私囊；②对有势力之壮丁，则无赇得免，并为其设法证明，可保障其永不服兵役与其他各役；③于财势两乏之壮丁，随意抽拉，不论其法令应否免缓役，一概以之充数，搭送联保，联保交区署，区署送县，县付与管区，管区而部队，致负屈者冤抑莫伸，甚至连救济皆不过问。② 如此一来，民怨沸腾，仇恨日深，民众视兵役为"瘟疫"，视保甲长为"仇雠"，泉州地区当时有一种歌谣："不怕日本兵，只怕陈文英（云梯镇联保主任）；不怕日本鬼，只怕何光伟（象峰镇联保主任）；不怕日本船，只怕何健魂（明伦镇联保主任）"。③ 这些歌谣充分反映出群众对不法保甲人员的厌恶，甚至有"时日曷丧？余及尔偕亡"的切齿痛恨。时人称，"目前的征兵最大的困难问题，便为保甲人员已经离开了民众，失掉了民众的信仰。"④ 省政府主席刘建绪为了挽救民心，曾对保甲长提出五个要件，即克己奉公，遵守法规，尊重人道，依期供役，优待征属。⑤ 然而，到抗战后期，这五个要件不仅没有做到，反而愈演愈烈。

福建基层役政人员的徇私舞弊已成为十分普遍的现象，今天翻阅报纸，所见相关报道俯拾皆是。例如，建阳县茶佈乡组织 50 名甲级壮丁抽签，乡长王时懋包庇欧叶年等人免去他们抽签，却让本可免役的 31 名独子、残疾人、担负家庭责任者参加抽签。⑥ 南平县葛白乡征收所主任莫若峰窝赌暴敛，包庇兵役，该主任贪污免缓役证书费 452 元（该乡共有免缓役证书 543 份）。⑦ 役政腐败不仅是个别人的行为，一些地方甚至公开集体

---

① 《改善兵役加强斗力》，《南方日报》1944 年 6 月 15 日，第 2 版。

② 《兵役舞弊》，《福建民报》1938 年 11 月 27 日，第 3 版。

③ 何健魂：《国民党反动派在泉州抓丁的罪行》，《泉州文史资料》（第 1～10 辑汇编），泉州市政协文史资料委员会编印，1994，第 161 页。

④ 曾繁康：《改善兵役问题的几点意见》，《国民公论》1940 年第 35 期，第 21 页。

⑤ 刘建绪：《办理役政人员应服膺的几个要件》，《兵役月刊》1942 年第 4 卷第 9～10 期合刊，第 21～22 页。

⑥ 《建阳县司法处茶佈乡长王时懋被控案材料（1940）》，《呈报奉饬密查茶佈副乡长王时懋被控案情乞鉴核由》，南平市档案馆藏，档案号：民 02－002－000034，第 10～12 页。

⑦ 《南平县葛白乡征收主任横行乡里》，《南方日报》1943 年 6 月 1 日，第 3 版。

舞弊，偏远地区舞弊更是达到了变本加厉的程度，如 1944 年大田县对 21 至 45 岁壮丁抽签根本不按年次，并恐吓民众，各组舞弊金额达百余万元。①

福建役政人员的舞弊，由当时兵役部处理的控案数目也可见一斑。1939 年 7～10 月，军政部军风纪第一巡察团在福建、浙江、安徽、江西巡察，共收到控案 600 余件，其中福建役政控案就达 200 多件。② 截至 1945 年 8 月，兵役部处理全国主要 15 个省的控案 2719 件，其中福建省控案数名列第 7 位。③ 在当时福建役政的控案中，以申请免缓案件最多，其中承办人员不恪遵法令者占十之三四，给不符合免缓役规定的人办理免缓役者占十之五六。④

二　役政弊端的症结

福建役政的弊端只是全国的一个缩影。那么福建乃至国民政府的役政弊端为何屡禁不止，甚至日益猖獗，最终演变成失去执政基础的"恶政"？军法执行总监何成濬说，"抗战以来，成绩最不良者为役政"，这"最不良"的原因值得人们深思。从全国大背景看，中国现代征兵制是在日本侵华的历史背景下仓促催生和推动的，征兵制实施不到一年，推行地区不过八省，即遭遇空前的民族自卫战争，大部分的省份在战事发生后才开始大规模征兵。先天的缺陷还没有补足，又遭敌人炮火紧逼，其艰难程度非同寻常。征兵制作为一种现代军事制度，本应当建立在和平的环境、健全的社会组织以及良好的国民素质之上，然而，国民政府政治、经济、社会的基础未稳固，地方自治尚未完成，社会组织松懈，社会秩序失调，政府指挥失灵，户籍制度不完善，经济状况恶化，国民教育未臻普及，兵役宣传不到位，役政经验缺乏等，在这一系列非常状况下补给大量的兵员，问题自然应运而生。蒋介石曾深切地说："办理兵役不像其他纯军事性质的任务来得简单，兵役牵涉政治、社会、经济、军事各方面，关系非常复杂，事务极为繁琐，尤其我国社会教育未曾普及，下层政治没有确实基础，办

---

① 《壮丁抽签舞弊不绝》，《中央日报》（福建版）1944 年 4 月 11 日，第 4 版。
② 《军风纪第一巡察团定今晨离闽赴赣》，《闽北日报》1939 年 10 月 2 日，第 4 版。
③ 兵役部役政月刊社编印《抗战八年来兵役行政工作总报告》，1945，第 107 页。
④ 福建省军管区编《福建兵役四年》，环球印书馆，1941，第 261～262 页。

理稍一不当，各种流弊都会发生出来，甚至影响后方治安，动摇社会秩序。反之，如果办理得法，则兵员补充可以源源接济，而且可以借此健全民众组织，加强民族团结，促进政治社会一般的建设。"①

相比较于其他省份，福建的时、地、事、人、物等状况都对役政产生了重要影响。福建在试行征兵之初，就突遭日寇的大举侵犯，事急时迫，在一切准备不及的情况下强迫征兵，且兵员补充数量巨大，必然会使刚刚建立尚未健全的征兵制度很快恶化变质，给兵役制的实践带来混乱和偏差。1941 年 6 月陈仪就说过："三年以来，我们一面抗战，一面还要建立兵役制度，这工作的不易，自然更是意料中的事。"② 而征兵的"不易"，使福建基层役政人员其视为"畏途"，他们常感叹："什么政务都干得通，只有征兵没办法。"③ 具体而言，福建兵役弊端的症结主要在于以下几个方面。

（一）民众服兵役意识未普遍提高

役政的病态，固然有基层役政人员奉行不力，违法舞弊的原因，但"民众不明大义，尽情规避，实居其大，以致各种病态，此除彼生，花样更新，层出不穷"。④ 1941 年陈仪在分析壮丁逃跑的原因时说："现在有逃跑事件发生，别的原因固有，但是我们过去的政治教育等工作，做得不好，做得不够，却是一个极大原因。因为一般应征的壮丁很少有国家观念，民族意识，并且怕着生命的危险和不惯军队的生活，所以会逃跑。"⑤ 的确，在半殖民地半封建的中国，自给自足的小农经济生活使农民养成了固守乡土的观念。由于国民教育尚未普及，兵役宣传动员未深入，民众抗敌知识与情绪发展过于迟缓，使民众的意识只停留在"家族主义"和"个人主义"阶段，根本不知道国家存亡与自身的关系，不明了服兵役的意义

---

① 蒋介石：《革新兵役的要务》下，秦孝仪主编《先总统蒋公思想言论总集》卷 16，中国国民党中央委员会党史委员会 1984，第 93 页。
② 陈仪：《本省军管区征训会议开幕词》，《闽政月刊》1940 年第 6 卷第 6 期，第 12 页。
③ 三凡：《每月例话：谈"闽侨返省受训"与"泉永壮丁自动入伍"》，《福建新闻》1939 年第 4 期，第 1 页。
④ 福建省军管区编《福建兵役四年》，环球印书馆，1941，第 261 页。
⑤ 陈仪：《福建省军管区三十年度征补会议开幕词》，《闽政月刊》1941 年第 8 卷第 3 期，第 24 页。

和目的。而强推命令，致使大多数民众疑窦滋生，转怀恐惧，非但不能提振爱国信念，甚至降低了民族意义。数千年专制政体，重文轻武，因为募兵制的关系，投军的人大多是贫苦无告的游民，甚至流氓、痞棍，或者在社会不能立足的分子，尊卑自分，"好男不当兵"的思想根深蒂固。

民国成立后军阀割据，内战不休，抓兵拉伕，使兵士过着奴隶般的生活，军阀最终完全成为蹂躏民众的鹰犬，表现出野蛮、横暴、抢劫、掠夺，军纪荡然无存，军誉坏极，兵民立于敌对仇视的地位，如此恶劣的印象淡化了民众当兵的愿望。直至抗战时期，军纪败坏的现象仍然存在，造成社会的不安和恐慌。1938 年 11 月军委会通令全国整饬军纪，"查抗战建国，责任艰难，必赖我全国军民精诚合作，始克有济。考其原因，初由于少数不良部队肆意骚扰，以致人民畏军如虎，闻风而逃。至于军队，又因每到一处，民众疏离，取给困难，而心怀怨恨，两相误会，遂演成极深之隔阂。"① 当然，"兵者，凶事也"，趋吉避凶，人之本能，毕竟战争是"要命"的事，一旦应征入伍即为赴死。在生与死面前，除去爱国的崇高便只剩下苟且的平凡，为了"图存自保"，一些壮丁用自残的极端方法希图避役，虽然给自己和家人带来了无穷的痛苦，但从"生存第一"来考量，也不失为一种"明智"的选择。

就福建省情而言，福建地处东南边隅，数百年来未经重大战祸，洪杨之役（太平天国农民起义），其受祸也仅及边区，一般民众久不知兵事，从军风气低迷。刘建绪曾说："闽省太平日久，人民习于能挽三石弓不如识一丁字的风气，视当兵为畏途，与直鲁豫等省屡经战祸，人民以当兵为职业根本不同。"② 民国初年有所谓直鲁军、奉军、皖军、粤军、桂军、川军、滇军、豫军等名称，但未见有闽军的称呼。虽然民国时期全省各地都曾有相当数量的民军，但大多在本地活动，无战事即为民，有战事即为军，不习惯正规军队的生活（除海军外）。不但"好男"不当兵，就是"坏男"也不肯正式当兵，不但不肯当兵，即使陆军军官中，闽人也不多。直至国民党军莅闽，"兵役"思想才开始渐渐苏醒，自卫观念也稍萌芽。

福建东西南北山川阻隔，语言庞杂，交流不畅，各地民众的思想特征

---

① 《整饬军纪令》，《文汇年刊》1939 年第 1 期，第 30 页。

② 刘建绪：《为推行役政告全省士绅公务员及其子弟》，《福建征训》1942 年第 2 卷第 1 期，第 7 页。

并不一致。闽北人民因僻处山陬,人民多务农植,交通不便,得风气较晚,人们大多谨愿治生,思想较为保守,进取精神稍乏。闽南民众虽亦尚武重义,有"郑氏遗风",但大多数未经训练,且人们有飘洋过海外出谋生的习惯,为国家牺牲、为民族奋斗的愿望不强。闽东及福州民众,或则生活困难以致营养不良,或则沾染都会风习苟且偷安,以他们的性格和习惯自然要视兵役为畏途。闽西各县民气较劲,但国共土地革命战争致使人口锐减,又有大部分青壮年加入红军,国民党可征兵力较少。① 一些地方匪患不断,民军与政府争夺兵员,如长汀、崇安(今武夷山市)两县壮丁本来就不多,历年来又无时不被盗匪肆扰,很多生产建设事业亟须壮丁来办,固此到了征集壮丁的时候,就无兵可征。而当时全省各地生活水平略低,谋生较为容易,民众依靠当兵糊口的愿望并不强烈,与直鲁豫、徐淮海、颍亳寿各地人民以当兵为职业的情况截然不同。此外,闽政名为统一,但各地从未平靖,民军叛变作乱,敌寇又侵犯海疆,内外交困,需兵巨量。

福建华侨众多,对于国家经济,尤其是抗战期间作出了很大的贡献,但在兵役方面却有两种不良影响,第一是直接的,具有应免缓役条件的出国壮丁多,而且往返异动频繁,给本来就不完善的户籍管理增加了难度。第二是间接的,抗战期间,外汇价格变动,侨汇源源不断寄回,一方面增强消费力而影响物价、地价,另一方面则加剧了壮丁买替贿免的风气,增加了兵役办理的弊端。② 福建东南西北各地方言不一,语言不通,情感隔阂,部队管教非常困难,精神训练更无从实施,服役者本身也深感痛苦。以上各点,是福建省与他省不尽相同的地方,因此,在这样的省份推行兵役,困难不可避免。

(二) 保甲组织不严密

役政的腐败,反映了在国民党统治下保甲组织的不健全。我国的征兵制度是建立在地方自治的基础上的,在地方自治业已完成的区域,始能顺利实施。保甲组织与役政关系甚大,如户口的调查、壮丁的抽签、国民兵

---

① 林斯贤:《本省役政之过去与现在》,《闽政月刊》1938 年第 3 卷第 2 期,第 11 页。
② 刘执中:《督征归来》,《福建征训》1944 年第 6 卷第 1~2 期合刊,第 7 页。

教育的实施、义勇壮丁队的编配以及壮丁的征募等，都亟须健全的保甲组织才能办到。我们先不说这一组织本身是否完备的问题，单就该组织的本质、运作方式、颁布的法规、人员的素质来说，就存在十分明显的缺陷。第一保甲组织本质是用来控制人民的，具有浓厚的封建性，缺乏现代意识，靠它来征兵难以起到动员社会民众的作用。第二，保甲组织缺乏监督，其运作方式容易使个人权力增大，给营私舞弊打开方便之门，造成征兵过程中大量的腐败现象，侵蚀义务兵役制的本质。蒋介石曾一针见血地指出："我们现在办理兵役的主官，对于干部最多能管到各县兵役科长为止，至于一般基层干部完全不能管到。所以地方役政，仍是给一般地方上的不良分子来办理，因此，他们得以操纵其间，恫吓、敲诈、贿赂、顶买，无所不为，毫无忌惮。"①《保甲制度研究》一书在列举大量保甲人员在征兵中的贪污舞弊情形之后指出，"国民政府的《兵役法》在保甲制度下，只能成为保甲人员贪污、舞弊、敲诈、掠夺的工具，而永远不能真正普遍地发动民众。相反地，由于保甲人员假借《兵役法》遂行贪污、舞弊、敲诈、掠夺，更加造成了政府、军队与人民之间的严重的对立。"②的确，民众不懂兵役法规，又不知道保甲长违法，地方监察组织缺乏监督，转而就怀疑现行的《兵役法》本身有所不善，或政府的偏袒，这种误会日甚一日，要想人民踊跃赴敌，效死疆场，愈加繁难。第三，从中央到地方颁布的各级自治法规过于浩繁。仅仅至1937年，中央颁布的法律及与之相关的附属法律计达40种，条文共957条。单就福建省而言，单行法规就有17种。对于如此频颁的法令，保甲人员都很难见诸实行，更不用说普通百姓理解了。战时福建地方政府政治机构不健全，上级机关与下级机关联系又不够密切，对于保甲长没有给予征兵工作方法的指示，致使保甲人员执行兵役政令时盲目地瞎干，而且上级在执行兵役法令时，只靠一纸公文下传，没有提高保甲人员对征兵意义的认识，这样，保甲人员和民众均不了解征兵意义。虽然新县制的实施对地方基层役政机构办理役政能力有所改善，但由于国民政府自身的局限性，决定了新县制无法彻底改变役政机构办事能力的落后和办理役政人员的腐败。第四，保甲人员选任存在问题。

---

① 蒋介石：《目前兵役应改进之要点》，秦孝仪主编《先总统蒋公思想言论总集》卷17，中国国民党中央委员会党史委员会1984，第201页。
② 西北研究社编印：《保甲制度研究》，西北研究社，1941，第209~210页。

基层保甲人员与办理征兵关系最为密切，但战时福建基层役政人员能够认识征兵意义，认真负责，秉公办事的并不多，其症结首先表现为知识的缺乏。依据《修正福建省各县选任保甲长补充办法》，保甲长必须由年满25～40岁，高级或初级小学毕业，或能识百字以上，能自写姓名，体格强健，品行端正，无不良嗜好者充任。① 1938年又将选任标准提高为社训干部训练班毕业学员、已受训练之优秀壮丁、义教训练班毕业学员、士绅或失学失业青年充任。但在福建穷乡僻壤，根本无法按上述标准进行选任，大部分保甲长目不识丁。战时保甲长文化水平以江浙二省为最高，而江苏1938年不识字的保长只占保长总数的11%，不识字的甲长占甲长全数的42%。② 江苏的情形如此，福建省就更不用说了。由于保甲长知识缺乏，他们对事物的认识肤浅，思想简单，不知如何策动民众、启发民众，增进民众对于征兵的信仰和光荣。草创的《兵役法》和仓促推行的征兵制，无疑对他们是一种陌生的事物。蒋介石曾说："现在我们最大的毛病，就是不重视法规，各级兵役主管长官不能熟看兵役法规，更不注意研究，尤其是下面的区长和保甲长，更不知道法规里面有什么规定。"③ 他们更缺乏实践法令的精神和方法，对于一切征兵命令，均不过视之为一种"差使"，只求办竣完事。至于何人应征，何人缓征，何人系顶替，何人贿买，以及体格是否健全，年龄是否合于法定，则少有过问。朱沛霖曾在回顾福建省六年来兵员征补业务时说："（本省征补业务）距离要求相差尚远，揆其原因，基层兵役人员，对于守法赴难，认真不苟之精神，尚未能做到理想要求。"④ 不仅"认真不苟"很难做到，一些保甲长甚至起到反作用，如歪曲政府法令，蒙蔽人民，造谣惑众，使民众不敢应征而逃避。

另外，保甲长素质不良。除了需要具备一定的文化知识外，按规定，保甲长一职应分别由保民大会选举或甲内居民轮流提任，但福建民众多聚族而居，常有大乡欺小乡，大族欺小族的积习，乡（镇）长、保甲长职务常落入大乡、大族之手，为地方豪绅与房族长的傀儡，原为政府手足耳目

---

① 福建省民政府厅第一科编《保甲法令选编》，中西印务局，1938，第110～111页。
② 高天人：《抗战与兵役》，《中山周刊》1938年第11期，第10～12页。
③ 蒋介石：《革新兵役的要务》（上），秦孝仪主编《先总统蒋公思想言论总集》卷16，中国国民党中央委员会党史委员会，1984，第82页。
④ 朱沛霖：《六年来征补业务之回顾与今后之改进》，《福建征训》1943年第4卷第1～2期合刊，第9～10页。

的保甲长，却成为地霸豪绅的变身，他们常"无自主能力，非但不能协同乡（镇）公所推行政令，且于无形中阻挠政令之推行。"① 由于保甲长地位卑微，素质不良，导致贤能者视保甲长一职如敝屣，洁身自好者均不愿担任，愿担任者则多为平时出入衙门的莠民及能力薄弱之辈，甚至是蝇营狗苟的地痞游民、土豪劣绅、乡约地保，一些保甲长年老体弱，思想陈旧，暮气昏沉，对于兵役法令根本不能循法推行。时人曰："保甲长，不是好人，好人不当保甲长"。"吏治坏，则民生无依"，以这些人才办理保甲，欲求保甲组织的严密健全当然不可能。

征兵制实行后，保甲长的地位发生了明显改善。1936 年《修正兵役法施行暂行条例》规定"主任官公事务者"可缓役，可以免服工役，免纳临时各种捐款，子弟入公立学校准免收学费，家属有病，卫生所可免诊费②，而基层"主任官公事务者"系指乡（镇）长、保甲长及各团体公会等的主持人。③ 如此一来，使原本冷落的保甲长之职炙手可热。为了保全职位，他们尽量避免与民众交恶，对于应办兵役事务敷衍塞责，这与徇私舞弊的腐败相比，又是另一种役政病态。保甲长的政治地位虽然提高了，但经济地位却十分低下，战时福建政府财政拮据，联保主任以下的保甲人员"均无给职"。1938 年联保主任每月津贴为 6 元，后增至 15 元，保长津贴先是 4 元后增至 6 元，至于甲长，则完全是义务的（直到 1942 年甲长始有一点"优待"）。④ 但事实是除了联保主任的津贴可以按月领到外，保长的津贴则视房铺、宅地税的收入而定，如 1938 年全省房铺、宅地税预计收入 3597125 元，原定 153 万元作为保甲经费，然而由于各县常未能按月收齐税费，部分县份又无法办理，因此，保长的津贴只是一个虚数。⑤ 战时保甲长为政令的最后推行者，举凡征兵、征粮、征工、筹募公债、救济难

---

① 《诏安县长函》（1940 年 11 月），见《福建省政府各县设立乡（镇）公所卷》，福建省民政厅档案，福建省档案馆藏，档案号：11 - 6 - 3846，第 174 页。
② 《优待保甲长》，《泉州日报》1939 年 3 月 14 日，第 3 版。
③ 关于保甲长免缓役问题，国民政府政策几经变化。由于保甲长人数众多，影响役政，1940 年 9 月内政部规定，原《非常时期保甲长待遇及奖励办法》第三条甲长缓服兵役之规定暂予停止适用，保甲长不得免缓兵役。1943 年军政部又规定，保甲长由年满 35 岁以上乙级壮丁充任，不得由甲级壮丁充任。见《甲级壮丁不得充任甲长》，《南方日报》1943 年 11 月 24 日，第 4 版。
④ 陈国喜：《改善保甲之刍见》，《闽政月刊》1939 年第 4 卷第 6 期，第 47 页。
⑤ 高登艇：《调整区域组织》，《闽政与公余非常时期合刊》1938 年第 21 期，第 4 页。

民、优待征属、户口调查、地方公益、组训民众、发展生产、防御奸匪、维持地方秩序等，无以复加，责重事繁，而薪给微薄甚至毫无分文，要想认真办好各项工作，除非家资丰裕或无家庭顾虑才能应付裕如，否则，家庭贫困的保甲长不仅要枵腹从公，还要忙于生计，这必然使他们对于保甲事务或则敷衍了事以取巧，或则贪赃枉法以图己，于是滋生风纪败坏、贪污舞弊等问题。

总之，兵役制度付诸"先天畸形"的保甲制度来实施，必然掣肘征兵制的推行，甚至成为各种弊病横行的金钟罩。

（三）兵役制度远离现实

首先，兵役法令变更过于频繁。兵役法制，原系国家、人民之间法律关系的准备，故法令颁布后，最忌频繁变更。战时兵役法令在执行过程中出现了混乱和偏差，以致兵役机构设置重复混乱，造成逃避兵役、强拉壮丁等普遍现象。为适应战时需要，国民政府修正法令，例如《兵役法》原定"家庭独子者，得以免役，故凡属独子，均可依法申请免役"，嗣后修改"独子"为"长子"，于是原系免役者，变为现役，而现役者，反变为免役。更替之时，民众极感不便，无形中又为豪强劣绅打开了方便之门。国家法令的修订，必然影响福建壮丁征集，由于福建民众教育不普及，山高路远，交通极不便利，每遇法令的变更，不用说目不识丁的农民不易明了，即使一般的知识分子，也穷于应付。因此，福建役政的推行因法令的频繁变更而愈加困难。

其次，"三平"原则无法贯彻。国民政府是以"平等""平允""平均"为兵役立法原则的，何谓"平等"？即不问阶级，不论贵贱，凡届役龄之男子均有服兵役义务。何谓"平均"？即按征召数目，依国内各处人口壮丁之多少，而配赋一定比例，平均征召。何谓"平允"？即凡届兵役年龄之男子，依兵役法应予免役缓役者，即免缓其役，其不当免缓役，虽富家子弟亦不能除外，以平允办法处理。① 此"三平"原则，第一在于求人民服任兵役的公平，第二在于求人民服任兵役的普及，第三在于求办理兵役的公允。法意精良，但实际办理却与之大有出入，如《兵役法》及《兵役

---

① 《兵役制度之三平原则》，《征训月刊》1940 年第 10 期，第 32 页。

法施行暂行条例》规定：公教人员、高中以上学生（新兵役法规定专科以上学生）、知识分子、区乡（镇）长保甲长以及矿业的技术员工、运输业的技术员工等都可以免、缓役。不可否认，这些人才在政治、经济、文化、教育等方面对国家的贡献远超过服兵役，故此不能不予以特殊看待，而避免其牺牲。但这些免缓役的规定以及纳金缓役的规定无疑直接影响兵员动员的数量和质量，也给一些妄图规避兵役的人留下巧取之机。例如当时泉州各大中学、泉州日报、福建日报、晋江县卫生院、消防大队等都成为壮丁避役的机关。泉州市合美布店的老板李鹏翔、美好照相馆的老板庄百龄都做了报社的挂名记者。许源兴百货店的许家齐则做了卫生院的防疫员，后来又居然升为法石镇卫生所的主任。①

　　虽然 1943 年新修正的《兵役法》缩小了免缓役范围，如规定公务员、适龄学生一律依法抽签，按序征召，不得予以缓征，但此时已是抗战后期。由于免役和缓召范围过于宽泛，而被免者多为绅富出身，致使兵役基本上为贫苦农工所负担。1944 年 7 月，军政部曾电告全国，"（兵役）未符合三平原则，查现征入营士兵，多系贫苦无告者，尤以独子之应征致使其家庭生计不堪维持，而稍有钱有势者，除行贿、勾结土劣或利用戚谊，直接间接之关系，串通乡保甲长舞弊，违背法定手续，逃避兵役。"② 因此，所谓"平等"，亦不过仅存具文。战时抽签是以乡（镇）或保为单位的，抽中者依次征送，若非独子，无论兄弟多少均须参加抽签，表面上看来是平允的，实际不然，有时六七个兄弟者与五个兄弟者一起抽签，导致有时兄弟少者反而先服兵役。因此，所谓"平允"，根本不可能存在。至于"平均"更不能实现，如某甲某保均为贫苦人民，则被抽壮丁较多，如多富贵阶层，则被抽者较少。所谓"三平原则"，"连一平也没有平到老百姓身上去"。③ 如此的"三不平"必然会减损农民的从军热情，从而动摇征兵制的基础。

　　第三，义务与权利不对等。当兵为役龄男子的义务，卫国尾于自卫，即"自卫"亦为人的一种权利。《兵役法》规定了服兵役者的义务和权利，

---

①　何健魂：《国民党反动派在泉州抓丁的罪行》，《泉州文史资料》（第 1～10 辑汇编），泉州市政协文史资料委员会编印，1994，第 161 页。

②　《军政部重申前令查禁兵役积弊》，《南方日报》1944 年 7 月 4 日，第 4 版。

③　《征兵——农村中待解决的问题之一》，《新华日报》1945 年 3 月 4 日。

但壮丁在履行兵役义务的同时没有享受到对等的权利。如前文所述，壮丁被征后不仅没有受到优待，反而遭受凌辱虐待。福建地方政府虽出台了一系列优待征人征属的政策，但或因财政困难，或因官员贪污，或因持续抗战，基本落空，而致征属流离失所，境遇悲惨，这就使已应征者心灰意冷，未应征者惶而却步。在流血牺牲的义务和最起码的优待权利极其不对等的情况下，即在未享实际权利时，却要其履行生死未卜的义务，这显然很难使他们乐服兵役。《兵役法》也规定了官兵服役期限及退伍办法，如士兵服役期满应予退伍，常备兵服役期满应予归休，因疾病、事故经核准，亦可准予归休。但由于战事不断，伤亡严重，复员制度难以实行，只见入伍不见退伍，对兵员动员自然会产生消极影响。不能不提的是，战后，国民政府在各地的征兵征粮机构仍得以保存，军人复员工作也迅速陷于停顿，战时征集的大量兵员也为抗战结束后的国共内战提供了雄厚的兵员储备，助长了蒋介石发动反共内战的野心。这些都已是后话。

第四，役政组织与职能不相适应。就福建省军管区而言，内部分为两处，每处分三科，加上直属的科室，共计百余人。而各师管区大的辖数十县，其编制人数仅三十余人，负荷征兵、组训两种职务。内部处理征募、编训、经理三部业务仅少数人员，并缺乏科股主管的专责。县政府的征兵附属于军事科，科长既非管区所能管辖，只是由兵役股少数人员负责，加以抗战时期业务繁杂，"兵役公文占县府总收发三分之一，甚或二分之一，而兵役之人员不及县府各科室十分之一，业务与人力搭配相差悬殊。"① 至于区署，则仅区员1人，尤其是丙种区只有区员2人，联保、乡（镇）为兵役工作实际推行的基层机构，但仅有办事员2人，仅1人专办保甲与兵役。

兵役为攸关国家存之之大事，是战时最艰巨的事业，在此组织系统之下，以区区几人或几十人，应付次数频繁的征兵、调查、检查、优待、召集、管理，动员工作成效必然会受到严重影响。蒋介石曾说："现代战争完全是组织的战争，胜败完全决定于组织。"兵政配合不圆满也是兵役发生弊端的原因之一，各级办理役政机关，如团管区、师管区与地方政府，因为军事与政府的系统关系，常常各自为政，政出多门（如同一兵役机

---

① 李寿芝：《如何加强征补兵员》，《福建征训》1942年第1卷第5期，第190页。

构，就有国民兵团、县政府兵役科之别）役政事权难求一致，而国民兵团与军事科按法规系统同受县长管辖，而事实上国民兵团往往有更大的权力，这侵犯了一般县政权限。

国民政府对兵役结构设计得不合理，也造成了战时兵员补充困难。战时国民政府兵役制度把兵役仅分为常备兵役和国民兵役两种，中间没有补充兵役作为调节，运用起来就欠灵活，于战时兵员动员相当不利。国民兵作为候补兵员，对兵员补充的意义重大，但由于经费和人员等原因，战时福建省的国民兵团大多几经裁撤，其组织和训练也很成问题，从而给常备兵的补充带来了相当大的难度。此外，征送机关、验收机关与训练机关互不协助，未能密切配合，这样的役政组织关系必然影响壮丁的征集。朱文伯在办理永泉师管区兵役时曾列举了征兵过程中各级办理机关存在的问题，如县区行政人员，动辄以本县情况特殊为由，请求减少配额，或暂缓征兵；师管区人员只求兵员交付，敷衍塞责，对于补充团营的管理教育，不认真监督指导，只知限县区补征逃亡兵额；各县征集费常拖延不发，致使县政人员终年为征兵奔走。①

（四）户籍制度不完善

户政为庶政之母，办理兵役最重要的根据是户口簿册。抗战期间，征兵发生困难、流弊的最基本因素之一，在于户籍行政不确定。近代中国，由于政治不统一，户籍行政未能健全，国民政府 1931 年颁布《户籍法》，1934 年 7 月才公布实施细则，后因实行保甲制度，户籍行政遂完全限于停顿。及至 1943 年全面实施《户籍法》，国家户口统计数据才"渐臻精确"，而此时，已是抗战后期。一些地方由于自治组织尚未建立，以及地方经费极度困难，直至抗战后仍未施行户口调查。

战时福建户口数据的获得，一方面采用推算估计，或以生产总量作为估计标准，或以食盐消费数量作为估计标准；另一方面通过乡（镇）长、保甲长调查登记，这种方法因材料残缺不全，其"准确可靠程度，均甚低"。② 此外，战时福建各地保甲户口编查与异动登记所根据之规章极不一

---

① 朱文伯：《如何使征兵走上合理的途径》，《闽政月刊》1938 年第 3 卷第 2 期，第 7～11 页。
② 福建户口编查内容见第三章第二节。

致，有根据内政部所颁布的法规，亦有根据省政府自行拟订的规章，办法既不相同，且编查时间不统一，以致所得结果不能代表各地人口的总数及其组合。究其原因，一是福建户政机构尚未设立，无论是保甲股还是户籍股，其编制不健全，人员配备不足，均无法承担对全省户政的统一指导与监督的艰巨任务。二是户政人员未经专业训练，户籍材料整理多由乡（镇）公所不谙统计知识的人员充任，以致户口规范化尚难完善。三是户口调查表册设计不合理。户口调查表册原为适应治安上的需要而设置的，没有兵役的意义。例如，保甲式的户口调查表中，虽也有壮丁调查一栏，但是关于年龄的调查，就没有《兵役及龄男子调查规则》第四条规定的那样严格，而且只注意每一户中的壮丁人数，未涉及每一壮丁的情形，结果只有造成"壮丁清册"，不能为兵役及龄调查提供参考。四是调查方式虽采取直接调查法，但或抽样调查，或编查，不具有时间的统一性和空间的普遍性。五是调查并不彻底，甚至保甲长鲜有切实挨户调查与移动登记。李寿芝在总结兵员动员问题时谈道，"我国推行征兵制历将七载，对于户口壮丁之调查尚乏彻底决心。以闽省言之，自二十六年试行征兵之始，各县多感兵员缺乏，不足应付。前曾经数次壮丁复查，其人数虽有增加，但尚欠彻底，且查后人事异动及移转诸手续，均属发弛，结果复查壮丁名册与现时壮丁分布实数完全不合，以此为征询之依据，殊难到达刷新之事实。"[1]

总之，没有准确的户籍资料和确实的人口登记数据，就无从获取人民的性别、年龄、疾病、国籍、职业、受教育程度、与家长之间的关系等资料，作为起转停除延缓免禁兵役的参考依据，且无从分析各地人口的组合以为分配兵额的基准。如此一来，壮丁身家调查难以确实，役政人员对管辖区域究竟有多少应征壮丁，多少免缓征壮丁无法确实统计，对于异动住址漫无稽考，人们来去自由。因此，壮丁得以乘机取巧，设法规避，如"及龄"者隐瞒年岁，"适龄"者冒称"逾龄"。这样一来，在直接方面，固然减少了兵额；在间接方面，一般民众受到巧取者侥幸逃脱兵役的鼓舞中，转相效尤。再者，常常发生无法摊派壮丁数目或强征的弊病，结果应免役者被征，应服役者免役，以致不平之气充斥民间，民众自然视兵役为

---

① 李寿芝：《如何加强征补兵员》，《福建征训》1942 年第 1 卷第 5 期，第 189 ~ 192 页。

畏途，由此，增加兵役推行工作的困难。

另外，由于户口调查不严密，也使得出征军人家属的优待无法落实，这些都给征兵工作带来很大的影响。诏安县文史资料记载林松龄在回忆1938年该县兵役调查时说："廿五年度户口册最为混乱，每户记载兄弟很多人，有的叔伯兄弟、堂兄弟均列为同胞兄弟，有的数户编在一个户口，甚至一个小自然村编成几户。调查时，户口册形同虚设，兵役法规起不到遵循作用，只能由当事人提出有力证据，才能决定应征与否。因此，有的拿出父母死亡的神牌，证明是独子。不少人是事先伪造神牌，混淆是非，有的人通过机关、单位和卫生院提出是公务员和伪造不治之病的证明书等，以各种方式缓役、避役。"①

（五）经济生活水平低下

战时兵役制度与社会经济状况存在着密切关系，社会经济发展的水平决定兵役制度发展与完善的程度。比如新兵的征集费用，新兵的衣食住行医药准备，征属的优待，粮秣的供给等，均必须有经济基础作保障。战时福建经济受帝国主义的不断压榨和作为半封建半殖民地社会关系，农村经济早已破败不堪。民众终年胼手胝足，仅能得到维持个人或家庭生活的资料，又加上苛捐杂税、摊派、征兵、征粮和种种力役，农民不堪重负。闽中许多农民无以为生，被迫逃亡他乡，致使田地大量荒废，农村经济迅速陷入困境。至于沿海，由于部分地区沦陷，海上贸易和侨汇中断，土特产滞销，工商业萎缩，原已衰弱的地方经济更是雪上加霜。刘建绪在1945年行政暨兵役会议开幕式上说："衡阳失陷后，东南与后方的交通往来阻塞，本省经济文化无形中已经受到重大影响。太平洋战事爆发，侨汇断绝，社会经济突生巨变、枯窘，现在就更加困难了。""本省过去的重要农村副业，如造纸、制粉、茶叶、果树等，也都因成本或运销的关系，受到打击，所以少数农民已在高利贷的剥削之下，勉强挣扎。"②

民众生活的苦痛不能不深深地影响役政，对国家有服兵役义务的壮丁

---

① 林松龄：《回忆解放前我县征兵正作》，《诏安文史资料》第6期，诏安县政协文史资料委员会编印，1985，第67页。

② 刘建绪：《三十四年度行政暨兵役会议开幕词》，《新福建》1944年第6卷第3期，第5～8页。

如雇农、佃农、贫农、手工业者、雇员等，大多是家庭生计的担负者，他们在平时本已难以过活，一旦离开生产，则全家生活陷入困顿。虽然政府已制定应征入伍士兵家庭救济和优待办法，但各地很少切实实行，自然使贫苦民众为顾全其家庭生计而不愿应征兵役，甚至逃避兵役。虽然兵役法规对于独子或同胞半数在营的有免役缓役的规定，但是兄弟间很少能负得起互助的义务。以清流县为例，该县大多数壮丁因为家无恒产，一到成年兄弟便已分家，此种分家依法又不得缓役，假若其弟有一人征召入营，而其哥哥或弟弟因为已另立门户，当然不愿替他维持家庭生计，这是一个重大问题。曾有一个壮丁说："当兵去打日本鬼子谁不愿意去呢？但是我家里还有老母妻子一共五口，若我去当兵，叫我们怎么过活下去呢？"[①] 这种心中常有的顾虑，使壮丁失却了抗战卫国的热情，因而影响役政。在兵役法规上，虽有"凡父兄俱无，或父兄年老残废被征集为现役兵，则其家庭即不能维持最低生活，而由保甲长证明经征兵官查明确据时，得酌予缓役"的明文规定，但因服兵役，不能维持家庭最低限度生活的情形，在当时的中国农村已是普遍的现象。

综上所述，福建役政弊端的症结远不止上述五端这样的简单，它关乎战时国家和地方的各个方面，如兵役宣传效果不显著、优待实施不到位、征调方式欠妥当、行政和役政配合不协调等。引用 1942 年何应钦在报告征兵制度的过去与现在时的一段话，"要想征兵制度达到圆满阶段，充分发挥全国人力，希望能达到七个方面的要求：全国户口调查确定；健全各地基层政治机构，完成新县制；普遍国民教育及国民体育；提高国民经济力；党政军通力合作或协助推行；切实优待或救济抗战军人家属；扩大兵役宣传"。[②] 如此，役政问题就迎刃而解了。而这些"希望"正是问题的关键，要完全达此目标，在抗战时期的中国何其艰难。

第三节 福建役政弊端的改革与纠正

福建省军政当局对兵役工作"劣迹昭著"的事实早已了然于胸，当时

---

① 李用宾：《役政经验谈》，《服务月刊》1940 年第 4 卷第 1～2 期，第 38 页。
② 《兵役日志》，《兵役月刊》1942 年第 4 卷第 7～8 期，第 78 页。

社会各界也已充分认识到改善役政的重要意义，省参议员尧添、郭公木就提出："查本省自征兵以来，能恰遵各项兵役法规者仍属少数，而因流弊滋多，影响成效，不仅兵员补充感觉困难，整个农村生产，社会秩序，皆起不良变化，亟宜设法补救，以裕兵源。"① 面对国内外的苛责和兵员征集补充异常困难的现实，福建军政当局采取诸多措施改善役政，如通过制定堵漏防逃措施，严惩逃役壮丁，厉行役政监督和奖惩，改善壮丁待遇，设立兵役示范县等方式进行改革。②

一　制定堵漏防逃措施

1. 严格壮丁迁移、出洋

壮丁逃避兵役是战时征兵的首要难题，福建省军政当局对此采取如下改善措施，例如加紧兵役宣传（见第四章第三节）；订定各项法规、办法加紧对壮丁的管控，严防逃役，如《福建省各县（市）壮丁移动应行注意事项》《壮丁移动应行注意三项》《晋江县制止逃亡壮丁暂行办法》《福建省各县（区）防止壮丁逃避兵役办法》《福建省各县（区）办理防止壮丁逃避兵役应行注意事项》等。抗战后不久，省政府鉴于"本省人民不明兵役义务，一般壮丁迁徙规避，层见叠出"的现象，曾迭令民众晓谕，设法查禁，但仍有民众投机取巧，因此省政府斟酌地方实际情形，制定《福建省各县（市）壮丁移动应行注意事项》，对壮丁迁移作了规定："……凡应服现役之男子，如需迁移他地居住时，应于十日前报告保甲长，转联保主任呈请区长核准后，发给移动证。但其服役义务，应在所迁移地方行之，如该地非征兵区域时，其义务仍在原籍师管区行之，倘有意图规避，而抗拒行为者，依法严办不贷"。③ 1940 年 6 月，福建省政府推行"国民兵身份证"，凡是年满 18 岁至 45 岁的役龄壮丁，均要领取国民兵身份证，证书平时由乡（镇）、部队管理。每一个国民兵由一地移居另一地，事前须得乡（镇）、部队同意领取身份证后才能行动。该证详细记载了壮丁的出身

---

① 《拟请军管区切实改善役政以裕兵源案》，《闽政月刊》1940 年第 7 卷第 4 期，第 77 页。
② 抗战期间，福建省兵役会议举行七次，1938 年首次召集，1940 年举行征训会议，1941 年举行征补会议，1942 年举行兵役会议，1943 年和 1944 年兵役与行政会议合并举行。1945 年分行政区分别举行。
③ 《各地壮丁规避兵役，省定严防通则》，《江声报》1937 年 12 月 17 日，第 3 版。

特征、出生时间、家属姓名、籍贯、脸型、箕斗，甚至脸部有无麻子、眼睛大小、鼻梁高低，等等。① 实行国民兵身份证的目的在于杜防逃避兵役及役政舞弊。国民兵身份证实行后，各地党政机关、部队及乡（镇）、保等组织在交通要道设置盘查哨，凡役龄男子无国民兵役证即处一日以下拘留、警告。4 月 1 日后无国民兵役证，不论事实如何，随时随地强迫入营服役。

　　为防止壮丁大规模出洋避役，国民政府外交部在出洋护照签证时特别强调，壮丁没有确实的事业经营，一律不准出国。福建实施征兵之初，便有一些壮丁借口赴南洋营生，希图避役，1937 年 9 月省政府第 132 次会议决议通过《严禁壮丁领照出洋案》，通饬沿海各县（市、区），"如有领照出洋应予禁止，不得通融，以重役政。"② 1938 年 5 月，省政府再令"凡年龄在十六岁至五十岁之人民，虽有不在应服兵役年限之内，唯须准备服兵役、劳役者，应予以限制出洋"。③ 对于甲级中签壮丁，则一律禁止出境。6 月，省政府颁布《福建省限制人民出口办法》，将出口地点仅限于青岛、天津、上海、香港、厦门、汕头等地，壮丁要到上述地方须向主管机关领证，方可前行。④ 后来政府发现晋江、福州两处出口人数较多，所持的出洋证样式各异，检验时真假难辨，大大影响役政，为了避免壮丁避役及便利各方旅客，1939 年省政府颁布《福建省暂行出口办法》，规定无论何人出口须持县政府或特区署所签发的由省政府统一制式的出口证。⑤ 1941 年 3 月，省政府公布施行的《修正福建省战时限制人民出口暂行办法》，增加了出口海外国家的限制，要求各县慎发出国证明书，按月填具出国证明书月报表，详填壮丁户口及兵役年龄。该办法颁布后，《福建省暂行出口办法》废止。⑥ 11 月，省军管区对壮丁出国限制又补充四项办

① 《国民兵身份证暂行条例》，《训练月刊》1941 年第 2 卷第 3 期，第 121～126 页。
② 杰：《省旬一闻：严禁壮丁领照出洋》，《闽政与公余非常时期合刊》1937 年第 2 期，第 11 页。
③ 《十六岁至五十岁人民一律限制出洋》，《泉州日报》1938 年 5 月 22 日，第 1 版。
④ 《省政府颁布限制人民出口法》，《福建民报》1938 年 6 月 3 日，第 3 版。
⑤ 平一：《一月来省政要闻：划定征兵实验区》，《闽政月刊》1939 年第 4 卷第 4 期，第 53 页。
⑥ 明渊：《一月省政报道：役政消息：慎发出国证书防止逃役》，《闽政月刊》1941 年第 8 卷第 3 期，第 48 页。

法：①出国继承遗产如属确实有驻外使领馆及当地中华商会证明文件书，可准其出国。②军政部原规定"年满十六岁应服兵役年限之内，但须准备服兵役及劳役，应限制其出国"，但兄弟 3 人已有 1 人应征入伍，其余 2 人也可缓役，可准许 1 人申请出国。③独子如有接管父祖事业等出国必要，证件确实，可准予申请出国。④侨民归国已逾 2 年，如确具有免缓役条件而有出国必要（如出国主持商务等），且其证件确实者，可准其出国。① 上述规定虽然限制壮丁出洋，但沿海县份如晋江、南安、永春、龙溪、福清、莆田等仍有大量壮丁私逃出洋。为惩罚私逃壮丁，1941 年 12 月，国民政府专门订定 5 项原则处置私逃出洋壮丁遗留的土地：中签潜逃壮丁如系自耕农民，其遗留之土地，复无家属耕种时，由该管镇公所代管，招佃承种。如系地主举家逃亡的，其遗留之土地，仍由原佃农耕种，但租金由该管乡（镇）公所代收。如系佃农，则其家属又无耕作能力，应认为租佃契约停止，由乡（镇）公所予以另行招租等。② 为兼顾役政，福建一些县份（如福清）采取抽取出洋税的方法，即出洋者应缴纳若干金额给政府，类似于以钱买免服兵役，这与纳金缓役相似，1940 年每名 3000 元至 5000元不等。泉州对于中签壮丁私逃出洋，可处置其财产："一年不追回，没收产业、享息及动产，逾十五月，没收不动产。"③

　　为防止役龄壮丁逃往外乡避役或党政军机关学校包庇役龄壮丁，中央专门颁布办法予以限制，如军政部对初高中及同等学校男生入学资格给予严密的补充规定，如年满 18 岁投考初高中，要求肄业时期不满一学年，拒绝年满 18 岁以同等学力资格投考，年满 18 岁插班生，其转学证件发给时期与投考编级时期距离应超过一学期。④ 福建的一些县份也专门颁布办法，如南平地处东南交通孔道，是商旅集散之地，入境客籍壮丁较多，为避免该县成为应征壮丁避役的渊薮，影响役政推行，1945 年南平县国民兵团专门颁布《外籍寄留避役壮丁审查与服役办法》，严查寄留南平的外籍役龄

---

① 《限制壮丁出国军管区订补充办法四项》，《中央日报》（福建版）1941 年 11 月 24 日，第3 版。

② 《逃避兵役之壮丁政府代管其土地，省政府令饬所属切遵办》，《南方日报》1941 年 12月 28 日，第 4 版。

③ 《中签壮丁逃避兵役，可处置其财产》，《泉州日报》1939 年 3 月 16 日，第 3 版。

④ 《军政部订定中等以上学校学生征服兵役与限制入学资格办法》，《南方日报》1943 年 3月 23 日，第 2 版。

壮丁，要求在 6 个月内出具原籍有效证明，否则视同避役壮丁，提前征送服役。如寄居满 6 个月，由现居地依法征送抵额。① 《福建省各军事机关补用士兵伕役暂行办法》也明令："各军事机关士兵伕役，均以年在 36 岁以上之壮丁（乙级壮丁）补用之"，凡"擅行收容中签壮丁或补用之士兵伕役在服务期内发觉或被检举有避役行为，经查属实者，一律依法严究"②。福建省教育厅还严令警告，中心学校、国民学校不得收容满 18 岁之学生，如学校包庇、收容适龄壮丁入学或私发证书证件，具体负责的校长、主任、教授或教员立即撤职，依法严惩，如系私立学校，勒令停办等。

2. 严惩逃役壮丁

对于有兵役义务的壮丁逃役的惩治，国民政府和福建省军政当局不可谓不严厉，曾制定了大量的法令来规范、监督、惩治不法行为，如《陆军兵役惩罚条例》《妨害兵役治罪条例》《士兵保育及逃亡处理办法》《修正各部队逃兵预防及处理办法》《修正办理逃兵官长奖惩规则》《战时逃避兵役办法》等。比如《士兵保育及逃亡处理办法》规定士兵逃亡后原师管区向社会发布通缉令，在逃期间取消其公民资格及一切权利，逾期不能回营者，即按陆海空军刑法依法惩办。③ 再如壮丁在调查过程中隐匿不报、上报记载不实、有行贿行为、捏造免缓停役原因、自毁身体以求免缓役、抽签身体检查受征召无故不到、免缓役原因消减以及住所迁移没有呈报、冒名顶替服兵役、侮辱诽谤和迫害役政人员、武力抗拒兵役都要受到有期徒刑、无期徒刑甚至死刑的严厉制裁。如情节轻微者，应受禁闭、劳役、加训、申诫等行政处分。

1942 年 12 月军委会公布的《战时征补兵员实施办法》规定，中签壮丁逃役，预先扣押其家属 1 人作人质，责令其家属寻觅亲送应征，又责令缴纳 1000 元～10000 元优待金，如在征集票指定报到日期 2 个月内家属自行寻获并亲送应征者，则家属解质，优待金发还。④ 《妨害兵役治罪条例》则规定对于隐匿不报应服兵役壮丁者，意图避免兵役，处 3 年以下有期徒

---

① 《延国民兵团订定办法，审查寄居壮丁》，《南方日报》1945 年 6 月 22 日，第 4 版。
② 《福建省各军事机关补用士兵伕役暂行办法》，福建省军管区编《福建兵役四年》，环球印书馆，1941，第 111 页。
③ 《士兵保育及逃亡处理办法》，《文汇年刊》1939 年第 1 期，第 38 页。
④ 《战时征补兵员实施办法》，徐思平：《中国兵役行政概论》，文治出版社，1945，第 462 页。

刑或拘役；伪造缓役免役停役除役原因者，处 5 年以下有期徒刑；办理兵役人员故意纵容或便利应服兵役之壮丁逃避兵役者，处 5 年以上 12 年以下有期徒刑等。壮丁中签后如有雇买顶替，其雇买顶替者、介绍顶替者经人检举查有证据时除依条例以最高刑罚判处外，中签壮丁仍予征送服役，并给予 1000 ~ 10000 元罚金。① 例如，1938 年 3 月，永春中签壮丁郑斗入伍后 9 次潜逃返家，依《违反兵役法治罪条例》和《陆军兵役惩罚条例》被执行枪决。② 1942 年军事委员会颁布《三十一年度征补兵员实施办法》，其中第 25 条规定，壮丁中签逃役，应责其家长缴纳 1000 元以上 10000 元以下的优待金。例如店员、工人规避兵役，责由店主或厂长缴纳资金。③

依国家法规，福建也制定了严厉的办法惩处逃役壮丁，如《福建省各县（区）防止壮丁逃避兵役办法》（1938 年 10 月）对于逃役壮丁、保甲长、县（区）长的职责都作了明确要求：①未应征入伍壮丁逃避兵役一经缉获，立予提前征送。②各该县（区）长严饬所属缉获中签逃役壮丁，倘该壮丁能在原管县（区）发出通缉令之日起 15 日以内，自行回籍准予免究；逾期不回，在潜逃期间得将其家属扣留，限期跟交；举家远避者，得暂时查封其财产，呈候处置，限期责令原辖地保甲长严缉归案，依照《违反兵役法治罪条例》从重科罚。如保甲长无法查获，应处以蒙蔽失察之罪，绝不姑息。③各县（区）长应认真办理户口异动登记，严密查明逃亡情弊。如有未报移动证而入境壮丁，查明确系避役，则就地征集，并得予提前补充，但仍须将该被征集壮丁姓名通知其原属县（区）查考，必要时得由各邻接县（区）酌量实际情形，妥订《防止中签壮丁逃役协助办法》。④ 在众多防逃措施中，最严厉的莫过于省军管区制定的《福建省违反兵役法治罪及惩罚条例》（1938 年 10 月），该条例对于意图规避兵役者，处 2 年以下有期徒刑；意图避免兵役抗拒行为者，处 5 年以下有期徒刑；意图避免兵役，聚众持械反抗者，处 7 年以下有期徒刑。首谋者处死刑或无期徒刑。⑤

---

① 《妨害兵役治罪条例》，《训练月刊》1941 年第 2 卷第 3 期，第 108 ~ 109 页。
② 《永春常备壮丁郑斗枪决，潜逃返家九次》，《泉州日报》1938 年 3 月 16 日，第 4 版。
③ 《兵役释疑》，《兵役月刊》1942 年第 4 卷第 4 期，第 69 页。
④ 《省府订办法三点处置逃亡壮丁》，《闽北日报》1938 年 10 月 30 日，第 4 版。
⑤ 《省政一月：制定违反兵役治罪条例》，《闽政月刊》1938 年第 3 卷第 2 期，第 39 页。

防止壮丁逃役仅仅依靠政府的法令和军政人员有限的监督是远远不够的，需要发挥民众监督的力量。对此，福建省军政当局还积极鼓励人民检举壮丁逃亡、漏丁、舞弊等现象，如1940年2月省军管区司令部订定《福建省各县（区）检举应征避役壮丁暂行办法》，规定民众可以对伪造免缓役证件而获得免缓役者、中签后逃亡规避者、贿买顶替者、征集入营前逃亡者进行检举。比如县（区）政府人员检举上述避役壮丁可依照《福建省县政人员管理规程》予以奖励；保甲长检举可依照《福建省各县保甲长奖惩规则》予以奖励；人民检举按追回服役壮丁的人数，每名给予3元的奖金。① 1943年省军管区加大检举奖励力度，凡中签壮丁能检举逃兵2人以上者，准予抵其征额，能检举2名以上漏丁及不应免缓役者，准其缓役1期；检举4名以上者，准其缓征2期；若检举雇买顶替情形，以一半罚金充当奖金。② 在政府的鼓励下，各地民众积极检举逃役，例如清流县第一区嵩溪乡士绅张某兄弟5人都未应征兵役，后因被人检举，即将其二弟依法送役。该区民众闻之都相率入伍。③ 1942年军政部公布了福建省经举报的兵役舞弊案件处理情况，例如福建第194师董世理在闽侯接兵时舞弊及虐待壮丁，第194师一营长邱光惨杀病兵被移送司法机关惩处；福建省保安处新兵第七中队长江裕明贿放壮丁被拘讯；驻闽空军第13自募站站长团包庇应征壮丁移送役政司核办；第100军补1团虐待壮丁败坏军纪，该团长被彻查等。④

二 厉行役政监督和奖惩

为了增进役政效率和惩治腐败，中央和福建军政当局不得不加强兵役监督和惩处。所谓监督，主要包括两个方面：一是对兵役工作进行视察、调查。二是对役政人员的考核与奖惩。

1. 兵役视察和调查

其目的在于预防和揭发各种违法案件和失职人员，以消除弊端，提高征兵效率。抗战时期，国民政府从中央到地方设置了一整套完善的兵役监

---

① 《奖励检举逃役》，《闽政月刊》1940年第6卷第1期，第52页。
② 《闽省壮丁调查限期一律办竣》，《南方日报》1943年3月8日，第3版。
③ 《调查与抽签》，《服务月刊》1940年第4卷第1~2期，第38~41页。
④ 《检举兵役舞弊案件汇报表》，《兵役月刊》1942年第4卷第11~12期，第54页。

督机构及措施，中央从兵役巡回督察团到兵役署视察室再到视察处，地方由派遣兵役视察员到增派兵役督导专员等，监督范围涵盖了绝大多数的管区、县（市）、乡（镇）和保甲。为了更好地实施兵役监督，国民政府曾制定了一系列法规法令，确保视察调查工作的顺利进行，1939 年 6 月，军政部颁发《兵役调查实施办法大纲》，决定由兵役署派遣兵役视察员到全国各地视察，考察内容为县及以下办理役政人员贯彻执行兵役业务情况、有无违法舞弊行为以及兵役宣传、优待征属和国民兵组训实施情况，考察各接兵部队对新兵的管训、待遇以及有无受贿放丁和骚扰地方等情形。[①] 8 月，军政部正式公布《兵役视察规则》，将全国划分为 14 个兵役视察区，各视察区设主任、委员等职位，主任由军政部派任。各视察区担负着各管区和补训机关士兵管理、教育和待遇颁发的职责，国民兵管理征召事务，人事经理及官佐能力的考察，同时视察县（市）以下兵役机关办理壮丁调查、抽签、检查、征集、拨补及国民兵征召、管训，新兵生活、素质、待遇、卫生、军风纪，各军官队的管理教育，各地军官储备，兵役宣传、优待抗战军属等事项。[②] 视察完毕后，各区长须将上述考察情况按规定列表汇报军政部。1942 年后，军政部颁行《兵役调查实施细则》《兵役视察员调查守则》《兵役视察员服务细则》和《兵役调查人员奖励办法》，对兵役视察员的工作准则、服务事项、工作方法、奖惩情况等做了详细的规定和要求。这四部法规的颁布，标志着国民政府兵役调查法制工作的进一步完善，为各项视察调查工作的开展提供了重要的理论依据。

为了更好开展兵役调查、视察工作，加强组织领导，抗战期间，国民政府还不断设立和调整兵役督察机构。比如 1939 年兵役署成立特别视察委员会，1940 年成立中央兵役巡回视察团，直属于军事委员会，共设 8 个团，分区到全国督察，巡查期 3 个月。1941 年春兵役署设视察室，当年 4 月、11 月专门训练兵役视察员两次，除原有中央工作人员外，另遴选了 120 名视察员，分别派驻各师管区 1 人，负责密查、督导各团管区、县（市）政府、接兵部队以及役政人员办理兵役业务状况，这是役政的一次重大改革，一直坚持到抗战胜利。1944 年 11 月兵役部特别设置督察处，

---

① 国民党中央训练团兵役干部训练班编印《兵役法规汇编》（一），1932，第 227～231 页。
② 国民政府兵役部役政月刊社编印《兵役部一年来施政专刊》，国语千字报社发行，1945，第 33 页。

以掌理兵役督导视察、兵役弊端的调查、违法案件的纠察检举、各地推行兵役法令利弊得失的检讨建议等事项。至此，各种兵役监督机构已无处不在，各种督察法规已无所不包，兵役督察系统已经颇具规模，督察体制也近乎完善。国民政府在实践中将监督机构的改进、监督立法的完善与赋予广大民众监督的权利结合起来，以权利制约权力，具有明显的民主色彩。但在如此繁多的机构和如此频繁的人员变动下，很多组织人事交叉重叠，甚至多头管理，影响了其职能的发挥和效率的提高。

依据国民政府中央精神，福建军政当局加强了役政监察机构的设置及调整（具体内容详见第三章第三节）。例如1938年，福建在团管区区域内邻接二县或三县设监察组21组，负责各县的兵役监察督导工作。1939年2月，设置了省、市（县）、乡（镇）专门的兵役监察委员会。1940年2~4月，福建省各级兵役监督委员会组建，派员分赴各地巡回监督，各级监督委员会以公开和秘密两种方实施监督视察，对于违法役政人员予以书面或口头纠举，送交该管区长官和执法机关处理。1941年3月，福建省军管区兵役视察室设立，颁布《福建省军管区司令部兵役视察规则》，要求每县每月至少须派视察员视察2个区，每区视察2个乡（镇），设密告箱，并随时指派专员分赴各地实地考查，考查各级管区、各县（市）、保甲兵役办理情形，兵役人员执法情况，查办兵役舞弊案件等，并报告当地军师团管区处理。兵役视察员可在当地遴选熟悉法规、公正清廉、尽忠职守的人士组织秘密调查组，协助报告当地役政舞弊情况与通讯联络等事宜。各地政府适当地支付调查小组人员一定的报酬，如不失时机报告普通案件每次酌给5元或每月10元，报告重要案件每次酌给10元或每月20元，传递信件确守秘密者每次酌给10元或15元，切实帮助破获巨案者特予奖励。①根据《兵役调查实施细则》的规定，兵役视察对象非常广泛，如关于役政人员方面（包括保甲长在内），对于兵役法令是否研究透彻，能否彻底奉行上级命令，办理役政有无违法舞弊行为，征兵调查、抽签、检查、征集、拨补是否悉合规定，免缓役执行有无徇私，有无受贿瞒庇买替卖放应征壮丁，能否切实办理征属优待，能否切实办理兵役宣传，有无延期欠交配赋兵额，有无虐待征集壮丁，有无伪造各种表册，能否切实实施国民兵

---

① 《福建省军管区司令部兵役视察规则》，《闽政月刊》1941年第8卷第4期，第53页。

组训。关于接兵部队方面，是否依照命令按接兵时间地点办理，是否遵照接兵守则携带被服及伙食费，有无收受贿赂卖放壮丁，有无捆绑幽禁壮丁及其他虐待情形，有无早报入伍及浮报克扣粮饷等情事，有无违犯军风军纪骚扰地方百姓，管训是否妥善，是否切实改善士兵生活之待遇卫生条件等。关于征集费事项，征集费是否与征拨兵额相符，征集费支配是否遵照规定办理，征集费如何支发及有无克扣壮丁伙食等。①

1942 年后，福建成立了两支兵役宣查队，宣查队除了肩负兵役宣传的任务外，还负有监督、考核、调查、训导的职责，如调查各县（市）是否组织兵役宣传队，假期兵役宣传情形及实施成效如何，宣传经费收支情形、兵役情弊、征属优待、救济状况等。比如 1943 年福建省军管区兵役宣查队一队在大田县连续破获兵役舞弊案数起，包括城区东保保长张隆、国民学校校长郭庭包庇应征壮丁、调查壮丁不确实、不检举漏丁，另有该县太华乡正副乡长包庇壮丁三十余名，不加抽签应征等，后经查实交省军管区查办。② 此外，福建省还要求军管区司令部参谋长、各处长、科长等每半个月赴各县考核兵役一次，各师管区司令、部员每季轮流赴各县考察一次，各团管区司令每月或每两个月赴各县考察一次。1943 年以后，福建省军政双方联合设立视导团，派员深入乡镇视导役政工作，如 1944 年联合视导团检视罗源县征募工作时，指出该县征募存在的问题，如地方人士不协助兵役，壮丁规避逃亡现象严重，新兵征集所设备简陋，优待不切实，保队附素质差，壮丁调查不实等。③

兵役视察、调查工作是一项艰巨又不讨好的工作，需要有相当的措施和方法，福建军政当局对此做了一定的努力，从以省军管区所在地的沙县为开端，调查人员深入各乡镇微服私访，明查暗访，了解役政概况，秘密调查壮丁征集、抽签、出征家属优待、接兵部队军纪军风等情形。为了更好地搜集民意、了解役情并改进役政，福建军政当局把政府监督和民众监督有效地结合起来，在各师管区所辖的两个团管区或县（市）设置密告箱、意见箱，鼓励民众及各级官员踊跃提出意见和检举舞弊行为。据统计，在 1942～1943 年一年的时间，就查出大大小小的役政舞弊案件 87 件。

① 《兵役调查实施细则》，《兵役月刊》1942 年第 4 卷第 11～12 期，第 27～29 页。
② 《军区兵役宣查队一队巡回闽南工作》，《南方日报》1943 年 4 月 14 日，第 4 版。
③ 《福建省各县工作应行指示事项》，《新福建》1945 年第 7 卷第 5 期，第 33 页。

2. 役政人员的考核与奖惩

战时役务是地方行政机关的要政，为了确保役政的顺利推行，福建省军政当局对各级办理兵役人员采取了严格的考核和奖惩措施，各级役政人员包括专员、县长、特种区区长、区员、区署助理员、区署巡官、第一科科长、民政科科长、兵役主任、兵役科员、联保主任、保甲长、卫生院院长、督练员、义勇常备队队长等。各类人员考核奖惩依据相应的法规进行，如县（区）科长、主任、科员依据《福建省县政人员奖惩暂行规则》，区长、区员依据《福建省区政人员考绩奖惩实施办法》，保甲长依据《修正福建省各县保甲长奖励章程》《福建省各县保甲长惩罚暂行规则》《福建省乡镇保甲长考核及奖惩暂行规则》等，壮丁队依据《福建省各县壮丁队奖励办法》等。如果经历人员由行政系统委任，该经办事宜又属于兵役范围的考核，则由军管区司令部与省政府共同办理。这些法规严格规定了考核和奖惩的对象、手段、种类、程序等。

例如对于县（区）长的考核奖惩。1937 年 9 月，福建省政府制定《福建省二十六年度县长考绩百分比率标准》，将办理兵役事务所占的百分比率作为衡量工作成绩的重要标准之一。① 考核内容分调查、征集、宣传、优待和其他 5 项。其中，"调查"为国民兵分级调查及抽签，当推何时办完准确的数目、办理免缓役的情况等；"征集"为征集次数及兵额是否如期足数送缴，并将逾期时日及缺额数目列入，说明常备队整训实况；"宣传"方向的考核涉及宣传组织的情形、实施方法、成效如何；"优待"包括考察优待委员会的组织状况，基金筹集情形，优待人数情况。奖惩的种类和标准各分 5 种，奖励包括升等、晋级、加俸、记功、嘉奖；惩戒包括免职、降级、减俸、记过、申诫。② 随着抗战的深入推进，国民政府对县（区）长考核奖惩越发重视，1938 年行政院训令："各县长关于兵役施行及义勇壮丁常备队教育训练等要政，切实奉行者固不乏人，而延宕敷衍者亦属不少，亟应切实纠正，以资补救。嗣后关于县长考绩，应将办理兵役列为重要工作，信赏必罚，毋稍瞻徇。遇有各师（团）管区举报县长功过事件，并应切实考核，分别赏罚，不得视为具文"。③ 在福建，县（区）长的役政

① 《兵役事务列入县长考绩》，《闽政与公余非常时期合刊》1937 年第 4 期，第 26 页。
② 福建省政府秘书处编印《福建兵役概况》，1939，第 64 页。
③ 福建省政府秘书处编印《福建兵役概况》，1939，第 64 页。

成绩在年度业绩考核中所占权重越来越大，如 1943 年，省政府制定县工作人员考核 19 项类比项及百分比表，其中兵役考核由 1937 年的 25% 上升到 35%，内容包括国民兵组训、兵役调查、壮丁抽签、壮丁征拨、新兵招待所改善、征属优待推行、兵役宣传实施等 6 项。[①] 考核方式分为两次，7 月底以前为半年度考绩，次年 1 月底前为年度总考绩。抗战时期许多县（区）长因办理役政成绩优异受到各级机构的奖励，例如 1937 年 12 月汀漳师管区筹备处分别对第五区督察专员朱熙、东山县县长陈石各记大功一次，对云霄县县长孙永年、诏安县县长方宛舟、海澄县县长蔡秉禄、石码特种区区长李和涛给予嘉奖。[②] 仅在当年全省受奖励的专员就有 1 人，县（区）长 13 人，各级役政人员 18 人。受惩罚的县长 5 人，各级兵役人员 18 人。为防止各县长玩忽征集，1938 年福建省军管区司令部制定《防止各县长玩忽征集罚则》，县长在兵员征集期间，如逾规定期限 10 日以上送交兵员记过一次，逾期 15 日以上送交记大过 1 次，逾期 30 日以上送交撤职处分。连续记过 3 次为 1 大过，记大过 3 次者，给予撤职处分。

对于县级以下役政人员的考核也分为调查、征集、宣传、优待和其他 5 项。考核方式也分为半年度考绩和年度总考绩。[③] 1938 年 9 月，福建省军管区订定《福建省兵役人员奖惩办法》，统一规定了县级以下各级办理兵役人员的经常性奖惩。其中奖励分为升用、奖金、记功、嘉奖 4 种。惩罚为记过、申诫、罚薪、撤职 4 种，凡办理征集（召）逾 7 日以上送交者，记过一次或申诫，逾 12 日以上送交者，记大过一次或罚薪，逾 20 日以上送交者，撤职查办。连续记过 3 次为 1 大过，记大过 3 次，撤职。[④] 县级以下人员因特殊功绩或重大过失还给予临时奖惩，临时奖惩的内容与经常考核部分相同，奖励分为：记升、记功、传令嘉奖、撤销记过等。惩罚分为：枪决、处死刑、判处徒刑、拘押讯办、撤职、通缉、免职、停止任用、免职教训、记过、罚俸、申诫等。1939 年 5 月，福建省政府、军管区订定《福建省各县（市、区）办理陆军征拨事务奖惩暂行办法》，对征

---

① 《省府订定类项比率考核各县去年政绩》，《大成日报民主报》1944 年 1 月 6 日，第 4 版。
② 《嘉奖办理兵役得力人员》，《闽政与公余非常时期合刊》1937 年第 11 期，第 47 页。
③ 平一：《省闻一旬：一般后援情态》，《闽政与公余非常时期合刊》1938 年第 15 期，第 46 页。
④ 《省政一月：订定兵役人员奖惩办法》，《闽政月刊》1938 年第 3 卷第 1 期，第 39 页。

（募）拨壮丁能依法办理、如额如期征拨、无逃亡、身体检查鲜少剔退、按期清缴欠额等成绩优异的各级役政人员，依照《陆军兵役奖惩条例》第 6 条给予奖励。对于征（募）拨壮丁不依法办理、无特殊原因逾期未送或缓送壮丁、放逃壮丁、身体检查不严或滥竽充数、虐待壮丁、推诿欠额等各级役政人员，依《陆军兵役奖惩条例》第 3 条规定予以惩罚。①

抗战期间，县以下有许多役政人员因"认真努力"和"玩忽征集"分别受到奖惩，如 1938 年福鼎县第二区署区员檀熙因"办理兵役卓有成绩"，予以记功，该区各联保主任协助得力，也受到嘉奖。② 1939 年德化县兵役科科员刘星泰"才学兼优努力本职"，省军管区传令给予升职。③ 1942 年海澄县东马乡年度配额全数征清，乡长苏建坤、副乡长黄智谟，由县政府记功一次。新霞乡副乡长赵建工上任未久宣传兵役效果颇佳，由县政府传令嘉奖。④ 再如 1944 年宁化庙棠乡长任登冲连续 3 年办理兵役"成绩最优"，省政府授予"特优乡镇长"称号，县政府发给奖金 5000 元。华安义昭乡乡长林士雄因征兵超额给予"优等乡镇长"称号。南安山头镇镇长叶志华因"征兵不力"被免职。⑤

保甲长的奖励分奖章、奖状、奖金、记功、嘉奖。其中奖章由省政府核发，奖状由县政府核发，奖金由县政府核准，记功、嘉奖由县政府行之。⑥ 对于保甲长的惩罚则定为送交法院治罪、劳役、记过、申诫 4 种。⑦ 1939 年 3 月将对保甲长的惩罚改为免职、罚金、劳役、记过、申诫，其中罚金限定 10 元以下，劳役限定 1 至 3 日。⑧

福建省军政当局还对兵役系统如军、师团管区，兵役视察员等役政

---

① 福建省军管区编《福建兵役四年》，环球印书馆，1941，第 59～60 页。
② 《福建省政府指令闽海师管区筹备处据呈转福鼎县政府呈报》，《福建省政府公报》1938 年第 801 期，第 9 页。
③ 《兵役人员 1939 年终考绩临时奖叙名单卷》，延平区档案馆藏，档案号：0002 - 011 - 189。
④ 《福建省龙漳师管区海澄县三十一年十二月份兵役工作报告》，《福建省军管区所属各师管区工作报告之二》，第三战区副司令长官办公室、师管区、宪后团队（联合全宗）档案，福建省档案馆藏，档案号：88 - 1 - 365，第 58 页。
⑤ 《福建省政府三十三年度县（区）长乡长镇长及县镇人员考绩》，《新福建》1945 年第 7 卷第 5 期，第 76 页
⑥ 《修正福建省各县保甲长奖励章程》，《福建省政府公报》1936 年第 617 期，第 23 页。
⑦ 《福建省各县保甲长惩罚暂行规则》，《福建省政府公报》1936 年第 617 期，第 25 页。
⑧ 《保甲长奖惩规则，省政府生行改订》，《福建民报》1939 年 4 月 2 日，第 4 版。

人员进行奖惩。依据《陆军兵役奖励办法》，如办理兵役公正认真，使兵民悦服兵役者，协助推行兵役特别出力，成绩卓著者，办理优待出征军人家属事务确实迅速，使家属受优待、得实惠或无缺望者，分别给予嘉奖、记功、奖金、奖章（奖状）、褒奖的奖励。[①] 依据《陆军兵役惩罚条例》，对办理役政不力而致役政推行发生阻碍者，给予撤职、停职、记过、罚薪、申诫等惩罚。[②] 比如 1940 年，福建省军管区对南平团管区司令陈天雄"统驭无方工作松懈"，莆田团管区司令张斯麐"举办乙级壮丁调查督促不力"，晋江团管区前任司令何纪庭、晋江团管区现任司令谢保明、龙溪团管区司令刘继屏等人因"举办甲乙级壮丁调查督促不力"，分别给予申诫一次。[③]

　　除了考核以外，国民政府和福建军政当局不惜以严刑峻法惩处役政违法人员。惩戒和处置的目的在于对役政问题的补救和对兵役违法行为的警示。如前文所述，国民政府颁布的《陆军兵役惩罚条例》《妨害兵役治罪条例》《战时逃避兵役办法》等，从行政法和刑事法两大方面构成了非常时期违反兵役治罪的法律制裁体系，为有效处理各种兵役违法案件提供了法律保障。惩戒和制裁对象包括逃避兵役而不履行兵役义务的壮丁，失职怠忽构成违法犯罪的役政人员和现役军人、各级行政人员、地方自治人员、阻碍役政推行的一般民众等。

　　抗战之初，福建省政府、军管区司令部就针对各地办理兵役人员徇私舞弊现象予以申饬，例如，针对保甲人员在办理征募过程中存在的未经调查、抽签手续，强行拉派壮丁，徇私庇护，利用金钱觅替，卖放壮丁等情况，省军管区严饬各县遵守法令，"如有发现，一经查实，执法以绳，决不宽贷"。[④] 1937 年 11 月，又通令全省："县政府嗣后对于各区长、联保主任、保甲长等务须深切注意，随时加以指导，如有贪污敲诈勒索情事，查明属实，按军法办理。"[⑤] 1939 年省军管区再次申令："查保甲人员为求

---

① 《陆军兵役奖励办法》，《训练月刊》1941 年第 2 卷第 3 期，第 106 页。
② 《陆军兵役惩罚条例》，《训练月刊》1941 年第 2 卷第 3 期，第 107 页。
③ 《各级办理兵役人员奖惩一览表》，《兵役月刊》1940 年第 2 卷第 1～2 期，第 47 页。
④ 平一：《省闻一句：整饬征募兵役》，《闽政与公余非常时期合刊》1937 年第 9 期，第 33 页。
⑤ 平一：《省闻一句：省政中心事项：积极整饬役政》，《闽政与公余非常时期合刊》1938 年第 13 期，第 41 页。

壮丁征集足额，强将外地经过之来往壮丁，撕毁其通行凭证，强行征送。本部迭据报告，均经严饬彻查，如果查有实据，概予从重惩办，绝不宽贷。"① 比如南平县洋翠保保长陈其昭在办理"一甲一兵"时将1938年入伍生死未明的出征军人黄正森的唯一胞弟黄亨栋强拉充役，后家属呈请福建省第二区专员查核，依照强征出征军人家属治罪。② 南平县西芹镇镇长应威仪、峡阳镇镇长应锡勋、仁峡乡乡长廖维周等用绳强拉路人引发民愤，民众上告福建省军管区司令部，1945年10月南平地方法院检察院依法予以拘捕。③ 1938年永春埔头乡保长林治秋因舞弊救国公债及浮收壮丁费，依《福建省保甲长奖惩办法》被判处有期徒刑3年。④ 福建还对办理役政人员未按期限呈报征兵调查、壮丁检查不实、监察未尽责、征属优待不力、误解兵役法令影响兵役工作、未遵照法令办理兵役、未限期征送新兵、征送新兵发生逃亡等行为予以严处。对于部队擅入民间，携带武器违法缉捕逃兵，或借缉逃为名强拉逃兵家属做壮丁抵补，或拉邻近壮丁填缺，侮辱乡（镇）长、保甲长等现象，1943年4月省军管区重申前令，严禁不按缉捕补征手续，擅自遣派官兵下乡拘捕潜逃士兵，迫索壮丁应当由部队会同地方政府、宪警机关以及当地驻军长官共同办理。⑤

在惩治法规中，严苛的仍然是《福建省违反兵役法治罪及惩罚条例》，该条例规定了舞弊罪、顶替罪、意图避免兵役处罚罪、煽惑罪、逃亡罪等罪行种类。例如舞弊庇纵缓役或免役者，处2年以下有期徒刑；勒索勒征或强募财物者，处死刑或无期徒刑；收受贿赂者处3年以上10年以下有期徒刑。⑥ 根据该法规，战时福建严惩了一批违反兵役法规的役政人员，如1938年10月，建瓯第二区区员王翰墨被指控办理兵役黑幕以及救济舞弊

① 福建省军管区编《福建兵役四年》，环球印书馆，1941，第265页。
② 《呈为保长枉法违反役政，滥拉出征军人之胞弟顶替冒名叩乞拘案，从严法办而重役政由》，《福建省政府、第二区行政专署、南平县各乡（镇）强拉壮丁纠纷的代电、训令》，南平市档案馆藏，档案号：01-001-0000046，1945年4月21日，第4~6页。
③ 《电报奉饬传应威仪等到一案，办理情形复请察核由》，《福建省政府、第二区行政专署、南平县各乡（镇）强拉壮丁纠纷的代电、训令》，南平市档案馆藏，档案号：民01-001-0000046，1945年7月14日，第41~43页。
④ 《泉州日报》1938年3月8日，第4版。
⑤ 《部队缉捕逃兵不得借端扰民》，《南方日报》1943年4月26日，第4版。
⑥ 《省政一月：制定违反兵役治罪条例》，《闽政月刊》1938年第3卷第2期，第39页。

被执行枪决。① 1945 年南平国民兵团科员吴元畴伙同兵役股股长陈明志侵吞该县"一甲一兵"运动征收的代役金 300 多万元并携款潜逃。后化名充当林森县双溪乡乡长，借势欺凌百姓，经乡民检举，1946 年被移送南平枪决。② 据统计，从 1937～1944 年全省共有 383 名役政人员受奖，592 人受惩罚，其中 1940 年受奖者最多，共计 78 人，1942 年受惩罚者最多共计 126 人（详见表 6－6）。1937～1944 年，全省共有 10 名办理役政人员受到严重刑法处置，其中 4 人死刑，6 人有期徒刑。③

表 6－6　1937～1944 年福建历年征募行政人员考绩

单位：人

年份＼类目	奖惩统计		各级主管征募行政官（1）		各级办理征募行政人员（2）	
	奖　励	惩　罚	奖　励	惩　罚	奖　励	惩　罚
1937	31	23	13	5	18	18
1938	44	44	15	5	29	39
1939	32	42	2	1	30	41
1940	78	71	6	7	72	64
1941	39	96	3	11	36	85
1942	69	126	4	4	65	122
1943	38	72	4	3	34	69
1944	52	118	14	10	38	108
总　计	383	592	61	46	322	546

资料来源：《历年征募行政人员考绩》，《福建省第三回统计年鉴（兵役类）：1937～1944》，福建省档案馆藏，福建省政府主计处档案，档案号：3－1－25。

说明：（1）各级主管征募行政官包括行政督察专员、县长、管区司令等。（2）各级办理征募行政人员包括兵役科科长、副团长、兵役主任、兵役科科员、兵役事务员、乡（镇）长、民政干事、团附、乡（镇）队副等。

抗战期间，福建役政人员的考核奖惩并不全面公正。李寿芝在 1942 年曾谈道："数年以来，役令频繁，能努力认真推行者，乏有效之奖惩。因

---

① 《建瓯第二区区员王翰墨执行枪决》，《闽北日报》1938 年 10 月 3 日，第 4 版。
② 《据电请将吴元畴案侦缉后移南平地方法院并案办理掌情指令遵照由》，《福建省政府、第二区行政专署、南平县各乡（镇）强拉壮丁纠纷的代电、训令》，南平市档案馆藏，档案号：01－001－0000046，1946 年 4 月 29 日，第 63 页。
③ 《历年征募行政人员考绩》，《福建省第三回统计年鉴（兵役类）：1937～1944》，福建省档案馆藏，福建省政府主计处档案，档案号：3－1－25。

循敷衍，凭应付之手段者，反受上功。甚至呈请应征应奖之人员，事隔经年，尚未奉明令执行。"① 如此等等，考核既失时效，奖惩又欠公允，均不能鼓舞各级役政人员的士气，因此很难将兵役纳入正轨，改正役政弊端。

三　改善新兵待遇

壮丁在征送过程中和入营以后惨遭凌辱，待遇恶劣，以致大量逃亡、死亡，严重削弱战斗力，影响"至钜"。蒋介石曾多次申饬取缔虐待、侮辱壮丁的违法行为，"我们对于受训的壮丁要爱护他，要珍重他，尤其是新兵交接期间，格外要特别注意，不好使他们吃不饱穿不暖，或是随便侮辱虐待他们。……对于一般兵役的下级基层，如乡（镇）保甲长和机关的员役，特别要留心考察，如有侮辱壮丁的行为，就应切实纠正，厉行取缔。特别有些地方对于入伍壮丁，用绳索捆绑，防之如囚犯，待之如盗贼，这完全是侮辱壮丁的自尊心，是我们中国役政上的一个大污点，格外要绝对禁止，不允许再有这种举动。"② 他要求部队官长不仅要从物质上，而且还要从精神上善待新兵，"新兵的生活，是不能专从物质上来讲求，而全靠我们官长以精神去安慰他、补足他，譬如我们官长能以家长对待子弟的精神和态度来对待士兵，时刻照顾他、爱护他，与他同起居共甘苦，一般新兵就一定能获得我们精神的鼓励和感化。"③

为改善新兵待遇，减少士兵逃亡，增强战斗力，军政部曾拟订《改善新兵待遇办法》《各部对士兵改善待遇概要》《军政部取缔虐待士兵有效办法》《交接新兵守则》《救济交通沿线落伍伤病士兵与患病壮丁暂行办法》等法令。福建省军政当局也拟订改善壮丁生活办法（见第五章第三节），严令禁止虐待壮丁，改善壮丁生活，如规定壮丁在县候拨期间食米、副食参照国军待遇，即每日食米24两，蔬菜10两，肉1两，豆2两。全省交通线每隔40~60华里设置过境新兵招待所，或在各团管区、县（市）所在地及其所属区（署）所在地设置新兵招待所。长途行军每日不超过60

---

① 李寿芝：《如何加强征补兵员》，《福建征训》1942年第1卷第5期，第189~192页。
② 《蒋委员长嘉言录》，《兵役月刊》1942年第4卷第9~10期，第62页。
③ 蒋介石：《革新兵役的要务》（下），秦孝仪主编《先总统蒋公思想言论总集》卷16，演讲，中国国民党中央委员会党史委员会，1984，第93页。

华里，继续行军 3 日即休息一天，休息地、宿营地及运输船中均须预备茶水，保证穿暖吃饱，睡足 8 小时。① 针对征送过程中虐待壮丁、克扣粮饷等现象，1940 年 10 月，福建省临时参议会通过《兵役改善案办法》，禁止办理征送及接收壮丁事宜的部队人员用绳索或铅丝捆绑、擅杀、限制饮食、辱骂、死无殓具或抛尸郊野等非法暴戾举动，禁止办理征送壮丁部队人员中途滥捕壮丁充数。② 对于护送新兵人员克扣粮饷情况，省军管区司令部特制定详细的膳食费用查询表，派员明察暗访，查询新兵在途日数，用膳情形，并获取受查询新兵的指模。如克扣情况属实，即将护送人员交由县严办。

为救济各部队伤病官兵，避免伤病兵呻吟道途，死亡沟壑，遗尸郊野，1941 年省政府和军管区共同订定《福建省伤病官兵招待办法大纲》，要求各县（市）所在地设立伤病兵招待站，并依交通情形在其辖地设立分站。特别是交通辐辏的县政府所在地，如浦城、建阳、南平、永安、连城、南靖、晋江、闽侯、福安等县设立中心招待站，县卫生院与国民兵团军医负责药品和治疗，伤病兵治愈后，由招待站设法资遣回籍或转送部队。8 月，省军管区重新修订《福建省接领新兵补充办法》，规定未设后方医院或陆军医院的县份，应由地方公私卫生慈善机关尽量收容过境病兵壮丁。病愈后由县政府呈报团管区再转报军师管区。如因病死亡，地方政府应购捐棺木、掩埋树标，并通知家属领取。③

除了以上诸多措施外，为了能更多、更有效地征集到兵员，福建省军政当局还将人口较多、征兵成绩优良的县份划为兵役示范县，如 1939 年 4 月先在闽南划定永春、晋江、南安、惠安等 4 县为征兵实验区。④ 1940 年将省会永安作为全省兵役调查的示范县，又将各团管区驻地所在县设为兵役示范县。根据《福建省兵役示范县实施办法》，示范县在壮丁调查、国民兵役、役龄确定、检查抽签、防止壮丁避役、宣传、优待、新兵招待所、沿途护送新兵注意要点等方面为全区示范。1941 年福建省将各县政府所在地的乡（镇）作为兵役示范乡（镇）。

---

① 《省军管区司令部彻底改善新兵待遇》，《福建民报》1939 年 7 月 9 日，第 4 版。
② 《本会第三次大会决议案》，《福建省临时参议会会务通讯》1940 年第 4 期，第 33 页。
③ 《患病壮丁应由卫生机关尽量收容治疗》，《中央日报》（福建版）1941 年 8 月 14 日，第 3 版。
④ 平一：《一月来省政要闻：划定征兵实验区》，《闽政月刊》1939 年第 4 卷第 4 期，第 53 页。

　　总之，上述役政纠举措施就其结果来看在短时期内对于纠正兵役弊端，规范役政秩序，增进役政效率确实发挥过举足轻重的作用。例如，莆田、仙游两县原来逃避兵役之风特甚，常有结众冲逃的事情发生，但经过兵役宣传及改善征募方法后，自动入伍的风气较盛，"单第一区就有100余人，连出家的僧人也有4位，不甘落后，志愿应征"。① 然而，各种弊端并没有因此而根本解决，即便处理了一些征兵舞弊案件，也因数量过多，或因前方需兵孔亟，在兵员补充不及时的情况下只得将错就错。对于潜逃士兵，虽经规定查缉，并惩处了该管区干部，但"以保甲组织不尽严密，缉获送者为数尚少，各征兵机关以应征月额，征召仍感难于应付"等原因②，无法切实追缉完毕，福建省军政当局对役政弊端的纠正只能在应付与无奈之间无所作为，这种现象全国皆然。曾任国民政府兵役部部长的鹿钟麟在《我当国民党兵役部长见闻》中回忆道："我们虽也制订了一些工作计划，提出了一些办法，对役政要作些整顿改革，然而一切是徒劳无补的！……而无论什么样的好办法，一到县、区、乡、保、甲人员手中，便都会变了质，成为他们鱼肉人民的借口！"③ 1944年5月何应钦在国民党五届十二中全会所作的军事报告中也指出："近年以来，政府于此特别注意，尽力设法改善，要不惜以严刑峻法，惩处舞弊人员……虽尽最大努力，而各项弊端，究未根本廓清。"④ 1944年9月，刘建绪在三十四年度行政暨兵役会议开幕式上痛切地说："我们过去的基本缺点，首先是在于民众组织不够健全，动员民众不够彻底。我们虽在办理地方自治，实际上并没有唤起民众自觉自动的精神，人民对于地方事业，自不踊跃参加。……我们既有这些缺点，而不能及时彻底改正，于是政府与人民之间不免沿存隔阂，这是本人最觉内疚，时刻不安的事。而新兵待遇不能普遍彻底的改善，也是本人深为遗憾的事。本人虽不断地以清慎勤实，与各级同志互勉，虽用严刑峻法，处置贪污，虽然鼓励舆论，揭发下层积弊，可是积习难返，在省级机关成效已著，而下层究竟如何，愿大家以至诚无欺的态度，提出检讨。"⑤

① 朱文伯：《福建省兵役概况》，1941，第33页。
② 福建省军管区编《福建兵役四年》，环球印书馆，1941，第134页。
③ 文芳主编《兵祸》，中国文史出版社，2004，第121~133页。
④ 何应钦：《何上将抗战期间军事报告》（下），上海书店，1948，第600页。
⑤ 刘建绪：《三十四年度行政暨兵役会议开幕词》，《新福建》1944年第6卷第3期，第5~8页。

第四节　福建兵员动员评析

一　福建兵员动员实施的成就

（一）保障抗战所需要的兵员

抗战时期，国民政府在国家安全遭受全面威胁的历史条件下采取自上而下强制征集的方式动员一切可以动员的力量打败日寇。这种在非常时期采取的重要举措符合了国家法律的要求，是国民政府国防战略的重要任务，也是每一位有爱国之心的中国公民不可推卸的责任，邹韬奋曾说："中国要争取民族的生存而抗战到底，不得不征兵以补充人力，这是当然的，所以我们都应当拥护征兵这件事。我们绝不应该反对征兵，因为反对征兵就是等于反对抗战，就是等于出卖民族利益，这是我们对于征兵这件事所应首先认识的一点。"[①] 战时国民政府建立了与时势相适应的征兵制度、国民兵役制度、优抚安置制度、兵役奖惩制度等一系列兵役制度，所有这些制度为抗战初期兵员的迅速动员以及中后期巨额兵员的补充、扩征提供了保障。可以肯定地说，没有征兵制的推行，就不可能完成中国战争史上规模最大的兵役动员，也就不可能取得抗日战争的最终胜利。相较于北洋政府时期杂乱无章的募兵制，国民政府建立了国际通行的征兵制，其兵役立法、役政实施、兵役监督等方面都孕育着民主精神，蕴含着近代化的内容。国民政府兵役制度的改革，是我国近代军事史上的一件大事，征兵制的确立及其保障实施的各项举措，促进了中国军事制度的近代化。

抗战时期的福建作为前方也是后方，在抗日救亡运动高潮的影响下，地方实力派转变政治态度，拥护中央政府积极抗日，在人力、物力、财力方面对抗战做出了重要贡献。尤其是在人力方面，福建军政当局积极推行兵役政策，动员壮丁踊跃应征，使福建人民融入全民族的抗日大潮中，从本章第一节中所列的数据可以看到福建在兵力上为抗战所做的贡献。八年抗战中，广大被征入伍的闽籍将士转战大江南北，在艰苦卓绝的战争环境

---

① 邹韬奋：《韬奋文录》，《民国丛书》第四编 99 册，上海书店，1989。

中浴血奋战，以血肉之躯捍卫了祖国尊严和领土完整，他们的抗战功绩与全国各族人民一样彪炳千秋，永载史册。1945 年 8 月 15 日，刘建绪在胜利日献辞中说："本省在战时处在国防前线的地位，八年以来，本省同胞，已克尽救国的责任，本省大部分地区赖以安全完整，都是本省军民一致努力的结果。"① 尽管征兵是通过强制方式进行的，但我们也不能因此而否认它为民族为国家作出的重要贡献。

（二）培养民众兵役意识转变社会风气

我国自宋以降，采行募兵制，人们养成重文轻武的习俗，以致民众有"好男不当兵"的思想，这种固有难改的积习，成为推进兵役运动的最大障碍。尽管在兵役办理过程中曾出现大量壮丁逃避兵役甚至反抗兵役的现象，但不可否认的是，兵役制的推行和兵役政策的广泛宣传、学校军训的普及及国民兵教育的实施，在一定程度上增强了民众的国家观念和民族意识，改善了社会不良的风气。

抗战以来，福建军政当局为推行兵役工作，开展了广泛的兵役宣传和精神动员，全省各地成立了各级兵役宣传机构，众多的宣传人员包括大中学学生深入城乡宣传兵役政策，优抚政策，优待征属，普及征兵常识，极大地加深了人们对兵役的认识（兵役宣传具体内容详见第四章第三节）。在抗战前后，福建在高中、师范学校、专科学校、大学普遍实施军事训练，对战时民众动员和兵役制度推行起到了重要作用。早在 1928 年寒假，国民党中央便派员到私立厦门大学和私立集美中学组训义勇军，是为福建学校军训的开端。② 抗战爆发后，福建省动员委员会明确把教育作为文化总动员的核心力量，其主要工作是组织高中以上学生军训，于是全闽各学校的军训大规模地进行。军训分平时训练和集中训练两种。平时训练为学生每周进行 4 小时的学科和术科训练。集中训练为高中以上一年级学生集中 3～5 周的训练。③ 军训内容主要有精神训练、军事学术训练、军事化管理训练、社会服务训练 4 大类。其中军事学术训练包括学科和术科训练，

---

① 刘建绪：《胜利日献辞》，《新福建》1945 年第 8 卷第 2 期，第 5 页。
② 杨华：《本省一年来之军训》，《福建军训》1939 年第 1 卷第 3～4 期合刊，第 24 页。
③ 郑贞文：《本省一年来之教育与军训》，《福建军训》1939 年第 1 卷第 3～4 期合刊，第 13 页。

不同类型的学校对训练时间都有严格的规定，如专科以上学校学科为 115 小时，术科为 207 小时；高中及师范学科为 94 小时，术科为 228 小时；高中女生看护训练，看护学科 82 小时，军事术科 55 小时，看护术科 69 小时。学科科目包括各国国民军训概况、步兵操典、野外勤务、射击教范、国防浅说、陆军礼节、防空常识、简易测绘、卫生救急法等。术科科目有制式教练、战斗教练、野外勤务、射击演习、测图实施、防空演习等。① 战时，福建各类学校特加授兵役宣传、电码、谍报、爆破、抗倭战术、马术、自行车及游击战术等科目，并加强战时特种技术的演练，如道路桥梁之修缮、构筑及破坏，游击队之埋伏、掩护，谍报人员之技术通信联络，战时防空、防毒、救护训练等科目。从 1941 年下学期开始，福建省教育厅根据教育部要求在中小学加授兵役课程，教材由军管区编辑（中小学兵役讲授课程内容见第四章第三节）。各学校在教授兵役课程时，还令学生在校集会时轮流就兵役发表演讲和举办全国高中以上学校学生兵役论文竞赛，如 1943 年 1 月 25 日，南平举行全县各中学兵役讲演竞赛，讲题为《学生服兵役的理论与实际》《女子服兵役的理论与实际》《党员公务员士绅子弟服兵役的理论》。②

　　国民政府对高中以上学生实行军事训练，其最终的目标是战时动员，并把中学生的军事教育作为国民兵教育的一部分，1936 年的《修正兵役法施行暂行条例》规定："凡各级中等学校军事教育，均视为国民兵教育。凡在校学生不论兵役及龄与否，均有受所定军事教育之义务"③，各级学校军事教育的标准为：初级中学与国民兵基本教育相当；高级中学及同等学生，受军事教育期满并经集中军训三个月及格者，为预备军士或工长，不及格者为国民兵；大学及专科学校学校学生集训三个月（未受高中集中军训者为六个月）经考试及格者为备役后补军官佐，不及格者为预备军士。④ 由此，把受训学生纳入培养、储备、补充军队预备干部的轨道，这种"寓兵于学"的方式在征兵制度国家不足为奇，但在习惯于募兵制的中国社

① 《学生集训消息》，《福建军训》1939 年第 1 卷第 3 ~ 4 期合刊，第 109 ~ 110 页。
② 《延指南平延各中等学校定期举行兵役讲演竞赛》，《南方日报》1943 年 1 月 17 日，第 4 版。
③ 徐思平：《中国兵役行政概论》，文治出版社，1945，第 283 页。
④ 林振镛：《兵役制概论》，正中书局，1940，第 220 页。

会，着实是中国兵役制的重大突破。

福建高中以上学生军事训练与教育使学生掌握了一定的军事学识与技能，抗战爆发后，他们"或在战地服务，或则从事宣传，或则协同警卫地方，尚有成效"。[①] 例如，1937 后至 1941 年间，福建超过 500 名学生投考及被保送军校。[②] 受军训的影响，抗战末期，福建掀起了规模空前的知识青年从军运动，这些具有文化知识并经过军事训练的学生融入队伍，客观上改善了国民政府军队的兵源质量，提高了军队战斗力，也给抗战后期疲软的兵役政策的实施注入了强劲的动力，振奋了国民尚武精神，极大地改变了人们贱视比较视更严重，有蔑视之意。

在多方影响下，抗战期间，八闽大地自通都大邑以至山野村郭，民众深明大义主动请缨，送子投军，妻劝丈夫，兄弟争役，背亲入营，独子应征，重返战场，蓄发从军，弃职当兵，悔罪报国的佳话不胜枚举，以下略举几例，例如闽侯第六区墙雪乡 39 岁壮丁姚孝潮，两个兄弟外出南洋谋生，家境殷实，本可免役，但他主动把田产全部奉献给国家并请缨杀敌。在他影响下，其侄为杭、为淮亦自动请求入伍。国民政府因此授予姚孝潮"义勇可风"匾额，该区举行盛大欢送会，其年逾 70 之父登台演说，鼓励子孙为国效劳。[③] 再如漳浦县松浦初级小学教师陈燮昆、周琼英夫妇辞退教职，抛女弃子，申请入伍，申请书中说："我国防前线之福建，旦夕有发展战局之可能，保乡卫国，责无旁贷。幸民最近身体健复，正当及明投效，入伍杀敌，乃将情告妻琼英，并鼓励其前进，且喜琼英尚明大义，毅然促往，并为杜后顾之忧，亦决赴前方服务，相偕投效，聊尽国民天职，即恳编送入伍，以偿夙愿。至幼女萃品，年方十岁，乞俯恤无依，请给教育用费培养入学，沾感靡既。"[④] 最后，陈燮昆入汀漳师管区学兵队，周琼英被派往汀漳师管区医务所做上等看护兵。大田县广平中心小学毕业生郭日垒、蒋联机等 5 人报国心切志愿入伍，其中 3 人未及龄或可免缓役，他们担心家庭阻挠，黑夜就道，秘密离家。[⑤] 闽南平和县第一区 48 保 21 岁

---

① 何应钦：《何上将抗战期间军事报告》（下），上海书店，1948，第 603 页。
② 汪瀚：《学校军训在福建》，《福建征训》1942 年第 2 卷第 2 期，第 50 页。
③ 《闽侯壮丁变产献国受奖》，《大公报》1939 年 5 月 3 日，第 3 版。
④ 《兵役珍闻特辑》，《民教指导》1939 年第 2 卷第 21 期，第 6 ~ 8 页。
⑤ 《兵役珍闻特辑》，《民教指导》1939 年第 2 卷第 21 期，第 6 ~ 8 页。

壮丁游木材，临征时旧病复发而不能入伍，其妻曾秀梅深感国家存亡匹夫匹妇有责，自请代役，省政府给予嘉奖。[①] 闽西的连城成立"志愿兵连"，龙岩有"壮丁荣誉队"，其中连城"志愿兵连"，成员有兵役科科长、教师、联保主任、区分党部执委、保甲长、高小文化程度的青年、农村壮丁等，在仅仅 3 个星期，便集合了 130 多名志愿者，但名额只有 110 名。[②] 1939 年 2 月间，永安县三日内 90 名壮丁自动入伍。[③]

福建自愿入伍的风声甚至远传海外，大量闽侨青年返国抗战，这种情形与一些壮丁远涉重洋避役形成鲜明对比。例如，1939 年中央派闽籍军官李良荣到福建主办新兵补训处招训优秀学兵，准备建立"闽兵团"，闽西南各地知识青年风起云涌投考应试，远在海外的闽侨青年亦闻风继起，争以返闽受训为荣。当年，菲律宾有 62 名、新加坡有 88 名闽侨青年返闽受训，他们大多是富豪子弟。[④] 南安丰州人林九练亲笔寄书令其在南洋的幼子林德安返国从军，其侨居新加坡的孙子林庆祥亦自动加入技工队由缅甸赴云南投效。[⑤] 南洋青年华侨刘克辛爱国心切，厦门失守后，他骗了家人逃回国内加入部队，在德安战役中左脚受伤，才寄信告知家人情况。[⑥] 需要特别指出的是，壮丁们风起云涌地参加兵役，而许多妇女也纷纷鼓励丈夫、儿子、兄弟上前线。例如，在南安某保，入伍壮丁流如的母亲说："当兵是好事，爱国，我没有介心，只恨第二的（她的次子）不成丁，不能上阵。"[⑦] 有些"模范抗属"经过宣传和教育后，明了参加兵役乃国民应尽的义务，因此只要她们自己有生产能力，大多不愿接受别人的帮助，甚至反而帮助其他征属工作，如洗衣、煮饭、缝纫等。

有志青年毁家纾难、热心从戎的壮举，展现了福建民众爱国的热情，

---

① 《兵役消息拾零》，《兵役月刊》1940 年第 2 卷第 5~6 期，第 65 页。
② 三凡：《谈"志愿兵连"与"壮丁荣誉队"》，《福建新闻》1939 年第 8 期，第 1 页。
③ 帆影：《闽西壮丁集团自动入伍：连城志愿兵连与龙岩壮丁荣誉队互相媲美》，《福建新闻》1939 年第 8 期，第 7 页。
④ 三凡：《每月例话：谈"闽侨返省受训"与"泉永壮丁自动入伍"》，《福建新闻》1939 年第 4 期，第 1 页。
⑤ 《兵役珍闻特辑》，《民教指导》1939 年第 2 卷第 21 期，第 6~8 页。
⑥ 沉吟：《入伍壮丁访问记：在南安第××区第××保》，《福建导报》1938 年第 1 卷第 6 期，第 12 页。
⑦ 沉吟：《入伍壮丁访问记：在南安第××区第××保》，《福建导报》1938 年第 1 卷第 6 期，第 11 页。

客观上反映了从军风气的转变，据统计，1939 年 6 月份，仅永春一县就有 200 余人志愿从军，晋江、南安、惠安 3 县亦不下 200 人，加上莆田、仙游、安溪、同安、漳州，仅闽南地区总数就已达 1500 人。[①] 闽南地区民众自愿从戎，一方面在于泉永民众本身富有勇敢进取的精神，另一方面在于补训处将永春、南安、晋江、惠安等县划为兵役实验区，加大了兵役宣传。至 1940 年底，全省共有 2258 人自愿走上抗日前线，其中古田县 546 人，人数最多，永春县次之，计 350 人。[②] 1942 年 5 月莆田自愿入伍壮丁也达 600 余人。[③] 总之，这些热烈投效的壮举不仅振奋和鼓励了民众精神，也转变了福建颓靡衰弱的从军风气，推动了战时福建征兵制的实施。

二 福建兵员动员实施的影响

(一) 加剧经济凋敝

战时福建经济的凋敝，固然有多方面的原因，但过度征用青壮年劳动力服兵役、服劳役以及由此造成的人口变动是不可忽视的重要因素。众所周知，一定数量的人口是社会生产得以发展、生活得以安定的保障。福建自帝国主义入侵中国后，农村与中国其他地方一样趋于破产，后数十年来不断地闹兵灾、匪祸、水灾、鼠疫及疟疾等，人口死亡率极高，加上大多数农村遭受穷困的压迫，农民的离村率有增无减，甚至一部分农民论为佣役、匪盗、丐娼等，农村劳动力已近衰颓。抗战时期，高额的兵员配赋和频密的壮丁征集，必然使青壮年脱离正常的生产、生活轨道，使城乡劳动力严重短缺。以三元县保吉口吉溪两保的户口为例，其中老年（46 岁以上）107 人，壮年（30 岁以上）108 人，青年（16 岁以上）77 人，总计男子 396 人（含 16 岁以下），实际参加农业生产的仅 140 人，而被征调者 42 人，占全部生产人数的 30%。[④] 此外，壮丁逃避兵役以及各种劳役使得各地劳动力更形缺乏，1944 年《解放日报》曾经报道闽北、江西"征兵

---

① 《闽省壮丁纷纷入伍》，《申报》1939 年 7 月 17 日，第 3 版。
② 《福建省第三回统计年鉴（兵役类）：1937~1944》，福建省档案馆藏，档案号：3-1-25，《表 12　全省志愿入伍人数》。
③ 《简讯》，《福建征训》1942 年第 2 卷第 5~6 期合刊，第 211 页。
④ 林景亮：《粮食增产中的本省农村劳力问题》，《新福建》1942 年第 2 卷第 1 期，第 32~33 页。

机构征而不公，一般民众为要避免这不公平，有些壮丁便不得不东躲西藏而荒废作业了。少数县份为了追送兵役欠额，致使大批劳动力散亡，农村劳动力便愈来愈缺乏了"。[①]

农村劳动力短缺，农民雇工不易，导致劳动力价格不断上涨，贫穷的农民因无力雇用劳工而延误耕种或只种一季或只选择土地肥沃、耕种较易的田地进行耕种，而对贫瘠艰涩的土地大多任其抛荒。以农村短工工资为例，1942 年 6 月份供膳男工月工资为 4.24 元，7 月份上涨至 5.12 元，上涨 0.88 元。[②] 至 1943 年过 4 月份供膳男工工资上涨至 11.71 元，比 1942 年 6 月份上涨了 7.47 元。[③] 劳动力短缺也导致农产品价格上涨，沿海沦陷后，农产品输入断绝，又因农村劳动力短缺，荒地日增，产量减少，农产品价格因而急剧提高。

福建沿海一些县份的壮丁则远涉重洋，到外国谋生，出洋含有逃难及逃役两种意义。据史料记载，1936 ~ 1949 年福建净出国人数高达 630853 人，年均出国 45061 人。[④] 仅 1938 年 2 月至 1939 年 2 月一年间，福建省出国人数为 44932 人，其中壮丁 25242 人。[⑤] 1940 年 8 月至 12 月的 4 个月中，闽南各县出国人数总计 8322 人，其中男子 6891 人，绝大部分是役龄壮丁。[⑥] 到 1941 年，出国人数更多，厦门侨务局统计，仅 8 月份，厦门到新加坡的男子就达 354 人，到菲律宾的男子 511 人。[⑦] 此外，沿海各地受敌人威胁，人口便向内地疏散，结果大片田地，摺荒在长乐、福清、莆田、同安、龙溪、海澄、漳浦、云霄、诏安、惠安等地十分严重。[⑧]

总之，兵役的实施直接和间接造成农村劳动力的锐减，这种情形在生产力落后的福建，势必会对农工商各业的生产、运营以及家庭生计，甚至

---

① 《福建江西又遭灾荒》，《解放日报》1944 年 11 月 1 日，第 1 版。

② 福建省统计室：《民国三十一年七月份福建省各县（区）农村短工工资统计》，《农业统计资料》1942 年第 2 卷第 1 期，第 21 页。

③ 福建省农业改进处调查室：《民国三十二年四月份福建省各县（区）农村短工工资统计》，《农业统计资料》1944 年第 3 卷第 5 ~ 6 期，第 19 页。

④ 福建省地方志编纂委员会《福建省志·华侨志》，福建人民出版社，1992，第 19 页。

⑤ 《二十七年并二十八年一、二月份闽侨出国回国统计》，《闽侨月刊》1939 年创刊号，第 6 页。

⑥ 《闽南华侨出入国状况》，《闽政月刊》1941 年第 8 卷第 2 期，第 56 页。

⑦ 《八月份华侨出入国统计》，《泉州日报》1941 年 9 月 6 日，第 4 版。

⑧ 徐天胎：《福建农村经济鸟瞰》，《时事半月刊》1940 年第 3 卷第 14 期，第 29 页。

整个经济造成严重的影响。1944 年 9 月刘建绪在三十四年度行政暨兵役会议开幕或申说，由于负担既欠公平，兵役、劳役又有增无减，本省近几年农村经济已快到枯竭的地步。[①]

（二）造成人口比例失调

大量的青壮男子被征，不但造成男女性别比例的失调和人口年龄结构的畸形，而且影响正常的生育，从而使人口整体减少，间接影响农工商业的发展。据统计，1937 年抗战刚爆发时，福建全省还有12407936 人，至 1945 年，人口减为 11099364 人。[②] 八年间人口锐减131 万。1941 年 2 月，陈仪在第三战区作战人员研究训练班演讲时尖锐地指出："从崇安、建阳、南平、沙县直到永安、连城、长汀这一路沿途随处可以看到许多很大的村庄，现在都是颓垣残壁，杳无人烟，田园没有人耕种了，触目皆是蔓草遍地，荆棘丛生。……种种现象，还不足以证明我们的人口急剧减少了吗？"[③] 农业和商业的衰落，造成地方经济的萧条，原应开发的福建内地农村经济更是雪上加霜，这样的惨景使得民众更不愿意支持兵役，于是形成征补愈急，壮丁逃亡愈众，经济愈加恶化的恶性循环。

（三）影响家庭生产生活

战时农民是兵役的主要负担者，被征的壮丁基本上是家庭的中坚力量，甚至是一人支撑着全家的生活，在生产力水平极其低下的福建，壮丁被征意味着家庭失去了主要的劳动收益。虽然国民政府和福建地方政府颁布了多种优待征人和征属的法规，也尽可能地采取多种措施来实施优待，但因战时福建经济极端困难，优待金、优待谷和安家费的筹集困难重重，即便给予了一定的优待，相较于壮丁劳动所得的收益，出征给家庭带来的经济损失是无法弥补的。加之在优待金（谷）筹集发放过程中，基层役政人员贪污舞弊，以权谋私，他们对待有钱有势之家索贿包庇，放任亲属逃

---

① 刘建绪：《三十四年度行政暨兵役会议开幕词》，《新福建》1944 年第 6 卷第 3 期，第 8 页。

② 福建省档案馆编《民国福建各县（市）户口统计表：1912～1949》，1988，第 2 页。

③ 陈仪：《民族的发展与战争》，《闽政月刊》1941 年第 8 卷第 5 期，第 3 页。

避捐纳，对待征属，少发甚至侵吞优待金（谷），霸田占产，以致民众怨声载道，对兵役推诿逃避。抗战爆发至 1939 年，各地物价基本平稳，优待物资尚可勉强维持征属的生计，但 1940 年后物价迅速上涨，到抗战末期恶性通货膨胀急剧加速，福建省采取了一定措施增加优待金（谷）的发放数量，但相对于疯狂上涨的物价这无异于杯水车薪，征属的生活日益恶化，这也间接影响了士兵的抗战情绪。

战时纳金缓役制度从法律上给有权有势有钱者逃避兵役提供了便利，对于贫苦壮丁来说，为了家庭生计，他们不惜倾家荡产买人替征或通过贿赂以求免缓役。而那些无力买人顶替或无钱贿免者则四处逃散，举家外徙，造成了田地荒芜和经济残破。与此同时，因壮丁逃避兵役，基层役政人员常常将其父母兄弟妻儿逮捕以威胁或替征，加之兵丁、兵痞下乡肆意抓捕勒索，致使"闾阎骚然，鸡犬不宁"。据《晋江文史资料》记载，由于强拉壮丁之风盛行，广大壮丁家庭惶惶不可终日，摸索"壮丁期"的规律，就地周旋、回避、躲"风头"，在抓壮丁的高峰期，壮丁及家人食不甘味，寝不安枕，只要闻鸡叫犬吠，就成群结队逃到山上去，或藏匿在墓坑里。[①] 连非应征的劳动人口也受影响不能安然地从事生产和生活。

（四）导致社会秩序混乱

战时的征兵、征粮、征工给民众带来了深重的灾难。其中频密的壮丁征集，地方役政办理的不公，强拉勒索的方式，致使民众普遍对兵役不满。当压力和痛苦超过承受的极限时，一些民众只好铤而走险，由此引发官民冲突，甚至大规模民变在抗战时期的福建屡见不鲜。战时由兵役直接或间接引发的冲突、暴动数量众多，范围遍及全省，贯穿整个抗战始终。其诱发的原因是多方面的，一是地方政府横征暴敛引起民众的痛恨，一些会众组织则利用民众这种心理纠集适龄壮丁，借众反抗，鼓动民变，例如，1937 年寿宁县赤岩乡大刀会首领陈奶章，发动该县、周墩、宁德、福安等地壮丁聚众抗征。[②] 二是基层役政人员的腐败与对民众的压制、欺凌，

---

① 洪祖良：《"抽壮丁"的惨痛回忆》，《晋江文史资料》第 22 辑，晋江市政协文史资料委员会编印，2000，第 138 页。

② 《本省数月来兵役行政进行概况，额外征募兵额一律制止，迁移规避寄居地征集》，《福建民报》1937 年 11 月 14 日，第 3 版。

使民众有冤难申，有苦难诉，引发暴动。例如，1939 年农历七月四日晚，宁化县湖村镇 100 多名壮丁各带武器，围攻联保办公处，"官民双方激战至拂晓"。后县政府查明此次壮丁暴动是联保主任邱大彬舞弊、蛮干引起的，即下令将其撤职，直至 1951 年镇反运动中，邱大彬才被就地枪决。①三是一些壮丁因为避役无处可逃被迫啸聚山林，他们执枪械而图抗拒，焚烧乡镇公所，杀戮保甲长、联保主任或县府人员，如明溪大刀会数百人，手持大刀戈矛，声势浩大，流窜至明溪夏阳梓口坊，杀害区长阮家驯，区员、乡长等 23 人，造成明溪空前惨案。②有的恨学生宣传兵役"不讲实情"，而发生殴打学生、砸毁学校的事情。1941 年陈仪就曾说："逃役事件的发生会影响整个社会的稳定与安宁，譬如最近建瓯发生土匪拦途抢劫，就是因为有不少逃役壮丁混迹其间，为非作歹的结果。"③四是地方政府强掠壮丁、捕民当兵引发民众抵制兵役，如 1943 年农历九月九日晚，光泽县台山乡黄西坑七十多名壮丁冲击乡公所，抢回被捕的壮丁，双方死伤多人。④其他事件也屡有发生。

战时福建各地的民变并非单纯由兵役所引发，其中纠结着深刻的政治、经济和社会原因，如沉重的兵役、工役、粮政和捐税负担，新县制等新政推行引起的基层权力结构的变动，秘密社会的组织蛊惑与参与等。然而由兵役导引的矛盾和冲突是最重要的因素，这些冲突和矛盾严重影响社会的安宁和人们的生产生活秩序，加深了民众与政府间的隔膜，减损了政府的威信。

（五）削弱兵员战斗力

就全国而言，抗战动员数量巨大，但仍然没有达到"人人当兵，全民抗战"的目的。由于免缓役条件过于宽泛，加上"仕官之家以势而免疫，

---

① 湖村乡志办：《记 1939 年湖村壮丁暴动始末》，《宁化县文史资料》第 6 辑，宁化县政协文史资料委员会编印，1985，第 116～117 页。

② 《编训明溪自新会匪》，《闽政月刊》1941 年第 8 卷第 5 期，第 52 页。

③ 陈仪：《福建省军管区三十年度征补会议开幕词》，《闽政月刊》1941 年第 8 卷第 3 期，第 24 页。

④ 上官绍诒：《抗丁血泪》，《光泽文史资料》第 5 辑，光泽县政协文史资料委员会编印，1986，第 57 页。

富豪之家以财而避役"①，即"有知识不当兵，有钱不当兵，有权不当兵，有地位不当兵，凡是长衣阶级、皮鞋阶级、知识阶级，只要稍能识字看报或谈谈国事，做做文章的人，都可以不当兵"。② 因此，所征之壮丁，皆为"贫苦无告""愚鲁懦弱"的农民、市井佃民，甚至收买、抓送游民、小偷、赌徒、烟鬼抵账，雇用乞丐、无赖充数，有时把看守所中关押的年轻"案犯"权当兵员抵额，兵员素质如此低劣，以致退役遣散时，不少沦为盗匪，扰乱社会治安。1939 年，陈诚在全国兵役补充会议上指出所征召之壮丁多为"体力不健，素质不良之分子"。兵役部长鹿钟麟也说，"一百个壮丁中，想找一小学生都非常难"。③ 全国如此，福建自不在话下。据统计，福建省自 1937～1944 年上半年，共出征壮丁 532668 人，其中农民506526 人，约占 95%。④ 壮丁入营后，其战斗力并没有快速提高，反而大幅降低。《福建兵役四年》曾对被征集的兵员有这样一番评论："查本省壮丁欲个个均有强健魁梧之体格，实戛乎其难。壮丁既未有强健之体格，在经验收入营之后，设无合理之锻炼与善良之待遇，使其体魄增强，势必精神日见颓唐，体力日趋孱弱，终至不堪训练，退伍归家，此不特于个人身体大受损伤，而政府管训日久，终不能用以御卫。所蒙损失，亦至深巨。更有训练新兵之下级官长，罔知爱护，横加虐待，甚或关闭幽室，克扣饷糈，伤病不能治疗，动则鞭责，以致壮丁在营，无不感受极大痛苦。"⑤ 本来，民众对于征兵以及抗战意义就已观念模糊，认识未清，被征者又多出自强迫，征途中长途跋涉，虐待折磨，即使没有中途倒毙，也已精疲力竭，作战能力可想而知。一位美国专家在 1944 年广泛地检查了来自许多部队的 1200 名士兵，发现 57% 的士兵营养不良，体质赢弱。⑥ 抗战征兵急如星火，国民政府各级征兵机关完全是应付善事，区乡长以能如数交兵额给县府为责，县府以如数送交管区了事，管区以能点交部队为完成任务。

---

① 《新战术，新兵制》，《中央日报》（福建版）1944 年 9 月 20 日，第 3 版。
② 钧林：《推行役政的困难及其解决途径》，《福建征训》1943 年第 3 卷第 4 期，第 115 页。
③ 鹿钟麟：《视察役政纪实》，出版者不详，1945，第 3 页。
④ 郑澄桂主编《日本帝国主义在闽罪行录：（1931～1945）》，福建人民出版社，1995，第662 页。
⑤ 福建省军管区编《福建兵役四年》，环球印书馆，1941，第 265 页。
⑥ 〔美〕费正清主编《剑桥中华民国史》第二部，章建刚等译，上海人民出版社，1992，第626 页。

"至其所征之兵，素质如何，能否堪任战斗，能否英勇作战，均非彼等所置念"。① 另外新兵征集后草率训练或者根本来不及训练就拨交部队，因此，入伍半年后，还不知道如何装卸子弹，如何瞄准，大多数士兵射击就是胡乱放枪，更遑论机械化武器装备了。黄仁宇曾描述当时他所在的师部兵员情况"师部也接到补充兵，可是军政部说是拨补三千，到师部不及五百。而且到抗战后期，所征的兵员质量也愈低下，不仅体格孱弱，而且状似白痴，不堪教练。师部的办法即是抽调各营连可堪训练的士兵，组织'突击队'，集中训练，其他的则归各部队看管，也谈不上训练，只希望来日作战时在山上表现人多"。② 可以想象，依靠这样素质的军队坚持奋战并搏得抗战最后的胜利，实在是 20 世纪中国历史上的奇迹。

综上所述，抗战时期福建军政当局通过征集、招募、抽调等方式，将大量兵员及时补充到前线，为正面战场兵源的补给和抗战的最终胜利做出了重要贡献。国民政府废除募兵制实行征兵制，毫无疑问这是时代的进步，推动了中国兵役制度向近代化迈进，国民政府适时做出的这项举措，成为打败日本帝国主义的关键。征兵制在福建的实施，极大地增强了福建民众的国家观念和民族意识，促进了社会服役风气的转变。但战时福建军政当局通过强制性的手段来获得兵员，很大程度上违背了民众的意志，频繁而大量的壮丁征集，严重影响了福建经济发展和社会稳定。综合考察战时福建的兵员动员，既不能忽视和抹杀它的积极意义，也不能否认和忽略它的消极影响，只有运用一分为二的方法看待这一问题，才能得出一个符合历史事实的结论和认识。

① 林振镛：《兵役制度概论》，正中书局，1940，第 244～245 页。
② 黄仁宇：《地北天南叙古今》，生活·读书·新知三联书店，2007，第 118 页。

结　语

抗日战争是关乎"国家存亡，民族绝续"的民族解放战争，在抗战最后胜利的过程中，中国人民所赖以与倭寇驰骋疆场，是数量庞大的兵员。兵民是胜利之本，在中日实力差距悬殊以及兵员伤亡惨重的态势下，如何大规模地征召兵员以坚持持久抗战成为攸关民族命运的最紧要问题。国民政府征兵制的实施，促进了兵役制度的重大变革，为兵源征集提供了法律的保障，使国民政府征集了1392.3万名兵员①，对坚持抗战直至最终胜利起到了至关重要的作用。然而，战时的征兵史也是一部民众与政府生死博弈的血泪史，究其祸根，应归咎于日本帝国主义的侵略。

战时的福建作为沿海省份，始终处于抗战前线，其兼具前方和后方的特点。在推行征兵制的过程中，相对有利的条件是，在全面抗战前后，以民军为首的地方割据势力相继被整肃和改编，福建实现了军政的统一化，经济上打破樊篱，为兵员动员奠定了政治、经济基础。刘建绪曾将抗战八年分成两个阶段，"前一阶段较大的成就，在军事方面，歼灭了土匪恶霸，打破本省数十年来的混乱割据局面。在政治方面省府合署办公，县府裁局改科，设置区、乡，兴办干部训练，建立人事及会计制度，整理捐税，废除苛什。"②　"九一八"事变后，福建掀起大规模抗日救亡运动的高潮，

---

① 该数据引自兵役部役政月刊社《抗战八年来兵役行政工作总报告》，时代印刷出版社1945，第47页。另外，何应钦：《抗战八年之经过》，"国防部史政编译局"，1981，《附表9　抗战期间各省历年实征壮丁人数统计表》中统计数据为14050521名，战时征兵数量因各方统计不一，事实上较难精确。

② 刘建绪：《施政总讲评——三十四年度施政总检讨暨三十五年度行政会议闭幕词》，《新福建》1946年第8卷第5~6期，第43页。

"福建事变"的发生以及中共抗日民族统一战线的影响，闽海沦陷后保卫"大福建"运动的蓬勃发展，等等，成为福建人民全面抗战的先声，为战时兵员动员作了充分的思想准备。

1937年6月，福建试行征兵，不久，全面抗战爆发，福建被迫转入战时征兵体制。抗战之初，福建军政当局就把兵役当作"最重要的事务"，陈仪曾说："在一切力量之中，最重要的是人的力量。但在战时各种人力之中，最重要的是征兵事务。福建省是比较穷的省份，物力的补助，我们自知能力很薄弱，中央也并不要求我们，可是关于人力的补充，只要我们能好好地努力推行役政，一定可以做到相当的成绩。我们以人力的贡献，弥补物力上的缺憾，这是义不容辞，责无旁贷的。"①

福建省兵员动员体制的建立和完善，经历了从征兵之初的征募兼施到分区征募，再到统一征募，直至最后完全实行征兵四个阶段的发展过程，这一进程是伴随着抗战形势和福建省情的变化而不断改进和完善的。抗战初期，由于全省役政尚无统驭机关，征募异常混乱。1938年2月福建省军管区成立后，兵役行政渐趋统一。为适应战时役政推行的需要，福建兵役动员机构几经调整、完善，逐渐达于健全。福建省的兵员动员是在兵役管区机构、各级地方政府、国民兵役机构三套平行的兵役系统相互配合下共同完成征（募）事务的。兵役管区机构（军、师、团管区）作为纯粹的役政机关只是负责所辖区域役务的管理和统筹，而具体的征兵事务则是由县政府军事科、区、乡（镇）公所和保甲共同完成的。保甲作为国民政府政治制度的末梢，是实现兵员动员的最根本组织。国民政府曾力图通过保甲实现管、教、养、卫的目的，其中"卫"是推行保甲的"根本精神所在"。然而，由于战时基层组织不健全，户籍制度不完善，保甲人员素质良莠不齐，现代征兵制度付诸"先天畸形"的保甲制来实施，必然受到掣肘，甚至成为祸国殃民的工具。而保甲征兵过程中腐败现象的滋生，不断侵蚀义务兵役制的本质，遂使征兵变成最为繁难的工作。在当时，"办理役政的人，莫不讲兵役困难，留心役政的人，也常议论役政的弊端。"② 为了办好役政，福建省军政当局

---

① 陈仪：《推行兵役重要性——九月五日在第56次党政军联合纪念周讲》，《闽政月刊》1938年第3卷第1期，第12~13页。

② 刘德忠：《目前兵役问题之症结和解决办法》，《建言季刊》1941年第1卷第1期，第67~72页。

通过颁布地方兵役法规，完善兵役行政机构，动员民众精神，宣传兵役政策，发动民众教育，实行学校军训，健全保甲组织，组训国民兵，优待征人征属等一系列行之有效的方式和手段动员壮丁出征抗敌。精神层面的动员包括发动新生活运动、开展国民精神总动员以及兵役政策的宣传。战时各级兵役宣传机构以乡村农民为重点，通过文字、口头、戏剧、图画、音乐、游行、展览等多种方式，以定期集会宣传和机会宣传两种模式，分别对一般民众、办理役政人员、征人家属、地方士绅、公务员及其子弟、学生采取了不同的宣传方式。战时国民政府动员一切可以利用的力量，运用一切可行的方法向民众作兵役宣传，是历朝各代不曾有过的现象，使民众在一定程度上明了服兵役是公民应尽的义务，也是公民的权利，赢得了役政人员和民众对兵役工作的理解和支持。福建军政当局通过户口编查、整编保甲、训练保甲人员、健全保甲组织，为征兵的顺利推行迈出了"第一步"。福建军政当局对征人及征属采取了鼓励、慰问、优待、救济等措施，既安抚了出征壮丁，又对未征壮丁产生强烈的示范和引导作用。

兵员动员的具体实施即兵员征集，这是战时福建役政工作的最基本、最重要、最奏实效的环节。福建征兵体系一后，中央依据福建省人口数、现役及龄壮丁人数、生产情形、交通状况、文化习俗等确定本省每年应征的兵额。然后将兵额分配至省军管区，省军管区再分配至各师管区、团管区、县，直至乡镇保甲。具体的程序为壮丁经过身家调查（4～6月）、体格检查（7～9月）后，以区、乡（镇）或联保为单位举行抽签（10～11月），抽中的壮丁，除一部分作为备补兵外，其余的都作为现役兵分拨入营。抽签的办法是抗战时期国民党统治区征集壮丁时采用的最主要办法。福建省兵员的拨补分为月征兵额拨补和补充团（营）拨补，第一期抗战期间，绝大部分兵员系随征随拨，没有时间训练，因之兵员素质低劣。第二期抗战以后，每月征集到的壮丁先拨交县壮丁常备队初训，再拨入各师管区补充团（营）进行1～2月的精神训练和技术训练，最后交由野战军部队。随着战争的发展和征补次数的频密，征集的程序调整为调查、抽签、检查、征集，到抗战后期，前方部队催接频仍，只能随征随拨或提前征拨，根本无法按程序办理。

在征兵的过程中，能否合法合格、如期如数拨交兵员成为征兵的最重要问题。1939 年下半年后福建出现了兵额欠征，抗战末期，欠征兵额越来越大，为还清欠额及缓解日益严重的役政弊端，福建省军政当局采取了多种措施改善役政，如制定防逃措施，开展征兵竞赛，缩小免缓役的范围，发起知识青年从军运动，策动士绅公务员子弟当兵运动，加强对地方役政人员的训练奖惩等。其中，抗战末期发动的福建知识青年从军运动效果最为显著，在第二期从军运动中，共有 13000 多名知识青年踊跃应征，居全国第二位，这场运动是福建抗战史、军事史、社会运动史的重要事件，由此产生了巨大的社会影响。

通过多种举措，福建省较好地完成了战时役政工作，八年间，福建共征集兵员 597519 人，这些壮丁被派往全国各大战区，他们与全国抗战将士一道为保家卫国英勇奋战，浴血疆场。据统计得出，战时福建实征壮丁总数约占全省总人口（约 1175 万，未包括金（门）厦（门）沦陷区）的 5%，即平均不到 20 人就有 1 人当兵，平均 3.2 名壮丁（总数约 192 万）就有 1 人应征入伍，平均每保（约 15800 保）出丁 14 人，每甲 1 人，福建 5% 的动员率高于全国 2.9%～3.1% 的平均数。可以说，战时"（福建）当局在中央指导之下，对于政治军事，益复殚精竭虑，不遗余力了。"①

战时福建征兵运动的成绩并不能简单地视为自上而下的社会运动的结果，它凸显的是国民政府役政改革的成效和民众社会意识的改变。国难当头，蒋介石曾非常鲜明地提出："军事第一，胜利第一""抗战建国，首重兵役"，蒋介石的言论及国民政府颁布、修订的兵役法规都成为国统区兵员征集与补充的合法性源泉。"徒法不足以自行"，为了保障前线急需的兵员，国民政府还通过健全兵役行政组织、改进兵役措施来调整、缓和征兵中的矛盾和对立，如纳金缓役、长子免征等。1943 年修正的《兵役法》，规定了兵役权利和义务全民化，实行完全征兵制，紧缩免、缓役范围，所有这些举措为抗战初期兵员的迅速动员及中后期巨额兵员的补充、扩征提供了重要保障。事实不可辩驳地证明，实行征兵制是武装民众的最高形式，是救亡图存的重要法宝，正是国民政府的征兵制，才使得天南地北的壮丁志士汇聚成民族抗战的洪流，源源不断地输送到正面战

---

① 赵南：《福建方面抗战以来之战绩》，《闽政月刊》1940 年第 5 卷第 5 期，第 22～33 页。

场，完成了中国战争史上最大规模的兵役动员，保障中国赢得了抗日战争最后的胜利。

抗战时期，福建军政当局为了完成征兵任务，也会以单一、粗暴的方式强迫民众，直接造成了逃役、买卖壮丁现象的屡禁不绝。在兵员动员过程中，役政人员徇私舞弊、贪污受贿、强拉壮丁、惨虐新兵现象层出不穷，民众状告各级役政人员的案件卷帙浩繁，壮丁千方百计逃避兵役、买卖顶替的情况遍及城乡，福建的役政逐渐发展为"乱政"，由此引发的官民矛盾、暴力抗征，甚至"民变"，严重扰乱了正常的社会秩序，影响了社会经济的发展。刘建绪曾坦言："对于战时动员，人民本来很乐意的，但因负担欠平，方法欠善，加以不肖人员与土劣从中把持和渔利，加重人民痛苦，滋生无数纷扰。"① 基层役政的腐败，从根源上反映了国民党及其政府政治的腐败，最终以征兵和征粮"两大恶政"助推了国民党在大陆统治的彻底崩溃。福建军政当局曾为改善役政作了一些努力，如制定相关法令规范监督、惩治役政腐败，改善壮丁待遇，加强对人民逃避兵役以及兵役舞弊问题的检举和惩处，然而积重难返，整顿改革的收效甚微，役政弊端终究未根本廓清。

役政弊端的存在不可避免，但政府与民众之间并不完全是"命令—服从"的单纯博弈，其间也有良性互动的存在。不可否认，这与福建人民固有的爱国心理和对日寇侵略的本能自我保卫有关，也缘于福建官方或民间社会团体宣教的力量，在具体实施过程中加深了人们对役政的理解，并表现为为国请缨的强烈行动，这种"本省历来罕见之现象"在战时常见诸报端。

当然，战时福建高额的兵员配赋和频密的壮丁征集大大超过了福建兵源实际负荷能力，也造成了城乡劳动力严重短缺，土地荒芜，经济残破，而强拉壮丁，使非应征的劳动人口也不能安然地从事生产和生活，原应开发的福建内地农村经济更是雪上加霜。这样的惨景使得民众更不愿意支持兵役，于是形成征补愈急，壮丁逃亡愈众，经济愈加恶化的恶性循环。

---

① 刘建绪：《三十四年度行政暨兵役会议开幕词》，《新福建》1944 年第 6 卷第 3 期，第 5～8 页。

众所周知，征兵是战时最为繁难的工作，毛泽东曾指出："国民党拥有广大的人力资源，但是在它的错误的兵役政策下，人力补充却极端困难。"① 困难与弊端并不是孤立存在的，除了军事形势变化之外，它涉及基层政治、经济状况、社会组织、文化思想、民众心理、兵役政策等诸方面关系，情况异常复杂。② 的确，这种"繁难"，关系战时国民政府的全部，从制度实施的角度来看，一种制度的施行成功，是要经过许多的挫折和改进，始能进入理想的状态，中国现代征兵制是在日本侵华这一历史背景下仓促产生和推进的。征兵制实施不到一年，就遭遇到空前的抗战，甚至许多省份，在战事发生后才开始大规模征兵，时间如此短促，其艰难程度非同寻常。征兵制作为国家的百年大计，本应当建立在和平的环境基础之上，纵观东西各国征兵史，征兵都是在和平时期举办的，经过数十年的发展才能奠定征兵制的政治、经济、社会的基础，如普遍的国民教育、严密的户籍制度、从中央到地方的民权政治机构、和平时期所培养的大量军队干部，使得全国兵役制度才有实施的可能。当然，这并不是说兵役制度实施的困难必须经过一个相当长的和平时期，才能慢慢解决，如法国在大革命战争中产生了征兵制，俄国在国内战争以及反对列强干涉战争中产生了工农红军，确定民兵制度。然而，抗战时期的中国显然没有这样的基础，抗战时期中国处于国家新的武力迅速地壮大以及新兵制迅速变革的过程中，当时的国民政府政治、经济、社会的基础未稳固，地方自治尚未完成，社会组织松懈，户籍制度不完善，经济状况恶化，文化教育落后，政治动员不够，役政经验缺乏，汉奸间谍乘隙挑拨离间等，在这样的背景下，强力推行制度要件缺失的役政必然十分艰难。《新华日报》曾发表评论说："现时壮丁征调训练，唯压制强力是赖，又不能于人民服务兵役之意义作普遍深入之宣传，又不能于人民智愚勇怯之不齐。贪污土劣又从中敲诈勒索，克扣虐待，如此，而欲人民踊跃赴敌效死疆场，抑其繁难。"③ 就民众而言，当时"贫弱愚私散"的国民特点，畏死怕苦的心理及"生存第一"的利益考量，使民众不可能在短时间内消除兵役即"贱役"的根本看法。而征兵制带来的更多是民众心理的改变，传统募兵是基于一定报酬

---

① 《毛泽东选集》第 3 卷，人民出版社，1991，第 1048 页。
② 《目前兵役问题之解决办法》，《新华日报》1938 年 10 月 31 日，第 4 版。
③ 《目前兵役问题之解决办法》，《新华日报》1938 年 10 月 31 日，第 4 版。

的民众自愿、自主行为，而征兵却带有更多的强制、义务色彩，且无生活和生命的保障，当国家兵役义务与民众现实生活之间形成某种张力时，不可避免地产生避役甚至武力反抗了。尽管国民政府规定了比较完善的动员法规体制，使民众的兵役义务"合理""合法"，但充当兵役的壮丁大多数是目不识丁的农民，兵役宣传的不足，征兵制未能内化为民众的意识，使他们对征兵"新政"茫然未知，因此，征兵制的推行毫无社会基础。

相比较于其他省份，福建的时、地、事、人、物等状况都对役政产生了重要影响。在当时，广西"寓兵于团，寓将于学，寓征于募"的政策已实施多年，江苏、浙江、安徽等省在1936年就试行征兵，而福建试行征兵之初，正值抗战军兴，在一切准备不及的情况下就强迫征兵，其慌乱和茫然的境况可想而知。而就本省地情来看，福建僻处东南边隅，数百年来未经重大战祸，抗战时期也仅有沿海部分县份沦陷，人民的"兵役"思想薄弱，国家政治意识淡薄，从军风气低迷。虽然民国时期全省各地都曾有数十股民军，但大多在本地活动，无战事即为民，有战事即为军，他们并不习惯正规军队的生活。当时全省各地生活水平都比较低，谋生相对容易，民众当兵糊口的愿望并不强烈，不但好男不当兵，就是坏男也不肯当兵。福建东西南北山川阻隔，语言庞杂，交流不畅。各地民众的思想特征并不一致，闽北人民较为保守，进取精神较缺乏；闽南民众有漂洋过海外出谋生的习惯，为国家牺牲为民族奋斗愿望不强；闽东及福州民众，或则生活困难以致营养不良，或则沾染都会风习苟且偷安；闽西民风强悍，但国共土地革命战争致使人口锐减，又有大部分青壮年加入红军，国民党可征兵力较少。福建山高林密、气候潮湿，容易滋生众多的地方性疾病，又民众结婚年龄过早，营养不良，不讲卫生，致使壮丁体格瘦小、孱弱，不合标准。而此时，闽政名为统一，但各地从未平靖，民军叛变作乱，敌寇又侵犯海疆，内外交困，需兵巨量，因此，在这样的省份推行兵役，其困难与弊端就更加突出。首先，各地壮丁逃役抗征的现象异常严重，逃避方式五花八门，壮丁或出洋避役，或啸聚山林。山区大大小小的民军、股匪以金钱收容壮丁，加剧了逃风，沿海源源不断的侨汇，加剧了壮丁买替贿免的风气。壮丁大规模逃避后，以动员和抽签的方式已很难征到兵员，于是当局采用"抓壮丁"的极端方式完成任务。

虽然通过"抓丁"的方式征兵是国民政府明令禁止的，但在兵员补给日蹙的情况下，福建军政当局只能将错就错。强抓壮丁的结果，一方面加剧了你抓我逃悲剧的不断上演，另一方面引发了民众的强烈反抗乃至大规模暴动。为了防止壮丁逃跑，壮丁在征送过程中遭受了残酷的凌辱虐待，加重了民众对当兵的恐惧。

壮丁规避兵役，并不能完全归咎于被动接受征兵的农民"不明大义"或者"可预知伤亡"这样的复杂内因，基层役政的腐败是不可小觑的重要推手。福建民众多聚族而居，保甲长职务常落入大乡大族之手，且有好多为地方豪绅与房族之傀儡，甚至有地痞游民、土豪劣绅混迹其间，如此，办理役政怎能期望"平等、平允、平均"？另外，战时福建地方财政极度困难，除了联保主任按月可以领到6元（后有增加）津贴外，保长低微的津贴还要视各地的房铺、宅地税收支情况而定，至于甲长则完全是义务的。而战时保甲长为政令的最后推行者，责重事繁，凡是征兵、征粮、征工、筹募公债、救济难民、优待征属、户口调查、组训民众、发展生产、防御奸匪、维持地方秩序等，都需保甲长负责，除非家资丰裕才能应付自如，否则，家庭贫困的保甲长终日忙于生活的取给，或则敷衍了事以取巧，或则贪赃枉法以图己，于是风纪败坏、贪污舞弊、敷衍塞责等问题滋生。此外，闽海战事发生后，省党政军机关、企业、学校纷纷内迁，沿海壮丁为避免战乱和日军强征也相率出逃或迁移，沿海地区的沦陷和人口的迁移必然对征兵产生重要影响，直接增加了兵员征补的难度。

总之，抗战时期福建的征兵在各种因素的制约下困难重重，其中役政的沉疴给民众带来的痛苦无疑折损了政府的威信和形象，并延宕至国民党政权在大陆终结。就兵源保障供给的直接结果和意义来看，福建乃至全国"兵役补充的工作是卓有成效的"，它不仅为持久抗战打下了坚实的兵力基础，并且重塑、更新了人们关于国家、民族、兵役权利与义务的观念。战时国民政府的征兵制度在兵役立法、役政实施、兵役监督等许多方面都孕育着民主的精神，蕴含着近代化的内容，在一定程度上推动了中国军事现代化的进程，虽因为先天条件不备，办理不善，罅漏百出，但问题与成绩两相权衡，成绩仍是首要的，我们应当客观公正地看待这一问题。更不可偏私的是那些舍家弃业的千万将士，他们为了保卫国家江山社稷、挽救民族危亡浴血疆场，甚至献出了宝贵的生命，他们的英名与所有对抗战做出贡献的人们一样，应镌刻在民族的丰碑上，永为人民缅怀与尊崇。今天，党和政府将国民党抗战老兵列入优抚对象，享有与退役的中国人民解放军同等的社会养老保障待遇，众多的民间公益组织倾力寻找、关爱、扶助抗战老兵，使这些已渐凋零的卫国英雄们在耄耋之年得到认可和安慰①，这不得不说是对历史的尊重和执政观念的理性飞跃。

①　目前全国健在的抗战老兵约 1.6 万人，平均年龄在 91 岁以上。老兵们有的已经记忆衰退，有的伤口仍有余痛，有的依然处于贫困之中。

参考文献

一　档案

《福建省政府关于公民宣誓登记、参加动员壮丁、公民人数统计等办法、训令卷》，福建省档案馆藏，档案号：1-3-75。

《福建省政府关于户口总清查及户政人员、壮丁调查表的训令、指令卷》，福建省档案馆藏，档案号：2-25-1892。

《关于兵役舞弊案等卷》，福建省档案馆藏，档案号：2-41-6。

《福建省政府关于军人军属安家费与优待金、军人家属调查统计、逃役壮丁财产处理的代电、训令、指令、布告卷》，福建省档案馆藏，档案号：2-47-3648。

《福建省第二回统计年鉴（行政类）：1937~1944》，福建省档案馆藏，档案号：3-1-1。

《福建省第三回统计年鉴（兵役类）：1937~1944》，福建省档案馆藏，档案号：3-1-25。

《福建省政府关于印发抗战法规的训令卷》，福建省档案馆藏，档案号：3-2-1518。

《福建省政府关于对日、德、意宣战、精神总动员卷》，福建省档案馆藏，档案号：3-6-15。

《福建省政府关于抗战宣传纲要组织办法》，福建省档案馆藏，档案号：5-1-708。

《福建省政府关于户口与壮丁调查表的填报、核实、更正、漏补等问题的指令、电及代电卷》，福建省档案馆藏，档案号：11-5-3730。

《户口与壮丁调查实施程序四卷》，福建省档案馆藏，档案号：11 - 5 - 3730。

《省政府训令》，福建省档案馆藏，档案号：11 - 6 - 3846。

《福建省政府关于整编乡镇保的训令及各县、区、保、甲、户口壮丁数目表卷》，福建省档案馆藏，档案号：11 - 6 - 3846。

《福建省政府各县设立乡（镇）公所卷》，福建省档案馆藏，档案号：11 - 6 - 3846。

《福建省知青从军征委会关于各县（区）成立志愿军家属服务会及其组织通则的代电卷》，福建省档案馆藏，档案号：13 - 1 - 3。

《福建省征集会督导省会各学校机关社团志愿军家属服务会报告表》，福建省档案馆藏，档案号：13 - 1 - 3。

《福建省农林处畜牧兽医事务所志愿军家属服务会组织通则》，福建省档案馆藏，档案号：13 - 1 - 3。

《青年军优待问题的请示、代电》，福建省档案馆藏，档案号：13 - 1 - 7。

《知识青年远征军陆军第209师司令部代电卷》，福建省档案馆藏，档案号：13 - 1 - 7。

《福建知青从军征委会关于解释各县请示知识青年从军待遇等问题的代电卷》，福建省档案馆藏，档案号：13 - 1 - 7。

《福建知青从军征委会关于优待志愿军本人及家属的暂行办法的训令、公函、代电卷》，福建省档案馆藏，档案号：13 - 1 - 14。

《福建省知识青年志愿军家属优待办法》，福建省档案馆藏，档案号：13 - 1 - 14。

《福建知青从军征委会关于志愿军入伍后各县发优待金情形的代电卷》，福建省档案馆藏，档案号：13 - 1 - 16。

《优待青年军》，福建省档案馆藏，档案号：13 - 1 - 16。

《军事委员会青年军复员管理处关于福建省政府对第208、209师复员协助的代电卷》，福建省档案馆藏，档案号：16 - 1 - 6。

《电复本省因情形特殊对于青年军就业人员不能广为安插请查照由》，福建省档案馆藏，档案号：16 - 1 - 82。

《福建省政府关于复员军人安置问题的代电卷》，福建省档案馆藏，档案号：16 - 1 - 82。

《陈部长电》，福建省档案馆藏，档案号：16-1-82。

《福建省青年军复员委员会关于青年军就业复员人员分派工作的代电卷》，档案号：16-1-95。

《福建省总动员民政部分计划卷》，福建省档案馆藏，档案号：17-1-01。

《福建省总动员计划大纲卷》，福建省档案馆藏，档案号：17-1-01。

《福建省政府各厅处函送省动员委员会的各项通报（杂项）卷》，福建省动员会议档案，福建省档案馆藏，档案号：17-1-76。

《各厅处各项通报卷》，福建省档案馆藏，档案号：17-1-76。

《永安、连城、三元用代电》，福建省档案馆藏，档案号：17-1-90。

《重庆国民精神总动员会秘书室处密电》，福建省档案馆藏，档案号：17-1-90。

《重庆国民精神总动员会秘书处养世两电》，福建省档案馆藏，档案号：17-1-90。

《国民精神总动员工作分配计划》，福建省档案馆藏，档案号：17-1-90。

《福建省国民精神总动员卷》，福建省档案馆藏，档案号：17-1-90。

《福建省民政厅呈送各县区保甲户口壮丁数目表卷》，福建省档案馆藏，档案号：17-1-103。

《查缉逃兵卷》，福建省档案馆藏，档案号：55-1-323。

《福建省政府关于兵役宣传卷》，福建省档案馆藏，档案号：63-7-641。

《呈报优待工作卷》，福建省档案馆藏，档案号：76-1-16。

《饬属切实优待征属四卷》，福建省档案馆藏，档案号：76-1-19。

《军政部训令》，福建省档案馆藏，档案号：76-1-19.1。

《湖北省出征抗敌军人家属粮盐公价分配暂行办法》，福建省档案馆藏，档案号：76-1-19.2。

《福建省出征抗敌军人家属粮盐公价分配暂行办法》，福建省档案馆藏，档案号：76-1-19.2。

《军政部代电》，福建省档案馆藏，档案号：76-1-19.2。

《省兵役协会卷》，福建省档案馆藏，档案号：76-1-276。

《兵役协会组织规程》，福建省档案馆藏，档案号：76-1-276。

《福建省兵役协会办事细则》，福建省档案馆藏，档案号：76-1-276。

《第三战区副司令长官办公室、师管区、宪兵团队（联合全宗）档案》，福建省档案馆藏，档案号：88 - 1 - 365。

《福建省军管区司令部、尤溪县政府关于兵役（壮丁）调查的训令卷》，福建省档案馆藏，档案号：96 - 1 - 121。

《福建省政府关于知识青年志愿从军卷》，福建省档案馆藏，档案号：106 - 2 - 25。

《福建省政府组建本县义勇壮丁总队代电及表册卷》，福建省档案馆藏，档案号：133 - 3 - 81。

《福建省政府壮丁调查代电、命令卷》，福建省档案馆藏，档案号：133 - 9 - 101。

《福建省教育厅关于抗战兵役动员法令及毕业会考办法卷》，福建省档案馆藏，档案号：J001 - 12 - 19。

《福建省军管区司令部关于抗战历次宣传要点卷》，福建省档案馆藏，档案号：M01 - 1 - 15。

《福建省政府关于兵役工作卷》，福建省档案馆藏，档案号：M5 - 1 - 444。

《福建省政府、第二区行政专署、南平县各乡镇强拉壮丁纠纷的代电、训令》，南平市档案馆藏，档案号：01 - 001 - 0000046。

《建阳县司法处茶佈乡长王时懋被控案材料（1940）》，南平市档案馆藏，档案号：民 02 - 002 - 000034。

《驻闽绥靖主任公署等关于国民月会、认购节约信用券、兵役宣传、精神动员、会计人员互助的代电、公函卷》，南平市档案馆藏，档案号：05 - 001 - 0000005。

《南平县政府关于社会各界捐赠、救济、举办庆祝活动的代电、公函卷》，南平市档案馆藏，档案号：05 - 001 - 0000037。

《南平县党部关于接收视事、节约、知识青年从军戡乱建国、召开纪念会的函、会议纪要卷》，南平市档案馆藏，档案号：05 - 001 - 0000062。

《福建省南平县历年征拨兵额一览表，历年征拨兵额一览表及征集费一览表卷》，延平区档案馆藏，档案号：0002 - 002 - 848。

《南平县政府关于青年军复员分布调查卷》，延平区档案馆藏，档案号：0002 - 003 - 579。

《青年军复员委员会卷》，延平区档案馆藏，档案号：0002 - 011 - 183。

《兵役人员 1939 年终考绩临时奖叙名单卷》，延平区档案馆藏，档案号：0002 - 011 - 189。

二 民国报刊

政府公报：《国民政府公报》、《内政公报》、《教育部公报》、《立法院公报》、《福建省政府公报》、《永春县政府公报》、《广东省政府公报》、《广西省政府公报》、《山东省政府公报》、《云南省政府公报》、《西康省政府公报》、《武义县政府公报》、《重庆市政府公报》、《广东财政公报》、《上虞县政府公报》。

民国期刊：《军事杂志》、《兵役月刊》、《役政月刊》、《广东兵役》、《广西兵役通讯》、《福建征训》、《福建军训》、《闽政与公余非常时期合刊》、《公余》、《公余与生活》、《闽政月刊》、《新福建》《福建动员月刊》、《福建训练月刊》、《福建青年》、《闽侨月刊》、《福建县政》、《福建省政干团团刊》、《协大周刊》、《协大校友》、《协大校刊》、《福建省临时参议会会务通讯》、《闽政导报》、《福建省统计时报》、《福建交通旬刊》、《福建合作通讯》、《华美》、《集美周刊》、《福建省临时参议会会务通讯》、《福建教育通讯》、《教育通讯》（汉口）、《教育与民众》、《福建体育通讯》、《福建新闻》、《民教指导》、《服务月刊》、《新运导报》、《青年月刊》、《陆军经理杂志》、《训练月刊》、《教育杂志》、《国讯》、《时事文汇》、《创导》、《浙江兵役》、《全民抗战》、《国立四川大学校刊》、《江西地方教育》、《党军半月刊》（瑞金）、《自治通讯》、《进修》、《黄埔》、《文汇年刊》、《新运总会会刊》、《建言季刊》、《全民抗战》、《民力》、《益世周报》、《战时生活》、《法令周刊》、《中苏文化杂志》、《乐风》、《民意周刊》、《国民公论》、《中山周刊》、《征训月刊》、《国民公论》（汉口）。

民国报纸：《申报》、《大公报》（上海版）、《中央日报》（福建版）、《东南日报》（南平版）、《南方日报》（南平版）、《福建民报》、《闽北日报》、《大成日报民主报》、《民主报》、《江声报》、《星闽日报》、《泉州日报》、《同安民报》、《新华日报》、《解放日报》、《新中华报》、《广播周报》。

三 民国出版著作

孙中山著《中山丛书》（增刊本），太平洋书店，1927。
闻钧天：《中国保甲制度》，商务印书馆，1935。

福建省政府秘书处编《福建省单行法规汇编》，福建省政府公报室，1936。

蒋方震：《新兵制与新兵法》，商务印书馆，1937。

陈高傭：《抗战与保甲运动》，商务印书馆，1938。

刘列夫：《国民兵役的法令和实施》，上海杂志公司，1938。

中央陆军军官学校编印《兵役与工役》，1938。

国民政府军事委员会政治部编印《战时法规汇编》，1938。

福建省民政府厅第一科编《保甲法令选编》，中西印务局，1938。

潘守正编《福建省地方行政及地方自治》，环球印书馆，1938。

福建省县政人员训练所编《陈主席的思想》，福建省政府秘书处编印，1938。

徐百齐、吴鹏飞：《兵役》第3版，重庆商务印书馆，1938。

福建省政府秘书处公报室编《陈主席抗战言论集》，1938。

福建省政府秘书处编《福建兵役概况》，1939。

崔昌政：《现阶段之征兵问题》，中山文化教育馆编印，1939。

周伯隶、王成城、方秋苇：《抗战与兵役》，独立出版社，1939。

福建省军管区兵役处第一科编《兵役法规汇编》，中华印书局，1939。

福建省军管区兵役处第一科编《兵役法规汇编》（一），福建省军管区兵役处印行，1939。

福建省军管区兵役处第一科编《兵役法规汇编》（二），中华印书局，1939。

中央训练团编《兵役法规汇编》，1939。

军政部兵役司编《兵役宣传大纲》，福建省政府教育厅印行，1939。

福建省军管区国民军训处编印《第二期抗战兵役宣传纲要》，1939。

郑自明：《中国现行兵役制度》，大中书社，1939。

朱为轸：《兵役创办史》，军政部兵役司印行，1939。

福建省政府秘书处公报室编印《战时闽政概要》，1940。

徐学禹：《战时的福建》，战地图书出版社，1940。

福建省军管区编练处编印《国民兵组训管教法令汇编》（一），1940。

刘晓桑：《中国国民兵役史略》，商务印书馆，1940。

林振镛：《兵役制概论》，正中书局，1940。

福建省地方行政干部训练团编《福建省人事行政与训练》，福建公训服务社，1940。

西北研究社编《保甲制度研究》，1941。

程泽润：《兵役概论》，出版社不详，1941。

福建省军管区编《福建兵役四年》，环球印书馆，1941。

朱文伯：《福建省兵役概况》，出版社不详，1941。

福建省政府秘书处编印室编印《闽政一年》，1942。

福建省政府秘书处编印室编印《刘主席言论集》，1942。

军政部兵役署役政司宣查科编印《兵役考查宣传优待法令辑要》，1942。

王星棋：《兵役浅说》，国民图书出版社，1942。

刘运乾：《中国兵役史要》，中央训练团兵役班编印，1942。

杨杰：《国防新论》，中华书局，1943。

董霖：《中国宪法》，国民图书出版社，1943。

军政部兵役署役政司宣查科编《兵役宣传暨优待征属法令汇编》，1943。

国民政府兵役部役政月刊社编印《兵役部一年来施政专刊》，国语千字报社发行，1945。

鹿钟麟：《视察役政纪实》，出版者不详，1945。

徐思平：《中国兵役行政概论》，文治出版社，1945。

青年军人丛书编辑委员会编《编练概况》，1945。

福建省银行经济研究室编印《福建十年》，1945。

兵役部役政月刊社：《抗战八年来兵役行政工作总报告》，1945。

张其昀：《中国军事史略》，正中书局印行，1946。

陈桢国等合编《现行重要法规丛刊——兵役法规》，上海大东书局，1947。

何应钦：《何上将抗战期间军事报告》（上），军事委员会编印，1948。

四　现代出版著作

何志浩：《抗战期间兵员补充实录》，台北联勤出版社，1958。

张其昀主编《抗日战史》，台湾"国防研究院"，1966。

吴相湘：《第二次中日战争史》（下），综合月刊出版社，1974。

日本防卫厅防卫研究所战史室：《战史丛书·陆军军备战》卷99，朝云新闻社，1978。

张其昀：《党史概要》，中央文物供应社，1979。

拉尔夫·尔·鲍威尔：《1895～1912年中国军事力量的兴起》，陈泽宪、陈霞飞译，中国社会科学出版社，1979。

日本防卫厅战史室：《华北治安战》（上），天津人民出版社，1982。

中华民国史事纪要编委会：《中华民国史事纪要（初稿）》（1928年7～12月），1982。

何应钦：《八年抗战》，台北“国防部史政编译局”，1982。

何应钦：《日本侵华八年抗战史》，台北黎明文化事业股份有限公司，1982。

秦修好主编《中外兵役制度》，中央文物供应社，1983。

蒋介石：《先总统蒋公全集》（第一卷），中国文化大学出版社，1984。

秦孝仪主编《先总统蒋公思想言论总集》卷十四、十五、十七、三十、三十一、三十二，中国国民党中央委员会党史委员会，1984。

张其昀主编《先总统蒋公全集》第二册，中国文化大学出版部，1984。

中共福建省委党史资料征集编写委员会研究室编《福建抗日救亡运动》，福建人民出版社，1985。

《张治中回忆录》，中国文化出版社，1985。

廖开助：《福建革命战争史稿》，福建人民出版社，1986。

《何成濬将军战时日记》上册，传记文学出版社，1986。

浙江省中共党史学会编《中国国民党历次会议宣言次议案汇编》（第二册），1986。

《中华民国建国史》第四编《抗战建国》（二），台北国立编译馆，1986。

刘凤翰：《抗日战史论集》，台湾东大图书股份有限公司，1987。

《中国军事史》编写组编《中国军事史》第三卷，解放军出版社，1987。

刘庭华编著《中国抗日战争与第二次世界大战系年要录·统计荟萃》（1931～1945），海军出版社，1988。

邹韬奋：《韬奋文录》，《民国丛书》第四编99册，上海书店，1989。

王金鋙、陈瑞云主编《中国现代政治史》（1919～1949），黑龙江人民出版社，1990。

蒋伯英主编《福建革命史》（下），福建人民出版社，1991。

《毛泽东选集》第二卷，人民出版社，1991。

《毛泽东选集》第三卷，人民出版社，1991。

中央院近代史研究所编印《徐永昌日记》第四册，1991。

陈景盛：《福建历代人口论考》，福建人民出版社，1991。

刘鸿基：《战争动员学》，国防大学出版社，1992。

徐矛：《中华民国政治制度史》，上海人民出版社，1992。

〔美〕费正清主编《剑桥中华民国史》第二部，章建刚等译，上海人民出版社，1992。

杨志本主编《中华民国海军史料》（下），海洋出版社，1987。

高晓星、时平：《民国空军的航迹》，海潮出版社，1992。

军事科学院军事历史研究部：《中国抗日战争史》（上卷），解放军出版社，1991。

军事科学院军事历史研究部：《中国抗日战争史》（中卷），解放军出版社，1994。

军事科学院军事历史研究部：《中国抗日战争史》（下卷），解放军出版社，1994。

全国政协《闽浙赣抗战》编写组编《闽浙赣抗战》，中国文史出版社，1995。

中共福建省委党史研究主编《福建抗战纪事》，鹭江出版社，1995。

郑澄桂主编《日本帝国主义在闽罪行录：（1931～1945）》，福建人民出版社，1995。

周淑真：《三青团始末》，江西人民出版社，1996。

隋东升著《兵役制度概论》，军事科学出版社，1996。

王晓卫主编《中国军事制度史》（兵役制度卷），大象出版社，1997。

兰书臣撰《中华文化通志》（兵制志），上海人民出版社，1998。

王桧林主编《中国现代史》（下册），北京师范大学出版社，1999。

蔡鸿源主编《民国法规集成》，黄山出版社，1999。

韩真：《民国福建军事史》，中国言实出版社，2000。

余子道、张云：《八一三淞沪会战》，上海人民出版社，2000。

曾仲秋主编《兵员动员理论与实践》，解放军出版社，2000。

忻平、胡正豪等主编《中华民国纪事》（下），福建人民出版社，2001。

葛剑雄主编《中国人口史》第6卷，复旦大学出版社，2001。

汪征鲁主编《福建史纲》，福建人民出版社，2003。

中国战争动员百科全书编审委员会编《中国战争动员百科全书》，军事科学出版社，2003。

张羽：《战争动员发展史》，军事科学出版社，2004。

林成郎主编《兵役工作理论教程》，军事科学出版社，2004。

文芳：《黑色大历史：兵灾战乱（兵祸）》，中国文史出版社，204。

何智霖编《陈诚先生回忆录：抗日战争》（下），台北国史馆，2004。

樊吉厚、李茂盛、杨建中撰《华北抗日救亡史》（中卷），山西人民出版社，2005。

郭汝瑰、黄玉章主编《中国抗日战争正面战场作战记》（上册），江苏人民出版社，2005。

《中国军事史》编写组编《中国历代军事制度》，解放军出版社，2005。

蒋梦麟：《西潮与新潮——蒋梦麟回忆录》，东方出版社，2006。

崔之清主编《国民党政治与社会结构之演变》（中编），社会科学文献出版社，2007。

黄仁宇：《地北天南叙古今》，生活·读书·新知三联书店，2007。

张燕萍《抗战时期国民政府经济动员研究》，福建人民出版社，2008。

陈诚：《陈诚回忆录：抗日战争》，东方出版社，2009。

徐天胎：《福建民国史稿》，福建人民出版社，2009。

蒋百里：《国防论》，岳麓书社，2010。

谢必震：《福建史略》，海洋出版社，2011。

蒋丰：《万条微博说民国》，东方出版社，2013。

福建省政协文史和学习委员会编《福建抗日战争纪事》，福建人民出版社，2015。

五　统计资料、文史资料

福建省县政人员训练所辑《闽政三年》，福建省政府秘书处公报室印行，1937。

福建省政府秘书处统计室编印《福建省统计年鉴（第一回）》，1937。

福建省政府秘书处编印室编印《第一次福建省统计手册》，1944。

福建省政府统计处编印《福建省社会统计手册》，1947。

罗家伦主编《革命文献》第 11 辑，中央文物供应社，1955。

福建师范学院历史学系福建史教研组编印《福建人民革命史参考资料》第一编（四），1959。

罗家伦主编《革命文献》，第 27 辑，中央文物供应社，1963。

杜元载主编《革命文献》第 62、63 合辑，中央文物供应社，1973。

肖继宗主编《革命文献》第 68 辑，中央文物供应社，1975。

中国人民政治协商会议全国委员会编《文史资料选辑》第 59 辑，中华书局，1979。

王顺生、杨大纬：《福建事变：一九三三年福建人民政府始末》，福建人民出版社，1983。

薛谋成、郑金备：《福建事变资料选编》，江西人民出版社，1984。

福建省档案馆编《福建事变档案资料》（1933.11～1934.1），福建人民出版社，1984。

国难会议秘书处编《国难会议记录》，文海出版社，1984。

荣孟源主编，孙彩霞编《中国国民党历次代表大会及中央全会资料》（上、下），光明日报出版社，1985。

周元正：《抗日战争史参考资料目录：1937～1945》，四川大学出版社，1985。

北京图书馆编《民国时期总书目》（1911～1949）（军事卷），书目文献出版社，1985。

浙江省中国国民党历史研究组编印《抗日战争时期国民党战场史料选编》（一），1986 年印行。

浙江省国民党历史研究组编印《抗日战争时期国民党战场史料选编》（三），1986 年印行。

浙江省中共党史学会编印《中国国民党历次会议宣言决议案汇编》第二册，1986 年印行。

浙江省中共党史学会编印《中国国民党历次会议宣言决议案汇编》第

三册，1986 年印行。

福建省政协文史资料委员会编《福建文史资料》第 9 辑，1985。

福建省政协文史资料委员会编《福建文史资料》第 14 辑，1986。

福建省政协文史资料委员会编《福建文史资料》第 22 辑，1989。

福建省政协文史资料委员会编《福建文史资料》第 33 辑，《闽南民军》（上），1995。

福建省政协文史资料委员会编《福建文史资料》第 34 辑，1995。

福建省政协文史资料委员会编《文史资料选编》第 4 卷《政治军事编》第 3 册，福建人民出版社，2003。

云霄文史资料委员会编《云霄文史资料》第 6 辑，1982 年 10 月。

长汀文史资料委员会编《长汀文史资料》第 4 辑，1983 年 6 月。

浦城文史资料委员会编《浦城文史资料》第 3 辑，1983 年 9 月。

沙县文史资料委员会编《沙县文史资料》第 3 辑，1984 年 8 月。

大田文史资料委员会编《大田文史资料》第 2 辑，1984 年 9 月。

宁化文史资料委员会编《宁化县文史资料》第 6 辑，1985 年 6 月。

诏安文史资料委员会编《诏安文史资料》第 6 辑，1985 年 8 月。

浦城文史资料委员会编《浦城文史资料》第 11 辑，1985 年 12 月。

建阳文史资料委员会编《建阳文史资料》第 5 辑，1985 年 12 月。

南平文史资料委员会编《南平文史资料》第 6 期，1985 年 12 月。

光泽文史资料委员会编《光泽文史资料》第 5 辑，1986 年 7 月。

长乐文史资料委员会编《长乐文史资料》第 2 辑，1986 年 12 月。

建瓯文史资料委员会编《建瓯文史资料》第 11 辑，1987 年 7 月。

顺昌文史资料委员会编《顺昌文史资料》第 5 辑，1987 年 10 月。

霞浦文史资料委员会编《霞浦文史资料》第 6 辑，1987 年 11 月。

松溪文史资料委员会编《松溪文史资料》第 14 辑，1987 年 8 月。

松溪文史资料委员会编《松溪文史资料》第 17 辑，1990 年 9 月。

南靖文史资料委员会编《南靖文史资料》第 9 辑，1988 年 5 月。

德化文史资料委员会编《德化文史资料》第 9 辑，1988 年 8 月。

福鼎文史资料委员会编《福鼎文史资料选辑》第 12 辑，1994 年 6 月。

泉州文史资料委员会编《泉州文史资料》（1～10 辑汇编），1994 年 12 月。

晋江文史资料委员会编《晋江文史资料》第 22 辑，2000 年 12 月。

平潭文史资料委员会编《平潭文史资料》第 10 辑，1995 年 7 月。

福建省档案馆编《民国福建各县市（区）户口统计表（1912 ～ 1949）》，1988 年印。

中国人民政治协商会议全国委员会编《文史资料选辑》，第 5 辑，中国文史出版社，1986。

中国第二历史档案馆编《中华民国史档案资料汇编》第 2 辑，江苏古籍出版社，1991。

彭明：《中国现代史资料选辑》第五册补编（1937 ～ 1945），中国人民大学出版社，1993。

强重华编著《抗日战争时期重要资料统计集：1931 ～ 1945》，北京出版社，1997。

中国第二历史档案馆编《国民党政府政治制度档案史料选编》（上），安徽教育出版社，1994。

中国第二历史档案馆编《中华民国史档案资料汇编》第 5 辑第 2 编《政治（3）》，江苏古籍出版社，1998。

中国第二历史档案馆编《中华民国史档案资料汇编》，第 5 辑第 2 编《政治（5）》，江苏古籍出版社，1998。

六　地方志

尤溪县志编纂委员会编《尤溪县志》，福建省地图出版社，1989。

福建省地方志编纂委员会编《福建省志·华侨志》，福建人民出版社，1992。

福建省地方志编纂委员会编《福建省志·财税志》，新华出版社，1994。

福建省地方志编纂委员会编《福建省志·军事志》，新华出版社，1995。

《福州市军事志》编委会编《福州市军事志》，内部发行，1995。

福清市人民武装部编《福清军事志》，内部发行，1995。

福建省地方志编纂委员会编《福建省志·民政志》，方志出版社，1997。

福建省地方志编纂委员会编《福建省志·人口志》，方志出版社，1998。

陈政生主编《福州市志》第六册，方志出版社，1999。

汪照元主编《芗城区志》，方志出版社，1999。

七 期刊论文

龚喜林：《试论抗战时期国民政府兵员动员》，《山西档案》2016 年第4 期。

龚喜林：《抗战时期国民政府兵役法制建设述论》，《历史教学》2015年第 6 期。

龚喜林：《抗战时期国民政府征兵制在江西的推行》，《景德镇高专学报》2014 年第 2 期。

龚喜林：《抗战时期国民政府兵役制度研究之回顾及展望》，《军事历史研究》2012 年第 3 期。

龚喜林：《试析抗战时期国民政府征兵制推行弊失的原因》，《贵州文史丛刊》2012 年第 4 期。

龚喜林：《抗战时期国民政府征兵过程中农民的生存与反抗》，《历史教学》2012 年第 22 期。

龚喜林：《抗战时期基层保甲征兵的制约性因素探析》，《历史教学》2011 年第 16 期。

隆鸿昊：《抗战时期湖南兵役初探》，《抗日战争研究》2013 年第3 期。

郑发展：《抗战期间国民政府地方兵役机构探析——以河南省为中心的考察》，《郑州大学学报》（哲学社会科学版）2016 年第 5 期。

郑发展：《试论抗战时期户口统计中的壮丁调查与征兵》，《齐鲁学刊》2010 年第 1 期。

张艺：《抗战时期大后方保甲的困境——以四川南溪县兵役纠纷及其解决为例》，《西南交通大学学报》（社会科学版）2014 年第 4 期。

李常宝：《民意迟滞下的国家政治期待：再论抗战期间国统区兵役行政》，《学术论坛》2012 年第 2 期。

陈廷湘：《战时特殊利益空间中的国家、基层与民众——从抗日战争时期兵役推行侧面切入》,《河南大学学报》（社会科学版）2012 年第 5 期。

尚季芳、颉斌斌:《请缨报国: 战时国立西北联合大学的知识青年从军运动——以国立西北师范学院为中心》,《档案》2015 年第 7 期。

周倩倩:《抗战后期青年军的组建及其结局》,《南京晓庄学院学报》2013 年第 2 期。

周倩倩:《抗战胜利后的青年军复员: 以江苏为例》,《民国档案》2013 年第 4 期。

付辛酉:《从"青年学生志愿从军"到"知识青年从军运动"》,《民国档案》2013 年第 2 期。

安晓芬:《论抗战后期甘肃知识青年从军运动》,《陇东学院学报》,2012 年第 2 期。

闻黎明:《关于西南联合大学战时从军运动的考察》,《抗日战争研究》2010 年第 3 期。

孙玉芹、刘敬忠:《抗战末期的"十万知识青年从军"运动述评》,《抗日战争研究》2010 年第 3 期。

赵金康:《抗战时期国民政府的监犯调服军役》,《抗日战争研究》2010 年第 3 期。

冉绵惠:《抗战时期国统区"抓壮丁"现象剖析》,《史林》2009 年第 4 期。

刘文俊:《民团体制与抗战时期广西的军事动员》,《学术论坛》2006 年第 9 期。

蔡海林:《抗战时期国民政府兵役制度研究综述》,《军事历史研究》,2008 年第 1 期。

张燕萍:《抗战时期国民政府兵员动员述评》,《抗日战争研究》2008 年第 4 期。

莫子刚:《抗战时期贵州役政之初探》,《抗日战争研究》2008 年第 4 期。

徐腊梅:《民国时期保甲制度推行的原因考察》,《福州大学学报》（哲学社会科学版）2007 年第 3 期。

孙玉芹:《1934—1945 年间国民政府的国民兵组训述评》,《军事历史研究》2007 年第 4 期。

孙跃中：《"抓壮丁"的历史探析》，《文史杂志》2007 年第 4 期。

冉绵惠：《抗战时期的兵役制度——以四川为例》，《四川师范大学学报（社会科学版）2007 年第 5 期。

蔡宏俊：《从民国档案看抗战末期知识青年从军运动》，《兰台世界》2007 年第 19 期。

侯德础：《略论抗战后期的知识青年从军运动》，《民国档案》2006 年第 2 期。

仲华：《试论抗战时期国民党军队的兵员征补》，《南京政治学院学报》2006 年第 3 期。

孙玉芹、邵艳梅：《中共与抗战末期的知识青年从军运动》，《党史博采》2006 年第 10 期。

肖如平：《从自卫到自治——论国民政府的保甲制度》，《历史档案》2005 年第 1 期。

冉绵惠：《民国时期保甲制度在赣鄂皖豫四省的前期推行》，《天府新论》2005 年第 3 期。

焦以爽：《论抗战时期国民党的民众精神动员工作》，《沧州师范专科学校学报》2005 年第 2 期。

陈运刚：《被忽略的历史：1944 年十万知识青年从军》，《红岩春秋》2005 年第 3 期。

乔兆红：《论抗战时期的新生活运动》，《天府新论》2005 年第 5 期。

赵利栋：《近年来中华民国史研究述评》，《教学与研究》2005 年第 7 期。

申燕、龙汉武、邹家能：《略论抗战时期国民党民众动员政策》，《湖北社会科学》2005 年第 9 期。

谷小水：《抗战时期的国民精神总动员运动》，《抗日战争研究》2004 年第 1 期。

韩真：《福建民军性质问题刍议》，《闽江学院学报》2003 年第 1 期。

白纯：《简论抗战之前的新生活运动》，《党史研究与教学》2003 年第 2 期。

江沛、张丹：《战时知识青年从军运动述评》，《抗日战争研究》2003

年第 3 期。

洪岚：《蒋介石抗战精神动员初探》，《宁夏大学学报》（人文社会科学版）2003 年第 3 期。

张天政：《中国近代兵役制度演变述略》，《军事历史研究》2003 年第 3 期。

沈成飞：《近十年来民国保甲制度研究述评》，《福建论坛》（人文社会科学版）2003 年第 6 期。

石建国：《抗战时期国民政府的壮丁征兵制度探析——以河西走廊为中心的考察》，《军事历史研究》2002 年第 2 期。

孙玉芹：《抗战时期影响国民政府征兵因素探析》，《河北大学成人教育学院学报》2001 第 3 期。

吴秀霞：《新生活运动与抗战》，《胜利油田师范专科学校学报》2000 年第 1 期。

范国权：《论新县制时期的保甲制度》，《档案与史学》1999 年第 2 期。

黄安余：《简述抗战时期国民政府的兵役制度》，《民国档案》1998 年第 3 期。

周春雨：《抗战后期十万知识青年从军热潮述评》，《军事历史研究》1998 年第 3 期。

王云骏：《民国保甲制度兴起的历史考察》，《江海学刊》1997 年第 2 期。

方秋苇：《抗战时期的＜兵役法＞和兵役署》，《民国档案》1996 年第 1 期。

戚厚杰：《抗战爆发后南京国民政府国防联席会议记录》，《民国档案》1996 年第 1 期。

史滇生：《抗战时期国民政府的兵员征补》，《军事历史研究》1995 年第 2 期。

郑复龙：《福建沿海军民武装抗日述评》，《福建党史月刊》1995 年第 5 期。

徐乃力：《抗战时期国军兵员的补充与素质的变化》，《抗日战争研究》1992 年第 3 期。

吴国安：《抗战中期福建各地的抗日救亡运动》，《理论学习月刊》1989 年第 2 期。

郭学旺、李世达：《国民精神总动员运动刍议》，《青海社会科学》1988 年第 2 期。

王命能、高其兴：《"七七"前福建沿海人民的抗日救亡运动》，《福建党史月刊》1988 年第 5 期。

容鑑光：《抗战时期的兵役制度》，《近代中国》1987 年第 8 期。

汤克勤：《从征召壮丁到"抓壮丁"：抗战时期兵员动员形式》，〈铁血论坛〉，http：//bbs. tiexue. net/bbs73 - 0 - 1. html.

八 学位论文

田彦征：《抗战时期国民政府的兵役制度》，中国人民大学硕士学位论文，1989。

朱书清：《抗战时期国民政府的兵役政策》，四川师范大学硕士学位论文，1999。

伍福莲：《试论抗战时期国民政府兵役政策在四川的实施情况》，四川大学硕士学位论文，2005。

廉健：《抗战时期大后方的征兵工作——以四川省温江县为中心的考察》，四川大学硕士学位论文，2008。

夏静：《国民党政府兵役制度研究》，山东师范大学硕士学位论文，2009。

汤梓军：《抗战时期四川兵员动员研究》，四川大学博士学位论文，2006。

龚喜林：《抗战时期大后方"拉壮丁"现象研究》，华中师范大学博士学位论文，2011。

隆鸿昊：《抗战时期第九战区军事史研究》，首都师范大学博士学位论文，2014。

徐一鸣：《抗战后期知识青年从军运动研究》，南京大学硕士学位论文，2014。

附　表

附表1　1936年福建省各区署及管辖县份一览

区别	区公署驻地	管辖县名	管辖特区名	辖县（区）数
第一区	长乐	长乐、闽侯、福清、连江、罗源、平潭、福安、宁德、福鼎、霞浦	南日岛、周墩、柘洋、三都	10县4特区
第二区	南平	南平、沙县、尤溪、闽清、古田、永泰、永安、顺昌、将乐、屏南	上洋	10县1特区
第三区	浦城	浦城、建瓯、建阳、崇安、松溪、政和、邵武、寿宁		8县
第四区	同安	同安、莆田、仙游、惠安、晋江、南安、安溪、金门、永春、德化	禾山	10县1特区
第五区	漳浦	漳浦、诏安、南靖、平和、龙溪、长泰、海澄、东山、云霄	石码	9县1特区
第六区	龙岩	龙岩、永定、上杭、大田、漳平、宁洋、华安	峰市	7县1特区
第七区	长汀	长汀、连城、宁化、清流、明溪、武平、建宁、泰宁		8县
厦门市	厦门岛			

附表 2　1937～1940 年福建省征拨中央部队兵额一览

单位：人

年　份	拨补部队番号	拨征兵额
1937 年（6～12 月）	陆军第 80、3、157、187、14 师	14626
	第四陆军部	1185
	海军陆战队	1815
	本省保安团队特准征拨	7067
	建延师管区代第 75、52 师募补	5500
	闽海师管区代第 80 师及粤省部队募补	6500
	汀漳师管区代第 157 师及粤省部队募补	4500
	本省保安团队自行募补	3500
小　计		44693
1938 年（1～12 月）	陆军第 80、157、75、98 师	15562
	陆军预备第六、十师	2440
	第五补充兵训练处	3000
	闽海师管区补充团队	10339
	建延师管区补充团队	9767
	汀漳师管区补充团队	11910
	宪兵第四团	150
	海军陆战队及马尾要塞	1215
	驻闽绥靖署特务连	54
	陆军新编第 20 师	7570
小　计		62007
1939 年（1～12 月）	陆军第 80、75、52、40、62、26、79 师	8712
	汀漳师管区补充团队	10274
	闽海师管区补充团队	10312
	建延师管区补充团队	5244
	永泉师管区补充团队	410
	建闽师管区补充团队	459
	第十三补充兵训练处	15836
	第四战区余司令长官部	4000
	海军陆战队闽口要塞	931
	陆军新编第 20 师	3617
	第 25 兵站	54
	第 73 伤病官兵收容所	30
	陆军第 21、28、29、88、100 军	7056
	驻闽绥署特务连	30
	第三战区运输总队	1000
	陆军第 23 集团军	3000

续表

年　份	拨补部队番号	拨征兵额
1939 年（1～12 月）	第 23 集团军第 3 团	1966
	陆军预备第 5 师	845
	陆军第 50 军第 2 团	769
	陆军新编第 7 师	500
	宪兵司令部	35
	宪兵第 4 团	34
小　计		75114
1940 年（1～12 月）	陆军新编第 20 师	1000
	建闽师管区第 1、2 补充团队	4935
	永泉师管区第 1、2 补充团队	6075
	汀漳师管区第 1、2、12 补充团队	6692
	海军马尾要港部	1107
	第十三补训处第 12、34、5 后补团	10363
	陆军第 40、16、190、80、52、75 师	6633
	军政部担架兵第二团	420
	建闽师管区学兵队	270
	永泉师管区学兵队	270
	汀漳师管区学兵队	379
	第 100 军	9419
	本省保安团拨补	2942
	军政部第 75、107 医院	30
	第十三补训处	10015
	中央军校第三分校	400
	军政部第二十五器材库	10
	驻闽绥署特务连	40
	第七战区长官部	4137
	第三战区长官部拨俞济时部	5100
	宪兵司令部及宪兵第四团	287
	第三战区临时军人监狱	32
	第三战区运输总队	1000
	第二十五兵站	300
	第 100 军轻重营	100
	第十三陆军医院	9
	第 73 伤病兵收容所	35
小　计		72000
总　计		253814

资料来源：依据福建省军管区编《福建兵役四年》，环球印书馆，1941，第 61～79 页。

附表3　抗战期间各省历年实征壮丁人数统计

单位：人

省别	总计	1937 年	1938 年	1939 年	1940 年	1941 年	1942 年	1943 年	1944 年	1945 年
四川	2578810	103837	174145	296341	266373	344610	366625	352681	391112	283086
西康	30938	—	—	4713	5437	5817	3282	4612	4606	2462
云南	374693	—	96317	25582	731	35509	59017	58180	63231	36126
贵州	580416	47149	35142	64741	78643	71603	69603	83848	73416	56271
广西	808046	106691	228665	34710	104744	64961	76849	76326	90379	24721
广东	925873	55247	80470	131693	126196	100127	122720	104349	188742	36329
福建	425225	29427	33449	60064	58249	55716	51041	48510	38545	50174
浙江	550493	32791	30448	94636	108479	66492	48608	59362	62279	47398
安徽	563673	44271	22882	54329	68715	69479	95053	78433	74111	56450
江西	947722	43230	154642	178210	120634	98069	107822	92712	92902	59501
湖南	1570172	190505	220745	223296	126780	169623	208836	184421	101756	54210
湖北	691195	75805	95043	98279	64280	67075	88307	86942	72796	42668
河南	1898356	126964	324173	264370	384250	243279	214589	205815	109934	24982
陕西	888363	37197	68679	126341	127430	80350	99707	117872	144819	85968
甘肃	383587	23774	40982	54627	54355	50230	55769	42516	32714	28890
山西	216603	—	—	—	—	33500	23103	60000	60000	40000
山东	32922	13000	16194	—	—	—	3728	—	—	—
江苏	38589	18422	20437	—	—	—	—	—	—	—
绥远	5253	—	—	—	—	—	53	5200	—	—
宁夏	23609	—	4000	—	—	4000	4609	3000	4000	4000
青海	18009	—	2500	—	—	474	905	2130	6000	6000
其他	497434	—	—	263569	116043	106916	10906	—	—	—
共计	14050521	928310	1648913	1975501	1901339	1667830	1711132	1666918	1661342	939236
附　　记				本表根据各师管区征拨壮丁文电报表统计之						

资料来源：《抗日战争时期国民党战场史料选编》（一），《国民党研究资料丛书》浙江省中国国民党历史研究组（筹）编印，附表16。

说明：本表所列数据应当是征拨"中央"部队的兵额，以福建为例，实际征额（中央及本省）远不止42.5万人。

附表4 抗战八年全国各年配赋总兵额和实征兵额一览

单位：人

年 份	征兵配额	实征人数
1937	1008310	1008310
1938	1658915	1658915
1939	2344569	1975501
1940	2073043	1908839
1941	2049782	1667830
1942	1949834	1711132
1943	1765537	1666918
1944	1722096	1512352
1945	1500000	813062
合 计	16072080	13922859

资料来源：兵役部役政月刊社《抗战八年来兵役行政工作总报告》，时代印刷出版社，1945，第46~47页。

附表5 抗战时期各省壮丁配额统计

单位：人

	总 计	1937 年 8 月至 1944 年底	1945 年
四 川	3193807	2917485	276322
河 南	2210473	2191791	18682
湖 南	1816410	1743310	73100
陕 西	1135575	1055841	79734
江 西	1115212	l031034	84178
广 东	1070540	949875	120665
广 西	1007903	977758	30145
湖 北	867040	822105	44935
贵 州	700338	646753	53585
浙 江	661060	603760	57300
安 徽	601784	582659	19125
福 建	532631	481001	51630
甘 肃	508668	486060	22608
云 南	371361	364919	8442
山 西	174271	134271	40000
西 康	39081	35081	4000
江 苏	38859	38859	—

续表

	总　计	1937 年 8 月至 1944 年底	1945 年
山　东	33455	32922	533
宁　夏	19078	14928	4150
青　海	12009	6009	6000
绥　远	5253	5253	—
其　他	524994	519093	5901
共　计	16641802	15640767	l001035
附　记	1. 本表系根据兵役部及军政部兵役署配拨电令统计之。 2. 其他栏内包括特种部队及机关学校招募之壮丁其省籍不详者		

资料来源：《抗日战争时期国民党战场史料选编》（一），《国民党研究史料丛书》浙江省中国国民党历史研究组（筹）编印，附表 15。

附表 6　1933～1945 年福建省户籍人口统计

年　份	户　数	人口数		
		合　计	男	女
1933	—	10583203	—	—
1934	—	10847698	—	—
1935	—	10295000	—	—
1936	2253836	11431294	—	—
1937		12407936	—	—
1938	2010839	11894962	6455016	5439946
1939	2027370	12012198	6496586	5515612
1940	2207766	11945099	6419288	5525811
1941（1）	2111655	11868201	6281295	5586906
1942（1）	2156509	11540055	6068841	5471214
1943（1）	2166870	11654187	6090217	5563970
1944	2304073	11349226	5917265	5431961
1945	2366891	11099364	5789807	5309557

资料来源：福建省档案馆编《福建省各县市（区）户口统计资料：1912～1949》1988 年 8 月，第 2 页。

说明：（1）该年全省户口数，未包括厦门金门沦陷区域户口在内。

图书在版编目（CIP）数据

抗战时期福建兵员动员研究 / 兰雪花著 . -- 北京：
社会科学文献出版社，2017.12
ISBN 978 - 7 - 5201 - 1735 - 7

Ⅰ.①抗…　Ⅱ.①兰…　Ⅲ.①抗日战争 - 义务兵役制
- 研究 - 福建 - 民国　Ⅳ.①E296.2

中国版本图书馆 CIP 数据核字（2017）第 273316 号

抗战时期福建兵员动员研究

著　　者 / 兰雪花

出 版 人 / 谢寿光
项目统筹 / 任文武
责任编辑 / 王玉霞

出　　版 / 社会科学文献出版社 · 区域与发展出版中心（010）59367143
　　　　　地址：北京市北三环中路甲 29 号院华龙大厦　邮编：100029
　　　　　网址：www. ssap. com. cn
发　　行 / 市场营销中心（010）59367081　59367018
印　　装 / 三河市尚艺印装有限公司

规　　格 / 开　本：787mm × 1092mm　1/16
　　　　　印　张：21.75　字　数：356 千字
版　　次 / 2017 年 12 月第 1 版　2017 年 12 月第 1 次印刷
书　　号 / ISBN 978 - 7 - 5201 - 1735 - 7
定　　价 / 88.00 元